OEUVRES

DE

VOLTAIRE.

TOME XX.

DE L'IMPRIMERIE DE A. FIRMIN DIDOT,
RUE JACOB, N° 24.

ŒUVRES
DE
VOLTAIRE

AVEC

PRÉFACES, AVERTISSEMENTS,
NOTES, ETC.

PAR M. BEUCHOT.

TOME XX.

SIÈCLE DE LOUIS XIV. — TOME II.

A PARIS,

CHEZ LEFÈVRE, LIBRAIRE,
RUE DE L'ÉPERON, N° 6.
FIRMIN DIDOT FRÈRES, RUE JACOB, N° 24.
WERDET ET LEQUIEN FILS,
RUE DU BATTOIR, N° 20.
M DCCC XXX.

SIÈCLE DE LOUIS XIV.

CHAPITRE XVIII.

Guerre mémorable pour la succession à la monarchie d'Espagne. Conduite des ministres et des généraux jusqu'en 1703.

A Guillaume III succéda la princesse Anne, fille du roi Jacques et de la fille d'Hyde, avocat devenu chancelier, et l'un des grands hommes de l'Angleterre [1]. Elle était mariée au prince de Danemark, qui ne fut que son premier sujet. Dès qu'elle fut sur le trône, elle entra dans toutes les mesures du roi Guillaume, quoiqu'elle eût été ouvertement brouillée avec lui. Ces mesures étaient les vœux de la nation. Un roi fait ailleurs entrer aveuglément ses peuples dans toutes ses vues; mais à Londres un roi doit entrer dans celles de son peuple.

Ces dispositions de l'Angleterre et de la Hollande pour mettre, s'il se pouvait, sur le trône d'Espagne l'archiduc Charles, fils de l'empereur, ou du moins pour résister aux Bourbons, méritent peut-être l'attention de tous les siècles. La Hollande devait, pour

---

[1] Plus connu comme homme d'état sous le nom de Clarendon : il a laissé une *Histoire des guerres civiles d'Angleterre sous Charles Ier*, et plusieurs autres ouvrages de politique. K.

sa part, entretenir cent deux mille hommes de troupes, soit dans les garnisons, soit en campagne. Il s'en fallait beaucoup que la vaste monarchie espagnole pût en fournir autant dans cette conjoncture. Une province de marchands presque toute subjuguée en deux mois, trente ans auparavant, pouvait plus alors que les maîtres de l'Espagne, de Naples, de la Flandre, du Pérou, et du Mexique. L'Angleterre promettait quarante mille hommes, sans compter ses flottes. Il arrive dans toutes les alliances que l'on fournit à la longue beaucoup moins qu'on n'avait promis. L'Angleterre, au contraire, donna cinquante mille hommes dans la seconde année, au lieu de quarante; et vers la fin de la guerre, elle entretint, tant de ses troupes que de celles des alliés, sur les frontières de France, en Espagne, en Italie, en Irlande, en Amérique, et sur ses flottes, près de deux cent mille soldats et matelots combattants; dépense presque incroyable pour qui considérera que l'Angleterre, proprement dite, n'est que le tiers de la France, et qu'elle n'avait pas la moitié tant d'argent monnayé; mais dépense vraisemblable aux yeux de ceux qui savent ce que peuvent le commerce et le crédit. Les Anglais ont porté toujours le plus grand fardeau de cette alliance. Les Hollandais ont insensiblement diminué le leur; car, après tout, la république des États-Généraux n'est qu'une illustre compagnie de commerce; et l'Angleterre est un pays fertile, rempli de négociants et de guerriers.

L'empereur devait fournir quatre-vingt-dix mille hommes, sans compter les secours de l'empire et des alliés qu'il espérait détacher de la maison de Bourbon; et cependant le petit-fils de Louis XIV régnait déjà paisiblement dans Madrid; et Louis, au commencement du siècle, était au comble de sa puissance et de sa gloire; mais ceux qui pénétraient dans les ressorts des cours de l'Europe, et surtout de celle de France, commençaient à craindre quelques revers. L'Espagne, affaiblie sous les derniers rois du sang de Charles-Quint, l'était encore davantage dans les premiers jours du règne d'un Bourbon. La maison d'Autriche avait des partisans dans plus d'une province de cette monarchie. La Catalogne semblait prête à secouer le nouveau joug, et à se donner à l'archiduc Charles. Il était impossible que le Portugal ne se rangeât tôt ou tard du côté de la maison d'Autriche. Son intérêt visible était de nourrir chez les Espagnols, ses ennemis naturels, une guerre civile dont Lisbonne ne pouvait que profiter. Le duc de Savoie, à peine beau-père du nouveau roi d'Espagne, et lié aux Bourbons par le sang et par les traités, paraissait déjà mécontent de ses gendres. Cinquante mille écus par mois, poussés depuis jusqu'à deux cent mille francs, ne paraissaient pas un avantage assez grand pour le retenir dans leur parti. Il lui fallait au moins le Monferrat-Mantouan et une partie du Milanais. Les hauteurs qu'il essuyait des généraux français et du ministère de Versailles lui fesaient craindre avec raison d'être bientôt compté pour rien par ses deux gendres, qui tenaient resserrés ses états de tous côtés[1]. Il avait

[1] On lui déclara, lorsqu'il se proposait d'aller voir à Milan son gendre Philippe V, qu'il ne serait reçu que comme un de ses courtisans, et que le

déjà quitté brusquement le parti de l'empire pour la France. Il était vraisemblable qu'étant si peu ménagé par la France, il s'en détacherait à la première occasion.

Quant à la cour de Louis XIV et à son royaume, les esprits fins y apercevaient déjà un changement que les grossiers ne voient que quand la décadence est arrivée. Le roi, âgé de plus de soixante ans, devenu plus retiré, ne pouvait plus si bien connaître les hommes; il voyait les choses dans un trop grand éloignement, avec des yeux moins appliqués, et fascinés par une longue prospérité. Madame de Maintenon, avec toutes les qualités estimables qu'elle possédait, n'avait ni la force, ni le courage, ni la grandeur d'esprit nécessaires pour soutenir la gloire d'un état. Elle contribua à faire donner le ministère des finances en 1699, et celui de la guerre en 1701, à sa créature Chamillart, plus honnête homme que ministre, et qui avait plu au roi par la modestie de sa conduite, lorsqu'il était chargé de Saint-Cyr. Malgré cette modestie extérieure, il eut le malheur de se croire la force de supporter ces deux fardeaux, que Colbert et Louvois avaient à peine soutenus. Le roi, comptant sur sa propre expérience, croyait pouvoir diriger heureusement ses ministres. Il avait dit, après la mort de Louvois, au roi Jacques : « J'ai perdu un « bon ministre; mais vos affaires et les miennes n'en « iront pas plus mal. » Lorsqu'il choisit Barbesieux pour succéder à Louvois dans le ministère de la guerre :

roi d'Espagne ne pourrait, sans manquer à sa dignité, l'admettre à sa table. K.

« J'ai formé votre père, lui dit-il, je vous formerai
« de même ª. » Il en dit à peu près autant à Chamillart. Un roi qui avait travaillé si long-temps et si heureusement semblait avoir droit de parler ainsi ; mais sa confiance en ses lumières le trompait.

A l'égard des généraux qu'il employait, ils étaient souvent gênés par des ordres précis, comme des ambassadeurs qui ne devaient pas s'écarter de leurs instructions. Il dirigeait avec Chamillart, dans le cabinet de madame de Maintenon, les opérations de la campagne. Si le général voulait faire quelque grande entreprise, il fallait souvent qu'il en demandât la permission par un courrier qui trouvait, à son retour, ou l'occasion manquée ou le général battu [1].

Les dignités et les récompenses militaires furent prodiguées sous le ministère de Chamillart. On donna la permission à trop de jeunes gens d'acheter des régiments presque au sortir de l'enfance ; tandis que, chez les ennemis, un régiment était le prix de vingt

---

ª Voyez les *Mémoires* manuscrits de Dangeau ; on les cite ici parceque ce fait rapporté par eux a été souvent confirmé par le maréchal de La Feuillade, gendre du secrétaire d'état Chamillart. Louis XIV n'avait que trois ans plus que Louvois ; à la mort de Mazarin le roi avait vingt-trois ans ; Louvois en avait vingt, et était, depuis plusieurs années, adjoint de son père dans la place de ministre de la guerre.

[1] Le maréchal de Berwick rapporte, dans ses Mémoires, que Louis XIV l'ayant consulté sur un plan imaginé par Chamillart, pour la campagne de 1708, et dont l'exécution devait être confiée au maréchal, il n'eut pas de peine à en faire voir le ridicule au roi, qui ne put s'empêcher de lui dire en riant : « Chamillart croit en savoir beaucoup plus qu'aucun général, mais il « n'y entend rien du tout. » Cependant Chamillart resta encore ministre ; et, dans la même campagne, Louis XIV l'envoya en Flandre pour prononcer entre le duc de Vendôme et le maréchal de Berwick, sur les moyens d'empêcher la prise de Lille. K.

ans de service. Cette différence ne fut ensuite que trop sensible dans plus d'une occasion, où un colonel expérimenté eût pu empêcher une déroute. Les croix de chevaliers de Saint-Louis, récompense inventée par le roi en 1693, et qui étaient l'objet de l'émulation des officiers, se vendirent dès le commencement du ministère de Chamillart. On les achetait cinquante écus dans les bureaux de la guerre. La discipline militaire, l'ame du service, si rigidement soutenue par Louvois, tomba dans un relâchement funeste : ni le nombre des soldats ne fut complet dans les compagnies, ni même celui des officiers dans les régiments. La facilité de s'entendre avec les commissaires, et l'inattention du ministre, produisaient ce désordre. De là naissait un inconvénient qui devait, toutes choses égales d'ailleurs, faire perdre nécessairement des batailles. Car, pour avoir un front aussi étendu que celui de l'ennemi, on était obligé d'opposer des bataillons faibles à des bataillons nombreux. Les magasins ne furent plus ni assez grands ni assez tôt prêts. Les armes ne furent plus d'une assez bonne trempe. Ceux donc qui voyaient ces défauts du gouvernement, et qui savaient à quels généraux la France aurait affaire, craignirent pour elle, même au milieu des premiers avantages qui promettaient à la France de plus grandes prospérités que jamais[a].

---

[a] Le compilateur des *Mémoires de madame de Maintenon* dit que, vers la fin de la guerre précédente, le marquis de Nangis, colonel du régiment du roi, lui disait qu'on ne pourrait empêcher la désertion de ses soldats qu'en fesant casser la tête aux déserteurs. Remarquez que le marquis, depuis le maréchal de Nangis, ne fut colonel de ce régiment qu'en 1711.

Le premier général qui balança la supériorité de la France fut un Français; car on doit appeler de ce nom le prince Eugène, quoiqu'il fût petit-fils de Charles-Emmanuel, duc de Savoie. Son père, le comte de Soissons, établi en France, lieutenant-général des armées et gouverneur de Champagne, avait épousé Olimpe Mancini, l'une des nièces du cardinal Mazarin. (18 octobre 1663) De ce mariage, d'ailleurs malheureux, naquit à Paris ce prince si dangereux depuis à Louis XIV, et si peu connu de lui dans sa jeunesse. On le nomma d'abord en France le chevalier de Carignan. Il prit ensuite le petit collet. On l'appelait l'abbé de Savoie. On prétend qu'il demanda un régiment au roi, et qu'il essuya la mortification d'un refus accompagné de reproches. Ne pouvant réussir auprès de Louis XIV, il était allé servir l'empereur contre les Turcs dès l'an 1683. Les deux princes de Conti allèrent le joindre en 1685. Le roi fit ordonner aux princes de Conti, et à tous ceux qui fesaient avec eux le voyage, de revenir. L'abbé de Savoie fut le seul qui n'obéit point[a]. Il avait déjà déclaré qu'il renonçait à la France.

[a] Par les instructions à moi envoyées, et puisées dans le dépôt des affaires étrangères, il est évident que le prince Eugène était déjà parti en 1683, et que le marquis de La Fare s'est mépris dans ses Mémoires, quand il fait partir les deux princes de Conti avec le prince Eugène; ce qui a induit les historiens en erreur.

Il y eut alors plusieurs jeunes seigneurs de la cour qui écrivirent aux princes de Conti des lettres indécentes, dans lesquelles ils manquaient de respect au roi, et d'égards pour madame de Maintenon, qui n'était encore que favorite. Les lettres furent interceptées, et ces jeunes gens disgraciés pour quelque temps.

Le compilateur des *Mémoires de Maintenon* est le seul qui avance que le duc de La Rocheguion dit à son frère, le marquis de Liancourt: « Mon « frère, si on intercepte votre lettre, vous méritez la mort. » Premièrement,

Le roi, quand il l'apprit, dit à ses courtisans : « Ne « trouvez-vous pas que j'ai fait là une grande perte ? » et les courtisans assurèrent que l'abbé de Savoie serait toujours un esprit dérangé, un homme incapable de tout. On en jugeait par quelques emportements de jeunesse, sur lesquels il ne faut jamais juger les hommes. Ce prince, trop méprisé à la cour de France, était né avec les qualités qui font un héros dans la guerre et un grand homme dans la paix ; un esprit plein de justesse et de hauteur, ayant le courage nécessaire et dans les armées et dans le cabinet. Il a fait des fautes comme tous les généraux ; mais elles ont été cachées sous le nombre de ses grandes actions. Il a ébranlé la grandeur de Louis XIV et la puissance ottomane ; il a gouverné l'empire ; et dans le cours de ses victoires et de son ministère, il a méprisé également le faste et les richesses. Il a même cultivé les lettres, et les a protégées autant qu'on le pouvait à la cour de Vienne. Agé alors de trente-sept ans, il avait l'expérience de ses victoires remportées sur les Turcs, et des fautes commises par les Impériaux dans les dernières guerres, où il avait servi contre la France.

Il descendit en Italie par le Trentin sur les terres de Venise avec trente mille hommes, et la liberté entière de s'en servir comme il le voudrait. Le roi de

---

on ne mérite point la mort parcequ'une lettre coupable est interceptée, mais parcequ'on l'a écrite : secondement, on ne mérite point la mort pour avoir écrit des plaisanteries. Il parut bien que ces seigneurs, qui tous rentrèrent en grace, ne méritaient point la mort. Tous ces prétendus discours qu'on débite avec légèreté dans le monde, et qui sont ensuite recueillis par des écrivains obscurs et mercenaires, sont indignes de croyance.

France défendit d'abord au maréchal de Catinat de s'opposer au passage du prince Eugène, soit pour ne point commettre le premier acte d'hostilité, ce qui est une mauvaise politique quand on a les armes à la main ; soit pour ménager les Vénitiens, qui étaient pourtant moins dangereux que l'armée allemande.

Cette faute de la cour en fit commettre d'autres à Catinat. Rarement réussit-on quand on suit un plan qui n'est pas le sien. On sait d'ailleurs combien il est difficile dans ce pays, tout coupé de rivières et de ruisseaux, d'empêcher un ennemi habile de les passer. Le prince Eugène joignait à une grande profondeur de desseins une vivacité prompte d'exécution. La nature du terrain aux bords de l'Adige fesait encore que l'armée ennemie était plus ramassée, et la française plus étendue. Catinat voulait aller à l'ennemi ; mais quelques lieutenants-généraux firent des difficultés, et formèrent des cabales contre lui. Il eut la faiblesse de ne se pas faire obéir. La modération de son esprit lui fit commettre cette grande faute. Eugène força d'abord le poste de Carpi, auprès du canal Blanc, défendu par Saint-Fremont, qui ne suivit pas en tout les ordres du général, et qui se fit battre. Après ce succès, l'armée allemande fut maîtresse du pays entre l'Adige et l'Adda ; elle pénétra dans le Bressan, et Catinat recula jusque derrière l'Oglio. Beaucoup de bons officiers approuvaient cette retraite qui leur paraissait sage, et il faut encore ajouter que le défaut des munitions promises par le ministre la rendait nécessaire. Les courtisans, et surtout ceux qui espéraient de commander à la place de Catinat, firent regarder sa conduite comme l'opprobre du nom français. Le maréchal de Villeroi persuada qu'il réparerait l'honneur de la nation. La confiance avec laquelle il parla, et le goût que le roi avait pour lui, obtinrent à ce général le commandement en Italie. Le maréchal de Catinat, malgré les victoires de Staffarde et de la Marsaille, fut obligé de servir sous lui.

Le maréchal duc de Villeroi, fils du gouverneur du roi, élevé avec lui, avait eu toujours sa faveur : il avait été de toutes ses campagnes et de tous ses plaisirs : c'était un homme d'une figure agréable et imposante, très brave, très honnête homme, bon ami, vrai dans la société, magnifique en tout[a]. Mais ses ennemis disaient qu'il était plus occupé, étant général d'armée, de l'honneur et du plaisir de commander, que des desseins d'un grand capitaine. Ils lui reprochaient un attachement à ses opinions qui ne déférait aux avis de personne.

Il vint en Italie donner des ordres au maréchal de Catinat, et des dégoûts au duc de Savoie. Il fesait sentir qu'il pensait en effet qu'un favori de Louis XIV, à

[a] L'auteur, qui dans sa jeunesse eut l'honneur de le voir souvent, a droit d'assurer que c'était là son caractère. La Beaumelle, qui insulte les maréchaux de Villeroi et de Villars, et tant d'autres, dans ses notes du *Siècle de Louis XIV*, parle ainsi de feu M. le maréchal de Villeroi, page 102, tome III des *Mémoires de madame de Maintenon* : « Villeroi le fastueux, qui « amusait les femmes avec tant de légèreté, et qui disait à ses gens avec tant « d'arrogance : A-t-on mis de l'or dans mes poches ? » Comment peut-il attribuer, je ne dis pas à un grand seigneur, mais à un homme bien élevé, ces paroles qu'on attribuait autrefois à un financier ridicule ? Comment peut-il parler de tant d'hommes du siècle passé, du ton d'un homme qui les aurait vus ? et comment peut-on écrire si insolemment de telles indécences, de telles faussetés, et de telles sottises ?

la tête d'une puissante armée, était fort au-dessus d'un prince: il ne l'appelait que *Mons de Savoie* : il le traitait comme un général à la solde de France, et non comme un souverain, maître des barrières que la nature a mises entre la France et l'Italie. L'amitié de ce souverain ne fut pas aussi ménagée qu'elle était nécessaire. La cour pensa que la crainte serait le seul nœud qui le retiendrait, et qu'une armée française, dont environ six à sept mille soldats piémontais étaient sans cesse environnés, répondrait de sa fidélité. Le maréchal de Villeroi agit avec lui comme son égal dans le commerce ordinaire, et comme son supérieur dans le commandement. Le duc de Savoie avait le vain titre de généralissime ; mais le maréchal de Villeroi l'était. Il ordonna d'abord que l'on attaquât le prince Eugène au poste de Chiari, près de l'Oglio. (11 septembre 1701) Les officiers généraux jugeaient qu'il était contre toutes les règles de la guerre d'attaquer ce poste, pour des raisons décisives : c'est qu'il n'était d'aucune conséquence, et que les retranchements en étaient inabordables; qu'on ne gagnait rien en le prenant, et que, si on le manquait, on perdait la réputation de la campagne. Villeroi dit au duc de Savoie qu'il fallait marcher, et envoya un aide-de-camp ordonner de sa part au maréchal de Catinat d'attaquer. Catinat se fit répéter l'ordre trois fois, puis se tournant vers les officiers qu'il commandait : « Allons « donc, dit-il, messieurs, il faut obéir. » On marcha aux retranchements. Le duc de Savoie, à la tête de ses troupes, combattit comme un homme qui aurait été content de la France. Catinat chercha à se faire tuer. Il fut blessé; mais, tout blessé qu'il était, voyant les troupes du roi rebutées, et le maréchal de Villeroi ne donnant point d'ordre, il fit la retraite; après quoi il quitta l'armée, et vint à Versailles rendre compte de sa conduite au roi, sans se plaindre de personne.

(2 février 1702) Le prince Eugène conserva toujours sa supériorité sur le maréchal de Villeroi. Enfin, au cœur de l'hiver, un jour que ce maréchal dormait avec sécurité dans Crémone, ville assez forte, et munie d'une très grande garnison, il est réveillé au bruit des décharges de mousqueterie. Il se lève en hâte, monte à cheval; la première chose qu'il rencontre, c'est un escadron ennemi. Le maréchal aussitôt est fait prisonnier, et conduit hors de la ville, sans savoir ce qui s'y passait, et sans pouvoir imaginer la cause d'un événement si étrange. Le prince Eugène était déjà dans Crémone. Un prêtre, nommé Bozzoli, prévôt de Sainte-Marie-la-Neuve, avait introduit les troupes allemandes par un égout. Quatre cents soldats, entrés par cet égout dans la maison du prêtre, avaient sur-le-champ égorgé la garde des deux portes; les deux portes ouvertes, le prince Eugène entre avec quatre mille hommes. Tout cela s'était fait avant que le gouverneur, qui était Espagnol, s'en fût douté, et avant que le maréchal de Villeroi fût éveillé. Le secret, l'ordre, la diligence, toutes les précautions possibles, avaient préparé l'entreprise. Le gouverneur espagnol se montre d'abord dans les rues avec quelques soldats; il est tué d'un coup de fusil: tous les officiers généraux sont ou tués ou pris, à la

réserve du comte de Revel, lieutenant-général, et du marquis de Praslin. Le hasard confondit la prudence du prince Eugène.

Le chevalier d'Entragues devait faire ce jour-là, dans la ville, une revue du régiment des vaisseaux, dont il était colonel; et déjà les soldats s'assemblaient à quatre heures du matin, à une extrémité de la ville, précisément dans le temps que le prince Eugène entrait par l'autre. D'Entragues commence à courir par les rues avec ses soldats. Il résiste aux Allemands qu'il rencontre. Il donne le temps au reste de la garnison d'accourir. Les officiers, les soldats, pêle-mêle, les uns mal armés, les autres presque nus, sans commandement, sans ordre, remplissent les rues, les places publiques. On combat en confusion; on se retranche de rue en rue, de place en place. Deux régiments irlandais, qui fesaient partie de la garnison, arrêtent les efforts des Impériaux. Jamais ville n'avait été surprise avec plus de sagesse, ni défendue avec tant de valeur. La garnison était d'environ cinq mille hommes. Le prince Eugène n'en avait pas encore introduit plus de quatre mille. Un gros détachement de son armée devait arriver par le pont du Pô : les mesures étaient bien prises. Un autre hasard les dérangea toutes. Ce pont du Pô, mal gardé par environ cent soldats français, devait d'abord être saisi par les cuirassiers allemands, qui, dans l'instant que le prince Eugène entra dans la ville, furent commandés pour aller s'en emparer. Il fallait, pour cet effet, qu'étant entrés par la porte du midi, voisine de l'égout, ils sortissent sur-le-champ de Crémone, du côté du nord, par la porte du Pô, et qu'ils courussent au pont. Ils y allaient ; le guide qui les conduisait est tué d'un coup de fusil tiré d'une fenêtre; les cuirassiers prennent une rue pour une autre : ils alongent leur chemin. Dans ce petit intervalle de temps, les Irlandais se jettent à la porte du Pô; ils combattent et repoussent les cuirassiers : le marquis de Praslin profite du moment; il fait couper le pont : alors le secours que l'ennemi attendait ne peut arriver, et la ville est sauvée.

Le prince Eugène, après avoir combattu tout le jour, toujours maître de la porte par laquelle il était entré, se retire enfin, emmenant le maréchal de Villeroi et plusieurs officiers généraux prisonniers, mais ayant manqué Crémone, que son activité et sa prudence, jointes à la négligence du gouverneur, lui avaient donnée, et que le hasard et la valeur des Français et des Irlandais lui ôtèrent.

Le maréchal de Villeroi, extrêmement malheureux en cette occasion, fut condamné à Versailles par les courtisans avec toute la rigueur et l'amertume qu'inspiraient sa faveur et son caractère, dont l'élévation leur paraissait trop approcher de la vanité. Le roi, qui le plaignait sans le condamner, irrité qu'on blâmât si hautement son choix, s'échappa à dire [a] : « On se dé-« chaîne contre lui, parcequ'il est mon favori » : terme dont il ne se servit jamais pour personne que cette

---

[a] Voyez les *Mémoires de Dangeau*.
On chantait à la cour, à Paris, et dans l'armée :

> Français, rendez grace à Bellone.
> Votre bonheur est sans égal ;
> Vous avez conservé Crémone,
> Et perdu votre général.

seule fois en sa vie. Le duc de Vendôme fut aussitôt nommé pour aller commander en Italie.

Le duc de Vendôme, petit-fils de Henri IV, était intrépide comme lui, doux, bienfesant, sans faste, ne connaissant ni la haine, ni l'envie, ni la vengeance. Il n'était fier qu'avec des princes; il se rendait l'égal de tout le reste. C'était le seul général sous lequel le devoir du service, et cet instinct de fureur purement animal et mécanique qui obéit à la voix des officiers, ne menassent point des soldats au combat : ils combattaient pour le duc de Vendôme; ils auraient donné leur vie pour le tirer d'un mauvais pas, où la précipitation de son génie l'engageait quelquefois. Il ne passait pas pour méditer ses desseins avec la même profondeur que le prince Eugène, et pour entendre comme lui l'art de faire subsister les armées. Il négligeait trop les détails; il laissait périr la discipline militaire; la table et le sommeil lui dérobaient trop de temps, aussi bien qu'à son frère. Cette mollesse le mit plus d'une fois en danger d'être enlevé; mais un jour d'action, il réparait tout par une présence d'esprit et par des lumières que le péril rendait plus vives, et ces jours d'action, il les cherchait toujours; moins fait, à ce qu'on disait, pour une guerre défensive, et aussi propre à l'offensive que le prince Eugène.

Ce désordre et cette négligence qu'il portait dans les armées, il l'avait à un excès surprenant dans sa maison, et même sur sa personne : à force de haïr le faste, il en vint à une malpropreté cynique dont il n'y a point d'exemple; et son désintéressement, la plus noble des vertus, devint en lui un défaut qui lui fit perdre, par son dérangement, beaucoup plus qu'il n'eût dépensé en bienfaits. On l'a vu manquer souvent du nécessaire. Son frère le grand prieur, qui commanda sous lui en Italie, avait tous ces mêmes défauts, qu'il poussait encore plus loin, et qu'il ne rachetait que par la même valeur. Il était étonnant de voir deux généraux ne sortir souvent de leur lit qu'à quatre heures après midi, et deux princes, petits-fils de Henri IV, plongés dans une négligence de leurs personnes, dont les plus vils des hommes auraient eu honte.

Ce qui est plus surprenant encore, c'est ce mélange d'activité et d'indolence, avec lequel Vendôme fit contre Eugène une guerre vive d'artifice, de surprises, de marches, de passages de rivières, de petits combats souvent aussi inutiles que meurtriers, de batailles sanglantes où les deux partis s'attribuaient la victoire : (15 auguste 1702) telle fut celle de Luzara, pour laquelle les *Te Deum* furent chantés à Vienne et à Paris. Vendôme était vainqueur toutes les fois qu'il n'avait pas affaire au prince Eugène en personne; mais, dès qu'il le retrouvait en tête, la France n'avait plus aucun avantage.

(Janvier 1703) Au milieu de ces combats, et des siéges de tant de châteaux et de petites villes, des nouvelles secrètes arrivent à Versailles que le duc de Savoie, petit-fils d'une sœur de Louis XIII, beau-père du duc de Bourgogne, beau-père de Philippe V, va quitter les Bourbons, et marchande l'appui de l'empereur. Tout le monde est surpris qu'il abandonne à-la-fois ses deux gendres, et même, à ce qu'on croit, ses véritables intérêts: Mais l'empereur lui promettait tout ce que ses gendres lui avaient refusé, le Montferrat-Mantouan, Alexandrie, Valence, les pays entre le Pô et le Tanaro, et plus d'argent que la France ne lui en donnait. Cet argent devait être fourni par l'Angleterre; car l'empereur en avait à peine pour soudoyer ses armées. L'Angleterre, la plus riche des alliés, contribuait plus qu'eux tous pour la cause commune. Si le duc de Savoie consulta peu les lois des nations et celles de la nature, c'est une question de morale, laquelle se mêle peu de la conduite des souverains. L'événement seul a fait voir à la fin qu'il ne manqua pas, au moins dans son traité, aux lois de la politique: mais il y manqua dans un autre point bien essentiel; ce fut en laissant ses troupes à la merci des Français, tandis qu'il traitait avec l'empereur. (19 août 1703) Le duc de Vendôme les fit désarmer. Elles n'étaient à la vérité que de cinq mille hommes; mais ce n'était pas un petit objet pour le duc de Savoie.

A peine la maison de Bourbon a-t-elle perdu cet allié, qu'elle apprend que le Portugal est déclaré contre elle. Pierre, roi de Portugal, reconnaît l'archiduc Charles pour roi d'Espagne. Le conseil impérial, au nom de cet archiduc, démembrait, en faveur de Pierre II, une monarchie dans laquelle il n'avait pas encore une ville: il lui cédait, par un de ces traités qui n'ont point eu d'exécution, Vigo, Bayonne, Alcantara, Badajoz, une partie de l'Estramadoure, tous les pays situés à l'occident de la rivière de la Plata en Amérique; en un mot, il partageait ce qu'il n'avait pas, pour acquérir ce qu'il pourrait en Espagne.

Le roi de Portugal, le prince de Darmstadt, ministre de l'archiduc, l'amirante de Castille, son partisan, implorèrent même le secours du roi de Maroc. Non seulement ils firent des traités avec ce barbare pour avoir des chevaux et du blé, mais ils demandèrent des troupes. L'empereur de Maroc, Muley Ismaël, le tyran le plus guerrier et le plus politique qui fût alors chez les nations mahométanes, ne voulut envoyer ses troupes qu'à des conditions dangereuses pour la chrétienté, et honteuses pour le roi de Portugal : il demandait en otage un fils de ce roi, et des villes. Le traité n'eut point lieu. Les chrétiens se déchirèrent de leurs propres mains, sans y joindre celles des barbares. Ce secours d'Afrique ne valait pas, pour la maison d'Autriche, celui d'Angleterre et de Hollande.

Churchill, comte et ensuite duc de Marlborough, déclaré général des troupes anglaises et hollandaises dès l'an 1702, fut l'homme le plus fatal à la grandeur de la France qu'on eût vu depuis plusieurs siècles. Il n'était pas comme ces généraux auxquels un ministre donne par écrit le projet d'une campagne, et qui, après avoir suivi à la tête d'une armée les ordres du cabinet, reviennent briguer l'honneur de servir encore. Il gouvernait alors la reine d'Angleterre, et par le besoin qu'on avait de lui, et par l'autorité que sa femme avait sur l'esprit de cette reine. Il menait le parlement par son crédit et par celui de Godolphin, grand trésorier, dont le fils épousa sa fille. Ainsi, maître de la cour, du parlement, de la guerre, et des finances, plus roi que n'avait été Guillaume, aussi politique que lui, et beaucoup plus grand capitaine, il fit plus que les alliés n'osaient espérer. Il avait, par-dessus tous les généraux de son temps, cette tranquillité de courage au milieu du tumulte, et cette sérénité d'ame dans le péril, que les Anglais appellent *cold head*, *tête froide*. C'est peut-être cette qualité, le premier don de la nature pour le commandement, qui a donné autrefois tant d'avantages aux Anglais sur les Français dans les plaines de Poitiers, de Crécy, et d'Azincourt [1].

Marlborough, guerrier infatigable pendant la campagne, devenait un négociateur aussi agissant pendant l'hiver. Il allait à La Haye et dans toutes les cours d'Allemagne. Il persuadait les Hollandais de s'épuiser pour abaisser la France. Il excitait les ressentiments de l'électeur palatin. Il allait flatter la fierté de l'électeur de Brandebourg, lorsque ce prince voulut être roi. Il lui présentait la serviette à table, pour en tirer un secours de sept à huit mille soldats. Le prince Eugène, de son côté, ne finissait une campagne que pour aller faire lui-même à Vienne les préparatifs de l'autre. On sait si les armées en sont mieux pourvues quand le général est le ministre. Ces deux hommes, tantôt commandant ensemble, tantôt séparément, furent toujours d'intelligence; ils conféraient souvent à La Haye avec le grand pensionnaire Heinsius et le greffier Fagel, qui gouvernaient les Provinces-Unies

[1] Voyez tome XVI, pages 372, 362, 397. B.

avec autant de lumières que les Barnevelt et les de Witt, et avec plus de bonheur. Ils fesaient toujours de concert mouvoir les ressorts de la moitié de l'Europe contre la maison de Bourbon ; et le ministère de France était alors bien faible pour résister long-temps à ces forces réunies. Le secret de leur projet de campagne fut toujours gardé entre eux. Ils arrangeaient eux-mêmes leurs desseins, et ne les confiaient à ceux qui devaient les seconder qu'au point de l'exécution. Chamillart, au contraire, n'étant ni politique, ni guerrier, ni même homme de finance, et jouant cependant le rôle d'un premier ministre, dans l'impuissance où il était de faire des arrangements par lui-même, les recevait de plusieurs mains subalternes. Son secret était quelquefois divulgué, avant même qu'il sût précisément ce qu'on devait faire. C'est ce que le marquis de Feuquières lui reproche avec raison : et madame de Maintenon avoue dans ses lettres que cet homme qu'elle avait choisi était un ministre incapable. Ce fut là une des principales causes du malheur de la France.

Dès que Marlborough eut le commandement des armées confédérées en Flandre, il fit voir qu'il avait appris l'art de la guerre sous Turenne. Il avait fait autrefois ses premières campagnes, volontaire sous ce général. On ne l'appelait dans l'armée que *le bel Anglais ;* mais le vicomte de Turenne avait jugé que le bel Anglais serait un jour un grand homme. Il commença par élever des officiers subalternes et jusqu'alors inconnus, dont il démêlait le mérite, sans s'assujettir à l'ordre du grade militaire, que nous appelons en France l'*ordre du tableau*. Il savait que quand les grades ne sont que la suite de l'ancienneté, l'émulation périt; et qu'un officier, pour être plus ancien, n'est pas toujours meilleur. (1702) Il forma d'abord des hommes. Il gagna du terrain sur les Français sans combattre. Le premier mois, le comte d'Athlone, général hollandais, lui disputait le commandement; et dès le second, il fut obligé de lui déférer en tout. Le roi de France avait envoyé contre lui son petit-fils le duc de Bourgogne, prince sage et juste, né pour rendre les hommes heureux. Le maréchal de Boufflers, homme d'un courage infatigable, commandait l'armée sous ce jeune prince. Mais le duc de Bourgogne, après avoir vu prendre plusieurs places, après avoir été forcé de reculer par les marches savantes de l'Anglais, revint à Versailles au milieu de la campagne. (Septembre et octobre 1702). Boufflers resta seul témoin des succès de Marlborough, qui prit Venloo, Ruremonde, Liége, avançant toujours, et ne perdant pas un moment la supériorité.

Marlborough, de retour à Londres après cette campagne, reçut les honneurs dont on peut jouir dans une monarchie et dans une république; créé duc par la reine; et, ce qui est plus flatteur, remercié par les deux chambres du parlement dont les députés vinrent le complimenter dans sa maison.

Il s'élevait cependant un homme qui semblait devoir rassurer la fortune de la France: c'était le maréchal duc de Villars, alors lieutenant-général, et que nous avons vu depuis généralissime des armées de France, d'Espagne, et de Sardaigne, à l'âge de quatre-vingt-deux ans, officier plein d'audace et de confiance. Il avait été l'artisan de sa fortune par son opiniâtreté à faire au-delà de son devoir. Il déplut quelquefois à Louis XIV, et, ce qui était plus dangereux, à Louvois, parcequ'il leur parlait avec la même hardiesse qu'il servait. On lui reprochait de n'avoir pas une modestie digne de sa valeur : mais enfin on s'était aperçu qu'il avait un génie fait pour la guerre, et fait pour conduire des Français. On l'avait avancé en peu d'années, après l'avoir laissé languir long-temps.

Il n'y a guère eu d'hommes dont la fortune ait fait plus de jaloux, et qui ait dû moins en faire. Il a été maréchal de France, duc et pair, gouverneur de province ; mais aussi il a sauvé l'état : et d'autres, qui l'ont perdu, ou qui n'ont été que courtisans, ont eu à peu près les mêmes récompenses. On lui a reproché jusqu'à ses richesses, quoique médiocres, acquises par des contributions dans le pays ennemi, prix légitime de sa valeur et de sa conduite ; pendant que ceux qui ont élevé des fortunes dix fois plus considérables par des voies honteuses les ont possédées avec l'approbation universelle. Il n'a guère commencé à jouir de sa renommée que vers l'âge de quatre-vingts ans. Il fallait qu'il survécût à toute la cour pour goûter pleinement sa gloire.

Il n'est pas inutile qu'on sache quelle a été la raison de cette injustice dans les hommes : c'est que le maréchal de Villars n'avait point d'art. Il n'avait ni celui de se faire des amis avec de la probité et de l'esprit, ni celui de se faire valoir, quoiqu'il parlât de lui-même comme il méritait que les autres en parlassent.

Il dit un jour au roi devant toute la cour, lorsqu'il prenait congé pour aller commander l'armée : « Sire, je vais combattre les ennemis de votre majesté, et je vous laisse au milieu des miens[1]. » Il dit aux courtisans du duc d'Orléans, régent du royaume, devenus riches par ce bouleversement de l'état appelé système : « Pour moi, je n'ai jamais rien « gagné que sur les ennemis. » Ces discours, où il mettait le même courage que dans ses actions, rabaissaient trop les autres hommes, déjà assez irrités par son bonheur.

Il était, en ces commencements de la guerre, l'un des lieutenants-généraux qui commandaient des détachements dans l'Alsace. Le prince de Bade, à la tête de l'armée impériale, venait de prendre Landau, défendue par Mélac pendant quatre mois. Ce prince fesait des progrès. Il avait les avantages du nombre, du terrain, et d'un commencement de campagne heureux. Son armée était dans ces montagnes du Brisgaw qui touchent à la forêt Noire : et cette forêt immense séparait les troupes bavaroises des françaises. Catinat commandait dans Strasbourg. Sa circonspection l'empêcha d'entreprendre d'aller attaquer le prince de Bade avec tant de désavantages. L'armée de France eût été perdue sans ressource, et l'Alsace eût été ouverte par un mauvais succès. Villars, qui avait résolu d'être maréchal de France ou de périr, hasarda ce que Catinat n'osait faire. Il en obtint permission de la cour. Il marcha aux Impériaux avec une armée

---

[1] Voltaire a mis en vers ces paroles : voyez, tome XII, le troisième de ses *Discours sur l'homme*. B.

inférieure vers Fridlingen, et donna la bataille qui porte ce nom.

(14 octobre 1702) La cavalerie se battait dans la plaine : l'infanterie française gravit au haut de la montagne, et attaqua l'infanterie allemande retranchée dans des bois. J'ai entendu dire plus d'une fois au maréchal de Villars que la bataille étant gagnée, comme il marchait à la tête de son infanterie, une voix cria : *Nous sommes coupés.* A ce mot, tous ses régiments s'enfuirent. Il court à eux, et leur crie : *Allons, mes amis, la victoire est à nous ! vive le roi!* Les soldats répondent : *vive le roi!* en tremblant, et recommencent à fuir. La plus grande peine qu'eut le général, ce fut de rallier les vainqueurs. Si deux régiments ennemis avaient paru dans le moment de cette terreur panique, les Français étaient battus : tant la fortune décide souvent du gain des batailles.

Le prince de Bade, après avoir perdu trois mille hommes, son canon, son champ de bataille, après avoir été poursuivi deux lieues à travers les bois et les défilés, tandis que, pour preuve de sa défaite, le fort de Fridlingen capitulait, manda cependant à Vienne qu'il avait remporté la victoire, et fit chanter un *Te Deum*, plus honteux pour lui que la bataille perdue.

Les Français, remis de leur terreur panique, proclamèrent Villars maréchal de France sur le champ de bataille ; et le roi, quinze jours après, confirma ce que la voix des soldats lui avait donné.

(Avril 1703) Le maréchal de Villars joint enfin l'électeur de Bavière avec ses troupes victorieuses : il le trouve vainqueur de son côté, gagnant du terrain, et maître de la ville impériale de Ratisbonne, où l'empire assemblé venait de conjurer sa perte.

Villars était plus fait pour bien servir l'état en ne suivant que son génie, que pour agir de concert avec un prince. Il mena, ou plutôt il entraîna l'électeur au-delà du Danube; et quand le fleuve fut passé, l'électeur se repentit, voyant que le moindre échec laisserait ses états à la merci de l'empereur. Le comte de Styrum, à la tête d'un corps d'environ vingt mille hommes, allait se joindre à la grande armée du prince de Bade, auprès de Donavert. *Il faut les prévenir*, dit le maréchal au prince; *il faut tomber sur Styrum, et marcher tout-à-l'heure*. L'électeur temporisait : il répondait qu'il en devait conférer avec ses généraux et ses ministres. « C'est moi qui suis votre ministre et « votre général, lui répliquait Villars. Vous faut-il « d'autre conseil que moi, quand il s'agit de donner « bataille ? » Le prince, occupé du danger de ses états, reculait encore; il se fâchait contre le général : « Hé « bien ! lui dit Villars, si votre altesse électorale ne « veut pas saisir l'occasion avec ses Bavarois, je vais « combattre avec les Français; » et aussitôt il donne ordre pour l'attaque. Le prince, indigné[a], et ne voyant

---

[a] Tout ceci doit se trouver dans les *Mémoires du maréchal de Villars*, manuscrits; j'y ai lu ces détails. Le premier tome imprimé de ces Mémoires est absolument de lui; les deux autres sont d'une main étrangère et un peu différente.

On voit, par les dépêches du maréchal, combien il avait à souffrir de la cour de Bavière : « Peut-être valait-il mieux lui plaire que de le bien servir. « Ses gens en usent ainsi. Les Bavarois, les étrangers, tous ceux qui l'ont

dans ce Français qu'un téméraire, fut obligé de combattre malgré lui. C'était dans les plaines d'Hochstedt, auprès de Donavert.

(20 septembre 1703) Après la première charge on vit encore un effet de ce que peut la fortune dans les combats. L'armée ennemie et la française, saisies d'une terreur panique, prirent la fuite toutes deux en même temps, et le maréchal de Villars se vit presque seul quelques minutes sur le champ de bataille : il rallia les troupes, les ramena au combat, et remporta la victoire. On tua trois mille Impériaux : on en prit quatre mille : ils perdirent leur canon et leur bagage. L'électeur se rendit maître d'Augsbourg. Le chemin de Vienne était ouvert. Il fut agité dans le conseil de l'empereur s'il sortirait de sa capitale.

La terreur de l'empereur était excusable : il était alors battu partout. (6 septembre) Le duc de Bourgogne, ayant sous lui les maréchaux de Tallard et de Vauban, venait de prendre le vieux Brisach. (14 novembre 1703) Tallard venait non seulement de reprendre Landau, mais il avait encore défait auprès de Spire le prince de Hesse, depuis roi de Suède, qui voulait secourir la ville. Si l'on en croit le marquis de Feuquières, cet officier et ce juge si instruit dans l'art militaire, mais si sévère dans ses jugements, le

« volé, friponné au jeu, livré à l'empereur, ont fait avec lui leur for-
« tune, etc. »

Il entend par ces mots, *livré à l'empereur*, une intrigue que les ministres de l'électeur de Bavière formaient alors pour faire sa paix avec l'Autriche, dans le temps que la France combattait pour lui. — Voyez ma note sur les *Mémoires* de Villars, tome XIX, page 219. B.

maréchal de Tallard ne gagna cette bataille que par une faute et par une méprise. Mais enfin il écrivit du champ de bataille au roi : « Sire, votre armée a « pris plus d'étendards et de drapeaux qu'elle n'a « perdu de simples soldats. »

Cette action fut celle de toute la guerre où la baïonnette fit le plus de carnage. Les Français, par leur impétuosité, avaient un grand avantage en se servant de cette arme. Elle est devenue depuis plus menaçante que meurtrière. Le feu soutenu et roulant a prévalu. Les Allemands et les Anglais s'accoutumèrent à tirer par divisions avec plus d'ordre et de promptitude que les Français. Les Prussiens furent les premiers qui chargèrent leurs fusils avec des baguettes de fer. Le second roi de Prusse les disciplina, de sorte qu'ils pouvaient tirer six coups par minute très aisément. Trois rangs tirant à-la-fois, et avançant ensuite rapidement, décident aujourd'hui du sort des batailles. Les canons de campagne font un effet non moins redoutable. Les bataillons que ce feu ébranle n'attendent pas l'attaque des baïonnettes, et la cavalerie achève de les rompre. Ainsi la baïonnette effraie plus qu'elle ne tue, et l'épée est devenue absolument inutile à l'infanterie. La force du corps, l'adresse, le courage d'un combattant ne lui servent plus de rien. Les bataillons sont devenus de grandes machines, dont la mieux montée dérange nécessairement celle qui lui est opposée. C'est précisément par cette raison que le prince Eugène a gagné contre les Turcs les célèbres batailles de Témesvar et de Belgrade, où les Turcs auraient eu probablement l'avantage par leur nombre supérieur, s'il y avait eu ce qu'on appelle une mêlée. Ainsi l'art de se détruire est non seulement tout autre de ce qu'il était avant l'invention de la poudre, mais de ce qu'il était il y a cent ans.

Cependant la fortune de la France se soutenant d'abord si heureusement du côté de l'Allemagne, on présumait que le maréchal de Villars la pousserait encore plus loin avec cette impétuosité qui déconcertait la lenteur allemande : mais ce même caractère qui en fesait un chef redoutable, le rendait incompatible avec l'électeur de Bavière. Le roi voulait qu'un général ne fût fier qu'avec l'ennemi; et l'électeur de Bavière fut assez malheureux pour demander un autre maréchal de France.

Villars lui-même, fatigué des petites intrigues d'une cour orageuse et intéressée, des irrésolutions de l'électeur, et plus encore des lettres du ministre d'état Chamillart, plein de prévention contre lui comme d'ignorance, demanda au roi sa retraite. Ce fut la seule récompense qu'il eut des opérations de guerre les plus savantes, et d'une bataille gagnée. Chamillart, pour le malheur de la France, l'envoya dans le fond des Cévennes réprimer des paysans fanatiques, et il ôta aux armées françaises le seul général qui pût alors, ainsi que le duc de Vendôme, leur inspirer un courage invincible. On parlera de ces fanatiques dans le chapitre de la religion[1]. Louis XIV avait alors des ennemis plus terribles, plus heureux, et plus irréconciliables que ces habitants des Cévennes.

[1] Voyez chap. xxxvi. B.

CHAPITRE XIX.

Perte de la bataille de Bleinheim, ou d'Hochstedt, et ses suites.

Le duc de Marlborough était revenu vers les Pays-Bas, au commencement de 1703, avec la même conduite et la même fortune. Il avait pris Bonn, résidence de l'électeur de Cologne. De là il avait repris Huy, Limbourg, et s'était rendu maître de tout le Bas-Rhin. Le maréchal de Villeroi, au sortir de sa prison, commandait en Flandre, et n'était pas plus heureux contre Marlborough qu'il l'avait été contre le prince Eugène. En vain le maréchal de Boufflers venait de remporter, avec un détachement de l'armée, un petit avantage au combat d'Eckeren, contre Obdam, général hollandais. Un succès qui n'a point de suite n'est rien.

Cependant, si le général anglais ne marchait pas au secours de l'empereur, la maison d'Autriche semblait perdue. L'électeur de Bavière était maître de Passau. Trente mille Français, sous les ordres du maréchal de Marsin, qui avait succédé à Villars, inondaient le pays au-delà du Danube. Des partis couraient dans l'Autriche. Vienne était menacée d'un côté par les Français et les Bavarois, de l'autre par le prince Ragotski, à la tête des Hongrois combattant pour leur liberté, et secourus de l'argent de la France et de celui des Turcs. Alors le prince Eugène accourt d'Italie; il vient prendre le commandement des armées d'Allemagne : il voit à Heilbron le duc de Marlborough. Ce général anglais, que rien ne gênait dans sa conduite, et que sa reine et les Hollandais laissaient maître de ses desseins, marche au secours du centre de l'empire. Il prend d'abord avec lui dix mille Anglais d'infanterie et vingt-trois escadrons. Il hâte sa marche : il arrive vers le Danube; auprès de Donavert, vis-à-vis les lignes de l'électeur de Bavière, dans lesquelles environ huit mille Français et autant de Bavarois retranchés gardaient les pays conquis par eux. Après deux heures de combat (2 juillet 1704), Marlborough perce à la tête de trois bataillons anglais, renverse les Bavarois et les Français. On dit qu'il tua six mille hommes, et qu'il en perdit presque autant. Peu importe à un général le nombre des morts quand il vient à bout de son entreprise. Il prend Donavert : il passe le Danube : il met la Bavière à contribution.

Le maréchal de Villeroi, qui l'avait voulu suivre dans ses premières marches, l'avait tout d'un coup perdu de vue, et n'apprit où il était qu'en apprenant cette victoire de Donavert.

Le maréchal de Tallard, avec un corps d'environ trente mille hommes, vient pour s'opposer à Marlborough par un autre chemin, et se joint à l'électeur ; dans le même temps le prince Eugène arrive, et se joint à Marlborough.

Enfin les deux armées se rencontrent assez près de ce même Donavert, et dans les mêmes campagnes où le maréchal de Villars avait remporté une victoire un an auparavant. Il était alors dans les Cévennes. Je sais qu'ayant reçu une lettre de l'armée de Tallard, écrite la veille de la bataille, par laquelle on lui mandait la disposition des deux armées, et la manière dont le maréchal de Tallard voulait combattre, il écrivit au président de Maisons son beau-frère, que si le maréchal de Tallard donnait bataille en gardant cette position, il serait infailliblement défait. On montra la lettre à Louis XIV; elle a été publique.

(13 août 1704) L'armée de France, en comptant les Bavarois, était de quatre-vingt-deux bataillons et de cent soixante escadrons, ce qui fesait à peu près soixante mille combattants, parceque les corps n'étaient pas complets. Soixante-quatre bataillons et cent cinquante-deux escadrons composaient l'armée ennemie, qui n'était forte que d'environ cinquante-deux mille hommes, car on fait toujours les armées plus nombreuses qu'elles ne le sont. Cette journée si sanglante et si décisive mérite une attention particulière. On a reproché bien des fautes aux généraux français : la première était de s'être mis dans la nécessité de recevoir la bataille, au lieu de laisser l'armée ennemie se consumer faute de fourrage, et de donner au maréchal de Villeroi le temps de tomber sur les Pays-Bas dégarnis, ou de s'avancer en Allemagne. Mais il faut considérer, pour réponse à ce reproche, que l'armée française, étant un peu plus forte que celle des alliés, pouvait espérer de la défaire, et que la victoire eût détrôné l'empereur. Le marquis de Feuquières compte douze fautes capitales que firent l'électeur, Marsin, et Tallard, avant et après la bataille. Une des plus considérables était de n'avoir point un gros corps

d'infanterie à leur centre, et d'avoir séparé leurs deux corps d'armée. J'ai entendu souvent de la bouche du maréchal de Villars que cette disposition était inexcusable.

Le maréchal de Tallard était à l'aile droite, l'électeur avec Marsin à la gauche. Le maréchal de Tallard avait dans le courage toute l'ardeur et la vivacité française, un esprit actif, perçant, fécond en expédients et en ressources. C'était lui qui avait conclu les traités de partage. Il était allé à la gloire et à la fortune par toutes les voies d'un homme d'esprit et de cœur. La bataille de Spire lui avait fait un très grand honneur, malgré les critiques de Feuquières; car un général victorieux n'a point fait de fautes aux yeux du public; de même que le général battu a toujours tort, quelque sage conduite qu'il ait eue.

Mais le maréchal de Tallard avait un malheur bien dangereux pour un général; sa vue était si faible qu'il ne distinguait pas les objets à vingt pas de lui. Ceux qui l'ont bien connu m'ont dit encore que son courage ardent, tout contraire à celui de Marlborough, s'enflammant dans la chaleur de l'action, ne laissait pas à son esprit une liberté assez entière. Ce défaut lui venait d'un sang sec et allumé. On sait assez que notre tempérament fait toutes les qualités de notre ame.

Le maréchal de Marsin n'avait jusque-là jamais commandé en chef; et, avec beaucoup d'esprit et un sens droit, il avait, disait-on, l'expérience d'un bon officier, plus que d'un général.

Pour l'électeur de Bavière, on le regardait moins comme un grand capitaine que comme un prince vaillant, aimable, chéri de ses sujets, ayant dans l'esprit plus de magnanimité que d'application.

Enfin la bataille commença entre midi et une heure. Marlborough et ses Anglais, ayant passé un ruisseau, chargeaient déjà la cavalerie de Tallard. Ce général, un peu avant ce temps-là, venait de passer à la gauche pour voir comment elle était disposée. C'était déjà un assez grand désavantage que l'armée de Tallard combattît sans que son général fût à sa tête. L'armée de l'électeur et de Marsin n'était point encore attaquée par le prince Eugène. Marlborough entama l'aile droite française près d'une heure avant qu'Eugène eût pu arriver vers l'électeur à la gauche.

Sitôt que le maréchal de Tallard apprend que Marlborough attaque son aile, il y court : il trouve une action furieuse engagée ; la cavalerie française trois fois ralliée et trois fois poussée. Il va vers le village de Bleinheim, où il avait posté vingt-sept bataillons et douze escadrons. C'était une petite armée séparée : elle fesait un feu continuel sur celle de Marlborough. De ce village, où il donne ses ordres, il revole à l'endroit où Marlborough, avec de la cavalerie et des bataillons entre les escadrons, poussait la cavalerie française.

M. de Feuquières se trompe assurément, quand il dit que le maréchal de Tallard n'y était pas, et qu'il fut pris prisonnier en revenant de l'aile de Marsin à la sienne. Toutes les relations conviennent, et il ne fut que trop vrai pour lui, qu'il y était présent. Il y fut blessé ; son fils y reçut un coup mortel auprès de lui. Toute sa cavalerie est mise en déroute en sa présence.

Marlborough vainqueur perce d'un côté entre les deux armées françaises; de l'autre, ses officiers généraux percent aussi entre ce village de Bleinheim et l'armée de Tallard, séparée encore de la petite armée qui est dans Bleinheim.

Le maréchal de Tallard, dans cette cruelle situation, court pour rallier quelques escadrons. La faiblesse de sa vue lui fait prendre un escadron ennemi pour un français. Il est fait prisonnier par les troupes de Hesse, qui étaient à la solde de l'Angleterre. Au moment que le général était pris, le prince Eugène, trois fois repoussé, gagnait enfin l'avantage. La déroute était déjà totale et la fuite précipitée dans le corps d'armée du maréchal de Tallard. La consternation et l'aveuglement de toute cette droite étaient au point qu'officiers et soldats se jetaient dans le Danube, sans savoir où ils allaient. Aucun officier général ne donnait d'ordre pour la retraite; aucun ne pensait ou à sauver ces vingt-sept bataillons et ces douze escadrons des meilleures troupes de France, enfermés si malheureusement dans Bleinheim, ou à les faire combattre. Le maréchal de Marsin fit alors la retraite. Le comte du Bourg, depuis maréchal de France, sauva une petite partie de l'infanterie, en se retirant par les marais d'Hochstedt; mais ni lui, ni Marsin, ni personne ne songea à cette armée qui restait encore dans Bleinheim, attendant des ordres, et n'en recevant point. Elle était de onze mille hommes effectifs; c'étaient les plus anciens corps. Il y a plusieurs exemples de moindres armées qui ont battu des armées de cinquante mille hommes, ou qui ont fait des retraites glorieuses ; mais l'endroit où on se trouve posté décide de tout. Ils ne pouvaient sortir des rues étroites d'un village, pour se mettre d'eux-mêmes en ordre de bataille devant une armée victorieuse, qui les eût à chaque instant accablés par un plus grand front, par son artillerie, et par les canons mêmes de l'armée vaincue, qui étaient déjà au pouvoir du vainqueur. L'officier général qui devait les commander, le marquis de Clérembault, fils du maréchal de Clérembault, courut pour demander les ordres au maréchal de Tallard ; il apprend qu'il est pris : il ne voit que des fuyards : il fuit avec eux, et va se noyer dans le Danube.

Sivières, brigadier, qui était posté dans ce village, tente alors un coup hardi : il crie aux officiers d'Artois et de Provence de marcher avec lui : plusieurs officiers même des autres régiments y accourent ; ils fondent sur l'ennemi, comme on fait une sortie d'une place assiégée ; mais après la sortie, il faut rentrer dans la place. Un de ces officiers, nommé Dés-Nonvilles, revint à cheval un moment après dans le village avec milord Orkney du nom d'Hamilton. « Est-ce « un Anglais prisonnier que vous nous amenez ? » lui dirent les officiers en l'entourant. « Non, messieurs, « je suis prisonnier moi-même, et je viens vous dire « qu'il n'y a d'autre parti pour vous que de vous « rendre prisonniers de guerre. Voilà le comte d'Or- « kney qui vous offre la capitulation. » Toutes ces vieilles bandes frémirent ; Navarre déchira et enterra ses drapeaux, mais enfin il fallut plier sous la nécessité ; et cette armée se rendit sans combattre. Milord

Orkney m'a dit que ce corps de troupes ne pouvait faire autrement dans sa situation gênée. L'Europe fut étonnée que les meilleures troupes françaises eussent subi en corps cette ignominie. On imputait leur malheur à lâcheté : mais quelques années après, quatorze mille Suédois, se rendant à discrétion aux Russes en rase campagne, ont justifié les Français.

Telle fut la célèbre bataille qui en France a le nom d'Hochstedt, en Allemagne de Pleintheim, et en Angleterre de Bleinheim. Les vainqueurs y eurent près de cinq mille morts, et près de huit mille blessés, et le plus grand nombre du côté du prince Eugène. L'armée française y fut presque entièrement détruite. De soixante mille hommes, si long-temps victorieux, on n'en rassembla pas plus de vingt mille effectifs.

Environ douze mille morts, quatorze mille prisonniers, tout le canon, un nombre prodigieux d'étendards et de drapeaux, les tentes, les équipages, le général de l'armée, et douze cents officiers de marque, au pouvoir du vainqueur, signalèrent cette journée. Les fuyards se dispersèrent ; près de cent lieues de pays furent perdues en moins d'un mois. La Bavière entière, passée sous le joug de l'empereur, éprouva tout ce que le gouvernement autrichien irrité avait de rigueur, et ce que le soldat vainqueur a de rapacité et de barbarie. L'électeur, se réfugiant à Bruxelles, rencontra sur le chemin son frère l'électeur de Cologne, chassé comme lui de ses états ; ils s'embrassèrent en versant des larmes. L'étonnement et la consternation saisirent la cour de Versailles, accoutumée à la prospérité. La nouvelle de la défaite vint au milieu des réjouissances pour la naissance d'un arrière-petit-fils de Louis XIV. Personne n'osait apprendre au roi une vérité si cruelle. Il fallut que madame de Maintenon se chargeât de lui dire qu'il n'était plus invincible.

On a dit, et on a écrit, et toutes les histoires ont répété que l'empereur fit ériger dans les plaines de Bleinheim un monument de cette défaite, avec une inscription flétrissante[a] pour le roi de France : mais ce monument n'exista jamais. Il n'y a eu que l'Angleterre qui en ait érigé un à la gloire du duc de Marlborough. La reine et le parlement lui ont fait bâtir dans sa principale terre un palais immense qui porte le nom de Bleinheim. Cette bataille y est représentée dans les tableaux et sur les tapisseries. Les remercîments des chambres du parlement, ceux des villes et des bourgades, les acclamations de l'Angleterre, furent le premier prix qu'il reçut de sa victoire. Le poëme du célèbre Addison, monument plus durable que le palais de Bleinheim, est compté par cette nation guerrière et savante parmi les récompenses les plus honorables

[a] Reboulet assure que l'empereur Léopold fit ériger cette pyramide : on le crut en effet en France ; le maréchal de Villars, en 1707, envoya cinquante maîtres pour la détruire ; on ne trouva rien. Le continuateur de Thoyras, qui n'a écrit que d'après les journaux de La Haye, suppose cette inscription, et propose même de la changer en faveur des Anglais. Elle fut imaginée en effet par des Français réfugiés oisifs. Il était très commun alors, et il l'est encore aujourd'hui, de donner ses imaginations ou des contes populaires pour des vérités certaines. Autrefois les mémoires manquaient à l'histoire, aujourd'hui la multiplicité des mémoires lui nuit. Le vrai est noyé dans un océan de brochures. — Le continuateur de Thoyras dont parle Voltaire est David Durand, auteur des onzième et douzième volumes de l'*Histoire d'Angleterre*, in-4°. Les dix premiers sont de Rapin Thoyras. B.

du duc de Marlborough. L'empereur le fit prince de l'empire, en lui donnant la principauté de Mindelheim, qui fut depuis échangée contre une autre; mais il n'a jamais été connu sous ce titre, le nom de Marlborough étant devenu le plus beau qu'il pût porter.

L'armée de France dispersée laisse aux alliés une carrière ouverte du Danube au Rhin. Ils passent le Rhin : ils entrent en Alsace. Le prince Louis de Bade, général célèbre pour les campements et pour les marches, investit Landau, que les Français avaient repris. Le roi des Romains, Joseph, fils aîné de l'empereur Léopold, vient à ce siége. On prend Landau; on prend Trarbach (19 et 23 novembre 1704).

Cent lieues de pays perdues n'empêchent pas que les frontières de la France ne fussent encore reculées. Louis XIV soutenait son petit-fils en Espagne, et était victorieux en Italie. Il fallait de grands efforts en Allemagne pour résister à Marlborough ; et on les fit. On rassembla les débris de l'armée; on épuisa les garnisons, on fit marcher des milices. Le ministère emprunta de l'argent de tous côtés. Enfin on eut une armée; et on rappela du fond des Cévennes le maréchal de Villars pour la commander. Il vint, et se trouva près de Trèves, avec des forces inférieures, vis-à-vis le général anglais. Tous deux voulaient donner une nouvelle bataille. Mais le prince de Bade n'étant pas venu assez tôt joindre ses troupes aux Anglais, Villars eut au moins l'honneur de faire décamper Marlborough (mai 1705). C'était beaucoup alors. Le duc de Marlborough, qui estimait assez le maréchal de Villars pour vouloir en être estimé, lui écrivit en décampant : « Rendez-moi la justice de « croire que ma retraite est la faute du prince de « Bade, et que je vous estime encore plus que je ne « suis fâché contre lui. »

Les Français avaient donc encore des barrières en Allemagne. La Flandre, où commandait le maréchal de Villeroi délivré de sa prison, n'était pas entamée. En Espagne, le roi Philippe V et l'archiduc Charles attendaient tous deux la couronne : le premier, de la puissance de son grand-père, et de la bonne volonté de la plupart des Espagnols ; le second, du secours des Anglais, et des partisans qu'il avait en Catalogne et en Aragon. Cet archiduc, depuis empereur, et alors second fils de l'empereur Léopold, n'ayant rien que ce titre, était allé sur la fin de 1703, presque sans suite, à Londres, implorer l'appui de la reine Anne.

Alors parut toute la puissance des Anglais. Cette nation, si étrangère dans cette querelle, fournit au prince autrichien deux cents vaisseaux de transport, trente vaisseaux de guerre joints à dix vaisseaux hollandais, neuf mille hommes de troupes, et de l'argent pour aller conquérir un royaume. Mais cette supériorité que donnent le pouvoir et les bienfaits n'empêchait pas que l'empereur, dans sa lettre à la reine Anne, présentée par l'archiduc, ne refusât à cette souveraine sa bienfaitrice le titre de *Majesté* : on ne la traitait que de *Sérénité*[a], selon le style de la cour de

---

[a] Reboulet dit que la chancellerie allemande donnait aux rois le titre de *Dilection* ; mais c'est celui des électeurs.

Vienne, que l'usage seul pouvait justifier, et que la raison a fait changer depuis, quand la fierté a plié sous la nécessité.

CHAPITRE XX.

Pertes en Espagne : pertes des batailles de Ramillies et de Turin, et leurs suites.

Un des premiers exploits de ces troupes anglaises fut de prendre Gibraltar, qui passait avec raison pour imprenable. Une longue chaîne de rochers escarpés en défendent toute approche du côté de terre : il n'y a point de port. Une baie longue, mal sûre et orageuse, y laisse les vaisseaux exposés aux tempêtes et à l'artillerie de la forteresse et du môle : les bourgeois seuls de cette ville la défendraient contre mille vaisseaux et cent mille hommes ; mais cette force même fut la cause de la prise. Il n'y avait que cent hommes de garnison : c'en était assez ; mais ils négligeaient un service qu'ils croyaient inutile. Le prince de Hesse avait débarqué avec dix-huit cents soldats dans l'isthme qui est au nord derrière la ville : mais, de ce côté-là, un rocher escarpé rend la ville inattaquable. La flotte tira en vain quinze mille coups de canon. Enfin, des matelots, dans une de leurs réjouissances, s'approchèrent dans des barques, sous le môle, dont l'artillerie devait les foudroyer ; elle ne joua point. Ils montent sur le môle ; ils s'en rendent maîtres ; les troupes y accourent ; il fallut que cette ville imprenable se rendît (4 août 1704). Elle est encore aux Anglais dans le temps que j'écris[a]. L'Espagne, redevenue une puissance sous le gouvernement de la princesse de Parme, seconde femme de Philippe V, et victorieuse depuis, en Afrique et en Italie, voit encore, avec une douleur impuissante, Gibraltar aux mains d'une nation septentrionale, dont les vaisseaux fréquentaient à peine, il y a deux siècles, la mer Méditerranée.

Immédiatement après la prise de Gibraltar, la flotte anglaise, maîtresse de la mer, attaqua, à la vue de Malaga, le comte de Toulouse, amiral de France : bataille indécise à la vérité, mais dernière époque de la puissance de Louis XIV. Son fils naturel, le comte de Toulouse, amiral du royaume, y commandait cinquante vaisseaux de ligne et vingt-quatre galères. Il se retira avec gloire et sans perte. (Mars 1705) Mais depuis, le roi ayant envoyé treize vaisseaux pour attaquer Gibraltar, tandis que le maréchal de Tessé l'assiégeait par terre, cette double témérité perdit à-la-fois et l'armée et la flotte. Une partie des vaisseaux fut brisée par la tempête; une autre, prise par les Anglais à l'abordage, après une résistance admirable; une autre, brûlée sur les côtes d'Espagne. Depuis ce jour, on ne vit plus de grandes flottes françaises, ni sur l'Océan, ni sur la Méditerranée. La marine rentra

[a] En 1740.—Cette place est restée aux Anglais à la paix de 1748, à celle de 1763, et enfin à celle de 1783, après avoir essuyé un long blocus. Une armée combinée d'Espagnols et de Français, commandée par M. le duc de Crillon, qui venait de prendre Minorque, se préparait, en 1782, à tenter une attaque contre Gibraltar du côté de la mer ; mais les batteries flottantes destinées à en détruire les défenses furent brûlées par les boulets rouges de la place. K.

presque dans l'état dont Louis XIV l'avait tirée, ainsi que tant d'autres choses éclatantes, qui ont eu sous lui leur orient et leur couchant.

Ces mêmes Anglais, qui avaient pris pour eux Gibraltar, conquirent en six semaines le royaume de Valence et de Catalogne pour l'archiduc Charles. Ils prirent Barcelone, par un hasard qui fut l'effet de la témérité des assiégeants.

Les Anglais étaient sous les ordres d'un des plus singuliers hommes qu'ait jamais porté ce pays si fertile en esprits fiers, courageux, et bizarres. C'était le comte Péterborough, homme qui ressemblait en tout à ces héros dont l'imagination des Espagnols a rempli tant de livres. A quinze ans, il était parti de Londres pour aller faire la guerre aux Maures en Afrique : il avait à vingt ans commencé la révolution d'Angleterre, et s'était rendu le premier en Hollande, auprès du prince d'Orange : mais, de peur qu'on ne soupçonnât la raison de son voyage, il s'était embarqué pour l'Amérique, et de là il était allé à La Haye sur un vaisseau hollandais. Il perdit, il donna tout son bien, et rétablit sa fortune plus d'une fois. Il fesait alors la guerre en Espagne, presque à ses dépens, et nourrissait l'archiduc et toute sa maison. C'était lui qui assiégeait Barcelone avec le prince de Darmstadt[a]. Il lui propose une attaque soudaine aux retranchements qui couvrent le fort Mont-Joui et la ville. Ces retranchements, où le prince de Darmstadt périt, sont emportés l'épée à la main. Une bombe crève dans le fort sur le magasin

---

[a] L'histoire de Reboulet appelle ce prince chef des factieux, comme s'il eût été un Espagnol révolté contre Philippe V.

des poudres, et le fait sauter; le fort est pris; la ville capitule. Le vice-roi parle à Péterborough, à la porte de cette ville. Les articles n'étaient pas encore signés, quand on entend tout-à-coup des cris et des hurlements. « Vous nous trahissez, dit le vice-roi à Péter-
« borough: nous capitulons avec bonne foi, et voilà
« vos Anglais qui sont entrés dans la ville par les rem-
« parts. Ils égorgent, ils pillent, ils violent. » « Vous
« vous méprenez, répondit le comte Péterborough: il
« faut que ce soit des troupes du prince de Darmstadt.
« Il n'y a qu'un moyen de sauver votre ville: c'est de
« me laisser entrer sur-le-champ avec mes Anglais:
« j'apaiserai tout, et je reviendrai à la porte achever
« la capitulation. » Il parlait d'un ton de vérité et de grandeur qui, joint au danger présent, persuada le gouverneur : on le laissa entrer. Il court avec ses officiers; il trouve des Allemands et des Catalans, qui, joints à la populace de la ville, saccageaient les maisons des principaux citoyens; il les chasse; il leur fait quitter le butin qu'ils enlevaient; il rencontre la duchesse de Popoli entre les mains des soldats, prête à être déshonorée; il la rend à son mari. Enfin, ayant tout apaisé, il retourne à cette porte et signe la capitulation. Les Espagnols étaient confondus de voir tant de magnanimité dans les Anglais, que la populace avait pris pour des barbares impitoyables, parcequ'ils étaient hérétiques.

A la perte de Barcelone se joignit encore l'humiliation de vouloir inutilement la reprendre. Philippe V, qui avait pour lui la plus grande partie de l'Espagne, n'avait ni généraux, ni ingénieurs, ni presque de soldats. La France fournissait tout. Le comte de Toulouse revient bloquer le port avec vingt-cinq vaisseaux qui restaient à la France. Le maréchal de Tessé forme le siége, avec trente et un escadrons et trente-sept bataillons : mais la flotte anglaise arrive; la française se retire; le maréchal de Tessé lève le siége avec précipitation. Il laisse dans son camp des provisions immenses : il fuit, et abandonne quinze cents blessés à l'humanité du comte Péterborough. Toutes ces pertes étaient grandes : on ne savait s'il en avait plus coûté auparavant à la France pour vaincre l'Espagne qu'il lui en coûtait alors pour la secourir. Toutefois, le petit-fils de Louis XIV se soutenait par l'affection de la nation castillane, qui met son orgueil à être fidèle, et qui persistait dans son choix.

Les affaires allaient bien en Italie. Louis XIV était vengé du duc de Savoie. Le duc de Vendôme avait d'abord repoussé avec gloire le prince Eugène, à la journée de Cassano, près de l'Adda (16 août 1705) : journée sanglante, et l'une de ces batailles indécises pour lesquelles on chante des deux côtés des *Te Deum*, mais qui ne servent qu'à la destruction des hommes, sans avancer les affaires d'aucun parti. (19 avril 1706) Après la bataille de Cassano, il avait gagné pleinement celle de Calcinato[a], en l'absence du prince Eugène;

---

[a] C'était, à la vérité, un comte de Revontlau, né en Danemark, qui commandait au combat de Calcinato ; mais il n'y avait que des troupes impériales.

La Beaumelle dit à ce sujet, dans ses *Notes sur l'Histoire du Siècle de Louis XIV*, que « les Danois ne valent pas mieux ailleurs que chez eux. » Il faut avouer que c'est une chose rare de voir un tel homme outrager ainsi toutes les nations.

et ce prince étant arrivé le lendemain de la bataille, avait vu encore un détachement de ses troupes entièrement défait. Enfin les alliés étaient obligés de céder tout le terrain au duc de Vendôme. Il ne restait plus guère que Turin à prendre. On allait l'investir : il ne paraissait pas possible qu'on le secourût. Le maréchal de Villars, vers l'Allemagne, poussait le prince de Bade. Villeroi commandait en Flandre une armée de quatre-vingt mille hommes, et il se flattait de réparer contre Marlborough le malheur qu'il avait essuyé en combattant le prince Eugène. Son trop de confiance en ses propres lumières fut plus que jamais funeste à la France.

Près de la Méhaigne, et vers les sources de la petite Ghette, le maréchal de Villeroi avait campé son armée. Le centre était à Ramillies, village devenu aussi fameux qu'Hochstedt. Il eût pu éviter la bataille. Les officiers-généraux lui conseillaient ce parti ; mais le desir aveugle de la gloire l'emporta. (23 mai 1706) Il fit, à ce qu'on prétend, la disposition de manière qu'il n'y avait pas un homme d'expérience qui ne prévît le mauvais succès. Des troupes de recrue, ni disciplinées, ni complètes, étaient au centre : il laissa des bagages entre les lignes de son armée ; il posta sa gauche derrière un marais, comme s'il eût voulu l'empêcher d'aller à l'ennemi.[a]

Marlborough, qui remarquait toutes ces fautes, arrange son armée pour en profiter. Il voit que la gauche de l'armée française ne peut aller attaquer sa droite ; il dégarnit aussitôt cette droite pour fondre vers Ra-

[a] Voyez les *Mémoires de Feuquières*.

millies avec un nombre supérieur. M. de Gassion, lieutenant-général, qui voit ce mouvement des ennemis, crie au maréchal : « Vous êtes perdu, si vous ne « changez votre ordre de bataille. Dégarnissez votre « gauche, pour vous opposer à l'ennemi à nombre égal. « Faites rapprocher vos lignes davantage. Si vous tar- « dez un moment, il n'y a plus de ressource. » Plusieurs officiers appuyèrent ce conseil salutaire. Le maréchal ne les crut pas. Marlborough attaque. Il avait affaire à des ennemis rangés en bataille, comme il les eût voulu poster lui-même pour les vaincre. Voilà ce que toute la France a dit; et l'histoire est en partie le récit des opinions des hommes : mais ne devait-on pas dire aussi que les troupes des alliés étaient mieux disciplinées, que leur confiance en leurs chefs et en leurs succès passés leur inspirait plus d'audace? N'y eut-il pas des régiments français qui firent mal leur devoir ? Et les bataillons les plus inébranlables au feu ne font-ils pas la destinée des états? L'armée française ne résista pas une demi-heure. On s'était battu près de huit heures à Hochstedt, et on avait tué près de huit mille hommes aux vainqueurs; mais à la journée de Ramillies, on ne leur en tua pas deux mille cinq cents : ce fut une déroute totale : les Français y perdirent vingt mille hommes, la gloire de la nation, et l'espérance de reprendre l'avantage. La Bavière, Cologne, avaient été perdues par la bataille d'Hochstedt; toute la Flandre espagnole le fut par celle de Ramillies. Marlborough entra victorieux dans Anvers, dans Bruxelles : il prit Ostende : Menin se rendit à lui.

Le maréchal de Villeroi, au désespoir, n'osait écrire au roi cette défaite. Il resta cinq jours sans envoyer de courriers. Enfin il écrivit la confirmation de cette nouvelle qui consternait déjà la cour de France. Et quand il reparut devant le roi, ce monarque, au lieu de lui faire des reproches, lui dit : « Monsieur le ma-« réchal, on n'est pas heureux à notre âge. »

Le roi tire aussitôt le duc de Vendôme d'Italie, où il ne le croyait pas nécessaire, pour l'envoyer en Flandre réparer, s'il est possible, ce malheur. Il espérait du moins, avec apparence de raison, que la prise de Turin le consolerait de tant de pertes. Le prince Eugène n'était pas à portée de paraître pour secourir cette ville. Il était au-delà de l'Adige ; et ce fleuve, bordé en-deçà d'une longue chaîne de retranchements, semblait rendre le passage impraticable. Cette grande ville était assiégée par quarante-six escadrons et cent bataillons.

Le duc de La Feuillade, qui les commandait, était l'homme le plus brillant et le plus aimable du royaume ; et quoique gendre du ministre, il avait pour lui la faveur publique. Il était fils de ce maréchal de La Feuillade qui érigea la statue de Louis XIV dans la place des Victoires. On voyait en lui le courage de son père ; la même ambition, le même éclat, avec plus d'esprit. Il attendait, pour récompense de la conquête de Turin, le bâton de maréchal de France. Chamillart, son beau-père, qui l'aimait tendrement, avait tout prodigué pour lui assurer le succès. L'imagination est effrayée du détail des préparatifs de ce siége. Les lecteurs qui ne sont point à portée d'entrer dans ces discussions, seront peut-être bien aises de trouver ici quel fut cet immense et inutile appareil.

On avait fait venir cent quarante pièces de canon; et il est à remarquer que chaque gros canon monté revient à environ deux mille écus. Il y avait cent dix mille boulets, cent six mille cartouches d'une façon et trois cent mille d'une autre, vingt et un mille bombes, vingt-sept mille sept cents grenades, quinze mille sacs à terre, trente mille instruments pour le pionnage, douze cent mille livres de poudre. Ajoutez à ces munitions, le plomb, le fer, et le fer-blanc, les cordages, tout ce qui sert aux mineurs, le soufre, le salpêtre, les outils de toute espèce. Il est certain que les frais de tous ces préparatifs de destruction suffiraient pour fonder et pour faire fleurir la plus nombreuse colonie. Tout siége de grande ville exige ces frais immenses; et quand il faut réparer chez soi un village ruiné, on le néglige.

Le duc de La Feuillade, plein d'ardeur et d'activité, plus capable que personne des entreprises qui ne demandaient que du courage, mais incapable de celles qui exigeaient de l'art, de la méditation, et du temps, pressait ce siége contre toutes les règles. Le maréchal de Vauban, le seul général peut-être qui aimât mieux l'état que soi-même, avait proposé au duc de La Feuillade de venir diriger le siége comme ingénieur, et de servir dans son armée comme volontaire; mais la fierté de La Feuillade prit les offres de Vauban pour de l'orgueil caché sous de la modestie. Il fut piqué que le meilleur ingénieur de l'Europe lui voulût donner des avis. Il manda, dans une lettre que j'ai vue:

J'espère prendre Turin à la Cohorn. Ce Cohorn était le Vauban des alliés, bon ingénieur, bon général, et qui avait pris plus d'une fois des places fortifiées par Vauban. Après une telle lettre, il fallait prendre Turin : mais l'ayant attaqué par la citadelle, qui était le côté le plus fort, et n'ayant pas même entouré toute la ville, des secours, des vivres, pouvaient y entrer; le duc de Savoie pouvait en sortir : et plus le duc de La Feuillade mettait d'impétuosité dans des attaques réitérées et infructueuses, plus le siége traînait en longueur.

Le duc de Savoie sortit de la ville avec quelques troupes de cavalerie, pour donner le change au duc de La Feuillade. Celui-ci se détache du siége pour courir après le prince, qui, connaissant mieux le terrain, échappe à ses poursuites. La Feuillade manque le duc de Savoie, et la conduite du siége en souffre.

Presque tous les historiens ont assuré que le duc de La Feuillade ne voulait point prendre Turin : ils prétendent qu'il avait juré à madame la duchesse de Bourgogne de respecter la capitale de son père; ils débitent que cette princesse engagea madame de Maintenon à faire prendre toutes les mesures qui furent le salut de cette ville. Il est vrai que presque tous les officiers de cette armée en ont été long-temps persuadés : mais c'était un de ces bruits populaires qui décréditent le jugement des nouvellistes, et qui déshonorent les histoires. Il eût été d'ailleurs bien contradictoire que le même général eût voulu manquer Turin et prendre le duc de Savoie.

Depuis le 13 mai jusqu'au 20 juin, le duc de Vendôme, au bord de l'Adige, favorisait ce siége ; et il comptait, avec soixante-dix bataillons et soixante escadrons, fermer tous les passages au prince Eugène.

Le général des Impériaux manquait d'hommes et d'argent. Les merciers de Londres lui prêtèrent environ six millions de nos livres : il fit enfin venir des troupes des cercles de l'empire. La lenteur de ces secours eût pu perdre l'Italie ; mais la lenteur du siége de Turin était encore plus grande.

Vendôme était déjà nommé pour aller réparer les pertes de la Flandre. Mais avant de quitter l'Italie, il souffre que le prince Eugène passe l'Adige : il lui laisse traverser le canal Blanc, enfin le Pô même, fleuve plus large et en quelques endroits plus difficile que le Rhône. Le général français ne quitta les bords du Pô qu'après avoir vu le prince Eugène en état de pénétrer jusqu'auprès de Turin. Ainsi il laissa les affaires dans une grande crise en Italie, tandis qu'elles paraissaient désespérées en Flandre, en Allemagne, et en Espagne.

Le duc de Vendôme va donc rassembler vers Mons les débris de l'armée de Villeroi ; et le duc d'Orléans, neveu de Louis XIV, vient commander vers le Pô les troupes du duc de Vendôme. Ces troupes étaient en désordre, comme si elles avaient été battues. Eugène avait passé le Pô à la vue de Vendôme ; il passe le Tanaro aux yeux du duc d'Orléans ; il prend Carpi, Correggio, Reggio ; il dérobe une marche aux Français ; enfin il joint le duc de Savoie auprès d'Asti. Tout ce que put faire le duc d'Orléans, ce fut de venir joindre le duc de La Feuillade au camp devant Turin. Le prince Eugène le suit en diligence. Il y avait alors deux partis à prendre : celui d'attendre le prince Eugène dans les lignes de circonvallation, ou celui de marcher à lui, lorsqu'il était encore auprès de Veillane. Le duc d'Orléans assemble un conseil de guerre : ceux qui le composaient étaient le maréchal de Marsin, celui-là même qui avait perdu la bataille d'Hochstedt, le duc de La Feuillade, Albergotti, Saint-Frémont, et d'autres lieutenants-généraux. « Messieurs, « leur dit le duc d'Orléans, si nous restons dans nos « lignes, nous perdons la bataille. Notre circonvalla- « tion est de cinq lieues d'étendue : nous ne pouvons « border tous ces retranchements. Vous voyez ici le « régiment de la marine qui n'est que sur deux hom- « mes de hauteur : là vous voyez des endroits entière- « ment dégarnis. La Doire, qui passe dans notre camp, « empêchera nos troupes de se porter mutuellement « de prompts secours. Quand le Français attend qu'on « l'attaque, il perd le plus grand de ses avantages, « cette impétuosité et ces premiers moments d'ardeur « qui décident si souvent du gain des batailles. Croyez- « moi, il faut marcher à l'ennemi. » Tous les lieutenants-généraux répondirent : *Il faut marcher*. Alors le maréchal de Marsin tire de sa poche un ordre du roi, par lequel on devait déférer à son avis en cas d'action : et son avis fut de rester dans les lignes.

Le duc d'Orléans, indigné, vit qu'on ne l'avait envoyé à l'armée que comme un prince du sang, et non comme un général ; et, forcé de suivre le conseil du maréchal de Marsin, il se prépara à ce combat si désavantageux.

Les ennemis paraissaient vouloir former à-la-fois plusieurs attaques. Leurs mouvements jetaient l'incertitude dans le camp des Français. Le duc d'Orléans voulait une chose, Marsin et La Feuillade une autre : on disputait, on ne concluait rien. Enfin on laisse les ennemis passer la Doire. Ils avancent sur huit colonnes de vingt-cinq hommes de profondeur. Il faut dans l'instant leur opposer des bataillons d'une épaisseur assez forte.

Albergotti, placé loin de l'armée sur la montagne des Capucins, avait avec lui vingt mille hommes, et n'avait en tête que des milices qui n'osaient l'attaquer. On lui envoie demander douze mille hommes. Il répond qu'il ne peut se dégarnir : il donne des raisons spécieuses ; on les écoute : le temps se perd. (7 septembre 1706) Le prince Eugène attaque les retranchements, et au bout de deux heures il les force. Le duc d'Orléans blessé s'était retiré pour se faire panser. A peine était-il entre les mains des chirurgiens qu'on lui apprend que tout est perdu, que les ennemis sont maîtres du camp, et que la déroute est générale. Aussitôt il faut fuir; les lignes, les tranchées, sont abandonnées, l'armée dispersée. Tous les bagages, les provisions, les munitions, la caisse militaire, tombent dans les mains du vainqueur.

Le maréchal de Marsin, blessé à la cuisse, est fait prisonnier. Un chirurgien du duc de Savoie lui coupa la cuisse, et le maréchal mourut quelques moments après l'opération. Le chevalier Méthuin, ambassadeur d'Angleterre auprès du duc de Savoie, le plus généreux, le plus franc, et le plus brave homme de son pays qu'on ait jamais employé dans les ambassades, avait toujours combattu à côté de ce souverain. Il avait vu prendre le maréchal de Marsin, et il fut témoin de ses derniers moments. Il m'a raconté que Marsin lui dit ces propres mots : « Croyez au moins, « Monsieur, que ç'a été contre mon avis que nous « vous avons attendu dans nos lignes. » Ces paroles semblaient contredire formellement ce qui s'était passé dans le conseil de guerre, et elles étaient pourtant vraies ; c'est que le maréchal de Marsin, en prenant congé à Versailles, avait représenté au roi qu'il fallait aller aux ennemis, en cas qu'ils parussent pour secourir Turin ; mais Chamillart, intimidé par les défaites précédentes, avait fait décider qu'on devait attendre, et non présenter la bataille ; et cet ordre, donné dans Versailles, fut cause que soixante mille hommes furent dispersés. Les Français n'avaient pas eu plus de deux mille hommes tués dans cette bataille : mais on a déjà vu que le carnage fait moins que la consternation. L'impossibilité de subsister, qui ferait retirer une armée après la victoire, ramena vers le Dauphiné les troupes après la défaite. Tout était si en désordre que le comte de Médavi-Grancei, qui était alors dans le Mantouan avec un corps de troupes (9 septembre 1706), et qui battit à Castiglione les Impériaux commandés par le landgrave de Hesse, depuis roi de Suède[1], ne remporta qu'une victoire inutile, quoique complète. On perdit en peu de temps le Milanais, le Mantouan, le Piémont, et enfin le royaume de Naples.

[1] Sous le nom de Frédéric : voyez ma note, tome XXIV, page 358. B.

CHAPITRE XXI.

Suite des disgraces de la France et de l'Espagne. Louis XIV envoie son principal ministre demander en vain la paix. Bataille de Malplaquet perdue, etc.

La bataille d'Hochstedt avait coûté à Louis XIV la plus florissante armée, et tout le pays du Danube au Rhin; elle avait coûté à la maison de Bavière tous ses états. La journée de Ramillies avait fait perdre toute la Flandre jusqu'aux portes de Lille. La déroute de Turin avait chassé les Français d'Italie, ainsi qu'ils l'ont toujours été dans toutes les guerres depuis Charlemagne. Il restait des troupes dans le Milanais, et cette petite armée victorieuse sous le comte de Médavi. On occupait encore quelques places. On proposa de céder tout à l'empereur pourvu qu'il laissât retirer ces troupes, qui montaient à près de quinze mille hommes. L'empereur accepta cette capitulation. Le duc de Savoie y consentit. Ainsi l'empereur, d'un trait de plume, devint le maître paisible en Italie. La conquête du royaume de Naples et de Sicile lui fut assurée. Tout ce qu'on avait regardé en Italie comme feudataire fut traité comme sujet. Il taxa la Toscane à cent cinquante mille pistoles, Mantoue à quarante mille. Parme, Modène, Lucques, Gênes, malgré leur liberté, furent comprises dans ces impositions.

L'empereur qui jouit de tous ces avantages n'était pas ce Léopold, ancien rival de Louis XIV, qui, sous les apparences de la modération, avait nourri sans éclat une ambition profonde. C'était son fils aîné Joseph, vif, fier, emporté, et qui cependant ne fut pas plus grand guerrier que son père. Si jamais empereur parut fait pour asservir l'Allemagne et l'Italie, c'était Joseph Ier. Il domina delà les monts : il rançonna le pape : il fit mettre de sa seule autorité, en 1706, les électeurs de Bavière et de Cologne au ban de l'empire : il les dépouilla de leur électorat : il retint en prison les enfants du Bavarois, et leur ôta jusqu'à leur nom [1]. Leur père n'eut d'autre ressource que d'aller traîner sa disgrace en France et dans les Pays-Bas. Philippe V lui céda depuis toute la Flandre espagnole en 1712 [2]. S'il avait gardé cette province, c'était un établissement qui valait mieux que la Bavière, et qui le délivrait de l'assujettissement à la maison d'Autriche : mais il ne put jouir que des villes de Luxembourg, de Namur, et de Charleroi; le reste était aux vainqueurs.

Tout semblait déjà menacer ce Louis XIV qui avait

[1] Le duc de Bavière était père de ce jeune prince, appelé par Charles II au trône d'Espagne, et mort à Bruxelles. L'électeur, dans son manifeste contre l'empereur, dit, en parlant de la mort de son fils, « qu'il avait suc-
« combé à un mal qui avait souvent sans péril attaqué son enfance, avant
« qu'il eût été déclaré l'héritier de Charles II. » Il ajoutait que « l'étoile de la
« maison d'Autriche avait toujours été funeste à ceux qui s'étaient opposés
« à sa grandeur. » Une accusation directe eût peut-être été moins insultante que cette terrible ironie. Le duc de Bavière, en se séparant de l'empire pour s'unir à un prince en guerre avec l'empire, donnait un prétexte à l'empereur. Louis XIV avait traité avec autant de dureté le duc de Lorraine et l'électeur palatin, et il avait moins d'excuses. K.

[2] Dans l'histoire de Reboulet, il est dit qu'il eut cette souveraineté dès l'an 1700 ; mais alors il n'avait que la vice-royauté.

auparavant menacé l'Europe. Le duc de Savoie pouvait entrer en France. L'Angleterre et l'Écosse se réunissaient pour ne plus composer qu'un seul royaume; ou plutôt l'Écosse, devenue province de l'Angleterre, contribuait à la puissance de son ancienne rivale. Tous les ennemis de la France semblaient, vers la fin de 1706 et au commencement de 1707, acquérir des forces nouvelles, et la France toucher à sa ruine. Elle était pressée de tous côtés, et sur mer et sur terre. De ces flottes formidables que Louis XIV avait formées, il restait à peine trente-cinq vaisseaux. En Allemagne, Strasbourg était encore frontière; mais Landau perdu laissait toujours l'Alsace exposée. La Provence était menacée d'une invasion par terre et par mer. Ce qu'on avait perdu en Flandre fesait craindre pour le reste. Cependant, malgré tant de désastres, le corps de la France n'était point encore entamé; et, dans une guerre si malheureuse, elle n'avait encore perdu que des conquêtes.

Louis XIV fit face partout. Quoique partout affaibli, il résistait, ou protégeait, ou attaquait encore de tous côtés. Mais on fut aussi malheureux en Espagne qu'en Italie, en Allemagne, et en Flandre. On prétend que le siége de Barcelone avait été encore plus mal conduit que celui de Turin.

Le comte de Toulouse n'avait paru que pour ramener sa flotte à Toulon. Barcelone secourue, le siége abandonné, l'armée française diminuée de moitié s'était retirée sans munitions dans la Navarre, petit royaume qu'on conservait aux Espagnols, et dont nos rois ajoutent encore le titre à celui de France, par un usage qui semble au-dessous de leur grandeur.

A ces désastres s'en joignait un autre, qui parut décisif. Les Portugais, avec quelques Anglais, prirent toutes les places devant lesquelles ils se présentèrent, et s'avancèrent jusque dans l'Estramadoure espagnole, différente de celle du Portugal. C'était un Français devenu pair d'Angleterre qui les commandait, milord Galloway, autrefois comte de Ruvigny; tandis que le duc de Berwick, Anglais et neveu de Marlborough, était à la tête des troupes de France et d'Espagne, qui ne pouvaient plus arrêter les victorieux.

Philippe V, incertain de sa destinée, était dans Pampelune. Charles, son compétiteur, grossissait son parti et ses forces en Catalogne : il était maître de l'Aragon, de la province de Valence, de Carthagène, d'une partie de la province de Grenade. Les Anglais avaient pris Gibraltar pour eux, et lui avaient donné Minorque, Iviça, et Alicante. Les chemins d'ailleurs lui étaient ouverts jusqu'à Madrid. (26 juin 1706) Galloway y entra sans résistance, et fit proclamer roi l'archiduc Charles. Un simple détachement le fit aussi proclamer à Tolède [1].

---

[1] On tint à Madrid, au nom de l'archiduc, plusieurs conseils où furent appelés les hommes les plus distingués de son parti. Le marquis de Ribas, secrétaire d'état sous Charles II, y assista. C'était lui qui avait dressé le testament de ce prince en faveur de Philippe V. Des cabales de cour l'avaient fait disgracier. On lui proposa de déclarer que le testament avait été supposé; mais il ne voulut consentir à aucune déclaration qui pût affaiblir l'autorité de cet acte : ni les menaces ni les promesses ne purent l'ébranler. K.

Tout parut alors si désespéré pour Philippe V, que le maréchal de Vauban, le premier des ingénieurs, le meilleur des citoyens, homme toujours occupé de projets, les uns utiles, les autres peu praticables, et tous singuliers, proposa à la cour de France d'envoyer Philippe V régner en Amérique; ce prince y consentit. On l'eût fait embarquer avec les Espagnols attachés à son parti. L'Espagne eût été abandonnée aux factions civiles. Le commerce du Pérou et du Mexique n'eût plus été que pour les Français; et dans ce revers de la famille de Louis XIV, la France eût encore trouvé sa grandeur. On délibéra sur ce projet à Versailles : mais la constance des Castillans et les fautes des ennemis conservèrent la couronne à Philippe V. Les peuples aimaient dans Philippe le choix qu'ils avaient fait, et dans sa femme, fille du duc de Savoie, le soin qu'elle prenait de leur plaire, une intrépidité au-dessus de son sexe, et une constance agissante dans le malheur. Elle allait elle-même de ville en ville animer les cœurs, exciter le zèle, et recevoir les dons que lui apportaient les peuples. Elle fournit ainsi à son mari plus de deux cent mille écus en trois semaines. Aucun des grands, qui avaient juré d'être fidèles, ne fut traître. Quand Galloway fit proclamer l'archiduc dans Madrid, on cria : *Vive Philippe!* et à Tolède, le peuple ému chassa ceux qui avaient proclamé l'archiduc.

Les Espagnols avaient jusque-là fait peu d'efforts pour soutenir leur roi; ils en firent de prodigieux quand ils le virent abattu, et montrèrent en cette occasion une espèce de courage contraire à celui des autres peuples, qui commencent par de grands efforts ; et qui se rebutent. Il est difficile de donner un roi à une nation malgré elle. Les Portugais, les Anglais, les Autrichiens, qui étaient en Espagne, furent harcelés partout, manquèrent de vivres, firent des fautes presque toujours inévitables dans un pays étranger, et furent battus en détail. (22 septembre 1706). Enfin Philippe V, trois mois après être sorti de Madrid en fugitif, y rentra triomphant, et fut reçu avec autant d'acclamations que son rival avait éprouvé de froideur et de répugnance.

Louis XIV redoubla ses efforts quand il vit que les Espagnols en fesaient ; et tandis qu'il veillait à la sûreté de toutes les côtes sur l'Océan et sur la Méditerranée, en y plaçant des milices ; tandis qu'il avait une armée en Flandre, une auprès de Strasbourg, un corps dans la Navarre, un dans le Roussillon, il envoyait encore de nouvelles troupes au maréchal de Berwick dans la Castille.

(25 avril 1707) Ce fut avec ces troupes, secondées des Espagnols, que Berwick gagna la bataille importante d'Almanza sur Galloway [1]. Almanza, ville bâtie par les Maures, est sur la frontière de Valence : cette

[1] Berwick avait commandé avec succès en Espagne pendant l'année 1704. Des intrigues de cour le firent rappeler. Le maréchal de Tessé demandait un jour à la jeune reine pourquoi elle n'avait pas conservé un général dont les talents et la probité lui auraient été si utiles. « Que voulez-vous que je vous « dise? répondit-elle ; c'est un grand diable d'Anglais, sec, qui va toujours « tout droit devant lui. » Dans la campagne que termina la bataille d'Almanza, Berwick était instruit de l'état de l'armée alliée, et de ses projets, par un officier général portugais qui, persuadé que l'alliance du roi de Portugal avec l'empereur était contraire à ses vrais intérêts, le trahissait par esprit de patriotisme. (*Mémoires de Berwick*.) K.

belle province fut le prix de la victoire[1]. Ni Philippe V. ni l'archiduc ne furent présents à cette journée; et c'est sur quoi le fameux comte Péterborough, singulier en tout, s'écria « qu'on était bien bon de se battre « pour eux. » C'est ce qu'il manda au maréchal de Tessé, et c'est ce que je tiens de sa bouche. Il ajoutait qu'il n'y avait que des esclaves qui combattissent pour un homme, et qu'il fallait combattre pour une nation. Le duc d'Orléans, qui voulait être à cette action, et qui devait commander en Espagne, n'arriva que le lendemain; mais il profita de la victoire; il prit plusieurs places, et entre autres Lérida, l'écueil du grand Condé[2].

(22 mai 1707) D'un autre côté, le maréchal de Villars, remis en France à la tête des armées, uniquement parcequ'on avait besoin de lui, réparait en Allemagne le malheur de la journée d'Hochstedt. Il avait forcé les lignes de Stolhoffen au-delà du Rhin, dissipé toutes les troupes ennemies, étendu les contributions à cinquante lieues à la ronde, pénétré jusqu'au Danube. Ce succès passager fesait respirer sur les frontières de l'Allemagne; mais en Italie tout était perdu. Le royaume de Naples sans défense, et accou-

---

[1] Voltaire a rapporté ailleurs (voyez tome XXXIX, page 247) une lettre écrite à Berwick sur la victoire d'Almanza. B.

[2] L'armée du duc d'Orléans prit aussi Saragosse; lorsque les troupes françaises parurent à la vue de la ville, on fit accroire au peuple que ce camp qu'il voyait n'était pas un objet réel, mais une apparence causée par un sortilége : le clergé se rendit processionnellement sur les murailles pour exorciser ces fantômes ; et le peuple ne commença à croire qu'il était assiégé par une armée réelle, que lorsqu'il vit les houssards abattre quelques têtes. (*Mémoires de Berwick.*) K.

tumé à changer de maître, était sous le joug des victorieux ; et le pape, qui n'avait pu empêcher que les troupes allemandes passassent par son territoire, voyait, sans oser murmurer, que l'empereur se fît son vassal malgré lui. C'est un grand exemple de la force des opinions reçues, et du pouvoir de la coutume, qu'on puisse toujours s'emparer de Naples sans consulter le pape, et qu'on n'ose jamais lui en refuser l'hommage.

Pendant que le petit-fils de Louis XIV perdait Naples, l'aïeul était sur le point de perdre la Provence et le Dauphiné. Déjà le duc de Savoie et le prince Eugène y étaient entrés par le Col de Tende. Ces frontières n'étaient pas défendues comme le sont la Flandre et l'Alsace, théâtre éternel de la guerre, hérissé de citadelles que le danger avait averti d'élever. Point de pareilles précautions vers le Var, point de ces fortes places qui arrêtent l'ennemi, et qui donnent le temps d'assembler des armées. Cette frontière a été négligée jusqu'à nos jours, sans que peut-être on puisse en alléguer d'autre raison, sinon que les hommes étendent rarement leurs soins de tous les côtés. Le roi de France voyait, avec une indignation douloureuse, que ce même duc de Savoie, qui un an auparavant n'avait presque plus que sa capitale, et le prince Eugène, qui avait été élevé dans sa cour, fussent prêts de lui enlever Toulon et Marseille.

(Août 1707) Toulon était assiégé et pressé : une flotte anglaise, maîtresse de la mer, était devant le port, et le bombardait. Un peu plus de diligence, de précautions, et de concert, auraient fait tomber Toulon. Marseille sans défense n'aurait pas tenu ; et il était vraisemblable que la France allait perdre deux provinces. Mais le vraisemblable n'arrive pas toujours. On eut le temps d'envoyer des secours. On avait détaché des troupes de l'armée du maréchal de Villars, dès que ces provinces avaient été menacées ; et on sacrifia les avantages qu'on avait en Allemagne pour sauver une partie de la France. Le pays par où les ennemis pénétraient est sec, stérile, hérissé de montagnes ; les vivres rares ; la retraite difficile. Les maladies, qui désolèrent l'armée ennemie, combattirent encore pour Louis XIV. (22 août 1707) Le siége de Toulon fut levé, et bientôt la Provence délivrée, et le Dauphiné hors de danger : tant le succès d'une invasion est rare, quand on n'a pas de grandes intelligences dans le pays. Charles-Quint y avait échoué ; et, de nos jours, les troupes de la reine de Hongrie y échouèrent encore[a].

Cependant cette irruption, qui avait coûté beaucoup aux alliés, ne coûtait pas moins aux Français : elle avait ravagé une grande étendue de terrain, et divisé les forces.

L'Europe ne s'attendait pas que dans un temps

[a] Le respect pour la vérité dans les plus petites choses oblige encore de relever le discours que le compilateur des *Mémoires de madame de Maintenon* fait tenir par le roi de Suède, Charles XII, au duc de Marlborough : « Si Toulon est pris, je l'irai reprendre. » Ce général anglais n'était point auprès du roi de Suède dans le temps du siége. Il le vit dans Alt-Ranstadt en avril 1707, et le siége de Toulon fut levé au mois d'août. Charles XII, d'ailleurs, ne se mêla jamais de cette guerre ; il refusa constamment de voir tous les Français qu'on lui députa. On ne trouve, dans les *Mémoires de Maintenon*, que des discours qu'on n'a ni tenus ni pu tenir ; et on ne peut regarder ce livre que comme un roman mal digéré.

d'épuisement, et lorsque la France comptait pour un grand succès d'être échappée à une invasion, Louis XIV aurait assez de grandeur et de ressources pour tenter lui-même une invasion dans la Grande-Bretagne, malgré le dépérissement de ses forces maritimes, et malgré les flottes des Anglais, qui couvraient la mer. Ce projet fut proposé par des Écossais attachés au fils de Jacques II. Le succès était douteux; mais Louis XIV envisagea une gloire certaine dans la seule entreprise. Il a dit lui-même que ce motif l'avait déterminé autant que l'intérêt politique.

Porter la guerre dans la Grande-Bretagne, tandis qu'on en soutenait le fardeau si difficilement en tant d'autres endroits, et tenter de rétablir du moins sur le trône d'Écosse le fils de Jacques II, pendant qu'on pouvait à peine maintenir Philippe V sur celui d'Espagne, c'était une idée pleine de grandeur, et qui, après tout, n'était pas destituée de vraisemblance.

Parmi les Écossais, tous ceux qui ne s'étaient pas vendus à la cour de Londres gémissaient d'être dans la dépendance des Anglais. Leurs vœux secrets appelaient unanimement le descendant de leurs anciens rois, chassé, au berceau, des trônes d'Angleterre, d'Écosse, et d'Irlande, et à qui on avait disputé jusqu'à sa naissance. On lui promit qu'il trouverait trente mille hommes en armes qui combattraient pour lui, s'il pouvait seulement débarquer vers Édimbourg avec quelque secours de la France.

Louis XIV, qui dans ses prospérités passées avait fait tant d'efforts pour le père, en fit autant pour le fils dans le temps même de ses revers. Huit vaisseaux de guerre, soixante et dix bâtiments de transport, furent préparés à Dunkerque. (Mars 1708) Six mille hommes furent embarqués. Le comte de Gacé, depuis maréchal de Matignon, commandait les troupes. Le chevalier de Forbin Janson, l'un des plus grands hommes de mer, conduisait la flotte. La conjoncture paraissait favorable ; il n'y avait en Écosse que trois mille hommes de troupes réglées. L'Angleterre était dégarnie. Ses soldats étaient occupés en Flandre sous le duc de Marlborough. Mais il fallait arriver ; et les Anglais avaient en mer une flotte de près de cinquante vaisseaux de guerre. Cette entreprise fut entièrement semblable à celle que nous avons vue, en 1744, en faveur du petit-fils de Jacques II. Elle fut prévenue par les Anglais. Des contre-temps la dérangèrent. Le ministère de Londres eut même le temps de faire revenir douze bataillons de Flandre. On se saisit dans Édimbourg des hommes les plus suspects. Enfin le prétendant s'étant présenté aux côtes d'Écosse, et n'ayant point vu les signaux convenus, tout ce que put faire le chevalier de Forbin, ce fut de le ramener à Dunkerque. Il sauva la flotte ; mais tout le fruit de l'entreprise fut perdu. Il n'y eut que Matignon qui y gagna. Ayant ouvert les ordres de la cour en pleine mer, il y vit les provisions de maréchal de France ; récompense de ce qu'il voulut et qu'il ne put faire.

Quelques historiens [a] ont supposé que la reine

---

[a] Entre autres Reboulet, page 233 du tome VIII. Il fonde ses soupçons sur ceux du chevalier de Forbin. Celui qui a donné au public tant de mensonges, sous le titre de *Mémoires de madame de Maintenon*, et qui fit imprimer, en 1752, à Francfort, une édition frauduleuse du *Siècle de Louis XIV*,

Anne était d'intelligence avec son frère. C'est une trop grande simplicité de penser qu'elle invitât son compétiteur à la venir détrôner. On a confondu les temps : on a cru qu'elle le favorisait alors, parceque depuis elle le regarda en secret comme son héritier. Mais qui peut jamais vouloir être chassé par son successeur ?

Tandis que les affaires de la France devenaient de jour en jour plus mauvaises, le roi crut qu'en fesant paraître le duc de Bourgogne, son petit-fils, à la tête des armées de Flandre, la présence de l'héritier présomptif de la couronne ranimerait l'émulation, qui commençait trop à se perdre. Ce prince, d'un esprit ferme et intrépide, était pieux, juste, et philosophe. Il était fait pour commander à des sages. Élève de Fénélon, archevêque de Cambrai, il aimait ses devoirs : il aimait les hommes ; il voulait les rendre heureux. Instruit dans l'art de la guerre, il regardait cet art plutôt comme le fléau du genre humain et comme une nécessité malheureuse, que comme une source de véritable gloire. On opposa ce prince philosophe au duc de Marlborough : on lui donna pour l'aider le duc de Vendôme. Il arriva ce qu'on ne voit que trop souvent : le grand capitaine ne fut pas assez écouté, et le conseil du prince balança souvent les raisons du général. Il se forma deux partis ; et dans l'armée des

---

demande, dans une des notes, qui sont ces historiens qui ont prétendu que la reine Anne était d'intelligence avec son frère. *C'est un fantôme*, dit-il. Mais on voit ici clairement que ce n'est point un fantôme, et que l'auteur du *Siècle de Louis XIV* n'avait rien avancé que la preuve en main : il n'est pas permis d'écrire l'histoire autrement.

alliés il n'y en avait qu'un, celui de la cause commune. Le prince Eugène était alors sur le Rhin ; mais toutes les fois qu'il fut avec Marlborough, ils n'eurent jamais qu'un sentiment.

Le duc de Bourgogne était supérieur en forces : la France, que l'Europe croyait épuisée, lui avait fourni une armée de près de cent mille hommes, et les alliés n'en avaient alors que quatre-vingt mille. Il avait encore l'avantage des négociations dans un pays si long-temps espagnol, fatigué de garnisons hollandaises, et où beaucoup de citoyens penchaient pour Philippe V. Des intelligences lui ouvrirent les portes de Gand et d'Ypres : mais les manœuvres de guerre firent évanouir le fruit des manœuvres de politique. La division, qui mettait de l'incertitude dans le conseil de guerre, fit que d'abord on marcha vers la Dandre, et que deux heures après on rebroussa vers l'Escaut, à Oudenarde : ainsi on perdit du temps. On trouva le prince Eugène et Marlborough qui n'en perdaient point, et qui étaient unis. (11 juillet 1708) On fut mis en déroute vers Oudenarde : ce n'était pas une grande bataille, mais ce fut une fatale retraite. Les fautes se multiplièrent. Les régiments allaient où ils pouvaient, sans recevoir aucun ordre. Il y eut même plus de quatre mille hommes qui furent pris en chemin, par l'armée ennemie, à quelques milles du champ de bataille.

L'armée, découragée, se retira sans ordre sous Gand, sous Tournai, sous Ypres, et laissa tranquillement le prince Eugène, maître du terrain, assiéger Lille avec une armée moins nombreuse.

Mettre le siége devant une ville aussi grande et aussi fortifiée que Lille, sans être maître de Gand, sans pouvoir tirer ses convois que d'Ostende, sans les pouvoir conduire que par une chaussée étroite, au hasard d'être à tout moment surpris, c'est ce que l'Europe appela une action téméraire, mais que la mésintelligence et l'esprit d'incertitude qui régnaient dans l'armée française rendirent excusable ; c'est enfin ce que le succès justifia. Leurs grands convois, qui pouvaient être enlevés, ne le furent point. Les troupes qui les escortaient, et qui devaient être battues par un nombre supérieur, furent victorieuses. L'armée du duc de Bourgogne, qui pouvait attaquer les retranchements de l'armée ennemie, encore imparfaits, ne les attaqua pas. (23 octobre 1708) Lille fut prise, au grand étonnement de toute l'Europe, qui croyait le duc de Bourgogne plus en état d'assiéger Eugène et Marlborough, que ces généraux en état d'assiéger Lille. Le maréchal de Boufflers la défendit pendant près de quatre mois.

Les habitants s'accoutumèrent tellement au fracas du canon et à toutes les horreurs qui suivent un siége, qu'on donnait dans la ville des spectacles aussi fréquentés qu'en temps de paix ; et qu'une bombe qui tomba près de la salle de la comédie n'interrompit point le spectacle.

Le maréchal de Boufflers avait mis si bon ordre à tout, que les habitants de cette grande ville étaient tranquilles sur la foi de ses fatigues. Sa défense lui mérita l'estime des ennemis, les cœurs des citoyens, et les récompenses du roi. Les historiens, ou plutôt les écrivains de Hollande, qui ont affecté de le blâmer, auraient dû se souvenir que quand on contredit la voix publique, il faut avoir été témoin, et témoin éclairé, ou prouver ce qu'on avance [a].

Cependant l'armée qui avait regardé faire le siége de Lille se fondait peu-à-peu; elle laissa prendre ensuite Gand, Bruges, et tous ses postes l'un après l'autre. Peu de campagnes furent aussi fatales. Les officiers attachés au duc de Vendôme reprochaient toutes ces fautes au conseil du duc de Bourgogne, et ce conseil rejetait tout sur le duc de Vendôme. Les esprits s'aigrissaient par le malheur [1]. Un [b] courtisan du duc de

---

[a] Telle est l'histoire qu'un libraire, nommé Van-Duren, fit écrire par le jésuite La Motte, réfugié en Hollande sous le nom de La Hode, continuée par La Martinière; le tout sur les prétendus Mémoires d'un comte de...., secrétaire d'état. Les *Mémoires de madame de Maintenon*, encore plus remplis de mensonges, disent, tome IV, page 119, que les assiégeants jetaient dans la ville des billets conçus en ces termes : « Rassurez-vous, Français, la « Maintenon ne sera pas votre reine; nous ne lèverons pas le siége. On « croira, ajoute-t-il, que Louis, dans la ferveur du plaisir que lui donnait « la certitude d'une victoire inattendue, offrit ou promit le trône à madame « de Maintenon. » Comment, dans *la ferveur* de l'impertinence, peut-on mettre sur le papier ces nouvelles et ces discours des halles ? comment cet insensé a-t-il pu pousser l'effronterie jusqu'à dire que le duc de Bourgogne trahit le roi son grand-père, et fit prendre Lille par le prince Eugène, de peur que madame de Maintenon ne fût déclarée reine ?

[b] Le marquis d'O.

[1] On peut voir les détails de cette campagne dans les *Mémoires de Berwick*; mais il faut les lire avec précaution. Berwick était dans l'armée, mais humilié de servir sous Vendôme, et presque toujours d'un avis contraire au sien. Vendôme, fatigué des contradictions qu'il éprouvait, semblait avoir perdu, pendant cette campagne, son activité et ses talents. Louis XIV envoya deux fois Chamillart à l'armée comme un arbitre entre les généraux.

Durant le siége de Lille, Marlborough écrivit au maréchal de Berwick, son neveu, pour qu'il proposât à Louis XIV d'entamer une négociation pour la paix avec les députés de Hollande, le prince Eugène, et lui. On crut à la cour que cette proposition était la suite des inquiétudes de Marlborough sur

Bourgogne dit un jour au duc de Vendôme : « Voilà ce « que c'est que de n'aller jamais à la messe; aussi vous « voyez quelles sont nos disgraces. » « Croyez-vous, lui « répondit le duc de Vendôme, que Marlborough y aille « plus souvent que moi ? » Les succès rapides des alliés enflaient le cœur de l'empereur Joseph. Despotique dans l'empire, maître de Landau, il voyait le chemin de Paris presque ouvert par la prise de Lille. Déjà même un parti hollandais avait eu la hardiesse de pénétrer de Courtrai jusqu'auprès de Versailles, et avait enlevé, sur le pont de Sèvres, le premier écuyer du roi, croyant se saisir de la personne du dauphin, père du duc de Bourgogne[a]. La terreur était dans Paris.

L'empereur avait autant d'espérance au moins d'établir son frère Charles en Espagne, que Louis XIV d'y conserver son petit-fils. Déjà cette succession, que les Espagnols avaient voulu rendre indivisible, était

le succès du siége de Lille, et ou obligea le duc de Berwick à faire une réponse négative. Marlborough aimait beaucoup la gloire et l'argent, et il pouvait alors desirer la paix comme le meilleur moyen de mettre sa fortune en sûreté, et d'ajouter une autre espèce de gloire à sa réputation militaire, qui ne pouvait plus croitre. Bientôt après il s'opposa de toutes ses forces à cette paix qu'il avait desirée, parceque la guerre lui était devenue nécessaire pour soutenir son crédit dans sa patrie. K.

[a] Ce furent des officiers au service de Hollande qui firent ce coup hardi. Presque tous étaient des Français que la révocation fatale de l'édit de Nantes avait forcés de choisir une nouvelle patrie; ils prirent la chaise du marquis de Beringhen pour celle du dauphin, parcequ'elle avait l'écusson de France. L'ayant enlevé, ils le firent monter à cheval; mais comme il était âgé et infirme, ils eurent la politesse en chemin de lui chercher eux-mêmes une chaise de poste. Cela consuma du temps. Les pages du roi coururent après eux, le premier écuyer fut délivré; et ceux qui l'avaient enlevé furent prisonniers eux-mêmes; quelques minutes plus tard ils auraient pris le dauphin, qui arrivait après Beringhen avec un seul garde.

partagée entre trois têtes. L'empereur avait pris pour lui la Lombardie et le royaume de Naples. Charles, son frère, avait encore la Catalogne et une partie de l'Aragon. L'empereur força alors le pape Clément XI à reconnaître l'archiduc pour roi d'Espagne. Ce pape, dont on disait qu'il ressemblait à saint Pierre, parcequ'il affirmait, niait, se repentait, et pleurait, avait toujours reconnu Philippe V, à l'exemple de son prédécesseur; et il était attaché à la maison de Bourbon. L'empereur l'en punit, en déclarant dépendants de l'empire beaucoup de fiefs qui relevaient jusqu'alors des papes, et surtout Parme et Plaisance, en ravageant quelques terres ecclésiastiques, en se saisissant de la ville de Comacchio.

Autrefois un pape eût excommunié tout empereur qui lui aurait disputé le droit le plus léger; et cette excommunication eût fait tomber l'empereur du trône: mais la puissance des clefs étant réduite à peu près au point où elle doit l'être, Clément XI, animé par la France, avait osé un moment se servir de la puissance du glaive. Il arma et s'en repentit bientôt. Il vit que les Romains, sous un gouvernement tout sacerdotal, n'étaient pas faits pour manier l'épée. Il désarma, il laissa Comacchio en dépôt à l'empereur; il consentit à écrire à l'archiduc : *A notre très cher fils, roi catholique en Espagne.* Une flotte anglaise dans la Méditerranée, et les troupes allemandes sur ses terres, le forcèrent bientôt d'écrire : *A notre très cher fils, roi des Espagnes.* Ce suffrage du pape, qui n'était rien dans l'empire d'Allemagne, pouvait quelque chose sur le peuple espagnol, à qui on avait fait accroire que l'archiduc était indigne de régner, parcequ'il était protégé par des hérétiques, qui s'étaient emparés de Gibraltar.

(Août 1708) Restait à la monarchie espagnole, au-delà du continent, l'île de Sardaigne, avec celle de Sicile. Une flotte anglaise donna la Sardaigne à l'empereur Joseph; car les Anglais voulaient que l'archiduc son frère n'eût que l'Espagne. Leurs armes fesaient alors les traités de partage. Ils réservèrent la conquête de la Sicile pour un autre temps, et aimèrent mieux employer leurs vaisseaux à chercher sur les mers les galions de l'Amérique, dont ils prirent quelques uns, qu'à donner à l'empereur de nouvelles terres.

La France était aussi humiliée que Rome, et plus en danger; les ressources s'épuisaient; le crédit était anéanti; les peuples, qui avaient idolâtré leur roi dans ses prospérités, murmuraient contre Louis XIV malheureux.

Des partisans, à qui le ministère avait vendu la nation pour quelque argent comptant, dans ses besoins pressants, s'engraissaient du malheur public, et insultaient à ce malheur par leur luxe. Ce qu'ils avaient prêté était dissipé. Sans l'industrie hardie de quelques négociants, et surtout de ceux de Saint-Malo, qui allèrent au Pérou, et rapportèrent trente millions, dont ils prêtèrent la moitié à l'état, Louis XIV n'aurait pas eu de quoi payer ses troupes. La guerre avait ruiné la France, et des marchands la sauvèrent. Il en fut de même en Espagne. Les galions qui ne furent pas pris par les Anglais servirent à défendre Philippe. Mais cette ressource de quelques mois ne rendait pas les recrues de soldats plus faciles. Chamillart, élevé au ministère des finances et de la guerre, se démit, en 1708, des finances, qu'il laissa dans un désordre que rien ne put réparer sous ce règne; et en 1709, il quitta le ministère de la guerre, devenu non moins difficile que l'autre. On lui reprochait beaucoup de fautes. Le public, d'autant plus sévère qu'il souffrait, ne songeait pas qu'il y a des temps malheureux où les fautes sont inévitables[a]. Voisin, qui, après lui, gouverna l'état militaire, et Desmarets, qui administra les finances, ne purent, ni faire des plans de guerre plus heureux, ni rétablir un crédit anéanti[1].

(1709) Le cruel hiver de 1709 acheva de désespérer la nation. Les oliviers, qui sont une grande ressource dans le midi de la France, périrent. Presque tous les arbres fruitiers gelèrent. Il n'y eut point d'espérance de récolte. On avait très peu de magasins. Les grains qu'on pouvait faire venir à grands frais des Échelles du Levant et de l'Afrique pouvaient être pris par les flottes ennemies, auxquelles on n'avait presque plus de vaisseaux de guerre à opposer. Le fléau de cet hiver était général dans l'Europe; mais les ennemis avaient plus de ressources. Les Hollandais surtout, qui ont été si long-temps les facteurs des nations, avaient assez de magasins pour mettre les armées florissantes

---

[a] L'histoire de l'ex-jésuite La Motte, rédigée par La Martinière, dit que Chamillart fut destitué du ministère des finances en 1703, et que la voix publique y appela le maréchal d'Harcourt. Les fautes de cet historien sont sans nombre.

[1] Pour bien juger Desmarets, il faut lire le Mémoire qu'il présenta au régent pour lui rendre compte de son administration : ce Mémoire fait regretter que ce prince ne l'ait pas laissé à la tête des finances. K.

des alliés dans l'abondance, tandis que les troupes de France, diminuées et découragées, semblaient devoir périr de misère.

Le roi vendit pour quatre cent mille francs de vaisselle d'or. Les plus grands seigneurs envoyèrent leur vaisselle d'argent à la Monnaie. On ne mangea dans Paris que du pain bis pendant quelques mois. Plusieurs familles, à Versailles même, se nourrirent de pain d'avoine. Madame de Maintenon en donna l'exemple.

Louis XIV, qui avait déjà fait quelques avances pour la paix, n'hésita pas, dans ces circonstances funestes, à la demander à ces mêmes Hollandais, autrefois si maltraités par lui.

Les États-Généraux n'avaient plus de stathouder depuis la mort du roi Guillaume, et les magistrats hollandais, qui appelaient déjà leurs familles *les familles patriciennes*, étaient autant de rois. Les quatre commissaires hollandais députés à l'armée traitaient avec fierté trente princes d'Allemagne à leur solde. *Qu'on fasse venir Holstein*, disaient-ils; *qu'on dise à Hesse de nous venir parler*[a]. Ainsi s'expliquaient des marchands qui, dans la simplicité de leurs vêtements et dans la frugalité de leurs repas, se plaisaient à écraser à-la-fois l'orgueil allemand, qui était à leurs gages, et la fierté d'un grand roi, autrefois leur vainqueur.

On les avait vus vendre à bas prix leur attache-

---

[a] C'est ce que l'auteur tient de la bouche de vingt personnes qui les entendirent parler ainsi à Lille, après la prise de cette ville. Cependant il se peut que ces expressions fussent moins l'effet d'une fierté grossière que d'un style laconique assez en usage dans les armées.

ment à Louis XIV en 1665; soutenir leurs malheurs en 1672, et les réparer avec un courage intrépide; et alors ils voulaient user de leur fortune. Ils étaient bien loin de s'en tenir à faire voir aux hommes, par de simples démonstrations de supériorité, qu'il n'y a de vraie grandeur que la puissance : ils voulaient que leur état eût en souveraineté dix villes en Flandre, entre autres Lille qui était entre leurs mains, et Tournai qui n'y était pas encore. Ainsi, les Hollandais prétendaient retirer le fruit de la guerre, non seulement aux dépens de la France, mais encore aux dépens de l'Autriche, pour laquelle ils combattaient, comme Venise avait autrefois augmenté son territoire des terres de tous ses voisins. L'esprit républicain est au fond aussi ambitieux que l'esprit monarchique.

Il y parut bien quelques mois après; car, lorsque ce fantôme de négociation fut évanoui, lorsque les armes des alliés eurent encore de nouveaux avantages, le duc de Marlborough, plus maître alors que sa souveraine en Angleterre, et gagné par la Hollande, fit conclure avec les États-Généraux, en 1709, ce célèbre traité de la barrière, par lequel ils resteraient maîtres de toutes les villes frontières qu'on prendrait sur la France, auraient garnison dans vingt places de la Flandre, aux dépens du pays, dans Huy, dans Liége, et dans Bonn; et auraient en toute souveraineté la Haute-Gueldre. Ils seraient devenus en effet souverains des dix-sept provinces des Pays-Bas; ils auraient dominé dans Liége et dans Cologne. C'est ainsi qu'ils voulaient s'agrandir sur les ruines mêmes de leurs alliés. Ils nourrissaient déjà ces projets élevés, quand le roi leur envoya secrètement le président Rouillé pour essayer de traiter avec eux.

Ce négociateur vit d'abord dans Anvers deux magistrats d'Amsterdam, Bruys, et Vanderdussen, qui parlèrent en vainqueurs, et qui déployèrent, avec l'envoyé du plus fier des rois, toute la hauteur dont ils avaient été accablés en 1672. On affecta ensuite de négocier quelque temps avec lui, dans un de ces villages que les généraux de Louis XIV avaient mis autrefois à feu et à sang. Quand on l'eut joué assez long-temps, on lui déclara qu'il fallait que le roi de France forçât le roi son petit-fils à descendre du trône sans aucun dédommagement ; que l'électeur de Bavière François-Marie, et son frère l'électeur de Cologne, demandassent grâce, ou que le sort des armes ferait les traités.

Les dépêches désespérantes du président de Rouillé arrivaient coup sur coup au conseil, dans le temps de la plus déplorable misère où le royaume eût été réduit dans les temps les plus funestes. L'hiver de 1709 laissait des traces affreuses; le peuple périssait de famine. Les troupes n'étaient point payées; la désolation était partout. Les gémissements et les terreurs du public augmentaient encore le mal.

Le conseil était composé du dauphin, du duc de Bourgogne son fils, du chancelier de France Pontchartrain, du duc de Beauvilliers, du marquis de Torci, du secrétaire d'état de la guerre Chamillart, et du contrôleur-général Desmarets. Le duc de Beauvilliers fit une peinture si touchante de l'état où la

France était réduite, que le duc de Bourgogne en versa des larmes, et tout le conseil y mêla les siennes. Le chancelier conclut à faire la paix à quelque prix que ce pût être. Les ministres de la guerre et des finances avouèrent qu'ils étaient sans ressource. « Une scène « si triste, dit le marquis de Torci, serait difficile à « décrire, quand même il serait permis de révéler le « secret de ce qu'elle eut de plus touchant. » Ce secret n'était que celui des pleurs qui coulèrent.

Le marquis de Torci, dans cette crise, proposa d'aller lui-même partager les outrages qu'on fesait au roi dans la personne du président Rouillé : mais comment pouvait-il espérer d'obtenir ce que les vainqueurs avaient déjà refusé? il ne devait s'attendre qu'à des conditions plus dures.

Les alliés commençaient déjà la campagne. Torci va sous un nom emprunté jusque dans La Haye (22 mai 1709). Le grand pensionnaire Heinsius est bien étonné quand on lui annonce que celui qui est regardé chez les étrangers comme le principal ministre de France est dans son antichambre. Heinsius avait été autrefois envoyé en France par le roi Guillaume, pour y discuter ses droits sur la principauté d'Orange. Il s'était adressé à Louvois, secrétaire d'état ayant le département du Dauphiné, sur la frontière duquel Orange est située. Le ministre de Guillaume parla vivement, non seulement pour son maître, mais pour les réformés d'Orange. Croirait-on que Louvois lui répondit *qu'il le ferait mettre à la Bastille*[a]? Un tel

---

[a] Voyez les *Mémoires de Torci*, tome III, page 2; ils ont confirmé tout ce qui est avancé ici.

discours tenu à un sujet eût été odieux; tenu à un ministre étranger, c'était un insolent outrage au droit des nations. On peut juger s'il avait laissé des impressions profondes dans le cœur du magistrat d'un peuple libre.

Il y a peu d'exemples de tant d'orgueil suivi de tant d'humiliations. Le marquis de Torci, suppliant dans La Haye, au nom de Louis XIV, s'adressa au prince Eugène et au duc de Marlborough, après avoir perdu son temps avec Heinsius. Tous trois voulaient la continuation de la guerre. Le prince y trouvait sa grandeur et sa vengeance; le duc, sa gloire et une fortune immense qu'il aimait également; le troisième, gouverné par les deux autres, se regardait comme un Spartiate qui abaissait un roi de Perse. Ils proposèrent non pas une paix, mais une trêve; et pendant cette trêve une satisfaction entière pour tous leurs alliés, et aucune pour les alliés du roi; à condition que le roi se joindrait à ses ennemis pour chasser d'Espagne son propre petit-fils dans l'espace de deux mois, et que pour sûreté il commencerait par céder à jamais dix villes aux Hollandais dans la Flandre, par rendre Strasbourg et Brisach, et par renoncer à la souveraineté de l'Alsace. Louis XIV ne s'était pas attendu, quand il refusait autrefois un régiment au prince Eugène, quand Churchill n'était pas encore colonel en Angleterre, et qu'à peine le nom de Heinsius lui était connu, qu'un jour ces trois hommes lui imposeraient de pareilles lois. En vain Torci voulut tenter Marlborough par l'offre de quatre millions : le duc, qui aimait autant la gloire que l'argent, et qui, par ses gains immenses produits par des victoires, était au-dessus de quatre millions, laissa au ministre de France la douleur d'une proposition honteuse et inutile. Torci rapporta au roi les ordres de ses ennemis. Louis XIV fit alors ce qu'il n'avait jamais fait avec ses sujets. Il se justifia devant eux ; il adressa aux gouverneurs des provinces, aux communautés des villes, une lettre circulaire, par laquelle en rendant compte à ses peuples du fardeau qu'il était obligé de leur faire encore soutenir, il excitait leur indignation, leur honneur, et même leur pitié[a]. Les politiques dirent que Torci n'était allé s'humilier à La Haye que pour mettre les ennemis dans leur tort, pour justifier Louis XIV aux yeux de l'Europe, et pour animer les Français par le ressentiment de l'outrage fait en sa personne à la nation ; mais il n'y était allé réellement que pour demander la paix. On laissa même encore quelques jours le président Rouillé à La Haye, pour tâcher d'obtenir des conditions moins accablantes : et pour toute réponse, les États ordonnèrent à Rouillé de partir dans vingt-quatre heures.

Louis XIV, à qui l'on rapporta des réponses si dures, dit en plein conseil : « Puisqu'il faut faire la

---

[a] L'auteur des *Mémoires de madame de Maintenon* dit, pages 92 et 93 du tome V, que « le duc de Marlborough et le prince Eugène gagnèrent Hein-« sius », comme si Heinsius avait eu besoin d'être gagné. Il met dans la bouche de Louis XIV, au lieu des belles paroles qu'il prononça en plein conseil, ces mots bas et plats : *Alors comme alors*. Il cite l'auteur du *Siècle de Louis XIV*, et le reprend d'avoir dit que « Louis XIV fit afficher sa lettre « circulaire dans les rues de Paris. » Nous avons confronté toutes les éditions du *Siècle de Louis XIV*; il n'y a pas un seul mot de ce que cite cet homme, pas même dans l'édition subreptice qu'il fit à Francfort en 1752. — Cette note de Voltaire est de 1756. B.

« guerre, j'aime mieux la faire à mes ennemis qu'à
« mes enfants. » Il se prépara donc à tenter encore la
fortune en Flandre. La famine, qui désolait les campagnes, fut une ressource pour la guerre. Ceux qui
manquaient de pain se firent soldats. Beaucoup de
terres restèrent en friche; mais on eut une armée. Le
maréchal de Villars, qu'on avait envoyé commander
l'année précédente en Savoie quelques troupes dont
il avait réveillé l'ardeur, et qui avait eu quelques petits succès, fut rappelé en Flandre, comme celui en
qui l'état mettait son espérance.

Déjà Marlborough avait pris Tournai (29 juillet
1709), dont Eugène avait couvert le siége. Déjà ces
deux généraux marchaient pour investir Mons. Le
maréchal de Villars s'avança pour les en empêcher.
Il avait avec lui le maréchal de Boufflers, son ancien, qui avait demandé à servir sous lui. Boufflers
aimait véritablement le roi et la patrie. Il prouva, en
cette occasion (malgré la maxime d'un homme de
beaucoup d'esprit), que dans un état monarchique,
et surtout sous un bon maître, il y a des vertus. Il y
en a, sans doute, tout autant que dans les républiques,
avec moins d'enthousiasme peut-être, mais avec plus
de ce qu'on appelle honneur[a].

Dès que les Français s'avancèrent pour s'opposer

[a] Cet endroit mérite d'être éclairci. L'auteur célèbre de l'*Esprit des lois*
dit que l'honneur est le principe des gouvernements monarchiques, et la
vertu le principe des gouvernements républicains.

Ce sont là des idées vagues et confuses qu'on a attaquées d'une manière
aussi vague, parceque rarement on convient de la valeur des termes, rarement on s'entend. L'honneur est le desir d'être honoré, d'être estimé: de là
vient l'habitude de ne rien faire dont on puisse rougir. La vertu est l'accom-

à l'investissement de Mons, les alliés vinrent les attaquer près des bois de Blangies et du village de Malplaquet.

L'armée des alliés était d'environ quatre-vingt mille combattants, et celle du maréchal de Villars d'environ soixante et dix mille. Les Français traînaient avec eux quatre-vingts pièces de canon, les alliés cent quarante. Le duc de Marlborough commandait l'aile droite, où étaient les Anglais et les troupes allemandes à la

---

plissement des devoirs, indépendamment du desir de l'estime ; de là vient que l'honneur est commun, la vertu rare.

Le principe d'une monarchie ou d'une république n'est ni l'honneur ni la vertu. Une monarchie est fondée sur le pouvoir d'un seul ; une république est fondée sur le pouvoir que plusieurs ont d'empêcher le pouvoir d'un seul. La plupart des monarchies ont été établies par des chefs d'armées, les républiques par des citoyens assemblés. L'honneur est commun à tous les hommes, et la vertu rare dans tout gouvernement. L'amour-propre de chaque membre d'une république veille sur l'amour-propre des autres ; chacun voulant être maître, personne ne l'est ; l'ambition de chaque particulier est un frein public, et l'égalité règne.

Dans une monarchie affermie, l'ambition ne peut s'élever qu'en plaisant au maître, ou à ceux qui gouvernent sous le maître. Il n'y a dans ces premiers ressorts ni honneur ni vertu, de part ni d'autre ; il n'y a que de l'intérêt. La vertu est en tout pays le fruit de l'éducation et du caractère. Il est dit dans l'*Esprit des lois* qu'il faut plus de vertu dans une république : c'est, en un sens, tout le contraire : il faut beaucoup plus de vertu dans une cour pour résister à tant de séductions. Le duc de Montausier, le duc de Beauvilliers, étaient des hommes d'une vertu très austère. Le maréchal de Villeroi joignit des mœurs plus douces à une probité non moins incorruptible. Le marquis de Torci a été un des plus honnêtes hommes de l'Europe, dans une place où la politique permet le relâchement dans la morale. Les contrôleurs-généraux Le Pelletier et Chamillart passèrent pour être moins habiles que vertueux.

Il faut avouer que Louis XIV, dans cette guerre malheureuse, ne fut guère entouré que d'hommes irréprochables ; c'est une observation très vraie et très importante dans une histoire où les mœurs ont tant de part. — Voyez, dans ce volume, le *Supplément au Siècle de Louis XIV*, troisième partie. B.

solde d'Angleterre. Le prince Eugène était au centre; Tilli et un comte de Nassau à la gauche, avec les Hollandais.

(11 septembre 1709) Le maréchal de Villars prit pour lui la gauche, et laissa la droite au maréchal de Boufflers. Il avait retranché son armée à la hâte, manœuvre probablement convenable à des troupes inférieures en nombre, long-temps malheureuses, dont la moitié était composée de nouvelles recrues, et convenable encore à la situation de la France, qu'une défaite entière eût mise aux derniers abois. Quelques historiens ont blâmé le général dans sa disposition. *Il devait*, disaient-ils, *passer une large trouée, au lieu de la laisser devant lui.* Ceux qui, de leur cabinet, jugent ainsi ce qui se passe sur un champ de bataille, ne sont-ils pas trop habiles?

Tout ce que je sais, c'est que le maréchal dit lui-même que les soldats, qui, ayant manqué de pain un jour entier, venaient de le recevoir, en jetèrent une partie pour courir plus légèrement au combat. Il y a eu, depuis plusieurs siècles, peu de batailles plus disputées et plus longues, aucune plus meurtrière. Je ne dirai autre chose de cette bataille que ce qui fut avoué de tout le monde. La gauche des ennemis, où combattaient les Hollandais, fut presque toute détruite, et même poursuivie la baïonnette au bout du fusil. Marlborough, à la droite, fesait et soutenait les plus grands efforts. Le maréchal de Villars dégarnit un peu son centre pour s'opposer à Marlborough, et alors même ce centre fut attaqué. Les retranchements qui le couvraient furent emportés. Le régiment des gardes, qui les défendait, ne put résister. Le maréchal, en accourant de sa gauche à son centre, fut blessé, et la bataille fut perdue. Le champ était jonché de près de trente mille morts ou mourants.

On marchait sur les cadavres entassés, surtout au quartier des Hollandais. La France ne perdit guère plus de huit mille hommes dans cette journée. Ses ennemis en laissèrent environ vingt et un mille tués ou blessés ; mais le centre étant forcé, les deux ailes coupées, ceux qui avaient fait le plus grand carnage furent les vaincus.

Le maréchal de Boufflers [a] fit la retraite en bon

[a] Dans le livre intitulé *Mémoires du maréchal de Berwick*, il est dit que le maréchal de Berwick fit cette retraite. C'est ainsi que tant de mémoires sont écrits. On trouve dans ceux de madame de Maintenon, par La Beaumelle, tome V, page 99, que les alliés accusèrent le maréchal de Villars de « s'être blessé lui-même, et que les Français lui reprochèrent de s'être retiré « trop tôt. » Ce sont deux impostures ridicules. Ce général avait reçu un coup de carabine au-dessous du genou, qui lui fracassa l'os, et qui le fit boiter toute sa vie. Le roi lui envoya le sieur Maréchal, son premier chirurgien, qui seul empêcha qu'on lui coupât la cuisse. C'est ce que je tiens de la bouche de M. le maréchal de Villars et de ce chirurgien célèbre : c'est ce que tous les officiers ont su ; c'est ce que M. le duc de Villars daigne me confirmer par ses lettres. Il n'oppose que le mépris aux sottises insolentes et calomnieuses de La Beaumelle.—Les *Mémoires de Berwick*, dont parle M. de Voltaire, ne sont pas le même ouvrage que nous avons cité dans nos notes. Le maréchal de Berwick défendit le Dauphiné et la Provence contre le duc de Savoie pendant les campagnes de 1709, 1710, 1711, et 1712, avec beaucoup de succès, et malgré une grande infériorité de forces. Ces campagnes, pendant lesquelles il n'y eut aucune action d'éclat, lui ont fait plus d'honneur auprès des militaires que la victoire d'Almanza et la prise de Barcelone, et l'ont placé, dans l'opinion des hommes éclairés, fort au-dessus de plusieurs généraux qui ont eu des succès plus brillants. Il fut envoyé en Flandre, après la bataille de Malplaquet, pour faire lever le siège de Mons : entreprise qu'il ne trouva point impraticable : c'est ce qui a trompé l'auteur des faux *Mémoires de Berwick*. M. de Voltaire ne parle point de ces campagnes de Dauphiné ; mais il avait passé sa jeunesse chez les princes de

ordre, aidé du prince de Tingri-Montmorenci, depuis maréchal de Luxembourg, héritier du courage de ses pères. L'armée se retira entre le Quesnoi et Valenciennes, emportant plusieurs drapeaux et étendards pris sur les ennemis. Ces dépouilles consolèrent Louis XIV : et on compta pour une victoire l'honneur de l'avoir disputée si long-temps, et de n'avoir perdu que le champ de bataille. Le maréchal de Villars, en revenant à la cour, assura le roi que, sans sa blessure, il aurait remporté la victoire. J'en ai vu ce général persuadé, mais j'ai vu peu de personnes qui le crussent.

On peut s'étonner qu'une armée qui avait tué aux ennemis deux tiers plus de monde qu'elle n'en avait perdu, n'essayât pas d'empêcher que ceux qui n'avaient eu d'autre avantage que celui de coucher au milieu de leurs morts, allassent faire le siége de Mons. Les Hollandais craignirent pour cette entreprise : ils hésitèrent. Mais le nom de bataille perdue impose aux vaincus, et les décourage. Les hommes ne font jamais tout ce qu'ils peuvent faire; et le soldat à qui on dit qu'il a été battu craint de l'être encore. Ainsi, Mons fut assiégé et pris (20 octobre 1709), et toujours pour les Hollandais, qui le gardèrent, ainsi que Tournai et Lille.

Vendôme et chez le maréchal de Villars, qui n'aimaient pas le maréchal de Berwick. K. — Les *Mémoires de Berwick*, 1737, deux volumes in-12, sont de l'abbé Margon. Les véritables *Mémoires de Berwick* ont été publiés en 1778 : voyez tome XIX, page 20. B.

CHAPITRE XXII.

Louis XIV continue à demander la paix et à se défendre. Le duc de Vendôme affermit le roi d'Espagne sur le trône.

Non seulement les ennemis avançaient ainsi pied à pied, et fesaient tomber de ce côté toutes les barrières de la France; mais ils prétendaient, aidés du duc de Savoie, aller surprendre la Franche-Comté, et pénétrer par les deux bouts dans le cœur du royaume. Le général Merci, chargé de faciliter cette entreprise, en entrant dans la Haute-Alsace par Bâle, fut heureusement arrêté, près de l'île de Neubourg, sur le Rhin, par le comte, depuis maréchal, Du Bourg (26 août 1709). Je ne sais par quelle fatalité ceux qui ont porté le nom de Merci ont toujours été aussi malheureux qu'estimés. Celui-ci fut vaincu de la manière la plus complète. Rien ne fut entrepris du côté de la Savoie[1], mais on n'en craignait pas moins du côté de la Flandre; et l'intérieur du royaume était dans un état si languissant, que le roi demanda encore la paix en suppliant. Il offrait de reconnaître l'archiduc pour roi d'Espagne, de ne donner aucun secours à son petit-fils, et de l'abandonner à sa fortune; de donner quatre places en otage; de rendre Strasbourg et Brisach; de renoncer à la souveraineté de l'Alsace, et de n'en garder que la préfecture; de raser toutes ses places, de-

---

[1] Voyez la note précédente. K.

puis Bâle jusqu'à Philipsbourg; de combler le port si long-temps redoutable de Dunkerque, et d'en raser les fortifications; de laisser aux États-Généraux Lille, Tournai, Ypres, Menin, Furnes, Condé, Maubeuge. Voilà les points principaux qui devaient servir de fondement à la paix qu'il implorait.

Les alliés voulurent encore goûter le triomphe de discuter les soumissions de Louis XIV. On permit à ses plénipotentiaires de venir, au commencement de 1710, porter dans la petite ville de Gertruidenberg les prières de ce monarque. Il choisit le maréchal d'Uxelles, homme froid, taciturne, d'un esprit plus sage qu'élevé et hardi, et l'abbé, depuis cardinal, de Polignac, l'un des plus beaux esprits et des plus éloquents de son siècle, qui imposait par sa figure et par ses graces. L'esprit, la sagesse, l'éloquence, ne sont rien dans des ministres, lorsque le prince n'est pas heureux. Ce sont les victoires qui font les traités. Les ambassadeurs de Louis XIV furent plutôt confinés qu'admis à Gertruidenberg. Les députés venaient entendre leurs offres, et les rapportaient à La Haye au prince Eugène, au duc de Marlborough, au comte de Zinzendorf, ambassadeur de l'empereur; et ces offres étaient toujours reçues avec mépris. On leur insultait par des libelles outrageants, tous composés par des réfugiés français, devenus plus ennemis de la gloire de Louis XIV que Marlborough et Eugène.

Les plénipotentiaires de France poussèrent l'humiliation jusqu'à promettre que le roi donnerait de l'argent pour détrôner Philippe V, et ne furent point écoutés. On exigea que Louis XIV, pour préliminaires, s'engageât seul à chasser d'Espagne son petit-fils, dans deux mois, par la voie des armes. Cette inhumanité absurde, beaucoup plus outrageante qu'un refus, était inspirée par de nouveaux succès.

Tandis que les alliés parlaient ainsi en maîtres irrités contre la grandeur et la fierté de Louis XIV, également abaissées, ils prenaient la ville de Douai (juin 1710). Ils s'emparèrent bientôt après de Béthune, d'Aire, de Saint-Vénant; et le lord Stair proposa d'envoyer des partis jusqu'à Paris.

Presque dans le même temps, l'armée de l'archiduc, commandée en Espagne par Gui de Staremberg, le général allemand qui avait le plus de réputation après le prince Eugène, remporta, près de Saragosse (20 août 1710), une victoire complète sur l'armée en qui le parti de Philippe V avait mis son espérance, à la tête de laquelle était le marquis de Bay, général malheureux. On remarqua encore que les deux princes qui se disputaient l'Espagne, et qui étaient l'un et l'autre à portée de leur armée, ne se trouvèrent pas à cette bataille. De tous les princes pour qui on combattait en Europe, il n'y avait alors que le duc de Savoie qui fît la guerre par lui-même. Il était triste qu'il n'acquît cette gloire qu'en combattant contre ses deux filles, dont il voulait détrôner l'une pour acquérir en Lombardie un peu de terrain, sur lequel l'empereur Joseph lui fesait déjà des difficultés, et dont on l'aurait dépouillé à la première occasion.

Cet empereur était heureux partout, et n'était nulle part modéré dans son bonheur. Il démembrait de sa seule autorité la Bavière; il en donnait les fiefs à ses parents et à ses créatures. Il dépouillait le jeune duc de La Mirandole en Italie ; et les princes de l'empire lui entretenaient une armée vers le Rhin, sans penser qu'ils travaillaient à cimenter un pouvoir qu'ils craignaient : tant était encore dominante dans les esprits la vieille haine contre le nom de Louis XIV, qui semblait le premier des intérêts. La fortune de Joseph le fit encore triompher des mécontents de Hongrie. La France avait suscité contre lui le prince Ragotski, armé pour ses prétentions et pour celles de son pays. Ragotski fut battu, ses villes prises, son parti ruiné. Ainsi Louis XIV était également malheureux au-dehors, au-dedans, sur mer et sur terre, dans les négociations publiques et dans les intrigues secrètes.

Toute l'Europe croyait alors que l'archiduc Charles, frère de l'heureux Joseph, régnerait sans concurrent en Espagne. L'Europe était menacée d'une puissance plus terrible que celle de Charles-Quint ; et c'était l'Angleterre, long-temps ennemie de la branche d'Autriche espagnole, et la Hollande, son esclave révoltée, qui s'épuisaient pour l'établir. Philippe V, réfugié à Madrid, en sortit encore, et se retira à Valladolid ; tandis que l'archiduc Charles fit son entrée en vainqueur dans la capitale.

Le roi de France ne pouvait plus secourir son petit-fils ; il avait été obligé de faire en partie ce que ses ennemis exigeaient à Gertruidenberg, d'abandonner la cause de Philippe, en fesant revenir, pour sa propre défense, quelques troupes demeurées en Espagne. Lui-même à peine pouvait résister vers la Savoie, vers le Rhin, et surtout en Flandre, où se portaient les plus grands coups.

L'Espagne était encore bien plus à plaindre que la France. Presque toutes ses provinces avaient été ravagées par leurs ennemis et par leurs défenseurs. Elle était attaquée par le Portugal. Son commerce périssait, la disette était générale; mais cette disette fut plus funeste aux vainqueurs qu'aux vaincus, parceque dans une grande étendue de pays l'affection des peuples refusait tout aux Autrichiens, et donnait tout à Philippe. Ce monarque n'avait plus ni troupes, ni général de la part de la France. Le duc d'Orléans, par qui s'était un peu rétablie sa fortune chancelante, loin de continuer de commander ses armées, était regardé alors comme son ennemi. Il est certain que malgré l'affection de la ville de Madrid pour Philippe, malgré la fidélité de beaucoup de grands et de toute la Castille, il y avait contre Philippe V un grand parti en Espagne. Tous les Catalans, nation belliqueuse et opiniâtre, tenaient obstinément pour son concurrent. La moitié de l'Aragon était aussi gagnée. Une partie des peuples attendait alors l'événement; une autre haïssait plus l'archiduc qu'elle n'aimait Philippe. Le duc d'Orléans, du même nom de Philippe, mécontent d'ailleurs des ministres espagnols, et plus mécontent de la princesse des Ursins qui gouvernait, crut entrevoir qu'il pouvait gagner pour lui le pays qu'il était venu défendre; et lorsque Louis XIV avait proposé lui-même d'abandonner son petit-fils, et qu'on parlait déjà en Espagne d'une abdication, le duc d'Orléans se crut digne de remplir la place que Philippe V semblait devoir quitter. Il avait à cette couronne des droits que le testament du feu roi d'Espagne avait négligés, et que son père avait maintenus par une protestation.

Il fit par ses agents une ligue avec quelques grands d'Espagne, par laquelle ils s'engageaient à le mettre sur le trône en cas que Philippe V en descendît. Il aurait en ce cas trouvé beaucoup d'Espagnols empressés à se ranger sous les drapeaux d'un prince qui savait combattre. Cette entreprise, si elle eût réussi, pouvait ne pas déplaire aux puissances maritimes, qui auraient moins redouté alors de voir l'Espagne et la France réunies dans une même main; et elle aurait apporté moins d'obstacles à la paix. Le projet fut découvert à Madrid, vers le commencement de 1709, tandis que le duc d'Orléans était à Versailles. Ses agents furent emprisonnés en Espagne. Philippe V ne pardonna pas à son parent d'avoir cru qu'il pouvait abdiquer, et d'avoir eu la pensée de lui succéder. La France cria contre le duc d'Orléans. Monseigneur, père de Philippe V, opina dans le conseil qu'on fît le procès à celui qu'il regardait comme coupable : mais le roi aima mieux ensevelir dans le silence un projet informe et excusable, que de punir son neveu dans le temps qu'il voyait son petit-fils toucher à sa ruine.

Enfin, vers le temps de la bataille de Saragosse, le conseil du roi d'Espagne et la plupart des grands, voyant qu'ils n'avaient aucun capitaine à opposer à Staremberg, qu'on regardait comme un autre Eugène, écrivirent en corps à Louis XIV pour lui demander le duc de Vendôme. Ce prince, retiré dans Anet, partit alors, et sa présence valut une armée. La grande réputation qu'il s'était faite en Italie, et que la malheureuse campagne de Lille n'avait pu lui faire perdre, frappait les Espagnols; sa popularité, sa libéralité qui allait jusqu'à la profusion, sa franchise, son amour pour les soldats, lui gagnaient les cœurs. Dès qu'il mit les pieds en Espagne, il lui arriva ce qui était arrivé autrefois à Bertrand Du Guesclin. Son nom seul attira une foule de volontaires. Il n'avait point d'argent : les communautés des villes, des villages et des religieux en donnèrent. Un esprit d'enthousiasme saisit la nation. (Août 1710) Les débris de la bataille de Saragosse se rejoignirent sous lui à Valladolid. Tout s'empressa de fournir des recrues. Le duc de Vendôme, sans laisser ralentir un moment cette nouvelle ardeur, poursuit les vainqueurs, ramène le roi à Madrid, oblige l'ennemi de se retirer vers le Portugal; le suit, passe le Tage à la nage; fait prisonnier, dans Brihuega, Stanhope avec cinq mille Anglais (9 décembre); atteint le général Staremberg, et le lendemain lui livre la bataille de Villa-Viciosa. Philippe V, qui n'avait point encore combattu avec ses autres généraux, animé de l'esprit du duc de Vendôme, se met à la tête de l'aile droite. Le général prend la gauche. Il remporte une victoire entière; de sorte qu'en quatre mois de temps, ce prince, qui était arrivé quand tout était désespéré, rétablit tout, et affermit pour jamais la couronne d'Espagne sur la tête de Philippe[a].

[a] On assure qu'après la bataille, Philippe V n'ayant point de lit, le duc de

Tandis que cette révolution éclatante étonnait les alliés, une autre, plus sourde et non moins décisive, se préparait en Angleterre. Une Allemande avait, par sa mauvaise conduite, fait perdre à la maison d'Autriche toute la succession de Charles-Quint, et avait été ainsi le premier mobile de la guerre; une Anglaise, par ses imprudences, procura la paix. Sara Jennings, duchesse de Marlborough, gouvernait la reine Anne, et le duc gouvernait l'état. Il avait en ses mains les finances, par le grand trésorier Godolphin, beau-père d'une de ses filles. Sunderland, secrétaire d'état, son gendre, lui soumettait le cabinet. Toute la maison de la reine, où commandait sa femme, était à ses ordres. Il était maître de l'armée, dont il donnait tous les emplois. Si deux partis, les *Whigs* et les *Torys*, divisaient l'Angleterre, les Whigs, à la tête desquels il était, fesaient tout pour sa grandeur; et les Torys avaient été forcés à l'admirer et à se taire. Il n'est pas indigne de l'histoire d'ajouter que le duc et la duchesse étaient les plus belles personnes de leur temps, et que cet avantage séduit encore la multitude quand il est joint aux dignités et à la gloire.

Il avait plus de crédit à La Haye que le grand pensionnaire, et il influait beaucoup en Allemagne. Négociateur et général toujours heureux, nul particulier n'eut jamais une puissance et une gloire si étendues. Il pouvait encore affermir son pouvoir par ses richesses immenses, acquises dans le commandement.

Vendôme lui dit: « Je vais vous faire donner le plus beau lit sur lequel jamais roi ait couché »; et il fit faire un matelas des étendards et des drapeaux pris sur les ennemis.

J'ai entendu dire à sa veuve, qu'après les partages faits à quatre enfants, il lui restait, sans aucune grace de la cour, soixante et dix mille pièces de revenu, qui font plus de quinze cent cinquante mille livres de notre monnaie d'aujourd'hui. S'il n'avait pas eu autant d'économie que de grandeur, il pouvait se faire un parti que la reine Anne n'aurait pu détruire; et si sa femme avait eu plus de complaisance, jamais la reine n'eût brisé ses liens. Mais le duc ne put jamais triompher de son goût pour les richesses, ni la duchesse de son humeur. La reine l'avait aimée avec une tendresse qui allait jusqu'à la soumission et à l'abandonnement de toute volonté.

Dans de pareilles liaisons, c'est d'ordinaire du côté des souverains que vient le dégoût, le caprice, la hauteur, l'abus de la supériorité; ce sont eux qui font sentir le joug, et c'était la duchesse de Marlborough qui l'appesantissait. Il fallait une favorite à la reine Anne; elle se tourna du côté de mylady Masham, sa dame d'atour. Les jalousies de la duchesse éclatèrent. Quelques paires de gants d'une façon singulière qu'elle refusa à la reine, une jatte d'eau[1] qu'elle laissa tomber en sa présence, par une méprise affectée, sur la robe de madame Masham, changèrent la face de l'Europe. Les esprits s'aigrirent. Le frère de la nouvelle favorite demande au duc un régiment; le duc le refuse, et la reine le donne. Les Torys saisirent cette conjoncture pour tirer la reine de cet esclavage domestique, pour

---

[1] Voyez, sur ce passage, une petite dissertation de La Harpe, dans son *Lycée, ou Cours de littérature* (*Philosophie du dix-huitième siècle*, livre II, chap. 11). B.

abaisser la puissance du duc de Marlborough, changer le ministère, faire la paix, et rappeler, s'il se pouvait, la maison de Stuart sur le trône d'Angleterre. Si le caractère de la duchesse eût pu admettre quelque souplesse, elle eût régné encore. La reine et elle étaient dans l'habitude de s'écrire tous les jours sous des noms empruntés. Ce mystère et cette familiarité laissaient toujours la voie ouverte à la réconciliation; mais la duchesse n'employa cette ressource que pour tout gâter. Elle écrivit impérieusement. Elle disait dans sa lettre : « Rendez-moi justice, et ne me faites « point de réponse. » Elle s'en repentit ensuite : elle vint demander pardon; elle pleura; et la reine ne lui répondit autre chose, sinon : « Vous m'avez ordonné « de ne vous point répondre, et je ne vous répon- « drai pas. » Alors, la rupture fut sans retour. La duchesse ne parut plus à la cour; et quelque temps après on commença par ôter le ministère au gendre de Marlborough, Sunderland, pour déposséder ensuite Godolphin et le duc lui-même. Dans d'autres états cela s'appelle une disgrace : en Angleterre, c'est une révolution dans les affaires; et la révolution était encore très difficile à opérer.

Les Torys, maîtres alors de la reine, ne l'étaient pas du royaume. Ils furent obligés d'avoir recours à la religion. Il n'y en a guère aujourd'hui, dans la Grande-Bretagne, que le peu qu'il en faut pour distinguer les factions. Les Whigs penchaient pour le presbytérianisme. C'était la faction qui avait détrôné Jacques II, persécuté Charles II, et immolé Charles Ier. Les Torys étaient pour les épiscopaux; qui favorisaient la maison de Stuart, et qui voulaient établir l'obéissance passive envers les rois, parceque les évêques en espéraient plus d'obéissance pour eux-mêmes. Ils excitèrent un prédicateur à prêcher dans la cathédrale de Saint-Paul cette doctrine, et à désigner d'une manière odieuse l'administration de Marlborough, et le parti qui avait donné la couronne au roi Guillaume[a]. Mais la reine, qui favorisait ce prêtre, ne fut pas assez puissante pour empêcher qu'il ne fût interdit pour trois ans par les deux chambres, dans la salle de Westminster, et que son sermon ne fût brûlé. Elle sentit encore plus sa faiblesse, en n'osant jamais, malgré ses secrètes inclinations pour son sang, lui rouvrir le chemin du trône, fermé à son frère par le parti des Whigs. Les écrivains qui disent que Marlborough et son parti tombèrent quand la faveur de la reine ne les soutint plus, ne connaissent pas l'Angleterre. La reine, qui dès-lors voulait la paix, n'osait pas même ôter à Marlborough le commandement des armées; et au printemps de 1711, Marlborough pressait encore la France, tandis qu'il était disgracié dans sa cour.

Sur la fin de janvier de cette même année 1711, arrive à Versailles un prêtre inconnu, nommé l'abbé Gautier, qui avait été autrefois aide de l'aumônier du maréchal de Tallard, dans son ambassade auprès du

---

[a] Le marquis de Torci l'appelle, dans ses *Mémoires, ministre prédicant :* il se trompe; c'est un titre qu'on ne donne qu'aux presbytériens. Henri Sacheverel, dont il est question, était docteur d'Oxford, et du parti épiscopal. Il avait prêché dans la cathédrale de Saint-Paul l'obéissance absolue aux rois et l'intolérance. Ces maximes furent condamnées par le parlement; mais ses invectives contre le parti de Marlborough le furent bien davantage.

roi Guillaume. Il avait depuis ce temps demeuré toujours à Londres, n'ayant d'autre emploi que celui de dire la messe dans la chapelle privée du comte de Gallas, ambassadeur de l'empereur en Angleterre. Le hasard l'avait introduit dans la confidence d'un lord ami du nouveau ministère opposé au duc de Marlborough. Cet inconnu se rend chez le marquis de Torci, et lui dit, sans autre préambule : Voulez-vous faire la paix, monsieur? je viens vous apporter les moyens de la traiter. C'était, dit M. de Torci, demander à un mourant s'il voulait guérir[a].

On entama bientôt une négociation secrète avec le comte d'Oxford, grand trésorier d'Angleterre, et Saint-Jean, secrétaire d'état, depuis lord Bolingbroke. Ces deux hommes n'avaient d'autre intérêt de donner la paix à la France, que celui d'ôter au duc de Marlborough le commandement des armées, et d'élever leur crédit sur les ruines du sien. Le pas était dangereux; c'était trahir la cause commune des alliés; c'était rompre tous ses engagements, et s'exposer, sans aucun prétexte, à la haine de la plus grande partie de la nation, et aux recherches du parlement, qui auraient pu leur coûter la tête. Il est fort douteux qu'ils eussent pu réussir : mais un événement imprévu facilita ce grand ouvrage. (17 avril 1711) L'empereur Joseph Ier mourut, et laissa les états de la maison d'Autriche, l'empire d'Allemagne, et les prétentions sur l'Espagne et sur l'Amérique, à son frère Charles, qui fut élu empereur quelques mois après[b].

[a] *Mémoires de Torci*, tome III, page 33.
[b] Le lord Bolingbroke rapporte dans ses lettres qu'alors il y avait de

Au premier bruit de cette mort, les préjugés qui armaient tant de nations commencèrent à se dissiper en Angleterre par les soins du nouveau ministère. On avait voulu empêcher que Louis XIV ne gouvernât l'Espagne, l'Amérique, la Lombardie, le royaume de Naples et la Sicile, sous le nom de *son petit-fils.* Pourquoi vouloir réunir tant d'états dans la main de l'empereur Charles VI ? pourquoi la nation anglaise aurait-elle épuisé ses trésors ? Elle payait plus que l'Allemagne et la Hollande ensemble. Les frais de la présente année allaient à sept millions de livres sterling. Fallait-il qu'elle se ruinât pour une cause qui lui était étrangère, et pour donner une partie de la Flandre aux Provinces-Unies rivales de son commerce ? Toutes ces raisons, qui enhardissaient la reine, ouvrirent les yeux à une grande partie de la nation; et un nouveau parlement étant convoqué, la reine eut la liberté de préparer la paix de l'Europe.

Mais, en la préparant en secret, elle ne pouvait pas encore se séparer publiquement de ses alliés; et quand le cabinet négociait, Marlborough était en campagne. Il avançait toujours en Flandre; (août 1711) il forçait les lignes que le maréchal de Villars

grandes cabales à la cour de Louis XIV; il ne doute pas, tome II, page 244. « qu'il ne se formât dans sa cour d'étranges projets d'ambition particulière : » il en juge par un discours que lui tinrent depuis à souper les ducs de La, Feuillade et de Mortemar : « Vous auriez pu nous écraser, pourquoi ne l'a- « vez-vous pas fait ? » Bolingbroke, malgré ses lumières et sa philosophie, tombe ici dans le défaut de quelques ministres, qui croient que tous les mots qu'on leur dit signifient quelque chose. On connaît assez l'état de la cour de France, et celui de ces deux ducs, pour savoir qu'il n'y avait, du temps de la paix d'Utrecht, ni desseins, ni factions, ni aucun homme en situation de rien entreprendre.

avait tirées de Montreuil jusqu'à Valenciennes; (septembre) il prenait Bouchain; il s'avançait au Quesnoi, et de là vers Paris, il y avait à peine un rempart à lui opposer.

Ce fut dans ce temps malheureux que le célèbre Du Guai-Trouin, aidé de son courage et de l'argent de quelques marchands, n'ayant encore aucun grade dans la marine, et devant tout à lui-même, équipa une petite flotte, et alla prendre une des principales villes du Brésil, Saint-Sébastien de Rio-Janéiro. (Septembre et octobre 1711) Son équipage revint chargé de richesses; et les Portugais perdirent beaucoup plus qu'il ne gagna. Mais le mal qu'on fesait au Brésil ne soulageait pas les maux de la France.

CHAPITRE XXIII.

Victoire du maréchal de Villars à Denain. Rétablissement des affaires. Paix générale.

Les négociations, qu'on entama enfin ouvertement à Londres, furent plus salutaires. La reine envoya le comte de Strafford, ambassadeur en Hollande, communiquer les propositions de Louis XIV. Ce n'était plus alors à Marlborough qu'on demandait grace. Le comte de Strafford obligea les Hollandais à nommer des plénipotentiaires, et à recevoir ceux de la France.

Trois particuliers s'opposaient toujours à cette paix. Marlborough, le prince Eugène, et Heinsius, persistaient à vouloir accabler Louis XIV. Mais quand le général anglais retourna dans Londres, à la fin de 1711, on lui ôta tous ses emplois. Il trouva une nouvelle chambre basse, et n'eut pas pour lui la pluralité de la haute. La reine, en créant de nouveaux pairs, avait affaibli le parti du duc, et fortifié celui de la couronne. Il fut accusé, comme Scipion, d'avoir malversé : mais il se tira d'affaire, à peu près de même, par sa gloire et par la retraite. Il était encore puissant dans sa disgrâce. Le prince Eugène n'hésita pas à passer à Londres pour seconder sa faction. Ce prince reçut l'accueil qu'on devait à son nom et à sa renommée, et les refus qu'on devait à ses propositions. La cour prévalut; le prince Eugène retourna seul achever la guerre; et c'était encore un nouvel aiguillon pour lui d'espérer de nouvelles victoires, sans compagnon qui en partageât l'honneur.

Tandis qu'on s'assemble à Utrecht [1], tandis que les ministres de France, tant maltraités à Gertruidenberg, viennent négocier avec plus d'égalité, le maréchal de Villars, retiré derrière des lignes, couvrait encore Arras et Cambrai. Le prince Eugène prenait la ville du Quesnoi (6 juillet 1712), et il étendait dans le pays une armée d'environ cent mille combattants. Les Hollandais avaient fait un effort; et n'ayant jamais encore fourni à toutes les dépenses qu'ils étaient obligés de faire pour la guerre, ils avaient été au-delà de leur contingent cette année. La reine Anne ne pouvait encore se dégager ouvertement; elle avait

---

[1] Le congrès d'Utrecht s'ouvrit le 29 janvier 1712. B.

envoyé à l'armée du prince Eugène le duc d'Ormond avec douze mille Anglais, et payait encore beaucoup de troupes allemandes. Le prince Eugène, ayant brûlé le faubourg d'Arras, s'avançait sur l'armée française. Il proposa au duc d'Ormond de livrer bataille. Le général anglais avait été envoyé pour ne point combattre. Les négociations particulières entre l'Angleterre et la France avançaient. Une suspension d'armes fut publiée entre les deux couronnes. Louis XIV fit remettre aux Anglais la ville de Dunkerque pour sûreté de ses engagements (19 juillet 1721). Le duc d'Ormond se retira vers Gand. Il voulut emmener avec les troupes de sa nation celles qui étaient à la solde de sa reine; mais il ne put se faire suivre que de quatre escadrons de Holstein et d'un régiment liégeois. Les troupes du Brandebourg, du Palatinat, de Saxe, de Hesse, de Danemark, restèrent sous les drapeaux du prince Eugène, et furent payées par les Hollandais. L'électeur de Hanovre même, qui devait succéder à la reine Anne, laissa malgré elle ses troupes aux alliés, et fit voir que, si sa famille attendait la couronne d'Angleterre, ce n'était pas sur la faveur de la reine Anne qu'elle comptait.

Le prince Eugène, privé des Anglais, était encore supérieur de vingt mille hommes à l'armée française; il l'était par sa position, par l'abondance de ses magasins, et par neuf ans de victoires.

Le maréchal de Villars ne put l'empêcher de faire le siége de Landrecies. La France, épuisée d'hommes et d'argent, était dans la consternation. Les esprits ne se rassuraient point par les conférences d'Utrecht, que les succès du prince Eugène pouvaient rendre infructueuses. Déjà, même des détachements considérables avaient ravagé une partie de la Champagne, et pénétré jusqu'aux portes de Reims.

Déjà l'alarme était à Versailles comme dans le reste du royaume. La mort du fils unique du roi, arrivée depuis un an; le duc de Bourgogne, la duchesse de Bourgogne (février 1712), leur fils aîné (mars), enlevés rapidement depuis quelques mois, et portés dans le même tombeau; le dernier de leurs enfants moribond; toutes ces infortunes domestiques, jointes aux étrangères et à la misère publique, fesaient regarder la fin du règne de Louis XIV comme un temps marqué pour la calamité; et l'on s'attendait à plus de désastres, que l'on n'avait vu auparavant de grandeur et de gloire.

(11 juin 1712) Précisément dans ce temps-là, mourut en Espagne le duc de Vendôme. L'esprit de découragement, généralement répandu en France, et que je me souviens d'avoir vu, fesait encore redouter que l'Espagne, soutenue par le duc de Vendôme, ne retombât par sa perte.

Landrecies ne pouvait pas tenir long-temps. Il fut agité dans Versailles si le roi se retirerait à Chambord sur la Loire. Il dit au maréchal d'Harcourt qu'en cas d'un nouveau malheur, il convoquerait toute la noblesse de son royaume, qu'il la conduirait à l'ennemi malgré son âge de soixante et quatorze ans, et qu'il périrait à la tête.

Une faute que fit le prince Eugène délivra le roi et

la France de tant d'inquiétudes. On prétend que ses lignes étaient trop étendues; que le dépôt de ses magasins dans Marchiennes était trop éloigné; que le général Albemarle, posté à Denain, entre Marchiennes et le camp du prince, n'était pas à portée d'être secouru assez tôt s'il était attaqué. On m'a assuré qu'une Italienne fort belle, que je vis quelque temps après à La Haye, et qui était alors entretenue par le prince Eugène, était dans Marchiennes, et qu'elle avait été cause qu'on avait choisi ce lieu pour servir d'entrepôt. Ce n'était pas rendre justice au prince Eugène de penser qu'une femme pût avoir part à ses arrangements de guerre.

Ceux qui savent qu'un curé, et un conseiller de Douai, nommé Le Fèvre d'Orval, se promenant ensemble vers ces quartiers, imaginèrent les premiers qu'on pouvait aisément attaquer Denain et Marchiennes, serviront mieux à prouver par quels secrets et faibles ressorts les grandes affaires de ce monde sont souvent dirigées. Le Fèvre donna son avis à l'intendant de la province; celui-ci, au maréchal de Montesquiou, qui commandait sous le maréchal de Villars; le général l'approuva et l'exécuta. Cette action fut en effet le salut de la France, plus encore que la paix avec l'Angleterre. Le maréchal de Villars donna le change au prince Eugène. Un corps de dragons s'avança à la vue du camp ennemi, comme si on se préparait à l'attaquer; et, tandis que ces dragons se retirent ensuite vers Guise, le maréchal marche à Denain, avec son armée, sur cinq colonnes.

(24 juillet 1712) On force les retranchements du général Albemarle, défendus par dix-sept bataillons; tout est tué ou pris. Le général se rend prisonnier avec deux princes de Nassau, un prince de Holstein, un prince d'Anhalt, et tous les officiers. Le prince Eugène arrive à la hâte, mais à la fin de l'action, avec ce qu'il peut amener de troupes; il veut attaquer un pont qui conduisait à Denain et dont les Français étaient maîtres; il y perd du monde, et retourne à son camp après avoir été témoin de cette défaite.

Tous les postes vers Marchiennes, le long de la Scarpe, sont emportés l'un après l'autre avec rapidité. (30 juillet 1712) On pousse à Marchiennes, défendue par quatre mille hommes; on en presse le siége avec tant de vivacité, qu'au bout de trois jours on les fait prisonniers, et qu'on se rend maître de toutes les munitions de guerre et de bouche amassées par les ennemis pour la campagne. Alors toute la supériorité est du côté du maréchal de Villars. (Septembre et octobre 1712) L'ennemi déconcerté lève le siége de Landrecies, et voit reprendre Douai, le Quesnoi, Bouchain. Les frontières sont en sûreté. L'armée du prince Eugène se retire, diminuée de près de cinquante bataillons, dont quarante furent pris, depuis le combat de Denain jusqu'à la fin de la campagne. La victoire la plus signalée n'aurait pas produit de plus grands avantages.

Si le maréchal de Villars avait eu cette faveur populaire qu'ont eue quelques autres généraux, on l'eût appelé à haute voix *le restaurateur de la France;*

mais on avouait à peine les obligations qu'on lui avait, et, dans la joie publique d'un succès inespéré, l'envie prédominait encore[a].

Chaque progrès du maréchal de Villars hâtait la paix d'Utrecht. Le ministère de la reine Anne, responsable à sa patrie et à l'Europe, ne négligea ni les intérêts de l'Angleterre, ni ceux des alliés, ni la sûreté publique. Il exigea d'abord que Philippe V, affermi en Espagne, renonçât à ses droits sur la couronne de France, qu'il avait toujours conservés; et que le duc de Berri, son frère, héritier présomptif de la France, après l'unique arrière-petit-fils qui restait à Louis XIV, renonçât aussi à la couronne d'Espagne en cas qu'il devînt roi de France. On voulut que le duc d'Orléans fît la même renonciation. On venait

[a] Le maréchal de Villars eut à Versailles une partie de l'appartement qu'avait occupé Monseigneur, et le roi vint l'y voir. L'auteur des *Mémoires de Maintenon*, qui confond tous les temps, dit, tome V, page 119 de ces Mémoires, que le maréchal de Villars arriva dans les jardins de Marli, et que le roi lui ayant dit « qu'il était très content de lui », le maréchal, se tournant vers les courtisans, leur dit : « Messieurs, au moins vous l'entendez. » Ce conte, rapporté dans cette occasion, ferait tort à un homme qui venait de rendre de si grands services. Ce n'est pas dans ces moments de gloire qu'on fait ainsi remarquer aux courtisans que le roi est content. Cette anecdote défigurée est de l'année 1711. Le roi lui avait ordonné de ne point attaquer le duc de Marlborough. Les Anglais prirent Bouchain. On murmurait contre le maréchal de Villars. Ce fut après cette campagne de 1711 que le roi lui dit qu'il était content; et c'est alors qu'il pouvait convenir à un général d'imposer silence aux reproches des courtisans, en leur disant que son souverain était satisfait de sa conduite, quoique malheureuse.

Ce fait est très peu important; mais il faut de la vérité dans les plus petites choses.—On voit, par des lettres écrites dans ce temps-là, qu'à la première nouvelle du combat de Denain, on regardait généralement à la cour cette affaire comme un léger avantage auquel la vanité du maréchal de Villars voulait donner de l'importance. K.

d'éprouver, par douze ans de guerre, combien de tels actes lient peu les hommes. Il n'y a point encore de loi reconnue qui oblige les descendants à se priver du droit de régner, auquel auront renoncé les pères[1].

Ces renonciations ne sont efficaces que lorsque l'intérêt commun continue de s'accorder avec elles. Mais enfin elles calmaient, pour le moment présent, une tempête de douze années : et il était probable qu'un jour plus d'une nation réunie soutiendrait ces renonciations, devenues la base de l'équilibre et de la tranquillité de l'Europe.

On donnait, par ce traité, au duc de Savoie l'île de Sicile, avec le titre de roi ; et dans le continent, Fénestrelle, Exilles, et la vallée de Pragelas. Ainsi on prenait pour l'agrandir sur la maison de Bourbon.

On donnait aux Hollandais une barrière considérable qu'ils avaient toujours desirée ; et si l'on dépouillait la maison de France de quelques domaines en faveur du duc de Savoie, on prenait en effet sur la maison d'Autriche de quoi satisfaire les Hollandais, qui devaient devenir à ses dépens les conservateurs et les maîtres des plus fortes villes de la Flandre. On avait égard aux intérêts de la Hollande dans le commerce ; on stipulait ceux du Portugal.

On réservait à l'empereur la souveraineté des huit provinces et demie de la Flandre espagnole, et le domaine utile des villes de la barrière. On lui assurait le royaume de Naples et la Sardaigne, avec tout ce qu'il possédait en Lombardie, et les quatre ports sur

---

[1] Ces renonciations ne peuvent devenir obligatoires que par la sanction des seuls vrais intéressés, les peuples. K.

les côtes de la Toscane. Mais le conseil de Vienne se croyait trop lésé, et ne pouvait souscrire à ces conditions.

A l'égard de l'Angleterre, sa gloire et ses intérêts étaient en sûreté. Elle fesait démolir et combler le port de Dunkerque, objet de tant de jalousie. L'Espagne la laissait en possession de Gibraltar et de l'île Minorque. La France lui abandonnait la baie d'Hudson, l'île de Terre-Neuve, et l'Acadie. Elle obtenait, pour le commerce en Amérique, des droits qu'on ne donnait pas aux Français qui avaient placé Philippe V sur le trône. Il faut encore compter parmi les articles glorieux au ministère anglais, d'avoir fait consentir Louis XIV à faire sortir de prison ceux de ses propres sujets qui étaient retenus pour leur religion. C'était dicter des lois, mais des lois bien respectables.

Enfin la reine Anne, sacrifiant à sa patrie les droits de son sang et les secrètes inclinations de son cœur, fesait assurer et garantir sa succession à la maison de Hanovre.

Quant aux électeurs de Bavière et de Cologne, le duc de Bavière devait retenir le duché de Luxembourg et le comté de Namur, jusqu'à ce que son frère et lui fussent rétablis dans leurs électorats; car l'Espagne avait cédé ces deux souverainetés au Bavarois en dédommagement de ses pertes, et les alliés n'avaient pris ni Namur ni Luxembourg.

Pour la France, qui démolissait Dunkerque, et qui abandonnait tant de places en Flandre, autrefois conquises par ses armes, et assurées par les traités de

Nimègue et de Rysvick, on lui rendait Lille, Aire, Béthune, et Saint-Venant.

Ainsi, il paraissait que le ministère anglais rendait justice à toutes les puissances. Mais les Whigs ne la lui rendirent pas; et la moitié de la nation persécuta bientôt la mémoire de la reine Anne, pour avoir fait le plus grand bien qu'un souverain puisse jamais faire, pour avoir donné le repos à tant de nations. On lui reprocha d'avoir pu démembrer la France, et de ne l'avoir pas fait[a].

Tous ces traités furent signés l'un après l'autre, dans le cours de l'année 1713. Soit opiniâtreté du prince Eugène, soit mauvaise politique du conseil de l'empereur, ce monarque n'entra dans aucune de ces négociations. Il aurait eu certainement Landau, et peut-être Strasbourg, s'il s'était prêté d'abord aux vues de la reine Anne. Il s'obstina à la guerre, et il n'eut rien. Le maréchal de Villars ayant mis ce qui restait de la Flandre française en sûreté, alla vers le Rhin; et après s'être rendu maître de Spire, de Worms, de tous les pays d'alentour, (22 août 1713) il prend ce même Landau, que l'empereur eût pu conserver par la paix;

---

[a] La reine Anne envoya au mois d'août son secrétaire d'état, le vicomte de Bolingbroke, consommer la négociation. Le marquis de Torci fait un très grand éloge de ce ministre, et dit que Louis XIV lui fit l'accueil qu'il lui devait. En effet il fut reçu à la cour comme un homme qui venait donner la paix; et lorsqu'il vint à l'Opéra, tout le monde se leva pour lui faire honneur : c'est donc une grande calomnie, dans les *Mémoires de Maintenon*, de dire, page 115 du tome V : « Le mépris que Louis XIV témoigna « pour milord Bolingbroke ne prouve point qu'il l'ait eu au nombre de ses « pensionnaires. » Il est plaisant de voir un tel homme parler ainsi des plus grands hommes.

il force les lignes que le prince Eugène avait fait tirer dans le Brisgaw; (20 septembre) défait dans ces lignes le maréchal Vaubonne; (30 octobre) assiége et prend Fribourg, la capitale de l'Autriche antérieure.

Le conseil de Vienne pressait de tous côtés les secours qu'avaient promis les cercles de l'empire, et ces secours ne venaient point. Il comprit alors que l'empereur, sans l'Angleterre et la Hollande, ne pouvait prévaloir contre la France, et il se résolut trop tard à la paix.

Le maréchal de Villars, après avoir ainsi terminé la guerre, eut encore la gloire de conclure cette paix à Rastadt, avec le prince Eugène. C'était peut-être la première fois qu'on avait vu deux généraux opposés, au sortir d'une campagne, traiter au nom de leurs maîtres. Ils y portèrent tous deux la franchise de leur caractère. J'ai ouï conter au maréchal de Villars qu'un des premiers discours qu'il tint au prince Eugène fut celui-ci: « Monsieur, nous ne sommes point ennemis; « vos ennemis sont à Vienne, et les miens à Versailles. » En effet, l'un et l'autre eurent toujours dans leurs cours des cabales à combattre.

Il ne fut point question dans ce traité des droits que l'empereur réclamait toujours sur la monarchie d'Espagne, ni du vain titre de roi catholique, que Charles VI prit toujours, tandis que le royaume restait assuré à Philippe V. Louis XIV garda Strasbourg et Landau, qu'il avait offert de céder auparavant; Huningue et le nouveau Brisach, qu'il avait proposé lui-même de raser; la souveraineté de l'Alsace, à laquelle il avait offert de renoncer. Mais, ce qu'il y eut de plus honorable, il fit rétablir dans leurs états et dans leurs rangs les électeurs de Bavière et de Cologne.

C'est une chose très remarquable que la France, dans tous ses traités avec les empereurs, a toujours protégé les droits des princes et des états de l'empire. Elle posa les fondements de la liberté germanique à Munster, et fit ériger un huitième électorat pour cette même maison de Bavière. Le traité de Nimègue confirma celui de Vestphalie. Elle fit rendre, par le traité de Rysvick, tous les biens du cardinal de Furstemberg. Enfin, par la paix d'Utrecht, elle rétablit deux électeurs. Il faut avouer que, dans toute la négociation qui termina cette longue querelle, la France reçut la loi de l'Angleterre, et la fit à l'empire.

Les mémoires historiques du temps, sur lesquels on a formé les compilations de tant d'histoires de Louis XIV, disent que le prince Eugène, en finissant les conférences, pria le duc de Villars d'embrasser pour lui les genoux de Louis XIV, et de présenter à ce monarque les assurances du plus profond respect *d'un sujet envers son souverain*. Premièrement, il n'est pas vrai qu'un prince, petit-fils d'un souverain, demeure le sujet d'un autre prince pour être né dans ses états. Secondement, il est encore moins vrai que le prince Eugène, vicaire-général de l'empire, pût se dire sujet du roi de France.

Cependant chaque état se mit en possession de ses nouveaux droits. Le duc de Savoie se fit reconnaître en Sicile, sans consulter l'empereur, qui s'en plaignit en vain. Louis XIV fit recevoir ses troupes dans Lille. Les Hollandais se saisirent des villes de leur barrière;

et la Flandre leur a payé toujours douze cent cinquante mille florins par an, pour être les maîtres chez elle [1]. Louis XIV fit combler le port de Dunkerque, raser la citadelle, et démolir toutes les fortifications du côté de la mer, sous les yeux d'un commissaire anglais. Les Dunkerquois, qui voyaient par là tout leur commerce périr, députèrent à Londres pour implorer la clémence de la reine Anne. Il était triste pour Louis XIV que ses sujets allassent demander grace à une reine d'Angleterre; mais il fut encore plus triste pour eux que la reine Anne fût obligée de les refuser.

Le roi, quelque temps après, fit élargir le canal de Mardick; et, au moyen des écluses, on fit un port qu'on disait déjà égaler celui de Dunkerque. Le comte de Stair, ambassadeur d'Angleterre, s'en plaignit vivement à ce monarque. Il est dit, dans un des meilleurs livres que nous ayons [2], que Louis XIV répondit au lord Stair: « Monsieur l'ambassadeur, j'ai toujours « été le maître chez moi, quelquefois chez les autres; « ne m'en faites pas souvenir. » Je sais de science certaine que jamais Louis XIV ne fit une réponse si peu convenable. Il n'avait jamais été le maître chez les Anglais: il s'en fallait beaucoup. Il l'était chez lui; mais il s'agissait de savoir s'il était le maître d'éluder un traité auquel il devait son repos, et peut-être une grande partie de son royaume [a].

[1] L'empereur Joseph II vient de s'affranchir de ce ridicule tribut, et de faire démolir les fortifications de presque toutes les places de la barrière. K.

[2] L'*Abrégé chronologique* de Hénault. K. — Voyez tome XXVI, page 326. B.

[a] Jamais le lord Stair ne parla au roi qu'en présence du secrétaire d'état Torci, qui a dit n'avoir jamais entendu un discours si déplacé. Ce discours au-

La clause du traité qui portait la démolition du port de Dunkerque et de ses écluses, ne stipulait pas qu'on ne ferait point de port à Mardick. On a osé imprimer que le lord Bolingbroke, qui rédigea le traité, fit cette omission, gagné par un présent d'un million. On trouve cette lâche calomnie dans l'*Histoire de Louis XIV*, sous le nom de *La Martinière*; et ce n'est pas la seule qui déshonore cet ouvrage. Louis XIV paraissait être en droit de profiter de la négligence des ministres anglais, et de s'en tenir à la lettre du traité; mais il aima mieux en remplir l'esprit, uniquement pour le bien de la paix; et loin de dire au lord Stair qu'*il ne le fît pas souvenir qu'il avait été autrefois le maître chez les autres*, il voulut bien céder à ses représentations, auxquelles il pouvait résister. Il fit discontinuer les travaux de Mardick au mois d'avril 1715. Les ouvrages furent démolis bientôt après, dans la régence, et le traité accompli dans tous ses points.

Après cette paix d'Utrecht et de Rastadt, Philippe V ne jouit pas encore de toute l'Espagne; il lui resta la Catalogne à soumettre, ainsi que les îles de Majorque et d'Iviça.

Il faut savoir que l'empereur Charles VI ayant laissé sa femme à Barcelone, ne pouvant soutenir la guerre d'Espagne, et ne voulant ni céder ses droits, ni accepter la paix d'Utrecht, était cependant convenu alors avec la reine Anne que l'impératrice et ses troupes, devenues inutiles en Catalogne, seraient transportées sur des vaisseaux anglais. En effet, la Catalogne avait

rait été bien humiliant pour Louis XIV, quand il fit cesser les ouvrages de Mardick.

été évacuée; et Staremberg, en partant, s'était démis de son titre de vice-roi. Mais il laissa toutes les semences d'une guerre civile, et l'espérance d'un prompt secours de la part de l'empereur, et même de l'Angleterre. Ceux qui avaient alors le plus de crédit dans cette province, se flattèrent qu'ils pourraient former une république sous une protection étrangère, et que le roi d'Espagne ne serait pas assez fort pour les conquérir. Ils déployèrent alors ce caractère que Tacite leur attribuait il y a si long-temps : « Nation intrépide, « dit-il, qui compte la vie pour rien quand elle ne « l'emploie pas à combattre. ».

La Catalogne est un des pays les plus fertiles de la terre, et des plus heureusement situés. Autant arrosé de belles rivières, de ruisseaux, et de fontaines, que la vieille et la nouvelle Castille en sont dénuées, elle produit tout ce qui est nécessaire aux besoins de l'homme, et tout ce qui peut flatter ses desirs, en arbres, en blés, en fruits, en légumes de toute espèce. Barcelone est un des beaux ports de l'Europe, et le pays fournit tout pour la construction des navires. Ses montagnes sont remplies de carrières de marbre, de jaspe, de cristal de roche; on y trouve même beaucoup de pierres précieuses. Les mines de fer, d'étain, de plomb, d'alun, de vitriol, y sont abondantes : la côte orientale produit du corail. La Catalogne, enfin, peut se passer de l'univers entier, et ses voisins ne peuvent se passer d'elle.

Loin que l'abondance et les délices aient amolli les habitants, ils ont toujours été guerriers, et les montagnards surtout ont été féroces. Mais, malgré leur valeur et leur amour extrême pour la liberté, ils ont été subjugués dans tous les temps : les Romains, les Goths, les Vandales, les Sarrasins, les conquirent.

Ils secouèrent le joug des Sarrasins, et se mirent sous la protection de Charlemagne. Ils appartinrent à la maison d'Aragon, et ensuite à celle d'Autriche.

Nous avons vu que sous Philippe IV, poussés à bout par le comte-duc d'Olivarès, premier ministre, ils se donnèrent à Louis XIII en 1640[a]. On leur conserva tous leurs priviléges; ils furent plutôt protégés que sujets. Ils rentrèrent sous la domination autrichienne en 1652; et, dans la guerre de la succession, ils prirent le parti de l'archiduc Charles contre Philippe V. Leur opiniâtre résistance prouva que Philippe V, délivré même de son compétiteur, ne pouvait seul les réduire. Louis XIV, qui, dans les derniers temps de la guerre, n'avait pu fournir ni soldats ni vaisseaux à son petit-fils contre Charles, son concurrent, lui en envoya alors contre ses sujets révoltés. Une escadre française bloqua le port de Barcelone; et le maréchal de Berwick l'assiégea par terre.

La reine d'Angleterre, plus fidèle à ses traités qu'aux intérêts de son pays, ne secourut point cette ville. Les Anglais en furent indignés; ils se fesaient le reproche que s'étaient fait les Romains d'avoir laissé détruire Sagonte. L'empereur d'Allemagne promit de vains secours. Les assiégés se défendirent avec un courage fortifié par le fanatisme. Les prêtres, les moines, coururent aux armes et sur les brèches,

---

[a] Dans l'*Essai sur les mœurs*, etc., chap. CLXXVII (tome XVIII, page 253).

comme s'il s'était agi d'une guerre de religion. Un fantôme de liberté les rendit sourds à toutes les avances qu'ils reçurent de leur maître. Plus de cinq cents ecclésiastiques moururent dans ce siége les armes à la main. On peut juger si leurs discours et leur exemple avaient animé les peuples.

Ils arborèrent sur la brèche un drapeau noir, et soutinrent plus d'un assaut. Enfin les assiégeants ayant pénétré, les assiégés se battirent encore de rue en rue; et, retirés dans la ville neuve, tandis que l'ancienne était prise, ils demandèrent en capitulant qu'on leur conservât tous leurs priviléges (12 septembre 1714). Ils n'obtinrent que la vie et leurs biens. La plupart de leurs priviléges leur furent ôtés; et de tous les moines qui avaient soulevé le peuple et combattu contre leur roi, il n'y en eut que soixante de punis : on eut même l'indulgence de ne les condamner qu'aux galères. Philippe V avait traité plus rudement la petite ville de Xativa[a] dans le cours de la guerre : on l'avait détruite de fond en comble, pour faire un exemple : mais si l'on rase une petite ville de peu d'importance, on n'en rase point une grande, qui a un beau port de mer, et dont le maintien est utile à l'état.

Cette fureur des Catalans, qui ne les avait pas animés quand Charles VI était parmi eux, et qui les transporta quand ils furent sans secours, fut la dernière flamme de l'incendie qui avait ravagé si long-

[a] Cette ville de Xativa fut rasée en 1707, après la bataille d'Almanza. Philippe V fit bâtir sur ses ruines une autre ville qu'on nomme à présent *San Felipe.*

temps la plus belle partie de l'Europe, pour le testament de Charles II, roi d'Espagne[1].

[1] Les alliés ne firent de progrès en Espagne qu'à l'aide du parti qui y subsistait en faveur de la maison d'Autriche. Ce parti s'était formé pendant la vie de Charles II, et les fautes du ministère de Philippe V lui donnèrent des forces. Il était impossible qu'il n'y eût des cabales dans la cour d'un roi étranger à l'Espagne, jeune, incapable de gouverner par lui-même : et il était impossible d'empêcher ces cabales de dégénérer en conspirations et en partis. Peut-être cependant eût-on prévenu les suites funestes de ces cabales, si, au lieu d'abandonner son petit-fils aux intrigues de la princesse des Ursins, des ambassadeurs de France, des Français employés à Madrid, des ministres espagnols, Louis XIV lui eût donné pour guide un homme capable à-la-fois d'être ambassadeur, ministre, et général ; assez supérieur à tous les préjugés pour n'en blesser aucun inutilement ; assez au-dessus de la vanité pour ne faire aucune parade de son pouvoir, et se borner à être utile en secret ; assez modeste pour cacher à la haine des Espagnols pour les étrangers le bien qu'il ferait à leur pays ; un homme enfin dont le nom, respecté dans l'Europe, en imposât à la jalousie nationale. Cet homme existait en France ; mais madame de Maintenon trouvait qu'il n'avait pas une véritable piété.

La nation castillane montra un attachement inébranlable pour Philippe V. Lorsque les troupes de l'archiduc traversèrent la Castille, elles la trouvèrent presque déserte ; le peuple fuyait devant elles, cachait ses vivres pour n'être pas obligé de leur en vendre ; les soldats qui s'écartaient étaient tués par les paysans. Les courtisanes de Madrid se rendirent en foule au camp des Anglais et des Allemands, dans l'intention d'y répandre le poison que les compagnons de Colomb avaient porté en Espagne. (*Mémoires de Saint-Philippe.*) A peine sortis d'une ville, les partisans de l'archiduc entendaient le bruit des réjouissances que le peuple fesait en l'honneur de Philippe. Mais la nation aragonaise penchait pour l'archiduc. La haine entre les deux nations semblait s'être réveillée. Les Espagnols des deux partis montrèrent dans cette guerre le même caractère qu'ils avaient déployé dans leurs guerres contre les Carthaginois et les Romains. La domination de Rome, des Goths, et des Maures, la révolution dans la religion et dans le gouvernement, ne l'avaient point changé. Plusieurs villes se défendirent comme Sagonte et comme Numance ; mais, comme dans ces anciennes époques, nulle réunion entre les différents cantons, nul effort suivi et combiné : cette force de caractère ne se montrait que quand ils étaient attaqués, et alors elle devenait indomptable.

Les Catalans furent dépouillés de leurs priviléges ; heureusement ces prétendus priviléges n'étaient que des droits accordés aux villes et aux riches

CHAPITRE XXIV[1].

Tableau de l'Europe depuis la paix d'Utrecht jusqu'à la mort de Louis XIV.

J'ose appeler encore cette longue guerre une guerre civile. Le duc de Savoie y fut armé contre ses deux filles. Le prince de Vaudemont, qui avait pris le parti de l'archiduc Charles, avait été sur le point de faire prisonnier dans la Lombardie son propre père, qui tenait pour Philippe V. L'Espagne avait été réellement partagée en factions. Des régiments entiers de calvinistes français avaient servi contre leur patrie. C'était enfin pour une succession entre parents que la guerre générale avait commencé : et l'on peut ajouter que la reine d'Angleterre excluait du trône son frère que Louis XIV protégeait, et qu'elle fut obligée de le proscrire.

---

aux dépens des campagnes et du peuple. Depuis leur destruction, l'industrie de cette nation s'est ranimée ; l'agriculture, les manufactures, le commerce, ont fleuri ; et l'orgueil de la victoire a ordonné ce que, dans un temps plus éclairé, un gouvernement paternel eût voulu faire. K.

[1] En 1751, 1752, 1753, ce chapitre n'était que le vingt-troisième. Cette différence vient de ce qu'alors le chapitre 1er comprenait l'*Introduction*, et *Des états de l'Europe avant Louis XIV*, dont, en 1756, Voltaire forma deux chapitres, les CLXV et CLXVI de son *Essai sur l'histoire générale* (aujourd'hui, sauf les changements, chapitres I et II du *Siècle de Louis XIV*). Le chapitre XXIII des éditions de 1751, 1752 et 1753, devenu, en 1756, le chapitre CLXXXVII de l'*Essai*, subit alors de grands changements. Une partie de ce qui le composait servit pour le chapitre CLXXIX, qui, en 1768, forma une partie du chapitre III du *Précis du Siècle de Louis XV* : voyez ce chapitre, tome XXI. B.

8.

Les espérances et la prudence humaine furent trompées dans cette guerre, comme elles le sont toujours. Charles VI, deux fois reconnu dans Madrid, fut chassé d'Espagne. Louis XIV, près de succomber[1], se releva par les brouilleries imprévues de l'Angleterre. Le conseil d'Espagne, qui n'avait appelé le duc d'Anjou au trône que dans le dessein de ne jamais démembrer la monarchie, en vit beaucoup de parties séparées. La Lombardie, la Flandre[a], restèrent à la maison d'Autriche : la maison de Prusse eut une petite partie de cette même Flandre, et les Hollandais dominèrent dans une autre; une quatrième partie demeura à la France. Ainsi l'héritage de la maison de Bourgogne resta partagé entre quatre puissances; et celle qui semblait y avoir le plus de droit n'y conserva pas une métairie. La Sardaigne, inutile à l'empereur, lui resta pour un temps. Il jouit quelques années de Naples, ce grand fief de Rome, qu'on s'est arraché si souvent et si aisément. Le duc de Savoie eut quatre ans la Sicile, et ne l'eut que pour soutenir contre le pape le droit singulier, mais ancien, d'être pape lui-même dans cette île, c'est-à-dire d'être, au dogme près, souverain absolu dans les affaires ecclésiastiques.

[1] On lit ainsi dans l'édition originale et dans toutes les autres. Je pense que c'est par mégarde que Voltaire a laissé, en 1751, imprimer *près de succomber;* car, en 1764, il dit, dans son édition de Corneille (voyez tome XXXV, page 138): « *Près de* veut un substantif. » On a pu remarquer que devant un verbe il écrivait toujours *prêt de.* C'était l'usage de son temps. Il a changé : aujourd'hui l'on dit *près de* et *prêt à.* B.

[a] On appelle généralement du nom de Flandre les provinces des Pays-Bas qui appartiennent à la maison d'Autriche, comme on appelle les sept Provinces-Unies la Hollande.

La vanité de la politique parut encore plus après la paix d'Utrecht que pendant la guerre. Il est indubitable que le nouveau ministère de la reine Anne voulait préparer en secret le rétablissement du fils de Jacques II sur le trône. La reine Anne elle-même commençait à écouter la voix de la nature, par celle de ses ministres; et elle était dans le dessein de laisser sa succession à ce frère dont elle avait mis la tête à prix malgré elle.

Attendrie par les discours de madame Masham, sa favorite, intimidée par les représentations des prélats torys qui l'environnaient, elle se reprochait cette proscription dénaturée. J'ai vu la duchesse de Marlborough persuadée que la reine avait fait venir son frère en secret, qu'elle l'avait embrassé, et que, s'il avait voulu renoncer à la religion romaine, qu'on regarde en Angleterre et chez tous les protestants comme la mère de la tyrannie, elle l'aurait fait désigner pour son successeur. Son aversion pour la maison de Hanovre augmentait encore son inclination pour le sang des Stuarts. On a prétendu que, la veille de sa mort, elle s'écria plusieurs fois : Ah, mon frère! mon cher frère! Elle mourut d'apoplexie à l'âge de quarante-neuf ans, le 12 août 1714.

Ses partisans et ses ennemis convenaient que c'était une femme fort médiocre. Cependant, depuis les Édouard III et les Henri V, il n'y eut point de règne si glorieux; jamais de plus grands capitaines ni sur terre ni sur mer; jamais plus de ministres supérieurs, ni de parlements plus instruits, ni d'orateurs plus éloquents.

Sa mort prévint tous ses desseins. La maison de Hanovre, qu'elle regardait comme étrangère, et qu'elle n'aimait pas, lui succéda; ses ministres furent persécutés.

Le vicomte de Bolingbroke, qui était venu donner la paix à Louis XIV avec une grandeur égale à celle de ce monarque, fut obligé de venir chercher un asile en France, et d'y reparaître en suppliant. Le duc d'Ormond, l'ame du parti du prétendant, choisit le même refuge. Harlay, comte d'Oxford, eut plus de courage. C'était à lui qu'on en voulait; il resta fièrement dans sa patrie; il y brava la prison où il fut renfermé, et la mort dont on le menaçait. C'était une ame sereine, inaccessible à l'envie, à l'amour des richesses et à la crainte du supplice. Son courage même le sauva, et ses ennemis dans le parlement l'estimèrent trop pour prononcer son arrêt.

Louis XIV touchait alors à sa fin. Il est difficile de croire qu'à son âge de soixante et dix-sept ans, dans la détresse où était son royaume, il osât s'exposer à une nouvelle guerre contre l'Angleterre en faveur du prétendant, reconnu par lui pour roi, et qu'on appelait alors le chevalier de Saint-George; cependant le fait est très certain. Il faut avouer que Louis eut toujours dans l'ame une élévation qui le portait aux grandes choses en tout genre. Le comte de Stair, ambassadeur d'Angleterre, l'avait bravé. Il avait été forcé de renvoyer de France Jacques III, comme dans sa jeunesse on avait chassé Charles II et son frère. Ce prince était caché en Lorraine, à Commerci. Le duc d'Ormond et le vicomte de Bolingbroke intéressèrent la gloire du roi de France; ils le flattèrent d'un soulèvement en Angleterre, et surtout en Écosse, contre George Ier. Le prétendant n'avait qu'à paraître : on ne demandait qu'un vaisseau, quelques officiers et un peu d'argent. Le vaisseau et les officiers furent accordés sans délibérer; ce ne pouvait être un vaisseau de guerre, les traités ne le permettaient pas. L'Épine d'Anican, célèbre armateur, fournit le navire de transport, du canon et des armes. A l'égard de l'argent, le roi n'en avait point. On ne demandait que quatre cent mille écus, et ils ne se trouvèrent pas. Louis XIV écrivit de sa main au roi d'Espagne, Philippe V, son petit-fils, qui les prêta. Ce fut avec ce secours que le prétendant passa secrètement en Écosse. Il y trouva en effet un parti considérable; mais il venait d'être défait par l'armée anglaise du roi George.

Louis était déjà mort; le prétendant revint cacher dans Commerci la destinée qui le poursuivit toute sa vie, pendant que le sang de ses partisans coulait en Angleterre sur les échafauds.

Nous verrons dans les chapitres réservés à la vie privée et aux anecdotes comment mourut Louis XIV au milieu des cabales odieuses de son confesseur, et des plus méprisables querelles théologiques qui aient jamais troublé des esprits ignorants et inquiets. Mais je considère ici l'état où il laissa l'Europe.

La puissance de la Russie s'affermissait chaque jour dans le Nord, et cette création d'un nouveau peuple et d'un nouvel empire était encore trop ignorée en France, en Italie, et en Espagne.

La Suède, ancienne alliée de la France, et autrefois la terreur de la maison d'Autriche, ne pouvait plus se défendre contre les Russes, et il ne restait à Charles XII que de la gloire.

Un simple électorat d'Allemagne commençait à devenir une puissance prépondérante. Le second roi de Prusse, électeur de Brandebourg, avec de l'économie et une armée, jetait les fondements d'une puissance jusque-là inconnue.

La Hollande jouissait encore de la considération qu'elle avait acquise dans la dernière guerre contre Louis XIV: mais le poids qu'elle mettait dans la balance devint toujours moins considérable. L'Angleterre, agitée de troubles dans les premières années du règne d'un électeur de Hanovre, conserva toute sa force et toute son influence. Les états de la maison d'Autriche languirent sous Charles VI; mais la plupart des princes de l'empire firent fleurir leurs états. L'Espagne respira sous Philippe V, qui devait son trône à Louis XIV. L'Italie fut tranquille jusqu'à l'année 1717. Il n'y eut aucune querelle ecclésiastique en Europe qui pût donner au pape un prétexte de faire valoir ses prétentions, ou qui pût le priver des prérogatives qu'il a conservées. Le jansénisme seul troubla la France, mais sans faire de schisme, sans exciter de guerre civile.

CHAPITRE XXV.

Particularités et anecdotes du règne de Louis XIV [1].

Les anecdotes sont un champ resserré où l'on glane après la vaste moisson de l'histoire; ce sont de petits détails long-temps cachés, et de là vient le nom d'*anecdotes*; ils intéressent le public quand ils concernent des personnages illustres.

Les *vies des grands hommes*, dans Plutarque, sont un recueil d'anecdotes plus agréables que certaines : comment aurait-il eu des mémoires fidèles de la vie privée de Thésée et de Lycurgue? Il y a, dans la plupart des maximes qu'il met dans la bouche de ses héros, plus d'utilité morale que de vérité historique.

L'*Histoire secrète de Justinien* par Procope est une satire dictée par la vengeance; et quoique la vengeance puisse dire la vérité, cette satire, qui contredit l'histoire publique de Procope, ne paraît pas toujours vraie.

Il n'est pas permis aujourd'hui d'imiter Plutarque, encore moins Procope. Nous n'admettons pour vérités historiques que celles qui sont garanties. Quand des contemporains, comme le cardinal de Retz et le duc de La Rochefoucauld, ennemis l'un de l'autre, confirment le même fait dans leurs Mémoires, ce fait est indubitable; quand ils se contredisent, il faut douter :

---

[1] Dès 1748, Voltaire avait publié des *Anecdotes sur Louis XIV*, qui sont dans le tome XXXIX, page 3 et suiv. B.

ce qui n'est point vraisemblable ne doit point être cru, à moins que plusieurs contemporains dignes de foi ne déposent unanimement.

Les anecdotes les plus utiles et les plus précieuses sont les écrits secrets que laissent les grands princes, quand la candeur de leur ame se manifeste dans ces monuments; tels sont ceux que je rapporte de Louis XIV[a].

Les détails domestiques amusent seulement la curiosité; les faiblesses qu'on met au grand jour ne plaisent qu'à la malignité, à moins que ces mêmes faiblesses n'instruisent, ou par les malheurs qui les ont suivies, ou par les vertus qui les ont réparées.

Les mémoires secrets des contemporains sont suspects de partialité; ceux qui écrivent une ou deux générations après doivent user de la plus grande circonspection, écarter le frivole, réduire l'exagéré, et combattre la satire.

Louis XIV mit dans sa cour, comme dans son règne, tant d'éclat et de magnificence, que les moindres détails de sa vie semblent intéresser la postérité, ainsi qu'ils étaient l'objet de la curiosité de toutes les cours de l'Europe et de tous les contemporains. La splendeur de son gouvernement s'est répandue sur ses moindres actions. On est plus avide, surtout en France, de savoir les particularités de sa cour que les révolutions de quelques autres états. Tel est l'effet de la grande réputation. On aime mieux apprendre ce qui se passait dans le cabinet et dans la cour d'Au-

---

[a] Voyez les deux Mémoires de Louis XIV rapportés dans ce volume (chapitre XXVIII).

guste, que le détail des conquêtes d'Attila ou de Tamerlan.

Voilà pourquoi il n'y a guère d'historiens qui n'aient publié les premiers goûts de Louis XIV pour la baronne de Beauvais, pour mademoiselle d'Argencourt, pour la nièce du cardinal Mazarin, qui fut mariée au comte de Soissons, père du prince Eugène; surtout pour Marie Mancini, sa sœur, qui épousa ensuite le connétable Colonne.

Il ne régnait pas encore quand ces amusements occupaient l'oisiveté où le cardinal Mazarin, qui gouvernait despotiquement, le laissait languir. L'attachement seul pour Marie Mancini fut une affaire importante, parcequ'il l'aima assez pour être tenté de l'épouser, et fut assez maître de lui-même pour s'en séparer [1]. Cette victoire qu'il remporta sur sa passion commença à faire connaître qu'il était né avec une grande ame. Il en remporta une plus forte et plus difficile en laissant le cardinal Mazarin maître absolu. La reconnaissance l'empêcha de secouer le joug qui commençait à lui peser. C'était une anecdote très connue à la cour, qu'il avait dit après la mort du cardinal: « Je ne sais pas ce que j'aurais fait, s'il avait « vécu plus long-temps [2]. »

[1] Anne d'Autriche s'était prononcée contre ce mariage. Voltaire a rapporté ses paroles tome XIX, page 338. B.

[2] Cette anecdote est accréditée par les *Mémoires de La Porte*, page 255 et suivantes. On y voit que le roi avait de l'aversion pour le cardinal; que ce ministre, son parrain et surintendant de son éducation, l'avait très mal élevé, et qu'il le laissa souvent manquer du nécessaire. Il ajoute même des accusations beaucoup plus graves, et qui rendraient la mémoire du cardinal bien infame; mais elles ne paraissent pas prouvées, et toute accusation doit l'être.

Il s'occupa à lire des livres d'agrément dans ce loisir; il lisait surtout avec la connétable Colonne, qui avait de l'esprit ainsi que toutes ses sœurs. Il se plaisait aux vers et aux romans, qui, en peignant la galanterie et la grandeur, flattaient en secret son caractère. Il lisait les tragédies de Corneille, et se formait le goût, qui n'est que la suite d'un sens droit, et le sentiment prompt d'un esprit bien fait. La conversation de sa mère et des dames de sa cour ne contribua pas peu à lui faire goûter cette fleur d'esprit, et à le former à cette politesse singulière qui commençaient dès-lors à caractériser la cour. Anne d'Autriche y avait apporté une certaine galanterie noble et fière, qui tenait du génie espagnol de ces temps-là, et y avait joint les graces, la douceur, et une liberté décente, qui n'étaient qu'en France [1]. Le roi fit plus de progrès dans cette école d'agréments depuis dix-huit ans jusqu'à vingt, qu'il n'en avait fait dans les sciences sous son précepteur, l'abbé de Beaumont, depuis archevêque de Paris. On ne lui avait presque rien appris. Il eût été à desirer qu'au moins on l'eût instruit de l'histoire, et surtout de l'histoire moderne; mais ce qu'on en avait alors était trop mal écrit. Il

---

[1] Cette galanterie et quelques imprudences dans sa conduite furent la cause et des malheurs qu'elle éprouva sous le gouvernement de Richelieu, et des bruits injurieux répandus contre elle par les frondeurs. Richelieu voulait la perdre, et il eût réussi, sans la fidélité et le courage de ses amis et de quelques uns de ses domestiques. On trouve, dans des *Mémoires* non imprimés du duc de La Rochefoucauld, qu'elle avait formé le projet de se retirer à Bruxelles: quoique très jeune, il était à la tête de ce complot, et s'était chargé de l'enlever et de la conduire. K. — Il s'agit, dans cette note, de la première partie des *Mémoires de La Rochefoucauld*, qui n'a vu le jour qu'en 1817. B.

était triste qu'on n'eût encore réussi que dans les romans inutiles, et que ce qui était nécessaire fût rebutant. On fit imprimer sous son nom une *Traduction des Commentaires de César,* et une de *Florus* sous le nom de son frère : mais ces princes n'y eurent d'autre part que celle d'avoir eu inutilement pour leurs thèmes quelques endroits de ces auteurs.

Celui qui présidait à l'éducation du roi, sous le premier maréchal de Villeroi, son gouverneur, était tel qu'il le fallait, savant et aimable : mais les guerres civiles nuisirent à cette éducation, et le cardinal Mazarin souffrait volontiers qu'on donnât au roi peu de lumières. Lorsqu'il s'attacha à Marie Mancini, il apprit aisément l'italien pour elle; et dans le temps de son mariage, il s'appliqua à l'espagnol moins heureusement. L'étude qu'il avait trop négligée avec ses précepteurs, au sortir de l'enfance, une timidité qui venait de la crainte de se compromettre, et l'ignorance où le tenait le cardinal Mazarin, firent penser à toute la cour qu'il serait toujours gouverné comme Louis XIII, son père.

Il n'y eut qu'une occasion où ceux qui savent juger de loin prévirent ce qu'il devait être; ce fut lorsqu'en 1655, après l'extinction des guerres civiles, après sa première campagne et son sacre, le parlement voulut encore s'assembler au sujet de quelques édits; le roi partit de Vincennes, en habit de chasse, suivi de toute sa cour, entra au parlement en grosses bottes, le fouet à la main, et prononça ces propres mots : « On « sait les malheurs qu'ont produits vos assemblées; « j'ordonne qu'on cesse celles qui sont commencées

« sur mes édits. Monsieur le premier président, je
« vous défends de souffrir des assemblées, et à pas
« un de vous de les demander ª. »

Sa taille déjà majestueuse, la noblesse de ses traits, le ton et l'air de maître dont il parla, imposèrent plus que l'autorité de son rang, qu'on avait jusque-là peu respectée. Mais ces prémices de sa grandeur semblèrent se perdre le moment d'après; et les fruits n'en parurent qu'après la mort du cardinal.

La cour, depuis le retour triomphant de Mazarin, s'occupait de jeu, de ballets, de la comédie, qui, à peine née en France, n'était pas encore un art, et de la tragédie, qui était devenue un art sublime entre les mains de Pierre Corneille. Un curé de Saint-Germain-l'Auxerrois, qui penchait vers les idées rigoureuses des jansénistes, avait écrit souvent à la reine contre ces spectacles dès les premières années de la régence. Il prétendit que l'on était damné pour y assister; il fit même signer cet anathème par sept docteurs de Sorbonne; mais l'abbé de Beaumont, précepteur du roi, se munit de plus d'approbations de docteurs, que le rigoureux curé n'avait apporté de condamnations. Il calma ainsi les scrupules de la reine; et quand il

---

ª Ces paroles, fidèlement recueillies, sont dans tous les Mémoires authentiques de ce temps-là : il n'est permis ni de les omettre, ni d'y rien changer dans aucune histoire de France.

L'auteur des *Mémoires de Maintenon* s'avise de dire au hasard dans sa note : « Son discours ne fut pas tout-à-fait si beau, et ses yeux en dirent « plus que sa bouche. » Où a-t-il pris que le discours de Louis XIV ne fut pas tout-à-fait si beau, puisque ce furent là ses propres paroles ? Il ne fut ni plus ni moins beau : il fut tel qu'on le rapporte. — Voltaire l'a encore rapporté dans le chapitre LVII de son *Histoire du parlement*; voyez tome XXII, page 275. B.

fut archevêque de Paris, il autorisa le sentiment qu'il avait défendu étant abbé. Vous trouverez ce fait dans les *Mémoires* de la sincère madame de Motteville.

Il faut observer que depuis que le cardinal de Richelieu avait introduit à la cour les spectacles réguliers, qui ont enfin rendu Paris la rivale d'Athènes, non seulement il y eut toujours un banc pour l'Académie, qui possédait plusieurs ecclésiastiques dans son corps, mais qu'il y en eut un particulier pour les évêques.

Le cardinal Mazarin, en 1646 et en 1654, fit représenter sur le théâtre du Palais-Royal et du Petit-Bourbon, près du Louvre, des opéra italiens, exécutés par des voix qu'il fit venir d'Italie. Ce spectacle nouveau était né depuis peu à Florence, contrée alors favorisée de la fortune comme de la nature, et à laquelle on doit la reproduction de plusieurs arts anéantis pendant des siècles, et la création de quelques-uns. C'était en France un reste de l'ancienne barbarie, de s'opposer à l'établissement de ces arts.

Les jansénistes, que les cardinaux de Richelieu et de Mazarin voulurent réprimer, s'en vengèrent contre les plaisirs que ces deux ministres procuraient à la nation. Les luthériens et les calvinistes en avaient usé ainsi du temps du pape Léon X. Il suffit d'ailleurs d'être novateur pour être austère. Les mêmes esprits, qui bouleverseraient un état pour établir une opinion souvent absurde, anathématisent les plaisirs innocents nécessaires à une grande ville, et des arts qui contribuent à la splendeur d'une nation. L'abolition des spectacles serait une idée plus digne du siècle d'Attila que du siècle de Louis XIV.

La danse, qui peut encore se compter parmi les arts*, parcequ'elle est asservie à des règles, et qu'elle donne de la grace au corps, était un des plus grands amusements de la cour. Louis XIII n'avait dansé qu'une fois dans un ballet, en 1625; et ce ballet était d'un goût grossier, qui n'annonçait pas ce que les arts furent en France trente ans après. Louis XIV excellait dans les danses graves, qui convenaient à la majesté de sa figure, et qui ne blessaient pas celle de son rang¹. Les courses de bagues, qu'on fesait quelquefois, et où l'on étalait déjà une grande magnificence, fesaient paraître avec éclat son adresse à tous les exercices. Tout respirait les plaisirs et la magnificence qu'on connaissait alors. C'était peu de chose en comparaison de ce qu'on vit quand le roi régna par lui-même; mais c'était de quoi étonner, après les horreurs d'une guerre civile, et après la tristesse de la vie sombre et retirée de Louis XIII. Ce prince malade et chagrin n'avait été ni servi, ni logé, ni meublé en roi. Il n'y avait pas pour cent mille écus de pierreries appartenantes à la couronne. Le cardinal Mazarin n'en laissa

---

* Le cardinal de Richelieu avait déjà donné des ballets, mais ils étaient sans goût, comme tout ce qu'on avait eu de spectacles avant lui. Les Français, qui ont aujourd'hui porté la danse à la perfection, n'avaient, dans la jeunesse de Louis XIV, que des danses espagnoles, comme la sarabande, la courante, la pavane, etc.

¹ Voltaire, qui approuve ici la danse de Louis XIV, cite, chapitre XXVI, les vers de Racine (dans *Britannicus*), et dit que « le poëte réforma le mo- « narque. », B.

que pour douze cent mille ; et aujourd'hui il y en a pour environ vingt millions de livres.

(1660) Tout prit au mariage de Louis XIV un caractère plus grand de magnificence et de goût qui augmenta toujours depuis. Quand il fit son entrée avec la reine son épouse, Paris vit avec une admiration respectueuse et tendre cette jeune reine, qui avait de la beauté, portée dans un char superbe, d'une invention nouvelle; le roi à cheval, à côté d'elle, paré de tout ce que l'art avait pu ajouter à sa beauté mâle et héroïque qui arrêtait tous les regards.

On prépara au bout des allées de Vincennes un arc de triomphe dont la base était de pierre; mais le temps, qui pressait, ne permit pas qu'on l'achevât d'une matière durable : il ne fut élevé qu'en plâtre, et il a été depuis totalement démoli. Claude Perrault en avait donné le dessin. La porte Saint-Antoine fut rebâtie pour la même cérémonie; monument d'un goût moins noble, mais orné d'assez beaux morceaux de sculpture. Tous ceux qui avaient vu, le jour de la bataille de Saint-Antoine, rapporter à Paris, par cette porte, alors garnie d'une herse, les corps morts ou mourants de tant de citoyens, et qui voyaient cette entrée, si différente, bénissaient le ciel, et rendaient graces d'un si heureux changement.

Le cardinal Mazarin, pour solenniser ce mariage, fit représenter au Louvre l'opéra italien intitulé *Ercole amante*. Il ne plut pas aux Français. Ils n'y virent avec plaisir que le roi et la reine qui y dansèrent. Le cardinal voulut se signaler par un spectacle plus au goût de la nation. Le secrétaire d'état de Lyonne se chargea de faire composer une espèce de tragédie allégorique, dans le goût de celle de l'*Europe*, à laquelle le cardinal de Richelieu avait travaillé. Ce fut un bonheur pour le grand Corneille qu'il ne fût pas choisi pour remplir ce mauvais canevas. Le sujet était *Lisis* et *Hespérie*. *Lisis* signifiait la France, et *Hespérie* l'Espagne. Quinault fut chargé d'y travailler. Il venait de se faire une grande réputation par la pièce du *Faux Tiberinus*, qui, quoique mauvaise, avait eu un prodigieux succès. Il n'en fut pas de même de *Lisis*. On l'exécuta au Louvre. Il n'y eut de beau que les machines. Le marquis de Sourdeac, du nom de Rieux, à qui l'on dut depuis l'établissement de l'opéra en France, fit exécuter dans ce temps-là même, à ses dépens, dans son château de Neubourg, la *Toison d'or* de Pierre Corneille, avec des machines. Quinault, jeune et d'une figure agréable, avait pour lui la cour : Corneille avait son nom et la France. Il en résulte que nous devons en France l'opéra et la comédie à deux cardinaux.

Ce ne fut qu'un enchaînement de fêtes, de plaisirs, de galanteries, depuis le mariage du roi. Elles redoublèrent à celui de Monsieur, frère du roi, avec Henriette d'Angleterre, sœur de Charles II ; et elles n'avaient été interrompues qu'en 1661, par la mort du cardinal Mazarin.

Quelques mois [1] après la mort de ce ministre, il ar-

---

[1] Ce passage de Voltaire sur le masque de fer fournit au P. Griffet le sujet du quatorzième chapitre de son *Traité des différentes sortes de preuves qui servent à établir la vérité de l'histoire*. Le jésuite penche à croire que le masque de fer était le duc de Vermandois. Voyez, sur le masque de fer, tome XXVI, pages 311-18. B.

riva un événement qui n'a point d'exemple; et ce qui est non moins étrange, c'est que tous les historiens l'ont ignoré. On envoya dans le plus grand secret, au château de l'île Sainte-Marguerite, dans la mer de Provence, un prisonnier inconnu, d'une taille au-dessus de l'ordinaire, jeune et de la figure la plus belle et la plus noble. Ce prisonnier, dans la route, portait un masque dont la mentonnière avait des ressorts d'acier, qui lui laissaient la liberté de manger avec le masque sur son visage. On avait ordre de le tuer s'il se découvrait. Il resta dans l'île jusqu'à ce qu'un officier de confiance, nommé Saint-Mars, gouverneur de Pignerol, ayant été fait gouverneur de la Bastille, l'an 1690, l'alla prendre à l'île Sainte-Marguerite, et le conduisit à la Bastille, toujours masqué. Le marquis de Louvois alla le voir dans cette île avant la translation; et lui parla debout et avec une considération qui tenait du respect. Cet inconnu fut mené à la Bastille, où il fut logé aussi bien qu'on peut l'être dans ce château. On ne lui refusait rien de ce qu'il demandait. Son plus grand goût était pour le linge d'une finesse extraordinaire, et pour les dentelles. Il jouait de la guitare. On lui faisait la plus grande chère, et le gouverneur s'asseyait rarement devant lui. Un vieux médecin de la Bastille, qui avait souvent traité cet homme singulier dans ses maladies, a dit qu'il n'avait jamais vu son visage, quoiqu'il eût souvent examiné sa langue et le reste de son corps. Il était admirablement bien fait, disait ce médecin : sa peau était un peu brune; il intéressait par le seul ton de sa voix, ne se plaignant jamais de son état, et ne laissant point entrevoir ce qu'il pouvait être[a].

Cet inconnu mourut en 1703[1], et fut enterré la nuit à la paroisse de Saint-Paul. Ce qui redouble l'étonnement, c'est que, quand on l'envoya dans l'île de Sainte-Marguerite, il ne disparut dans l'Europe aucun homme considérable. Ce prisonnier l'était sans doute, car voici ce qui arriva les premiers jours qu'il était dans l'île. Le gouverneur mettait lui-même les plats sur la table, et ensuite se retirait après l'avoir enfermé. Un jour le prisonnier écrivit avec un couteau sur une assiette d'argent, et jeta l'assiette par la fenêtre, vers un bateau qui était au rivage, presque au pied de la tour. Un pêcheur, à qui ce bateau appartenait, ramassa l'assiette, et la rapporta au gouverneur. Celui-ci étonné demanda au pêcheur : « Avez-vous lu ce qui est écrit sur cette assiette, et « quelqu'un l'a-t-il vue entre vos mains ? » « Je ne sais « pas lire, répondit le pêcheur. Je viens de la trouver, « personne ne l'a vue. » Ce paysan fut retenu jusqu'à ce que le gouverneur fût bien informé qu'il n'avait jamais lu, et que l'assiette n'avait été vue de personne. « Allez, lui dit-il, vous êtes bien heureux de « ne savoir pas lire. » Parmi les personnes qui ont eu une connaissance immédiate de ce fait, il y en a une

---

[a] Un fameux chirurgien, gendre du médecin dont je parle, et qui a appartenu au maréchal de Richelieu, est témoin de ce que j'avance; et M. de Bernaville, successeur de Saint'-Mars, me l'a souvent confirmé. — Voyez le *Dictionnaire philosophique*, article ANA, ANECDOTES. K.

[1] Voyez mes notes, tome XXVI, pages 311 et 318. B.

très digne de foi qui vit encore*. M. de Chamillart fut le dernier ministre qui eut cet étrange secret. Le second maréchal de La Feuillade, son gendre, m'a dit qu'à la mort de son beau-père, il le conjura à genoux de lui apprendre ce que c'était que cet homme, qu'on ne connut jamais que sous le nom de *l'homme au masque de fer*. Chamillart lui répondit que c'était le secret de l'état, et qu'il avait fait serment de ne le révéler jamais. Enfin, il reste encore beaucoup de mes contemporains qui déposent de la vérité de ce que j'avance, et je ne connais point de fait ni plus extraordinaire ni mieux constaté.

Louis XIV, cependant, partageait son temps entre les plaisirs qui étaient de son âge, et les affaires qui étaient de son devoir. Il tenait conseil tous les jours, et travaillait ensuite secrètement avec Colbert. Ce travail secret fut l'origine de la catastrophe du célèbre Fouquet, dans laquelle furent enveloppés le secrétaire d'état Guénégaud, Pellisson, Gourville, et tant d'autres. La chute de ce ministre, à qui on avait bien moins de reproches à faire qu'au cardinal Mazarin, fit voir qu'il n'appartient pas à tout le monde de faire les mêmes fautes. Sa perte était déjà résolue quand le roi accepta la fête magnifique que ce ministre lui donna dans sa maison de Vaux. Ce palais et les jardins lui avaient coûté dix-huit millions, qui en va-

---

* Ceci a été écrit en 1750.—Cette note se trouve dans les éditions de 1768, in-8°, et de 1769, in-4°; c'est dans l'édition de 1752 du *Siècle de Louis XIV* qu'avait été ajoutée l'anecdote du pêcheur. Le personnage *très digne de foi*, dont parle Voltaire, est Riousse, ancien commissaire des guerres à Cannes : voyez, ci-après, le *Supplément au Siècle de Louis XIV*, première partie. B.

lent aujourd'hui environ trente-cinq[a]. Il avait bâti le palais deux fois, et acheté trois hameaux, dont le terrain fut enfermé dans ces jardins immenses, plantés en partie par Le Nostre, et regardés alors comme les plus beaux de l'Europe. Les eaux jaillissantes de Vaux, qui parurent depuis au-dessous du médiocre, après celles de Versailles, de Marli, et de Saint-Cloud, étaient alors des prodiges. Mais, quelque belle que soit cette maison, cette dépense de dix-huit millions, dont les comptes existent encore, prouve qu'il avait été servi avec aussi peu d'économie qu'il servait le roi. Il est vrai qu'il s'en fallait beaucoup que Saint-Germain et Fontainebleau, les seules maisons de plaisance habitées par le roi, approchassent de la beauté de Vaux. Louis XIV le sentit, et en fut irrité. On voit partout, dans cette maison, les armes et la devise de Fouquet. C'est un écureuil avec ces paroles: *Quo non ascendam? Où ne monterai-je point?* Le roi se les fit expliquer. L'ambition de cette devise ne servit pas à apaiser le monarque. Les courtisans remarquèrent que l'écureuil était peint partout poursuivi par une couleuvre, qui était les armes de Colbert. La fête fut au-dessus de celles que le cardinal Mazarin avait données, non seulement pour la magnificence, mais pour le goût. On y représenta pour la première fois les *Fâcheux* de Molière. Pellisson avait

---

[a] Les comptes qui le prouvent étaient à Vaux, aujourd'hui Villars, en 1718, et doivent y être encore. M. le duc de Villars, fils du maréchal, confirme ce fait. Il est moins singulier qu'on ne pense. Vous voyez, dans les *Mémoires de l'abbé de Choisi*, que le marquis de Louvois lui disait, en lui parlant de Meudon : « Je suis sur le quatorzième million. »

fait le prologue, qu'on admira. Les plaisirs publics cachent ou préparent si souvent à la cour des désastres particuliers, que, sans la reine-mère, le surintendant et Pellisson auraient été arrêtés dans Vaux le jour de la fête. Ce qui augmentait le ressentiment du roi, c'est que mademoiselle de La Vallière, pour qui le prince commençait à sentir une vraie passion, avait été un des objets des goûts passagers du surintendant, qui ne ménageait rien pour les satisfaire. Il avait offert à mademoiselle de La Vallière deux cent mille livres; et cette offre avait été reçue avec indignation, avant qu'elle eût aucun dessein sur le cœur du roi. Le surintendant s'étant aperçu depuis quel puissant rival il avait, voulut être le confident de celle dont il n'avait pu être le possesseur, et cela même irritait encore.

Le roi, qui, dans un premier mouvement d'indignation, avait été tenté de faire arrêter le surintendant, au milieu même de la fête qu'il en recevait, usa ensuite d'une dissimulation peu nécessaire. On eût dit que ce monarque, déjà tout puissant, eût craint le parti que Fouquet s'était fait.

Il était procureur-général du parlement; et cette charge lui donnait le privilége d'être jugé par les chambres assemblées; mais, après que tant de princes, de maréchaux, et de ducs, avaient été jugés par des commissaires, on eût pu traiter comme eux un magistrat, puisqu'on voulait se servir de ces voies extraordinaires qui, sans être injustes, laissent toujours un soupçon d'injustice.

Colbert l'engagea, par un artifice peu honorable, à vendre sa charge. On lui en offrit jusqu'à dix-huit cent mille livres, qui vaudraient trois millions et demi de nos jours; et, par un malentendu, il ne la vendit que quatorze cent mille francs. Le prix excessif des places au parlement, si diminué depuis, prouve quel reste de considération ce corps avait conservé dans son abaissement même. Le duc de Guise, grand chambellan du roi, n'avait vendu cette charge de la couronne au duc de Bouillon, que huit cent mille livres.

C'était la fronde, c'était la guerre de Paris qui avait mis ce prix aux charges de judicature. Si c'était un des grands défauts et un des grands malheurs d'un gouvernement long-temps obéré, que la France fût l'unique pays de la terre où les places de juges fussent vénales, c'était une suite du levain de la sédition, et c'était une espèce d'insulte faite au trône, qu'une place de procureur du roi coûtât plus que les premières dignités de la couronne.

Fouquet, pour avoir dissipé les finances de l'état, et pour en avoir usé comme des siennes propres, n'en avait pas moins de grandeur dans l'ame. Ses déprédations n'avaient été que des magnificences et des libéralités. (1661) Il fit porter à l'épargne le prix de sa charge, et cette belle action ne le sauva pas. On attira avec adresse à Nantes un homme qu'un exempt et deux gardes pouvaient arrêter à Paris. Le roi lui fit des caresses avant sa disgrace. Je ne sais pourquoi la plupart des princes affectent d'ordinaire de tromper par de fausses bontés ceux de leurs sujets qu'ils veulent perdre. La dissimulation alors est l'opposé de la grandeur. Elle n'est jamais une vertu, et ne peut devenir un talent estimable que quand elle est absolument nécessaire. Louis XIV parut sortir de son caractère; mais on lui avait fait entendre que Fouquet fesait de grandes fortifications à Belle-Isle, et qu'il pouvait avoir trop de liaisons au-dehors et au-dedans du royaume. Il parut bien, quand il fut arrêté et conduit à la Bastille et à Vincennes, que son parti n'était autre chose que l'avidité de quelques courtisans et de quelques femmes, qui recevaient de lui des pensions, et qui l'oublièrent dès qu'il ne fut plus en état d'en donner. Il lui resta d'autres amis, et cela prouve qu'il en méritait. L'illustre madame de Sévigné, Pellisson, Gourville, mademoiselle Scudéri, plusieurs gens de lettres, se déclarèrent hautement pour lui, et le servirent avec tant de chaleur, qu'ils lui sauvèrent la vie.

On connaît ces vers de Hesnault, le traducteur de *Lucrèce*, contre Colbert, le persécuteur de Fouquet:

> Ministre avare et lâche, esclave malheureux,
> Qui gémis sous le poids des affaires publiques;
> Victime dévouée aux chagrins politiques,
> Fantôme révéré sous un titre onéreux;
>
> Vois combien des grandeurs le comble est dangereux;
> Contemple de Fouquet les funestes reliques;
> Et, tandis qu'à sa perte en secret tu t'appliques,
> Crains qu'on ne te prépare un destin plus affreux:
>
> Sa chute quelque jour te peut être commune.
> Crains ton poste, ton rang, la cour, et la fortune.
> Nul ne tombe innocent d'où l'on te voit monté.
>
> Cesse donc d'animer ton prince à son supplice;
> Et, près d'avoir besoin de toute sa bonté,
> Ne le fais pas user de toute sa justice.

M. Colbert, à qui l'on parla de ce sonnet injurieux, demanda si le roi y était offensé. On lui dit que non : « Je ne le suis donc pas, » répondit le ministre.

Il ne faut jamais être la dupe de ces réponses méditées, de ces discours publics que le cœur désavoue. Colbert paraissait modéré, mais il poursuivait la mort de Fouquet avec acharnement. On peut être bon ministre et vindicatif. Il est triste qu'il n'ait pas su être aussi généreux que vigilant.

[1] Un des plus implacables de ses persécuteurs était Michel Le Tellier, alors secrétaire d'état, et son rival en crédit. C'est celui-là même qui fut depuis chancelier. Quand on lit son oraison funèbre, et qu'on la compare avec sa conduite, que peut-on penser, sinon qu'une oraison funèbre n'est qu'une déclamation ? Mais le chancelier Séguier, président de la commission, fut celui des juges de Fouquet qui poursuivit sa mort avec le plus d'acharnement, et qui le traita avec le plus de dureté.

Il est vrai que, faire le procès du surintendant, c'était accuser la mémoire du cardinal Mazarin. Les plus grandes déprédations dans les finances étaient son ouvrage. Il s'était approprié en souverain plusieurs branches des revenus de l'état. Il avait traité en son nom et à son profit des munitions des armées. « Il imposait (dit Fouquet dans ses défenses), par

---

[1] Dans l'édition de 1768 du *Siècle de Louis XIV*, Voltaire disait : « Le « plus ardent et le plus implacable de ses persécuteurs était *le chef de ses* « *juges*, le chancelier Michel Le Tellier. » Cette phrase fut reproduite en 1769, dans l'édition in-4°; mais Voltaire signala son erreur, en 1770, dans l'article ANA des *Questions sur l'Encyclopédie* (voyez tome XXVI, page 319), et la corrigea dans l'édition de 1775. B.

« lettres de cachet ; des sommes extraordinaires sur
« les généralités ; ce qui ne s'était jamais fait que par
« lui et pour lui, et ce qui est punissable de mort
« par les ordonnances. » C'est ainsi que le cardinal
avait amassé des biens immenses, que lui-même ne
connaissait plus.

J'ai entendu conter à feu M. de Caumartin[1], intendant des finances, que, dans sa jeunesse, quelques années après la mort du cardinal, il avait été au palais Mazarin, où logeaient le duc, son héritier, et la duchesse Hortense ; qu'il y vit une grande armoire de marqueterie, fort profonde, qui tenait du haut jusqu'en bas tout le fond d'un cabinet. Les clefs en avaient été perdues depuis long-temps, et l'on avait négligé d'ouvrir les tiroirs. M. de Caumartin, étonné de cette négligence, dit à la duchesse de Mazarin qu'on trouverait peut-être des curiosités dans cette armoire. On l'ouvrit : elle était toute remplie de quadruples, de jetons et de médailles d'or. Madame de Mazarin en jeta au peuple des poignées par les fenêtres pendant plus de huit jours[a].

L'abus que le cardinal Mazarin avait fait de sa puissance despotique ne justifiait pas le surintendant ; mais l'irrégularité des procédures faites contre lui, la longueur de son procès, l'acharnement odieux du chancelier Séguier contre lui, le temps qui éteint l'envie publique, et qui inspire la compassion pour les malheureux, enfin, les sollicitations toujours plus vives en faveur d'un infortuné que les manœuvres

---

[1] Voyez ma note, tome XIX, page 79. B.

[a] J'ai retrouvé depuis cette même particularité dans Saint-Évremond.

pour le perdre ne sont pressantes, tout cela lui sauva la vie. Le procès ne fut jugé qu'au bout de trois ans, en 1664. De vingt-deux juges qui opinèrent, il n'y en eut que neuf qui conclurent à la mort; et les treize autres[a], parmi lesquels il y en avait à qui Gourville avait fait accepter des présents, opinèrent à un bannissement perpétuel. Le roi commua la peine en une plus dure. Cette sévérité n'était conforme ni aux anciennes lois du royaume, ni à celles de l'humanité. Ce qui révolta le plus l'esprit des citoyens, c'est que le chancelier fit exiler l'un des juges, nommé Roquesante, qui avait le plus déterminé la chambre de justice à l'indulgence[b]. Fouquet fut enfermé au château de Pignerol. Tous les historiens disent qu'il y mourut en 1680; mais Gourville assure, dans ses *Mémoires*, qu'il sortit de prison quelque temps avant sa mort. La comtesse de Vaux, sa belle-fille, m'avait déjà confirmé ce fait; cependant on croit le contraire dans sa famille. Ainsi on ne sait pas où est mort cet infortuné, dont les moindres actions avaient de l'éclat quand il était puissant[1].

Le secrétaire d'état Guénégaud, qui vendit sa charge à Colbert, n'en fut pas moins poursuivi par la chambre de justice, qui lui ôta la plus grande par-

---

[a] Voyez les *Mémoires de Gourville*.

[b] Racine assure, dans ses *Fragments historiques*, que le roi dit chez mademoiselle de La Vallière: « S'il avait été condamné à mort, je l'aurais laissé mourir. » S'il prononça ces paroles, on ne peut les excuser: elles paraissent trop dures et trop ridicules.

[1] M. Delort, dans son *Histoire de la détention des philosophes*, etc., 1829, in-8°, dit, tome Ier, page 52, que Fouquet mourut à Pignerol le 23 mars 1680. Voyez aussi ma note, tome XXVI, page 319. B.

tie de sa fortune. Ce qu'il y eut de plus singulier dans les arrêts de cette chambre, c'est qu'un évêque d'Avranches fut condamné à une amende de douze mille francs. Il s'appelait Boislève; c'était le frère d'un partisan dont il avait partagé les concussions[a].

Saint-Évremond, attaché au surintendant, fut enveloppé dans sa disgrace. Colbert, qui cherchait partout des preuves contre celui qu'il voulait perdre, fit saisir des papiers confiés à madame du Plessis-Bellière[1]; et dans ces papiers on trouva la lettre manuscrite de Saint-Évremond sur la paix des Pyrénées. On lut au roi cette plaisanterie, qu'on fit passer pour un crime d'état. Colbert, qui dédaignait de se venger de Hesnault, homme obscur, persécuta, dans Saint-Évremond, l'ami de Fouquet qu'il haïssait, et le bel esprit qu'il craignait. Le roi eut l'extrême sévérité de punir une raillerie innocente, faite il y avait long-temps contre le cardinal Mazarin, qu'il ne regrettait pas, et que toute la cour avait outragé, calomnié, et proscrit impunément pendant plusieurs années. De mille écrits faits contre ce ministre, le

---

[a] Voyez *Gui Patin* et les Mémoires du temps. — Voici ce que Gui Patin écrivait le 7 février 1662 : « La chambre de justice a donné un arrêt considérable contre un partisan nommé Boislève, ci-devant intendant des finances; on avait saisi ses beaux meubles, et on avait avis d'une bonne somme d'argent qui lui appartenait. Un sien frère, ci-devant conseiller de la cour, aujourd'hui évêque d'Avranches, et, de plus, grand fourbe, est intervenu prétendant revendiquer lesdits meubles, et l'argent aussi, comme s'ils lui appartenaient; il en a fait un serment, dont la fausseté fut aussitôt découverte par M. Talon; ensuite de quoi les meubles et l'argent furent trouvés, et déclarés bien saisis, et l'évêque condamné à une amende de douze mille livres parisis. » La livre parisis valait une livre cinq sous tournois. B.

[1] Le vrai nom est Du Plessis Bellière ou Belière. B.

moins mordant fut le seul puni, et le fut après sa mort.

Saint-Évremond, retiré en Angleterre, vécut et mourut en homme libre et philosophe. Le marquis de Miremond, son ami, me disait autrefois à Londres qu'il y avait une autre cause de sa disgrace, et que Saint-Évremond n'avait jamais voulu s'en expliquer. Lorsque Louis XIV permit à Saint-Évremond de revenir dans sa patrie, sur la fin de ses jours, ce philosophe dédaigna de regarder cette permission comme une grace; il prouva que la patrie est où l'on vit heureux, et il l'était à Londres.

Le nouveau ministre des finances, sous le simple titre de contrôleur-général, justifia la sévérité de ses poursuites, en rétablissant l'ordre que ses prédécesseurs avaient troublé, et en travaillant sans relâche à la grandeur de l'état.

La cour devint le centre des plaisirs et le modèle des autres cours. Le roi se piqua de donner des fêtes qui fissent oublier celles de Vaux.

Il semblait que la nature prît plaisir alors à produire en France les plus grands hommes dans tous les arts, et à rassembler à la cour ce qu'il y avait jamais eu de plus beau et de mieux fait en hommes et en femmes. Le roi l'emportait sur tous ses courtisans par la richesse de sa taille et par la beauté majestueuse de ses traits. Le son de sa voix, noble et touchant, gagnait les cœurs qu'intimidait sa présence. Il avait une démarche qui ne pouvait convenir qu'à lui et à son rang, et qui eût été ridicule en tout autre. L'embarras qu'il inspirait à ceux qui lui parlaient flattait en secret la complaisance avec laquelle il sentait sa supériorité. Ce vieil officier, qui se troublait, qui bégayait, en lui demandant une grace, et qui, ne pouvant achever son discours, lui dit : « Sire, je ne « tremble pas ainsi devant vos ennemis, » n'eut pas de peine à obtenir ce qu'il demandait.

Le goût de la société n'avait pas encore reçu toute sa perfection à la cour. La reine-mère, Anne d'Autriche, commençait à aimer la retraite. La reine régnante savait à peine le français, et la bonté fesait son seul mérite. La princesse d'Angleterre, belle-sœur du roi, apporta à la cour les agréments d'une conversation douce et animée, soutenue bientôt par la lecture des bons ouvrages et par un goût sûr et délicat. Elle se perfectionna dans la connaissance de la langue, qu'elle écrivait mal encore au temps de son mariage. Elle inspira une émulation d'esprit nouvelle, et introduisit à la cour une politesse et des graces dont à peine le reste de l'Europe avait l'idée. Madame avait tout l'esprit de Charles II, son frère, embelli par les charmes de son sexe, par le don et par le desir de plaire. La cour de Louis XIV respirait une galanterie que la décence rendait plus piquante. Celle qui régnait à la cour de Charles II était plus hardie, et trop de grossièreté en déshonorait les plaisirs.

Il y eut d'abord entre Madame et le roi beaucoup de ces coquetteries d'esprit et de cette intelligence secrète qui se remarquèrent dans de petites fêtes souvent répétées. Le roi lui envoyait des vers; elle y répondait. Il arriva que le même homme fut à-la-fois le confident du roi et de Madame dans ce commerce ingénieux. C'était le marquis de Dangeau. Le roi le chargeait d'écrire pour lui ; et la princesse l'engageait à répondre au roi. Il les servit ainsi tous deux, sans laisser soupçonner à l'un qu'il fût employé par l'autre ; et ce fut une des causes de sa fortune.

Cette intelligence jeta des alarmes dans la famille royale. Le roi réduisit l'éclat de ce commerce à un fonds d'estime et d'amitié qui ne s'altéra jamais. Lorsque Madame fit depuis travailler Racine et Corneille à la tragédie de *Bérénice*[1], elle avait en vue non seulement la rupture du roi avec la connétable Colonne, mais le frein qu'elle-même avait mis à son propre penchant, de peur qu'il ne devînt dangereux. Louis XIV est assez désigné dans ces deux vers de la *Bérénice* de Racine :

> Qu'en quelque obscurité que le sort l'eût fait naître,
> Le monde, en le voyant, eût reconnu son maître.

Ces amusements firent place à la passion plus sérieuse et plus suivie qu'il eut pour mademoiselle de La Vallière, fille d'honneur de Madame. Il goûta avec elle le bonheur rare d'être aimé uniquement pour lui-même. Elle fut deux ans l'objet caché de tous les amusements galants, et de toutes les fêtes que le roi donnait. Un jeune valet-de-chambre du roi, nommé Belloc, composa plusieurs récits qu'on mêlait à des danses, tantôt chez la reine, tantôt chez Madame ; et ces récits exprimaient avec mystère le secret de leurs cœurs, qui cessa bientôt d'être un secret.

Tous les divertissements publics que le roi donnait

---

[1] Voyez tome XXXVI, page 384. B.

étaient autant d'hommages à sa maîtresse. On fit, en 1662, un carrousel vis-à-vis les Tuileries[a], dans une vaste enceinte, qui en a retenu le nom de *Place du Carrousel*. Il y eut cinq quadrilles. Le roi était à la tête des Romains ; son frère, des Persans ; le prince de Condé, des Turcs ; le duc d'Enghien, son fils, des Indiens ; le duc de Guise, des Américains. Ce duc de Guise était petit-fils du Balafré. Il était célèbre dans le monde par l'audace malheureuse avec laquelle il avait entrepris de se rendre maître de Naples. Sa prison, ses duels, ses amours romanesques, ses profusions, ses aventures, le rendaient singulier en tout. Il semblait être d'un autre siècle. On disait de lui, en le voyant courir avec le grand Condé : « Voilà les « héros de l'histoire et de la fable. »

La reine-mère, la reine régnante, la reine d'Angleterre, veuve de Charles Ier, oubliant alors ses malheurs, étaient sous un dais à ce spectacle. Le comte de Sault, fils du duc de Lesdiguières, remporta le prix, et le reçut des mains de la reine-mère. Ces fêtes ranimèrent plus que jamais le goût des devises et des emblèmes que les tournois avaient mis autrefois à la mode, et qui avaient subsisté après eux.

Un antiquaire, nommé Douvrier[1], imagina dès-lors pour Louis XIV l'emblème d'un soleil dardant ses rayons sur un globe, avec ces mots : *Nec pluribus impar*. L'idée était un peu imitée d'une devise espagnole faite pour Philippe II, et plus convenable à ce roi qui

---

[a] Non dans la Place Royale, comme le dit l'*Histoire de La Hode*, sous le nom de La Martinière.

[1] Mort en 1680. B.

possédait la plus belle partie du Nouveau-Monde et tant d'états dans l'ancien, qu'à un jeune roi de France qui ne donnait encore que des espérances. Cette devise eut un succès prodigieux. Les armoiries du roi, les meubles de la couronne, les tapisseries, les sculptures, en furent ornées. Le roi ne la porta jamais dans ses carrousels. On a reproché injustement à Louis XIV le faste de cette devise, comme s'il l'avait choisie lui-même; et elle a été peut-être plus justement critiquée pour le fond. Le corps ne représente pas ce que la légende signifie, et cette légende n'a pas un sens assez clair et assez déterminé. Ce qu'on peut expliquer de plusieurs manières ne mérite d'être expliqué d'aucune. Les devises, ce reste de l'ancienne chevalerie, peuvent convenir à des fêtes, et ont de l'agrément quand les allusions sont justes, nouvelles, et piquantes. Il vaut mieux n'en point avoir que d'en souffrir de mauvaises et de basses, comme celle de Louis XII ; c'était un porc-épic avec ces paroles : « Qui s'y frotte s'y pique. » Les devises sont, par rapport aux inscriptions, ce que sont des mascarades en comparaison des cérémonies augustes.

La fête de Versailles, en 1664, surpassa celle du carrousel, par sa singularité, par sa magnificence, et les plaisirs de l'esprit qui, se mêlant à la splendeur de ces divertissements, y ajoutaient un goût et des grâces dont aucune fête n'avait encore été embellie. Versailles commençait à être un séjour délicieux, sans approcher de la grandeur dont il fut depuis.

(1664) Le 5 mai, le roi y vint avec la cour composée de six cents personnes, qui furent défrayées avec leur suite, aussi bien que tous ceux qui servirent aux apprêts de ces enchantements. Il ne manqua jamais à ces fêtes que des monuments construits exprès pour les donner, tels qu'en élevèrent les Grecs et les Romains : mais la promptitude avec laquelle on construisit des théâtres, des amphithéâtres, des portiques, ornés avec autant de magnificence que de goût, était une merveille qui ajoutait à l'illusion, et qui, diversifiée depuis en mille manières, augmentait encore le charme de ces spectacles.

Il y eut d'abord une espèce de carrousel. Ceux qui devaient courir parurent le premier jour comme dans une revue; ils étaient précédés de hérauts d'armes, de pages, d'écuyers, qui portaient leurs devises et leurs boucliers; et sur ces boucliers étaient écrits en lettres d'or des vers composés par Perigni et par Benserade. Ce dernier surtout avait un talent singulier pour ces pièces galantes, dans lesquelles il fesait toujours des allusions délicates et piquantes aux caractères des personnes, aux personnages de l'antiquité ou de la fable qu'on représentait, et aux passions qui animaient la cour. Le roi représentait Roger : tous les diamants de la couronne brillaient sur son habit et sur le cheval qu'il montait. Les reines et trois cents dames, sous des arcs de triomphe, voyaient cette entrée.

Le roi, parmi tous les regards attachés sur lui, ne distinguait que ceux de mademoiselle de La Vallière. La fête était pour elle seule; elle en jouissait confondue dans la foule.

La cavalcade était suivie d'un char doré de dix-huit

pieds de haut, de quinze de large, de vingt-quatre de long, représentant le char du Soleil. Les quatre Ages, d'or, d'argent, d'airain, et de fer; les signes célestes, les Saisons, les Heures, suivaient à pied ce char. Tout était caractérisé. Des bergers portaient les pièces de la barrière qu'on ajustait au son des trompettes, auxquelles succédaient par intervalle les musettes et les violons. Quelques personnages, qui suivaient le char d'Apollon, vinrent d'abord réciter aux reines des vers convenables au lieu, au temps, au roi, et aux dames. Les courses finies, et la nuit venue, quatre mille gros flambeaux éclairèrent l'espace où se donnaient les fêtes. Des tables y furent servies par deux cents personnages, qui représentaient les Saisons, les Faunes, les Sylvains, les Dryades, avec des pasteurs, des vendangeurs, des moissonneurs. Pan et Diane avançaient sur une montagne mouvante, et en descendirent pour faire poser sur les tables ce que les campagnes et les forêts produisent de plus délicieux. Derrière les tables, en demi-cercle, s'éleva tout d'un coup un théâtre chargé de concertants. Les arcades qui entouraient la table et le théâtre étaient ornées de cinq cents girandoles vertes et argent, qui portaient des bougies; et une balustrade dorée fermait cette vaste enceinte.

Ces fêtes, si supérieures à celles qu'on invente dans les romans, durèrent sept jours. Le roi remporta quatre fois le prix des jeux, et laissa disputer ensuite aux autres chevaliers les prix qu'il avait gagnés, et qu'il leur abandonnait.

La comédie de *la Princesse d'Élide*, quoiqu'elle ne soit pas une des meilleures de Molière, fut un des plus agréables ornements de ces jeux, par une infinité d'allégories fines sur les mœurs du temps, et par des à-propos qui font l'agrément de ces fêtes, mais qui sont perdus pour la postérité. On était encore très entêté, à la cour, de l'astrologie judiciaire : plusieurs princes pensaient, par une superstition orgueilleuse, que la nature les distinguait jusqu'à écrire leur destinée dans les astres. Le duc de Savoie, Victor-Amédée, père de la duchesse de Bourgogne, eut un astrologue auprès de lui, même après son abdication. Molière osa attaquer cette illusion dans *les Amants magnifiques*[1], joués dans une autre fête, en 1670.

On y voit aussi un fou de cour, ainsi que dans *la Princesse d'Élide*. Ces misérables étaient encore fort à la mode. C'était un reste de barbarie, qui a duré plus long-temps en Allemagne qu'ailleurs. Le besoin des amusements, l'impuissance de s'en procurer d'agréables et d'honnêtes dans les temps d'ignorance et de mauvais goût, avaient fait imaginer ce triste plaisir, qui dégrade l'esprit humain. Le fou qui était alors auprès de Louis XIV avait appartenu au prince de Condé : il s'appelait l'Angeli. Le comte de Grammont disait que de tous les fous qui avaient suivi Monsieur le Prince, il n'y avait que l'Angeli qui eût fait fortune. Ce bouffon ne manquait pas d'esprit. C'est lui qui dit « qu'il n'allait pas au sermon, par« cequ'il n'aimait pas le *brailler*, et qu'il n'entendait « pas le *raisonner*. »

(1664) La farce du *Mariage forcé* fut aussi jouée à cette fête. Mais ce qu'il y eut de véritablement admi-

---

[1] Voyez tome XXXVIII, page 435. B.

rable, ce fut la première représentation des trois premiers actes du *Tartufe.* Le roi voulut voir ce chef-d'œuvre avant même qu'il fût achevé. Il le protégea depuis contre les faux dévots, qui voulurent intéresser la terre et le ciel pour le supprimer; et il subsistera, comme on l'a déjà dit ailleurs [1], tant qu'il y aura en France du goût et des hypocrites.

La plupart de ces solennités brillantes ne sont souvent que pour les yeux et les oreilles. Ce qui n'est que pompe et magnificence passe en un jour; mais quand des chefs-d'œuvre de l'art, comme le *Tartufe,* font l'ornement de ces fêtes, elles laissent après elles une éternelle mémoire.

On se souvient encore de plusieurs traits de ces allégories de Benserade, qui ornaient les ballets de ce temps-là. Je ne citerai que ces vers pour le roi représentant le Soleil :

> Je doute qu'on le prenne avec vous sur le ton [2]
> De Daphné ni de Phaéton,
> Lui trop ambitieux, elle trop inhumaine.
> Il n'est point là de piége où vous puissiez donner :
> Le moyen de s'imaginer
> Qu'une femme vous fuie, et qu'un homme vous mène?

La principale gloire de ces amusements qui perfectionnaient en France le goût, la politesse, et les talents, venait de ce qu'ils ne dérobaient rien aux travaux continuels du monarque. Sans ces travaux il n'aurait su que tenir une cour, il n'aurait pas su ré-

---

[1] Dans la *Vie de Molière:* voyez tome XXXVIII, page 431. B.

[2] Ces vers sont déjà cités dans les *Anecdotes* imprimées en 1748 : voyez tome XXXIX, page 7. B.

gner; et si les plaisirs magnifiques de cette cour avaient insulté à la misère du peuple, ils n'eussent été qu'odieux : mais le même homme qui avait donné ces fêtes avait donné du pain au peuple dans la disette de 1662. Il avait fait venir des grains, que les riches achetèrent à vil prix, et dont il fit des dons aux pauvres familles à la porte du Louvre : il avait remis au peuple trois millions de tailles : nulle partie de l'administration intérieure n'était négligée; son gouvernement était respecté au-dehors. Le roi d'Espagne, obligé de lui céder la préséance; le pape, forcé de lui faire satisfaction; Dunkerque ajouté à la France par un marché glorieux à l'acquéreur et honteux pour le vendeur; enfin, toutes ses démarches, depuis qu'il tenait les rênes, avaient été ou nobles ou utiles; il était beau après cela de donner des fêtes.

(1664) Le légat *a latere*[1], Chigi, neveu du pape Alexandre VII, venant au milieu de toutes les réjouissances de Versailles faire satisfaction au roi de l'attentat des gardes du pape, étala à la cour un spectacle nouveau. Ces grandes cérémonies sont des fêtes pour le public. Les honneurs qu'on lui fit rendaient la satisfaction plus éclatante. Il reçut, sous un dais, les respects des cours supérieures, du corps de ville, du clergé. Il entra dans Paris au bruit du canon, ayant le grand Condé à sa droite, et le fils de ce prince à sa gauche, et vint, dans cet appareil, s'humilier, lui, Rome, et le pape, devant un roi qui n'avait pas encore tiré l'épée. Il dîna avec Louis XIV après l'audience, et on ne fut occupé que de le traiter ave

[1] Voyez ma note, tome XVI, page 35. B.

magnificence, et de lui procurer des plaisirs. On traita depuis le doge de Gênes avec moins d'honneurs, mais avec ce même empressement de plaire, que le roi concilia toujours avec ses démarches altières.

Tout cela donnait à la cour de Louis XIV un air de grandeur qui effaçait toutes les autres cours de l'Europe. Il voulait que cet éclat, attaché à sa personne, rejaillît sur tout ce qui l'environnait; que tous les grands fussent honorés, et qu'aucun ne fût puissant, à commencer par son frère, et par Monsieur le Prince. C'est dans cette vue qu'il jugea en faveur des pairs leur ancienne querelle avec les présidents du parlement. Ceux-ci prétendaient devoir opiner avant les pairs, et s'étaient mis en possession de ce droit. Il régla dans un conseil extraordinaire que les pairs opineraient aux lits de justice, en présence du roi, avant les présidents, comme s'ils ne devaient cette prérogative qu'à sa présence; et il laissa subsister l'ancien usage dans les assemblées qui ne sont pas des lits de justice [1].

Pour distinguer ses principaux courtisans, il avait inventé des casaques bleues, brodées d'or et d'argent. La permission de les porter était une grande grace pour des hommes que la vanité mène. On les demandait presque comme le collier de l'ordre. On peut remarquer, puisqu'il est ici question de petits détails, qu'on portait alors des casaques par-dessus un pourpoint orné de rubans, et sur cette casaque passait un baudrier, auquel pendait l'épée. On avait une espèce

[1] Voyez tome XXII, page 277. B.

de rabat à dentelles, et un chapeau orné de deux rangs de plumes. Cette mode, qui dura jusqu'à l'année 1684, devint celle de toute l'Europe, excepté de l'Espagne et de la Pologne. On se piquait déjà presque partout d'imiter la cour de Louis XIV.

Il établit dans sa maison un ordre qui dure encore; régla les rangs et les fonctions; créa des charges nouvelles auprès de sa personne, comme celle de grand maître de sa garde-robe. Il rétablit les tables instituées par François Ier, et les augmenta. Il y en eut douze pour les officiers commensaux, servies avec autant de propreté et de profusion que celles de beaucoup de souverains : il voulait que les étrangers y fussent tous invités : cette attention dura pendant tout son règne. Il en eut une autre plus recherchée et plus polie encore. Lorsqu'il eut fait bâtir les pavillons de Marli, en 1679, toutes les dames trouvaient dans leur appartement une toilette complète; rien de ce qui appartient à un luxe commode n'était oublié: quiconque était du voyage pouvait donner des repas dans son appartement : on y était servi avec la même délicatesse que le maître. Ces petites choses n'acquièrent du prix que quand elles sont soutenues par les grandes. Dans tout ce qu'il fesait on voyait de la splendeur et de la générosité. Il fesait présent de deux cent mille francs aux filles de ses ministres, à leur mariage [1].

---

[1] Ces profusions faites avec l'argent du peuple étaient une véritable injustice, et certes un beaucoup plus grand péché, excepté aux yeux des jésuites, que ceux qu'il pouvait commettre avec ses maîtresses. Cette foule de charges inutiles, d'abus de tout genre, a fait un mal plus durable. Une

Ce qui lui donna dans l'Europe le plus d'éclat, ce fut une libéralité qui n'avait point d'exemple. L'idée lui en vint d'un discours du duc de Saint-Aignan, qui lui conta que le cardinal de Richelieu avait envoyé des présents à quelques savants étrangers, qui avaient fait son éloge. Le roi n'attendit pas qu'il fût loué; mais sûr de mériter de l'être, il recommanda à ses ministres Lyonne et Colbert, de choisir un nombre de Français et d'étrangers distingués dans la littérature, auxquels il donnerait des marques de sa générosité. Lyonne ayant écrit dans les pays étrangers, et s'étant fait instruire autant qu'on le peut dans cette matière si délicate, où il s'agit de donner des préférences aux contemporains, on fit d'abord une liste de soixante personnes : les unes eurent des présents, les autres des pensions, selon leur rang, leurs besoins, et leur mérite. (1663) Le bibliothécaire du Vatican, Allacci; le comte Graziani, secrétaire d'état du duc de Modène; le célèbre Viviani, mathématicien du grand duc de Florence; Vossius, l'historiographe des Provinces-Unies; l'illustre mathématicien Huygens; un résident hollandais en Suède; enfin jusqu'à des professeurs d'Altorf et de Helmstadt, villes presque inconnues des Français, furent étonnés de recevoir des lettres de M. Colbert, par lesquelles il leur mandait que, si le roi n'était pas leur souverain, il les priait d'agréer qu'il fût leur bienfaiteur. Les expressions de ces lettres étaient mesurées sur la dignité

---

grande partie de ces abus a subsisté long-temps, et subsiste même encore, quoique aucun des princes qui lui ont succédé n'ait hérité de son goût pour le faste. K.

des personnes ; et toutes étaient accompagnées, ou de gratifications considérables, ou de pensions.

Parmi les Français, on sut distinguer Racine, Quinault, Fléchier, depuis évêque de Nîmes, encore fort jeune : ils eurent des présents. Il est vrai que Chapelain et Cotin eurent des pensions ; mais c'était principalement Chapelain que le ministre Colbert avait consulté. Ces deux hommes, d'ailleurs si décriés pour la poésie, n'étaient pas sans mérite. Chapelain avait une littérature immense ; et, ce qui peut surprendre, c'est qu'il avait du goût, et qu'il était un des critiques les plus éclairés. Il y a une grande distance de tout cela au génie. La science et l'esprit conduisent un artiste, mais ne le forment en aucun genre. Personne en France n'eut plus de réputation de son temps que Ronsard et Chapelain. C'est qu'on était barbare dans le temps de Ronsard, et qu'à peine on sortait de la barbarie dans celui de Chapelain. Costar, le compagnon d'étude de Balzac et de Voiture, appelle Chapelain le premier des poëtes héroïques [1].

Boileau n'eut point de part à ces libéralités ; il n'avait encore fait que des satires, et l'on sait que ses

---

[1] Une *Liste de quelques gens de lettres français vivants en 1662*, composée, par ordre de M. Colbert, par M. Chapelain, a été imprimée, en 1726, dans le tome second des *Mémoires de littérature*, par le P. Desmolets ; et la même année, dans les *Mélanges de littérature de Chapelain*. Un *Mémoire des gens de lettres célèbres en France*, par M. Costar, est aussi imprimé dans le tome second des *Mémoires* de Desmolets ; c'est là que Chapelain est appelé : « Le premier poëte du monde pour l'héroïque. » M. Peignot a publié des *Documents authentiques et détails curieux sur les dépenses de Louis XIV ; en bâtiments et châteaux royaux, en gratifications et pensions accordées aux savants, gens de lettres et artistes, depuis 1663*, etc., etc. Paris, 1827, in-8°. B.

satires attaquaient les mêmes savants que le ministre avait consultés. Le roi le distingua, quelques années après, sans consulter personne [1].

Les présents faits dans les pays étrangers furent si considérables, que Viviani fit bâtir à Florence une maison des libéralités de Louis XIV. Il mit en lettres d'or sur le frontispice, *Ædes a Deo datæ;* allusion au surnom de *Dieu-Donné,* dont la voix publique avait nommé ce prince à sa naissance.

On se figure aisément l'effet qu'eut dans l'Europe cette magnificence extraordinaire; et si l'on considère tout ce que le roi fit bientôt après de mémorable, les esprits les plus sévères et les plus difficiles doivent souffrir les éloges immodérés qu'on lui prodigua. Les Français ne furent pas les seuls qui le louèrent. On prononça douze panégyriques de Louis XIV, en diverses villes d'Italie; hommage qui n'était rendu ni par la crainte ni par l'espérance, et que le marquis Zampieri envoya au roi.

Il continua toujours à répandre ses bienfaits sur les

---

[1] Boileau Despréaux n'est sur aucune liste de gratifications et pensions avant 1674; il reçut alors 2000 fr. Racine et Quinault touchaient alors chacun 800 fr. Racine n'avait eu que 600 fr. en 1663, en même temps que l'on donnait 3000 fr. à Chapelain. Les libéralités du roi s'étendaient aussi dans les pays étrangers. « A l'égard de celles qui se distribuaient à Paris, dit Charles Perrault, elles se portèrent, la première année, chez tous les gratifiés par le commis du trésorier des bâtiments, dans des bourses de soie d'or, les plus propres du monde; la seconde année, dans des bourses de cuir. Comme toutes choses ne peuvent pas demeurer au même état, et vont naturellement en dépérissant, les années suivantes il fallut aller recevoir soi-même les pensions chez le trésorier, en monnaie ordinaire. Les années bientôt eurent quinze et seize mois; et, quand on déclara la guerre à l'Espagne, une grande partie de ces gratifications s'amortirent. » B.

lettres et sur les arts. Des gratifications particulières d'environ quatre mille louis à Racine, la fortune de Despréaux, celle de Quinault, surtout celle de Lulli, et de tous les artistes qui lui consacrèrent leurs travaux, en sont des preuves. Il donna même mille louis à Benserade, pour faire graver les tailles-douces de ses *Métamorphoses d'Ovide en rondeaux :* libéralité mal appliquée, qui prouve seulement la générosité du souverain. Il récompensait dans Benserade le petit mérite qu'il avait eu dans ses ballets.

Plusieurs écrivains ont attribué uniquement à Colbert cette protection donnée aux arts, et cette magnificence de Louis XIV; mais il n'eut d'autre mérite en cela que de seconder la magnanimité et le goût de son maître. Ce ministre, qui avait un très grand génie pour les finances, le commerce, la navigation, la police générale, n'avait pas dans l'esprit ce goût et cette élévation du roi; il s'y prêtait avec zèle, et était loin de lui inspirer ce que la nature donne.

On ne voit pas, après cela, sur quel fondement quelques écrivains ont reproché l'avarice à ce monarque. Un prince qui a des domaines absolument séparés des revenus de l'état, peut être avare comme un particulier; mais un roi de France, qui n'est réellement que le dispensateur de l'argent de ses sujets, ne peut guère être atteint de ce vice. L'attention et la volonté de récompenser peuvent lui manquer; mais c'est ce qu'on ne peut reprocher à Louis XIV.

Dans le temps même qu'il commençait à encourager les talents par tant de bienfaits, l'usage que le comte de Bussi fit des siens fût rigoureusement puni.

On le mit à la Bastille en 1665[1]. Les *Amours des Gaules* furent le prétexte de sa prison. La véritable cause était cette chanson, où le roi était trop compromis, et dont alors on renouvela le souvenir pour perdre Bussi, à qui on l'imputait :

> Que Déodatus est heureux
> De baiser ce bec amoureux[2]
> Qui d'une oreille à l'autre va !
> Alleluia.

Ses ouvrages n'étaient pas assez bons pour compenser le mal qu'ils lui firent. Il parlait purement sa langue : il avait du mérite, mais plus d'amour-propre encore ; et il ne se servit guère de ce mérite que pour se faire des ennemis. Louis XIV aurait agi généreusement s'il lui avait pardonné; il vengea son injure personnelle en paraissant céder au cri public. Cependant le comte de Bussi fut relâché au bout de dix-huit mois; mais il fut privé de ses charges, et resta dans la disgrace tout le reste de sa vie, protestant en vain à Louis XIV une tendresse que ni le roi ni personne ne croyait sincère.

[1] Le 17 avril. Il venait d'être reçu à l'académie française. Bussi sortit de la Bastille le 16 mai 1666, pour aller rétablir sa santé chez un maître chirurgien, mais sous la promesse de revenir à la Bastille dès qu'il serait rétabli. Cependant, le 10 août, il obtint de se retirer en Bourgogne. B.

[2] Le *bec amoureux* était celui de mademoiselle de La Vallière. B.

CHAPITRE XXVI.

Suite des particularités et anecdotes.

A la gloire, aux plaisirs, à la grandeur, à la galanterie, qui occupaient les premières années de ce gouvernement, Louis XIV voulut joindre les douceurs de l'amitié; mais il est difficile à un roi de faire des choix heureux. De deux hommes auxquels il marqua le plus de confiance, l'un le trahit indignement, l'autre abusa de sa faveur. Le premier était le marquis de Vardes, confident du goût du roi pour madame de La Vallière. On sait que des intrigues de cour le firent chercher à perdre madame de La Vallière, qui, par sa place, devait avoir des jalouses, et qui, par son caractère, ne devait point avoir d'ennemis. On sait qu'il osa, de concert avec le comte de Guiche, et la comtesse de Soissons, écrire à la reine régnante une lettre contrefaite, au nom du roi d'Espagne, son père. Cette lettre apprenait à la reine ce qu'elle devait ignorer, et ce qui ne pouvait que troubler la paix de la maison royale. Il ajouta à cette perfidie la méchanceté de faire tomber les soupçons sur les plus honnêtes gens de la cour, le duc et la duchesse de Navailles. (1665) Ces deux personnes innocentes furent sacrifiées au ressentiment du monarque trompé. L'atrocité de la conduite de Vardes fut trop tard connue; et Vardes, tout criminel qu'il était, ne fut guère plus puni que les innocents qu'il avait accusés, et qui furent obligés de se défaire de leurs charges et de quitter la cour.

L'autre favori était le comte, depuis duc, de Lauzun, tantôt rival du roi dans ses amours passagers, tantôt son confident; et si connu depuis, par ce mariage qu'il voulut contracter trop publiquement avec Mademoiselle, et qu'il fit ensuite secrètement, malgré sa parole donnée à son maître.

Le roi, trompé dans ses choix, dit qu'il avait cherché des amis, et qu'il n'avait trouvé que des intrigants. Cette connaissance malheureuse des hommes, qu'on acquiert trop tard, lui fesait dire aussi : « Toutes les « fois que je donne une place vacante, je fais cent mé- « contents et un ingrat. »

Ni les plaisirs, ni les embellissements des maisons royales et de Paris, ni les soins de la police du royaume, ne discontinuèrent pendant la guerre de 1666.

Le roi dansa dans les ballets jusqu'en 1670. Il avait alors trente-deux ans. On joua devant lui, à Saint-Germain, la tragédie de *Britannicus;* il fut frappé de ces vers :

> Pour toute ambition, pour vertu singulière,
> Il excelle à conduire un char dans la carrière;
> A disputer des prix indignes de ses mains;
> A se donner lui-même en spectacle aux Romains.

Dès-lors il ne dansa plus en public; et le poëte réforma le monarque [1]. Son union avec madame la duchesse de La Vallière subsistait toujours, malgré les infidélités fréquentes qu'il lui fesait. Ces infidélités lui

---

[1] Voyez page 128. B.

coûtaient peu de soins. Il ne trouvait guère de femmes qui lui résistassent, et revenait toujours à celle qui, par la douceur et par la bonté de son caractère, par un amour vrai, et même par les chaînes de l'habitude, l'avait subjugué sans art; mais, dès l'an 1669, elle s'aperçut que madame de Montespan prenait de l'ascendant; elle combattit avec sa douceur ordinaire; elle supporta le chagrin d'être témoin long-temps du triomphe de sa rivale, et sans presque se plaindre; elle se crut encore heureuse, dans sa douleur, d'être considérée du roi, qu'elle aimait toujours, et de le voir sans en être aimée.

Enfin, en 1675, elle embrassa la ressource des ames tendres, auxquelles il faut des sentiments vifs et profonds qui les subjuguent. Elle crut que Dieu seul pouvait succéder dans son cœur à son amant. Sa conversion fut aussi célèbre que sa tendresse. Elle se fit carmélite à Paris, et persévéra. Se couvrir d'un cilice, marcher pieds nus, jeûner rigoureusement, chanter la nuit au chœur, dans une langue inconnue, tout cela ne rebuta point la délicatesse d'une femme accoutumée à tant de gloire, de mollesse, et de plaisirs. Elle vécut dans ces austérités depuis 1675 jusqu'en 1710, sous le nom seul de sœur Louise de la miséricorde. Un roi qui punirait ainsi une femme coupable serait un tyran; et c'est ainsi que tant de femmes se sont punies d'avoir aimé. Il n'y a presque point d'exemple de politiques qui aient pris ce parti rigoureux. Les crimes de la politique sembleraient cependant exiger plus d'expiations que les faiblesses de l'amour; mais ceux qui gouvernent les ames n'ont guère d'empire que sur les faibles.

On sait que quand on annonça à sœur Louise de la miséricorde la mort du duc de Vermandois, qu'elle avait eu du roi, elle dit : « Je dois pleurer sa naissance « encore plus que sa mort. » Il lui resta une fille, qui fut de tous les enfants du roi la plus ressemblante à son père, et qui épousa le prince Armand de Conti, neveu du grand Condé.

Cependant la marquise de Montespan jouissait de sa faveur avec autant d'éclat et d'empire que madame de La Vallière avait eu de modestie.

Tandis que madame de La Vallière et madame de Montespan se disputaient encore la première place dans le cœur du roi, toute la cour était occupée d'intrigues d'amour. Louvois même était sensible. Parmi plusieurs maîtresses qu'eut ce ministre, dont le caractère dur semblait si peu fait pour l'amour, il y eut une madame Dufresnoi[1], femme d'un de ses commis, pour laquelle il eut depuis le crédit de faire ériger une charge chez la reine. On la fit dame du lit : elle eut les grandes entrées. Le roi, en favorisant ainsi jusqu'aux goûts de ses ministres, voulait justifier les siens.

C'est un grand exemple du pouvoir des préjugés et de la coutume, qu'il fût permis à toutes les femmes mariées d'avoir des amants, et qu'il ne le fût pas à la petite-fille de Henri IV d'avoir un mari. Mademoiselle,

[1] Voltaire lui a donné place dans le chapitre XIII de l'*Ingénu*: voyez tome XXXIII, page 440. B.

après avoir refusé tant de souverains, après avoir eu l'espérance d'épouser Louis XIV, voulut faire à quarante-quatre ans la fortune d'un gentilhomme. Elle obtint la permission d'épouser Péguilin[1], du nom de Caumont, comte de Lauzun, le dernier qui fut capitaine d'une des deux compagnies des cent gentilshommes au bec-de-corbin, qui ne subsistent plus, et le premier pour qui le roi avait créé la charge de colonel-général des dragons. Il y avait cent exemples de princesses qui avaient épousé des gentilshommes : les empereurs romains donnaient leurs filles à des sénateurs : les filles des souverains de l'Asie, plus puissants et plus despotiques qu'un roi de France, n'épousent jamais que des esclaves de leurs pères.

Mademoiselle donnait tous ses biens, estimés vingt millions, au comte de Lauzun; quatre duchés; la souveraineté de Dombes, le comté d'Eu, le palais d'Orléans qu'on nomme le Luxembourg. (1669) Elle ne se réservait rien, abandonnée tout entière à l'idée flatteuse de faire à ce qu'elle aimait une plus grande fortune qu'aucun roi n'en a fait à aucun sujet. Le contrat était dressé : Lauzun fut un jour duc de Montpensier. Il ne manquait plus que la signature. Tout était prêt, lorsque le roi, assailli par les représentations des princes, des ministres, des ennemis d'un homme trop heureux, retira sa parole, et défendit cette alliance. Il avait écrit aux cours étrangères pour annoncer le mariage; il écrivit la rupture. On le blâma

---

[1] Lauzun avait d'abord été connu sous le nom de marquis de Puyguilhem. On lit *Pégulin* et *Péguilin* dans la lettre de Gui Patin, du 21 décembre 1671. B.

de l'avoir permis; on le blâma de l'avoir défendu. Il pleura de rendre Mademoiselle malheureuse; mais ce même prince, qui s'était attendri en lui manquant de parole, fit enfermer Lauzun, en novembre 1670[1], au château de Pignerol, pour avoir épousé en secret la princesse qu'il lui avait permis, quelques mois auparavant, d'épouser en public. Il fut enfermé dix années entières. Il y a plus d'un royaume où un monarque n'a pas cette puissance : ceux qui l'ont sont plus chéris quand ils n'en font pas d'usage. Le citoyen qui n'offense point les lois de l'état, doit-il être puni si sévèrement par celui qui représente l'état? N'y a-t-il pas une très grande différence entre déplaire à son souverain et trahir son souverain? Un roi doit-il traiter un homme plus durement que la loi ne le traiterait?

Ceux qui ont écrit[a] que madame de Montespan, après avoir empêché le mariage, irritée contre le comte de Lauzun qui éclatait en reproches violents, exigea de Louis XIV cette vengeance, ont fait bien plus de tort à ce monarque. Il y aurait eu à-la-fois de la tyrannie et de la pusillanimité à sacrifier à la colère d'une femme un brave homme, un favori qui, privé par lui de la plus grande fortune, n'aurait fait d'autre faute que de s'être trop plaint de madame de Montespan. Qu'on pardonne ces réflexions, les droits de

---

[1] La lettre du roi, contresignée Le Tellier, et qui annonce au gouverneur de Pignerol qu'on lui envoie Lauzun, est du 25 novembre 1671. B.

[a] L'origine de cette imputation, qu'on trouve dans tant d'historiens, vient du *Ségraisiana*. C'est un recueil posthume de quelques conversations de Ségrais, presque toutes falsifiées. Il est plein de contradictions; et l'on sait qu'aucun de ces *ana* ne mérite de créance.

l'humanité les arrachent. Mais en même temps l'équité veut que Louis XIV n'ayant fait dans tout son règne aucune action de cette nature, on ne l'accuse pas d'une injustice si cruelle. C'est bien assez qu'il ait puni avec tant de sévérité un mariage clandestin, une liaison innocente, qu'il eût mieux fait d'ignorer. Retirer sa faveur était très juste, la prison était trop dure.

Ceux qui ont douté de ce mariage secret n'ont qu'à lire attentivement les *Mémoires de Mademoiselle*. Ces Mémoires apprennent ce qu'elle ne dit pas. On voit que cette même princesse, qui s'était plainte si amèrement au roi de la rupture de son mariage, n'osa se plaindre de la prison de son mari. Elle avoue qu'on la croyait mariée; elle ne dit point qu'elle ne l'était pas : et quand il n'y aurait que ces paroles : *Je ne peux ni ne dois changer pour lui*, elles seraient décisives.

Lauzun et Fouquet furent étonnés de se rencontrer dans la même prison; mais Fouquet surtout, qui, dans sa gloire et dans sa puissance, avait vu de loin Péguilin dans la foule, comme un gentilhomme de province sans fortune, le crut fou, quand celui-ci lui conta qu'il avait été le favori du roi, et qu'il avait eu la permission d'épouser la petite-fille de Henri IV avec tous les biens et les titres de la maison de Montpensier.

Après avoir langui dix ans en prison, il en sortit enfin; mais ce ne fut qu'après que madame de Montespan eut engagé Mademoiselle à donner la souveraineté de Dombes et le comté d'Eu au duc du Maine encore enfant, qui les posséda après la mort de cette princesse. Elle ne fit cette donation que dans l'espérance que M. de Lauzun serait reconnu pour son époux; elle se trompa : le roi lui permit seulement de donner à ce mari secret et infortuné les terres de Saint-Fargeau et de Thiers, avec d'autres revenus considérables que Lauzun ne trouva pas suffisants. Elle fut réduite à être secrètement sa femme, et à n'en être pas bien traitée en public. Malheureuse à la cour, malheureuse chez elle, ordinaire effet des passions; elle mourut en 1693 [a].

Pour le comte de Lauzun, il passa en Angleterre en 1688. Toujours destiné aux aventures extraordinaires, il conduisit en France la reine, épouse de Jacques II, et son fils au berceau. Il fut fait duc. Il commanda en Irlande avec peu de succès, et revint avec plus de réputation attachée à ses aventures que

---

[a] On a imprimé, à la fin de ses Mémoires, une *Histoire des amours de Mademoiselle et de M. de Lauzun*. C'est l'ouvrage de quelque valet de chambre. On y a joint des vers dignes de l'histoire et de toutes les inepties qu'on était en possession d'imprimer en Hollande.

On doit mettre au même rang la plupart des contes qui se trouvent dans les *Mémoires de madame de Maintenon*, faits par le nommé La Beaumelle : il y est dit qu'en 1681 un des ministres du duc de Lorraine vint, déguisé en mendiant, se présenter dans une église à Mademoiselle, lui montra une paire d'heures sur lesquelles il était écrit : « De la part du duc de Lorraine; » et qu'ensuite il négocia avec elle pour l'engager à déclarer le duc son héritier (tome II, page 204). Cette fable est prise de l'aventure vraie ou fausse de la reine Clotilde. Mademoiselle n'en parle point dans ses Mémoires, où elle n'omet pas les petits faits. Le duc de Lorraine n'avait aucun droit à la succession de Mademoiselle; de plus elle avait fait, en 1679, le duc du Maine et le comte de Toulouse ses héritiers.

L'auteur de ces misérables Mémoires dit, page 207, que « le duc de Lau-« zun, à son retour, ne vit dans Mademoiselle qu'une fille brûlante d'un amour « impur. » Elle était sa femme, et il l'avoue. Il est difficile d'écrire plus d'impostures dans un style plus indécent.

de considération personnelle. Nous l'avons vu mourir fort âgé et oublié [1], comme il arrive à tous ceux qui n'ont eu que de grands événements sans avoir fait de grandes choses.

Cependant madame de Montespan était toute puissante dès le commencement des intrigues dont on vient de parler.

Athénaïs de Mortemar, femme du marquis de Montespan; sa sœur aînée, la marquise de Thianges; et sa cadette, pour qui elle obtint l'abbaye de Fontevrault, étaient les plus belles femmes de leur temps, et toutes trois joignaient à cet avantage des agréments singuliers dans l'esprit. Le duc de Vivonne, leur frère, maréchal de France, était aussi un des hommes de la cour qui avaient le plus de goût et de lecture. C'était lui à qui le roi disait un jour : « Mais à quoi sert de « lire? » Le duc de Vivonne, qui avait de l'embonpoint et de belles couleurs, répondit : « La lecture « fait à l'esprit ce que vos perdrix font à mes joues. »

Ces quatre personnes plaisaient universellement par un tour singulier de conversation mêlée de plaisanterie, de naïveté, et de finesse, qu'on appelait l'esprit des Mortemar. Elles écrivaient toutes avec une légèreté et une grace particulière. On voit par là combien est ridicule ce conte que j'ai entendu encore renouveler, que madame de Montespan était obligée de faire écrire ses lettres au roi par madame Scarron; et que c'est là ce qui en fit sa rivale, et sa rivale heureuse.

Madame Scarron, depuis madame de Maintenon,

---

[1] Lauzun est mort le 19 novembre 1723, à quatre-vingt-dix ans. B.

avait à la vérité plus de lumières acquises par la lecture; sa conversation était plus douce, plus insinuante. Il y a des lettres d'elle où l'art embellit le naturel, et dont le style est très élégant. Mais madame de Montespan n'avait besoin d'emprunter l'esprit de personne; et elle fut long-temps favorite avant que madame de Maintenon lui fût présentée.

Le triomphe de madame de Montespan éclata au voyage que le roi fit en Flandre en 1670. La ruine des Hollandais fut préparée dans ce voyage au milieu des plaisirs : ce fut une fête continuelle dans l'appareil le plus pompeux.

Le roi, qui fit tous ses voyages de guerre à cheval, fit celui-ci, pour la première fois, dans un carrosse à glace; les chaises de poste n'étaient point encore inventées. La reine, Madame, sa belle-sœur, la marquise de Montespan, étaient dans cet équipage superbe, suivi de beaucoup d'autres; et quand madame de Montespan allait seule, elle avait quatre gardes-du-corps aux portières de son carrosse. Le dauphin arriva ensuite avec sa cour, Mademoiselle avec la sienne : c'était avant la fatale aventure de son mariage : elle partageait en paix tous ces triomphes, et voyait avec complaisance son amant, favori du roi, à la tête de sa compagnie des gardes. On fesait porter dans les villes où l'on couchait les plus beaux meubles de la couronne. On trouvait dans chaque ville un bal masqué ou paré, où des feux d'artifice. Toute la maison de guerre accompagnait le roi, et toute la maison de service précédait ou suivait. Les tables étaient tenues comme à Saint-Germain. La cour visita dans cette pompe toutes les villes conquises. Les principales dames de Bruxelles, de Gand, venaient voir cette magnificence. Le roi les invitait à sa table; il leur fesait des présents pleins de galanterie. Tous les officiers des troupes en garnison recevaient des gratifications. Il en coûta plusieurs fois quinze cents louis d'or par jour en libéralités.

Tous les honneurs, tous les hommages, étaient pour madame de Montespan, excepté ce que le devoir donnait à la reine. Cependant cette dame n'était pas du secret. Le roi savait distinguer les affaires d'état des plaisirs.

Madame, chargée seule de l'union des deux rois et de la destruction de la Hollande, s'embarqua à Dunkerque sur la flotte du roi d'Angleterre, Charles II, son frère, avec une partie de la cour de France. Elle menait avec elle mademoiselle de Kéroual, depuis duchesse de Portsmouth, dont la beauté égalait celle de madame de Montespan. Elle fut depuis en Angleterre ce que madame de Montespan était en France, mais avec plus de crédit. Le roi Charles fut gouverné par elle jusqu'au dernier moment de sa vie; et, quoique souvent infidèle, il fut toujours maîtrisé. Jamais femme n'a conservé plus long-temps sa beauté; nous lui avons vu, à l'âge de près de soixante et dix ans, une figure encore noble et agréable, que les années n'avaient point flétrie.

Madame alla voir son frère à Cantorbéry, et revint avec la gloire du succès. Elle en jouissait lorsqu'une mort subite et douloureuse l'enleva à l'âge de vingt-six ans, le 30 juin 1670. La cour fut dans une douleur et dans une consternation que le genre de mort augmentait. Cette princesse s'était crue empoisonnée. L'ambassadeur d'Angleterre, Montaigu, en était persuadé ; la cour n'en doutait pas ; et toute l'Europe le disait. Un des anciens domestiques de la maison de son mari m'a nommé celui qui (selon lui) donna le poison. « Cet homme, me disait-il, qui n'était pas « riche, se retira immédiatement après en Norman-« die, où il acheta une terre dans laquelle il vécut « long-temps avec opulence. Ce poison (ajoutait-il) « était de la poudre de diamant mise au lieu de sucre « dans des fraises. » La cour et la ville pensèrent que Madame avait été empoisonnée dans un verre d'eau de chicorée[a], après lequel elle éprouva d'horribles douleurs, et bientôt les convulsions de la mort. Mais la malignité humaine et l'amour de l'extraordinaire furent les seules raisons de cette persuasion générale. Le verre d'eau ne pouvait être empoisonné, puisque madame de La Fayette et une autre personne burent le reste sans ressentir la plus légère incommodité. La poudre de diamant n'est pas plus un venin[b] que la poudre de corail. Il y avait long-temps que Madame était malade d'un abcès qui se formait dans le foie.

---

[a] Voyez l'*Histoire de Madame Henriette d'Angleterre*, par madame la comtesse de La Fayette, page 171, édition de 1742.

[b] Des fragments de diamant et de verre pourraient, par leurs pointes, percer une tunique des entrailles, et la déchirer : mais aussi on ne pourrait les avaler, et on serait averti tout d'un coup du danger par l'excoriation du palais et du gosier. La poudre impalpable ne peut nuire. Les médecins qui ont rangé le diamant au nombre des poisons auraient dû distinguer le diamant réduit en poudre impalpable du diamant grossièrement pilé. — Voyez tome XXIX, page 93. B.

Elle était très malsaine, et même avait accouché d'un enfant absolument pourri. Son mari, trop soupçonné dans l'Europe, ne fut ni avant ni après cet événement accusé d'aucune action qui eût de la noirceur; et on trouve rarement des criminels qui n'aient fait qu'un grand crime. Le genre humain serait trop malheureux s'il était aussi commun de commettre des choses atroces que de les croire.

On prétendit que le chevalier de Lorraine, favori de Monsieur, pour se venger d'un exil et d'une prison que sa conduite coupable auprès de Madame lui avait attirés, s'était porté à cette horrible vengeance. On ne fait pas attention que le chevalier de Lorraine était alors à Rome, et qu'il est bien difficile à un chevalier de Malte de vingt ans, qui est à Rome, d'acheter à Paris la mort d'une grande princesse.

Il n'est que trop vrai qu'une faiblesse et une indiscrétion du vicomte de Turenne avaient été la première cause de toutes ces rumeurs odieuses qu'on se plaît encore à réveiller. Il était à soixante ans l'amant de madame de Coëtquen, et sa dupe, comme il l'avait été de madame de Longueville. Il révéla à cette dame le secret de l'état, qu'on cachait au frère du roi. Madame de Coëtquen, qui aimait le chevalier de Lorraine, le dit à son amant: celui-ci en avertit Monsieur. L'intérieur de la maison de ce prince fut en proie à tout ce qu'ont de plus amer les reproches et les jalousies. Ces troubles éclatèrent avant le voyage de Madame. L'amertume redoubla à son retour. Les emportements de Monsieur, les querelles de ses favoris avec les amis de Madame, remplirent sa maison de confusion et de douleur. Madame, quelque temps avant sa mort, reprochait avec des plaintes douces et attendrissantes, à la marquise de Coëtquen, les malheurs dont elle était cause. Cette dame à genoux auprès de son lit, et arrosant ses mains de larmes, ne lui répondit que par ces vers de *Venceslas* [1] :

> J'allais... j'étais... l'amour a sur moi tant d'empire...
> Je me confonds, *madame*, et ne vous puis rien dire.

Le chevalier de Lorraine, auteur de ces dissensions, fut d'abord envoyé par le roi à Pierre-Encise; le comte de Marsan, de la maison de Lorraine, et le marquis depuis maréchal de Villeroi, furent exilés. Enfin on regarda comme la suite coupable de ces démêlés la mort naturelle de cette malheureuse princesse [2].

---

[1] Acte IV, scène 4. B.

[2] Dans un recueil de pièces extraites du porte-feuille de M. Duclos, et imprimées en 1781, on trouve qu'un maître d'hôtel de Monsieur, nommé Morel, avait commis ce crime; qu'il en fut soupçonné; que Louis XIV le fit amener devant lui; que l'ayant menacé de le livrer à la rigueur des lois s'il ne disait pas la vérité, et lui ayant promis la liberté et la vie s'il avouait tout, Morel avoua *son crime*; que le roi lui ayant demandé si Monsieur était instruit de cet horrible complot, Morel lui répondit : « Non, il n'y aurait point consenti. » M. de Voltaire était instruit de cette anecdote; mais il n'a jamais voulu paraître croire à aucun empoisonnement, à moins qu'il ne fût absolument *impossible d'en nier la réalité*. Dans le même ouvrage que nous venons de citer, on donne pour garant de cette anecdote mademoiselle de La Chausseraie, amie subalterne de madame de Maintenon. On a demandé comment, quarante ans après cet événement, Louis XIV aurait confié des détails si affligeants à se rappeler, à une personne qui n'avait et ne pouvait avoir avec lui aucune liaison intime. Mais mademoiselle de La Chausseraie expliquait elle-même cette difficulté. Elle racontait que se trouvant seule avec le roi chez madame de Maintenon, qui était sortie pour quelques moments, Louis XIV laissa échapper des plaintes sur les malheurs où il s'était vu condamné; elle attribuait ces plaintes aux revers de la guerre de la succession, et cherchait à le consoler. « Non, dit le roi, c'est dans ma

Ce qui confirma le public dans le soupçon de poison, c'est que vers ce temps on commença à connaître ce crime en France. On n'avait point employé cette vengeance des lâches dans les horreurs de la guerre civile. Ce crime, par une fatalité singulière, infecta la France dans le temps de la gloire et des plaisirs qui adoucissaient les mœurs, ainsi qu'il se glissa dans l'ancienne Rome aux plus beaux jours de la république.

Deux Italiens, dont l'un s'appelait Exili, travaillèrent long-temps avec un apothicaire allemand, nommé Glaser[1], à rechercher ce qu'on appelle *la pierre philosophale*. Les deux Italiens y perdirent le peu qu'ils avaient, et voulurent par le crime réparer le

« jeunesse, c'est au milieu de mes succès que j'ai éprouvé les plus grands « malheurs; » et il cita la mort de Madame. Mademoiselle de La Chausseraie répondit par un lieu commun de consolation. « Ah! mademoiselle, dit le « roi, ce n'est point cette mort, ce sont ses affreuses circonstances que je « pleure; » et il se tut. Peu de temps après madame de Maintenon rentra; au bout de quelques moments de silence, le roi s'approcha de mademoiselle de La Chausseraie, et lui dit: « J'ai commis une indiscrétion que je me re- « proche; ce qui m'est échappé a pu vous donner des soupçons contre mon « frère, et ils seraient injustes; je ne puis les dissiper que par une confidence « entière: » et alors il lui raconta ce qu'on vient de lire. Nous avons appris ces détails d'un homme très digne de foi, qui les tient immédiatement des personnes qui avaient avec mademoiselle de La Chausseraie les relations les plus intimes. K.—Le recueil dont il est parlé dans cette note est celui de La Place, qui a pour titre: *Pièces intéressantes et peu connues, pour servir à l'histoire et à la littérature*, par M. D. L. P., 1781, in-12, qui a été réimprimé, et suivi de sept autres volumes dans l'édition de 1785. C'est à la page 208 du tome Ier, que se trouve ce qui concerne Madame Henriette. B.

[1] Ce Glaser est cité comme *apothicaire* empoisonneur, dans une lettre du 22 juillet 1676, de madame de Sévigné à sa fille...... Je ne sais si ce Glaser avait un autre rapport que celui du nom avec Christophe Glaser, qui, après avoir quitté la Suisse, sa patrie, vint à Paris, où il fut pharmacien ordinaire de Louis XIV. CL.

tort de leur folie. Ils vendirent secrètement des poisons. La confession, le plus grand frein de la méchanceté humaine, mais dont on abuse en croyant pouvoir faire des crimes qu'on croit expier; la confession, dis-je, fit connaître au grand pénitencier de Paris, que quelques personnes étaient mortes empoisonnées. Il en donna avis au gouvernement. Les deux Italiens soupçonnés furent mis à la Bastille; l'un des deux y mourut. Exili y resta sans être convaincu; et du fond de sa prison il répandit dans Paris ces funestes secrets qui coûtèrent la vie au lieutenant civil d'Aubrai et à sa famille, et qui firent enfin ériger la chambre des poisons, qu'on nomma *la chambre ardente*.

L'amour fut la première source de ces horribles aventures. Le marquis de Brinvilliers, gendre du lieutenant civil d'Aubrai, logea chez lui Sainte-Croix [a], capitaine de son régiment, d'une trop belle figure. Sa femme lui en fit craindre les conséquences. Le mari s'obstina à faire demeurer ce jeune homme avec sa femme, jeune, belle, et sensible. Ce qui devait arriver arriva : ils s'aimèrent. Le lieutenant civil, père de la marquise, fut assez sévère et assez imprudent pour solliciter une lettre de cachet, et pour faire envoyer à la Bastille le capitaine, qu'il ne fallait envoyer qu'à son régiment. Sainte-Croix fut mis malheureusement dans la chambre où était Exili. Cet Italien lui apprit à se venger : on en sait les suites qui font fré-

---

[a] *L'Histoire de Louis XIV*, sous le nom de La Martinière, le nomme l'abbé de La Croix. Cette histoire, fautive en tout, confond les noms, les dates, et les événements.

mir. La marquise n'attenta point à la vie de son mari, qui avait eu de l'indulgence pour un amour dont lui-même était la cause; mais la fureur de la vengeance la porta à empoisonner son père, ses deux frères, et sa sœur. Au milieu de tant de crimes elle avait de la religion; elle allait souvent à confesse; et même lorsqu'on l'arrêta dans Liége on trouva une confession générale écrite de sa main, qui servit non pas de preuve contre elle, mais de présomption. Il est faux qu'elle eût essayé ses poisons dans les hôpitaux, comme le disait le peuple, et comme il est écrit dans les *Causes célèbres*, ouvrage d'un avocat sans causes [1], et fait pour le peuple; mais il est vrai qu'elle eut, ainsi que Sainte-Croix, des liaisons secrètes avec des personnes accusées depuis des mêmes crimes. Elle fut brûlée, en 1676, après avoir eu la tête tranchée. Mais depuis 1670 qu'Exili avait commencé à faire des poisons, jusqu'en 1680, ce crime infecta Paris. On ne peut dissimuler que Penautier, le receveur général du clergé, ami de cette femme, fut accusé quelque temps après d'avoir mis ses secrets en usage, et qu'il lui en coûta la moitié de son bien pour supprimer les accusations.

La Voisin, la Vigoureux, un prêtre nommé Le Sage, et d'autres, trafiquèrent des secrets d'Exili, sous prétexte d'amuser les ames curieuses et faibles

---

[1] François Gayot de Pitaval, mort en 1743 : voyez, dans le présent volume, la seconde partie du *Supplément au Siècle de Louis XIV*. La Beaumelle prétend que l'expression *avocat sans causes* est un mot usé, et que Voltaire ne l'emploie que parceque Gayot de Pitaval « a donné lieu à l'ingénieux Fréron de découvrir le plagiat de : *Souvent un air de vérité*, etc. » : voyez la pièce de vers qui commence ainsi, tome XIV, et ma note. B.

par des apparitions d'esprits. On crut le crime plus répandu qu'il n'était en effet. La chambre ardente fut établie à l'Arsenal, près de la Bastille, en 1680. Les plus grands seigneurs y furent cités, entre autres deux nièces du cardinal Mazarin[a], la duchesse de Bouillon, et la comtesse de Soissons, mère du prince Eugène.

La duchesse de Bouillon ne fut décrétée que d'ajournement personnel, et n'était accusée que d'une curiosité ridicule trop ordinaire alors, mais qui n'est pas du ressort de la justice. L'ancienne habitude de consulter des devins, de faire tirer son horoscope, de chercher des secrets pour se faire aimer, subsistait encore parmi le peuple, et même chez les premiers du royaume.

Nous avons déjà remarqué[1] qu'à la naissance de Louis XIV on avait fait entrer l'astrologue Morin dans la chambre même de la reine-mère, pour tirer l'horoscope de l'héritier de la couronne. Nous avons vu même le duc d'Orléans, régent du royaume, curieux de cette charlatanerie, qui séduisit toute l'antiquité; et toute la philosophie du célèbre comte de Boulainvilliers ne put jamais le guérir de cette chimère. Elle était bien pardonnable à la duchesse de Bouillon, et à toutes les dames qui eurent les mêmes faiblesses. Le prêtre Le Sage, la Voisin, et la Vigoureux, s'étaient fait un revenu de la curiosité des ignorants qui étaient

---

[a] L'*Histoire de Reboulet* dit « que la duchesse de Bouillon fut décrétée de « prise de corps, et qu'elle parut devant les juges avec tant d'amis, qu'elle « n'avait rien à craindre, quand même elle eût été coupable. » Tout cela est très faux; il n'y eut point de décret de prise de corps contre elle, et alors nuls amis n'auraient pu la soustraire à la justice.

[1] Tome XIX, page 267. B.

en très grand nombre. Ils prédisaient l'avenir; ils fesaient voir le diable. S'ils s'en étaient tenus là, il n'y aurait eu que du ridicule dans eux et dans la chambre ardente.

La Reynie, l'un des présidents de cette chambre, fut assez malavisé pour demander à la duchesse de Bouillon si elle avait vu le diable; elle répondit qu'elle le voyait dans ce moment, qu'il était fort laid et fort vilain, et qu'il était déguisé en conseiller d'état. L'interrogatoire ne fut guère poussé plus loin.

L'affaire de la comtesse de Soissons et du maréchal de Luxembourg fut plus sérieuse. Le Sage, la Voisin, la Vigoureux, et d'autres complices encore, étaient en prison, accusés d'avoir vendu des poisons qu'on appelait *la poudre de succession*; ils chargèrent tous ceux qui les étaient venus consulter. La comtesse de Soissons fut du nombre. Le roi eut la condescendance de dire à cette princesse que, si elle se sentait coupable, il lui conseillait de se retirer. Elle répondit qu'elle était très innocente; mais qu'elle n'aimait pas à être interrogée par la justice. Ensuite elle se retira à Bruxelles, où elle est morte sur la fin de 1708, lorsque le prince Eugène son fils la vengeait par tant de victoires, et triomphait de Louis XIV.

François-Henri de Montmorenci-Boutteville, duc, pair et maréchal de France, qui unissait le grand nom de Montmorenci à celui de la maison impériale de Luxembourg, déjà célèbre en Europe par des actions de grand capitaine, fut dénoncé à la chambre ardente. Un de ses gens d'affaires, nommé Bonard, voulant recouvrer des papiers importants qui étaient perdus, s'adressa au prêtre Le Sage pour les lui faire retrouver. Le Sage commença par exiger de lui qu'il se confessât, et qu'il allât ensuite pendant neuf jours en trois différentes églises, où il réciterait trois psaumes.

Malgré la confession et les psaumes, les papiers ne se retrouvèrent point; ils étaient entre les mains d'une fille nommée Dupin. Bonard, sous les yeux de Le Sage, fit, au nom du maréchal de Luxembourg, une espèce de conjuration par laquelle la Dupin devait devenir impuissante en cas qu'elle ne lui rendît pas les papiers[1] : on ne sait pas trop ce que c'est qu'une fille impuissante. La Dupin ne rendit rien, et n'en eut pas moins d'amants.

Bonard, désespéré, se fit donner un nouveau plein-pouvoir par le maréchal; et entre ce plein-pouvoir et la signature, il se trouva deux lignes d'une écriture différente par lesquelles le maréchal se donnait au diable.

Le Sage, Bonard, la Voisin, la Vigoureux, et plus de quarante accusés ayant été enfermés à la Bastille, Le Sage déposa que le maréchal s'était adressé au diable et à lui pour faire mourir cette Dupin qui n'avait pas voulu rendre les papiers; leurs complices ajoutaient qu'ils avaient assassiné la Dupin par son ordre, qu'ils l'avaient coupée en quartiers, et jetée dans la rivière.

Ces accusations étaient aussi improbables qu'a-

---

[1] Selon une lettre du 27 janvier 1680, de Bussi Rabutin à La Rivière, rapportée par M. Dulaure, volume VII, page 227 de son *Histoire de Paris* (seconde édition), le prêtre Le Sage dit un jour la messe sur le ventre d'une fille toute nue; mais ce n'était pas pour la rendre impuissante. Cl.

troces. Le maréchal devait comparaître devant la cour des pairs; le parlement et les pairs devaient revendiquer le droit de le juger : ils ne le firent pas. L'accusé se rendit lui-même à la Bastille; démarche qui prouvait son innocence sur cet assassinat prétendu.

(1679) Le secrétaire d'état Louvois, qui ne l'aimait pas, le fit enfermer dans une espèce de cachot de six pas et demi de long, où il tomba très malade. On l'interrogea le second jour, et on le laissa ensuite cinq semaines entières sans continuer son procès ; injustice cruelle envers tout particulier, et plus condamnable encore envers un pair du royaume. Il voulut écrire au marquis de Louvois pour s'en plaindre; on ne le lui permit pas : il fut enfin interrogé. On lui demanda s'il n'avait pas donné des bouteilles de vin empoisonnées pour faire mourir le frère de la Dupin et une fille qu'il entretenait.

Il paraissait bien absurde qu'un maréchal de France, qui avait commandé des armées, eût voulu empoisonner un malheureux bourgeois et sa maîtresse, sans pouvoir tirer aucun avantage d'un si grand crime.

Enfin, on lui confronta Le Sage et un autre prêtre nommé d'Avaux, avec lesquels on l'accusait d'avoir fait des sortiléges pour faire périr plus d'une personne.

Tout son malheur venait d'avoir vu une fois Le Sage, et de lui avoir demandé des horoscopes.

Parmi les imputations horribles qui fesaient la base du procès, Le Sage dit que le maréchal, duc de Luxembourg, avait fait un pacte avec le diable, afin de pouvoir marier son fils à la fille du marquis de

Louvois. L'accusé répondit : « Quand Matthieu de « Montmorenci épousa la veuve de Louis-le-Gros, il « ne s'adressa point au diable, mais aux états-géné-« raux, qui déclarèrent que, pour acquérir au roi mi-« neur l'appui des Montmorencis, il fallait faire ce « mariage. »

Cette réponse était fière, et n'était pas d'un coupable. Le procès dura quatorze mois : il n'y eut de jugement ni pour ni contre lui. La Voisin, la Vigoureux, et son frère, le prêtre, qui s'appelait aussi Vigoureux, furent brûlés avec Le Sage à la Grève. Le maréchal de Luxembourg alla quelques jours à la campagne, et revint ensuite à la cour faire les fonctions de capitaine des gardes, sans voir Louvois, et sans que le roi lui parlât de tout ce qui s'était passé.

Nous avons vu [1] comment il eut depuis le commandement des armées qu'il ne demanda pas, et par combien de victoires il imposa silence à ses ennemis.

On peut juger quelles rumeurs affreuses toutes ces accusations excitaient dans Paris. Le supplice du feu, dont la Voisin et ses complices furent punis, mit fin aux recherches et aux crimes. Cette abomination ne fut que le partage de quelques particuliers, et ne corrompit point les mœurs douces de la nation ; mais elle laissa dans les esprits un penchant funeste à soupçonner des morts naturelles d'avoir été violentes.

Ce qu'on avait cru de la destinée malheureuse de madame Henriette d'Angleterre, on le crut ensuite de sa fille, Marie-Louise, qu'on maria, en 1679, au roi d'Espagne Charles II. Cette jeune princesse partit à

[1] Chapitre xvi, tome XIX, page 483 et suiv. B.

regret pour Madrid. Mademoiselle avait souvent dit à Monsieur, frère du roi : « Ne menez pas si souvent « votre fille à la cour ; elle sera trop malheureuse ail- « leurs. » Cette jeune princesse voulait épouser Mon- seigneur. « Je vous fais reine d'Espagne, lui dit le « roi ; que pourrais-je de plus pour ma fille ? — Ah ! « répondit-elle, vous pourriez plus pour votre nièce. » Elle fut enlevée au monde en 1689, au même âge que sa mère. Il passa pour constant que le conseil autri- chien de Charles II voulait se défaire d'elle, parce- qu'elle aimait son pays, et qu'elle pouvait empêcher le roi son mari de se déclarer pour les alliés contre la France[1]. On lui envoya même de Versailles de ce qu'on croit du contre-poison ; précaution très incer- taine, puisque ce qui peut guérir une espèce de mal peut envenimer l'autre, et qu'il n'y a point d'antidote général : le contre-poison prétendu arriva après sa mort. Ceux qui ont lu les Mémoires compilés par le marquis de Dangeau trouveront que le roi dit en soupant : « La reine d'Espagne est morte empoison- « née dans une tourte d'anguille : la comtesse de « Pernits[2], les caméristes Zapata et Nina, qui en ont « mangé après elle, sont mortes du même poison. »

Après avoir lu cette étrange anecdote dans ces Mé- moires manuscrits, qu'on dit faits avec soin par un courtisan qui n'avait presque point quitté Louis XIV

---

[1] On voit, dans les *Mémoires de Saint-Philippe*, qu'on croyait en Espagne qu'elle avait averti Louis XIV de l'impuissance de Charles II, seul secret d'état dont cette reine infortunée pût être instruite. K.

[2] Voyez ma note, tome XIX, page 518. B.

pendant quarante ans, je ne laissai pas d'être encore en doute : je m'informai à d'anciens domestiques du roi, s'il était vrai que ce monarque, toujours retenu dans ses discours, eût jamais prononcé des paroles si imprudentes. Ils m'assurèrent tous que rien n'était plus faux. Je demandai à madame la duchesse de Saint-Pierre, qui arrivait d'Espagne, s'il était vrai que ces trois personnes fussent mortes avec la reine; elle me donna des attestations que toutes trois avaient survécu long-temps à leur maîtresse. Enfin je sus que ces Mémoires du marquis de Dangeau, qu'on regarde comme un monument précieux, n'étaient que des *nouvelles à la main*, écrites quelquefois par un de ses domestiques; et je puis répondre qu'on s'en aperçoit souvent au style, aux inutilités, et aux faussetés dont ce recueil est rempli. Après toutes ces idées funestes, où la mort de Henriette d'Angleterre nous a conduits, il faut revenir aux événements de la cour qui suivirent sa perte.

La princesse palatine lui succéda un an après, et fut mère du duc d'Orléans, régent du royaume. Il fallut qu'elle renonçât au calvinisme pour épouser Monsieur; mais elle conserva toujours pour son ancienne religion un respect secret qu'il est difficile de secouer quand l'enfance l'a imprimé dans le cœur.

L'aventure infortunée d'une fille d'honneur de la reine, en 1673, donna lieu à un nouvel établissement. Ce malheur est connu par le sonnet de l'*Avorton*, dont les vers ont été tant cités :

> Toi que l'amour fit par un crime,
> Et que l'honneur défait par un crime à son tour,

> Funeste ouvrage de l'amour,
> De l'honneur funeste victime... etc.[1]

Les dangers attachés à l'état de fille, dans une cour galante et voluptueuse, déterminèrent à substituer aux douze filles d'honneur, qui embellissaient la cour de la reine, douze dames du palais; et depuis, la maison des reines fut ainsi composée. Cet établissement rendait la cour plus nombreuse et plus magnifique, en y fixant les maris et les parents de ces dames, ce qui augmentait la société, et répandait plus d'opulence.

La princesse de Bavière, épouse de Monseigneur, ajouta, dans les commencements, de l'éclat et de la vivacité à cette cour. La marquise de Montespan attirait toujours l'attention principale; mais enfin elle cessait de plaire, et les emportements altiers de sa douleur ne ramenaient pas un cœur qui s'éloignait. Cependant elle tenait toujours à la cour par une

---

[1] Le sonnet irrégulier de J. Hesnault, dont Voltaire cite le second quatrain, fut fait pour l'accident arrivé à mademoiselle de Guerchy, fille d'honneur de la reine, et maîtresse du duc de Vitry. Sa grossesse, dont elle fesait mystère, la mettant hors d'état d'accompagner la reine dans un voyage, mademoiselle de Guerchy eut recours à une sage-femme, nommée Constantin, qui, dans ses opérations pour la faire avorter, la blessa mortellement. Vitry envoya chercher un confesseur; et dès que le prêtre eut donné l'absolution, l'amant, pour abréger les souffrances de sa maîtresse, lui cassa la tête, puis s'enfuit en Bavière. La Constantin fut pendue en août 1660 (voyez la lettre de Gui Patin, du 12 octobre de cette année). Dans sa lettre du 22 juin 1660, Gui Patin dit: « On fait ici grand bruit de la mort de mademoiselle de Guerchy... Le curé de Saint-Eustache a refusé sépulture au corps de cette dame : on dit qu'on l'a porté dans l'hôtel de Condé, et qu'il y a été mis dans la chaux, afin de le consumer plus tôt, et qu'on n'y puisse rien reconnaître si on venait à la visite. » Vitry obtint sa grace lorsqu'il eut négocié le mariage de Monsieur avec la princesse de Bavière. B.

grande charge, étant surintendante de la maison de la reine; et au roi par ses enfants, par l'habitude, et par son ascendant.

On lui conservait tout l'extérieur de la considération et de l'amitié, qui ne la consolait pas; et le roi, affligé de lui causer des chagrins violents, et entraîné par d'autres goûts, trouvait déjà dans la conversation de madame de Maintenon une douceur qu'il ne goûtait plus auprès de son ancienne maîtresse. Il se sentait à-la-fois partagé entre madame de Montespan, qu'il ne pouvait quitter, mademoiselle de Fontange, qu'il aimait, et madame de Maintenon, de qui l'entretien devenait nécessaire à son ame tourmentée. Ces trois rivales de faveur tenaient toute la cour en suspens. Il paraît assez honorable pour Louis XIV qu'aucune de ces intrigues n'influât sur les affaires générales, et que l'amour, qui troublait la cour, n'ait jamais mis le moindre trouble dans le gouvernement. Rien ne prouve mieux, ce me semble, que Louis XIV avait une ame aussi grande que sensible.

Je croirais même que ces intrigues de cour, étrangères à l'état, ne devraient point entrer dans l'histoire, si le grand siècle de Louis XIV ne rendait tout intéressant, et si le voile de ces mystères n'avait été levé par tant d'historiens, qui, pour la plupart, les ont défigurés.

CHAPITRE XXVII.

Suite des particularités et anecdotes.

La jeunesse, la beauté de mademoiselle de Fontange, un fils qu'elle donna au roi en 1680, le titre de duchesse dont elle fut décorée, écartaient madame de Maintenon de la première place, qu'elle n'osait espérer et qu'elle eut depuis : mais la duchesse de Fontange et son fils moururent en 1681.

La marquise de Montespan n'ayant plus de rivale déclarée, n'en posséda pas plus un cœur fatigué d'elle et de ses murmures. Quand les hommes ne sont plus dans leur jeunesse, ils ont presque tous besoin de la société d'une femme complaisante; le poids des affaires rend surtout cette consolation nécessaire. La nouvelle favorite, madame de Maintenon, qui sentait le pouvoir secret qu'elle acquérait tous les jours, se conduisait avec cet art qui est si naturel aux femmes, et qui ne déplaît pas aux hommes. Elle écrivit un jour à madame de Frontenac, sa cousine, en qui elle avait une entière confiance : « Je le renvoie toujours affligé, « et jamais désespéré. » Dans ce temps où sa faveur croissait, où madame de Montespan touchait à sa chute, ces deux rivales se voyaient tous les jours, tantôt avec une aigreur secrète, tantôt avec une confiance passagère, que la nécessité de se parler et la lassitude de la contrainte mettaient quelquefois dans leurs entretiens[a]. Elles convinrent de faire, chacune de leur côté, des Mémoires de tout ce qui se passait à la cour. L'ouvrage ne fut pas poussé fort loin. Madame de Montespan se plaisait à lire quelque chose de ces mémoires à ses amis, dans les dernières années de sa vie. La dévotion, qui se mêlait à toutes ces intrigues secrètes, affermissait encore la faveur de madame de Maintenon, et éloignait madame de Montespan. Le roi se reprochait son attachement pour une femme mariée, et sentait surtout ce scrupule depuis qu'il ne sentait plus d'amour. Cette situation embarrassante subsista jusqu'en 1685, année mémorable par la révocation de l'édit de Nantes. On voyait alors des scènes bien différentes : d'un côté le désespoir et la fuite d'une partie de la nation; de l'autre, de nouvelles fêtes à Versailles; Trianon et Marli bâtis; la nature forcée dans tous ces lieux de délices, et des jardins où l'art était épuisé. Le mariage du petit-fils du grand Condé avec mademoiselle de Nantes, fille du roi et de madame de Montespan, fut le dernier triomphe de cette maîtresse, qui commençait à se retirer de la cour.

Le roi maria depuis deux enfants qu'il avait eus

---

[a] Les *Mémoires* donnés sous le nom de *madame de Maintenon* rapportent qu'elle dit à madame de Montespan, en parlant de ses rêves : « J'ai rêvé que « nous étions sur le grand escalier de Versailles : je montais, vous descen- « diez : je m'élevais jusqu'aux nues, vous allâtes à Fontevrault. » Ce conte est renouvelé d'après le fameux duc d'Épernon, qui rencontra le cardinal de Richelieu sur l'escalier du Louvre, l'année 1624. Le cardinal lui demanda s'il n'y avait rien de nouveau. « Non, lui dit le duc, sinon que vous montez, « et je descends. » Ce conte est gâté en ajoutant que d'un escalier on s'éleva jusqu'aux nues. Il faut remarquer que dans presque tous les livres d'anecdotes, dans les *ana*, on attribue presque toujours à ceux qu'on fait parler des choses dites un siècle et même plusieurs siècles auparavant.

d'elle : mademoiselle de Blois avec le duc de Chartres, que nous avons vu depuis régent du royaume ; et le duc du Maine à Louise-Bénédicte de Bourbon, petite-fille du grand Condé, et sœur de M. le Duc, princesse célèbre par son esprit et par le goût des arts. Ceux qui ont seulement approché du Palais-Royal et de Sceaux savent combien sont faux tous les bruits populaires recueillis dans tant d'histoires concernant ces mariages[a].

(1685) Avant la célébration du mariage de monsieur le Duc avec mademoiselle de Nantes, le marquis de Seignelai, à cette occasion, donna au roi une fête digne de ce monarque, dans les jardins de Sceaux[1], plantés par Le Nôtre, avec autant de goût que ceux de Versailles. On y exécuta l'idylle de la Paix, composée par Racine. Il y eut dans Versailles un nouveau carrousel, et après le mariage, le roi étala une magnificence singulière, dont le cardinal Mazarin avait donné la première idée en 1656. On établit dans le salon de Marli quatre boutiques remplies de ce que l'industrie des ouvriers de Paris avait produit de plus riche et de plus recherché. Ces quatre boutiques étaient autant de décorations superbes, qui représentaient les quatre saisons de l'année. Madame de Mon-

---

[a] Il y a plus de vingt volumes dans lesquels vous verrez que la maison d'Orléans et la maison de Condé s'indignèrent de ces propositions; vous lirez que la princesse, mère du duc de Chartres, menaça son fils; vous lirez même qu'elle le frappa. Les *Anecdotes de la constitution* rapportent sérieusement que le roi s'étant servi de l'abbé Dubois, sous-précepteur du duc de Chartres, pour faire réussir la négociation, cet abbé n'en vint à bout qu'avec peine, et qu'il demanda pour récompense le chapeau de cardinal. Tout ce qui regarde la cour est écrit ainsi dans beaucoup d'histoires.

[1] Ces jardins n'existent plus. B.

tespan en tenait une avec Monseigneur. Sa rivale, madame de Maintenon, en tenait une autre avec le duc du Maine. Les deux nouveaux mariés avaient chacun la leur ; monsieur le Duc avec madame de Thiange ; et madame la Duchesse, à qui la bienséance ne permettait pas d'en tenir une avec un homme, à cause de sa grande jeunesse, était avec la duchesse de Chevreuse. Les dames et les hommes nommés du voyage tiraient au sort les bijoux dont ces boutiques étaient garnies. Ainsi, le roi fit des présents à toute la cour, d'une manière digne d'un roi. La loterie du cardinal Mazarin fut moins ingénieuse et moins brillante. Ces loteries avaient été mises en usage autrefois par les empereurs romains ; mais aucun d'eux n'en releva la magnificence par tant de galanterie.

Après le mariage de sa fille, madame de Montespan ne reparut plus à la cour. Elle vécut à Paris avec beaucoup de dignité. Elle avait un grand revenu, mais viager ; et le roi lui fit payer toujours une pension de mille louis d'or par mois [1]. Elle allait prendre tous les ans les eaux à Bourbon, et y mariait des filles du voisinage, qu'elle dotait. Elle n'était plus dans l'âge où l'imagination, frappée par de vives impressions, envoie aux carmélites. Elle mourut à Bourbon en 1797.

Un an après le mariage de mademoiselle de Nantes avec monsieur le Duc, mourut à Fontainebleau le prince de Condé, à l'âge de soixante-six ans [2], d'une maladie qui empira par l'effort qu'il fit d'aller voir madame la Duchesse, qui avait la petite-vérole. On

---

[1] Environ vingt mille de nos livres.
[2] Le 11 décembre 1686, comme l'a dit Voltaire, tome XIX, page 8. B.

peut juger par cet empressement, qui lui coûta la vie, s'il avait eu de la répugnance au mariage de son petit-fils avec cette fille du roi et de madame de Montespan, comme l'ont écrit tous ces gazetiers de mensonges, dont la Hollande était alors infectée. On trouve encore dans une *Histoire du prince de Condé* [1], sortie de ces mêmes bureaux d'ignorance et d'imposture, que le roi se plaisait en toute occasion à mortifier ce prince, et qu'au mariage de la princesse de Conti, fille de madame de La Vallière, le secrétaire d'état lui refusa le titre de *haut et puissant seigneur*, comme si ce titre était celui qu'on donne aux princes du sang. L'écrivain qui a composé l'*Histoire de Louis XIV* [2], dans Avignon, en partie sur ces malheureux mémoires, pouvait-il assez ignorer le monde et les usages de notre cour pour rapporter des faussetés pareilles?

Cependant, après le mariage de madame la Duchesse, après l'éclipse totale de la mère, madame de Maintenon, victorieuse, prit un tel ascendant, et inspira à Louis XIV tant de tendresse et de scrupule, que le roi, par le conseil du P. La Chaise, l'épousa secrètement, au mois de janvier 1686, dans une petite chapelle qui était au bout de l'appartement occupé

---

[1] C'est au commencement du septième livre de l'*Histoire de la vie et actions de Louis de Bourbon, prince de Condé*, qui a eu plusieurs éditions, dont l'auteur m'est inconnu, et que la seconde édition de la *Bibliothèque historique de la France*, du P. Lelong (voyez ma note, tome XXX, page 200), attribue, sous le n° 24226, à Pierre Coste. L'ouvrage de P. Coste n'a que cinq livres, et est intitulé: *Histoire de Louis de Bourbon, second du nom, prince de Condé, premier prince du sang, par P****, un volume in-12, qui a eu aussi plusieurs éditions. B.

[2] C'est l'*Histoire du règne de Louis XIV, par Reboulet*, Avignon, 1744, trois volumes in-4°. B.

depuis par le duc de Bourgogne. Il n'y eut aucun contrat, aucune stipulation. L'archevêque de Paris, Harlai de Chanvalon, leur donna la bénédiction ; le confesseur y assista ; Montchevreuil [a] et Bontems, premiers valets de chambre, y furent comme témoins. Il n'est plus permis de supprimer ce fait, rapporté dans tous les auteurs, qui, d'ailleurs, se sont trompés sur les noms, sur le lieu, et sur les dates. Louis XIV était alors dans sa quarante-huitième année, et la personne qu'il épousait, dans sa cinquante-deuxième [1]. Ce prince, comblé de gloire, voulait mêler aux fatigues du gouvernement les douceurs innocentes d'une vie privée : ce mariage ne l'engageait à rien d'indigne de son rang. Il fut toujours problématique à la cour si madame de Maintenon était mariée : on respectait en elle le choix du roi, sans la traiter en reine.

La destinée de cette dame paraît, parmi nous, fort étrange, quoique l'histoire fournisse beaucoup d'exemples de fortunes plus grandes et plus marquées, qui ont eu des commencements plus petits. La marquise de Saint-Sébastien, que le roi de Sardaigne, Victor-Amédée, épousa, n'était pas au-dessus de madame de

---

[a] Et non pas le chevalier de Forbin, comme le disent les *Mémoires de Choisi*. On ne prend pour confidents d'un tel secret que des domestiques affidés, et des hommes attachés par leur service à la personne du roi. Il n'y eut point d'acte de célébration : on n'en fait que pour constater un état ; et il ne s'agissait ici que de ce qu'on appelle un mariage de conscience. Comment peut-on rapporter qu'après la mort de l'archevêque de Paris, Harlai, en 1695, près de dix ans après le mariage, « ses laquais trouvèrent dans ses « vieilles culottes l'acte de célébration ? » Ce conte, qui n'est pas même fait pour des laquais, ne se trouve que dans les *Mémoires de Maintenon*.

[1] Madame de Maintenon, née le 27 novembre 1635, n'était que dans sa cinquante et unième année. B.

Maintenon : l'impératrice de Russie, Catherine, était fort au-dessous ; et la première femme de Jacques II, roi d'Angleterre, lui était bien inférieure, selon les préjugés de l'Europe, inconnus dans le reste du monde.

Elle était d'une ancienne maison, petite-fille de Théodore-Agrippa d'Aubigné, gentilhomme ordinaire de la chambre de Henri IV. Son père, Constant d'Aubigné, ayant voulu faire un établissement à la Caroline, et s'étant adressé aux Anglais, fut mis en prison au château Trompette, et en fut délivré par la fille du gouverneur, nommé Cardillac, gentilhomme bordelais. Constant d'Aubigné épousa sa bienfaitrice en 1627, et la mena à la Caroline. De retour en France avec elle au bout de quelques années, tous deux furent enfermés à Niort en Poitou par ordre de la cour. Ce fut dans cette prison de Niort que naquit en 1635 Françoise d'Aubigné, destinée à éprouver toutes les rigueurs et toutes les faveurs de la fortune. Menée à l'âge de trois ans en Amérique ; laissée par la négligence d'un domestique sur le rivage, prête à y être dévorée d'un serpent, ramenée orpheline, à l'âge de douze ans, élevée avec la plus grande dureté chez madame de Neuillant, mère de la duchesse de Navailles, sa parente, elle fut trop heureuse d'épouser, en 1651, Paul Scarron, qui logeait auprès d'elle dans la rue d'Enfer. Scarron était d'une ancienne famille du parlement, illustrée par de grandes alliances ; mais le burlesque dont il fesait profession l'avilissait en le fesant aimer. Ce fut pourtant une fortune pour mademoiselle d'Aubigné d'épouser cet homme disgracié de la nature, impotent, et qui n'avait qu'un bien très médiocre. Elle fit, avant ce mariage, abjuration de la religion calviniste, qui était la sienne comme celle de ses ancêtres. Sa beauté et son esprit la firent bientôt distinguer. Elle fut recherchée avec empressement de la meilleure compagnie de Paris : et ce temps de sa jeunesse fut sans doute le plus heureux de sa vie[a]. Après la mort de son mari, arrivée en 1660, elle fit long-temps solliciter auprès du roi une petite pension de quinze cents livres, dont Scarron avait joui. Enfin, au bout de quelques années, le roi lui en donna une de deux mille, en lui disant : « Madame, « je vous ai fait attendre long-temps; mais vous avez « tant d'amis que j'ai voulu avoir seul ce mérite au- « près de vous. »

Ce fait m'a été conté par le cardinal de Fleury, qui

---

[a] Il est dit, dans les prétendus *Mémoires de Maintenon*, tome I, page 216, « qu'elle n'eut long-temps qu'un même lit avec la célèbre Ninon Lenclos, « sur les ouï-dire de l'abbé de Châteauneuf et de l'auteur du *Siècle de* « *Louis XIV*. » Mais il ne se trouve pas un mot de cette anecdote chez l'auteur du *Siècle de Louis XIV*, ni dans tout ce qui nous reste de M. l'abbé de Châteauneuf. L'auteur des *Mémoires de Maintenon* ne cite jamais qu'au hasard. Ce fait n'est rapporté que dans les *Mémoires du marquis de La Fare*, page 190, édition de Roterdam. C'était encore la mode de partager son lit avec ses amis; et cette mode, qui ne subsiste plus, était très ancienne, même à la cour. On voit dans l'*Histoire de France* que Charles IX, pour sauver le comte de La Rochefoucauld des massacres de la Saint-Barthélemi, lui proposa de coucher au Louvre dans son lit; et que le duc de Guise et le prince de Condé avaient long-temps couché ensemble.—C'est dans un morceau *Sur Ninon de Lenclos*, publié en 1751 (voyez tome XXXIX, page 404), que Voltaire dit que Ninon et mademoiselle d'Aubigné couchèrent ensemble quelques mois de suite. Dans une note du chant II de la *Henriade*, il est question de la proposition de Charles IX au comte de La Rochefoucauld. Voltaire en reparle encore dans son *Essai sur les guerres civiles*, imprimé dans le tome X, à la suite de la *Henriade*. B.

se plaisait à le rapporter souvent, parcequ'il disait que Louis XIV lui avait fait le même compliment, en lui donnant l'évêché de Fréjus.

Cependant il est prouvé par les lettres mêmes de madame de Maintenon, qu'elle dut à madame de Montespan ce léger secours qui la tira de la misère. On se ressouvint d'elle quelques années après, lorsqu'il fallut élever en secret le duc du Maine, que le roi avait eu, en 1670, de la marquise de Montespan. Ce ne fut certainement qu'en 1672 qu'elle fut choisie pour présider à cette éducation secrète : elle dit dans une de ses lettres : « Si les enfants sont au roi, je le « veux bien; car je ne me chargerais pas sans scru- « pule de ceux de madame de Montespan [1] : ainsi il « faut que le roi me l'ordonne ; voilà mon dernier « mot. » Madame de Montespan n'avait deux enfants qu'en 1672, le duc du Maine et le comte de Vexin. Les dates des lettres de madame de Maintenon, de 1670, dans lesquelles elle parle de ces deux enfants, dont l'un n'était pas encore né, sont donc évidemment fausses. Presque toutes les dates de ces lettres imprimées sont erronées. Cette infidélité pourrait donner de violents soupçons sur l'authenticité de ces lettres, si d'ailleurs on n'y reconnaissait pas un ca-

---

[1] On peut, par vanité, ne point vouloir être gouvernante des enfants d'un particulier, et consentir à élever ceux d'un roi ; mais le mot de scrupule est absurde ; il ne peut rien y avoir de contraire aux principes de la morale à se charger de l'éducation d'un enfant quel qu'il soit. Le bâtard d'un roi et celui d'un particulier sont égaux devant la conscience. Cette lettre prouve que, même avant d'être à la cour, madame de Maintenon savait parler le langage de l'hypocrisie. K.

ractère de naturel et de vérité qu'il est presque impossible de contrefaire [1].

Il n'est pas fort important de savoir en quelle année cette dame fut chargée du soin des enfants naturels de Louis XIV; mais l'attention à ces petites vérités fait voir avec quel scrupule on a écrit les faits principaux de cette histoire.

Le duc du Maine était né avec un pied difforme. Le premier médecin, D'Aquin, qui était dans la confidence, jugea qu'il fallait envoyer l'enfant aux eaux de Barège. On chercha une personne de confiance, qui pût se charger de ce dépôt [a]. Le roi se souvint de madame Scarron. M. de Louvois alla secrètement à Paris lui proposer ce voyage. Elle eut soin depuis ce temps-là de l'éducation du duc du Maine, nommée à cet emploi par le roi, et non point par madame de Montespan, comme on l'a dit. Elle écrivait au roi directement; ses lettres plurent beaucoup. Voilà l'origine de sa fortune : son mérite fit tout le reste.

Le roi, qui ne pouvait d'abord s'accoutumer à elle, passa de l'aversion à la confiance, et de la confiance à l'amour. Les lettres que nous avons d'elle sont un monument bien plus précieux qu'on ne pense : elles découvrent ce mélange de religion et de galanterie, de dignité et de faiblesse, qui se trouve si souvent dans le cœur humain, et qui était dans celui de

---

[1] Voltaire distingue, comme on voit, les *Lettres* des *Mémoires de madame de Maintenon*, fabriqués par La Beaumelle. B.

[a] L'auteur du roman des *Mémoires de madame de Maintenon* lui fait dire à la vue du château Trompette : «Voilà où j'ai été élevée, etc. » Cela est évidemment faux ; elle avait été élevée à Niort.

Louis XIV. Celui de madame de Maintenon paraît à-la-fois plein d'une ambition et d'une dévotion qui ne se combattent jamais. Son confesseur Gobelin approuve également l'une et l'autre; il est directeur et courtisan; sa pénitente, devenue ingrate envers madame de Montespan, se dissimule toujours son tort. Le confesseur nourrit cette illusion : elle fait venir de bonne foi la religion au secours de ses charmes usés, pour supplanter sa bienfaitrice devenue sa rivale.

Ce commerce étrange de tendresse et de scrupule de la part du roi, d'ambition et de dévotion de la part de la nouvelle maîtresse, paraît durer depuis 1681 jusqu'à 1686, qui fut l'époque de leur mariage.

Son élévation ne fut pour elle qu'une retraite. Renfermée dans son appartement, qui était de plain-pied à celui du roi, elle se bornait à une société de deux ou trois dames retirées comme elle; encore les voyait-elle rarement. Le roi venait tous les jours chez elle après son dîner, avant et après le souper, et y demeurait jusqu'à minuit. Il y travaillait avec ses ministres, pendant que madame de Maintenon s'occupait à la lecture, ou à quelque ouvrage des mains, ne s'empressant jamais de parler d'affaires d'état, paraissant souvent les ignorer, rejetant bien loin tout ce qui avait la plus légère apparence d'intrigue et de cabale; beaucoup plus occupée de complaire à celui qui gouvernait que de gouverner, et ménageant son crédit en ne l'employant qu'avec une circonspection extrême. Elle ne profita point de sa place pour faire tomber toutes les dignités et tous les grands emplois dans sa famille. Son frère, le comte d'Aubigné, ancien lieutenant-général, ne fut pas même maréchal de France. Un cordon bleu, et quelques parts secrètes [a] dans les fermes générales, furent sa seule fortune : aussi disait-il au maréchal de Vivonne, frère de madame de Montespan, « qu'il avait eu son bâton de maré- « chal en argent comptant. »

Le marquis de Villette, son neveu, ou son cousin [1], ne fut que chef d'escadre. Madame de Caylus, fille de ce marquis de Villette, n'eut en mariage qu'une pension modique donnée par Louis XIV. Madame de Maintenon, en mariant sa nièce d'Aubigné au fils du premier maréchal de Noailles [b], ne lui donna que deux cent mille francs : le roi fit le reste. Elle n'avait elle-même que la terre de Maintenon, qu'elle avait achetée des bienfaits du roi [2]. Elle voulut que le public lui pardonnât son élévation en faveur de son désintéressement. La seconde femme du marquis de Villette, depuis madame de Bolingbroke, ne put ja-

---

[a] Voyez les Lettres à son frère : « Je vous conjure de vivre commodé- « ment, et de manger les dix-huit mille francs de l'affaire que nous avons « faite : nous en ferons d'autres. »

[1] Philippe de Valois, marquis de Villette Murcay, mort le 25 décembre 1707, à soixante et quinze ans, était fils d'Artemise d'Aubigné, qui était fille de Théodore-Agrippa d'Aubigné, et conséquemment *tante* de madame de Maintenon. Le marquis de Villette, *cousin* de cette dernière, épousa en secondes noces, après 1691, Marie-Claire-Isabelle Deschamps de Marsilly, laquelle, devenue veuve, épousa Bolingbroke. B.

[b] Le compilateur des *Mémoires de madame de Maintenon* dit, tome IV, page 200 : « Rousseau, vipère acharnée contre ses bienfaiteurs, fit des cou- « plets satiriques contre le maréchal de Noailles. » Cela n'est pas vrai : il ne faut calomnier personne. Rousseau, très jeune alors, ne connaissait pas le premier maréchal de Noailles. Les chansons satiriques dont il parle étaient d'un gentilhomme nommé de Cabanac, qui les avouait hautement.

[2] Voyez, dans ce volume, la troisième partie du *Supplément au Siècle de Louis XIV*. B.

mais rien obtenir d'elle. Je lui ai souvent entendu dire qu'elle avait reproché à sa cousine le peu qu'elle fesait pour sa famille, et qu'elle lui avait dit en colère : « Vous voulez jouir de votre modération, et « que votre famille en soit la victime. » Madame de Maintenon oubliait tout quand elle craignait de choquer les sentiments de Louis XIV. Elle n'osa pas même soutenir le cardinal de Noailles contre le P. Le Tellier. Elle avait beaucoup d'amitié pour Racine ; mais cette amitié ne fut pas assez courageuse pour le protéger contre un léger ressentiment du roi. Un jour, touchée de l'éloquence avec laquelle il lui avait parlé de la misère du peuple, en 1698, misère toujours exagérée, mais qui fut portée réellement depuis jusqu'à une extrémité déplorable, elle engagea son ami à faire un mémoire, qui montrât le mal et le remède. Le roi le lut ; et en ayant témoigné du chagrin, elle eut la faiblesse d'en nommer l'auteur, et celle de ne le pas défendre. Racine, plus faible encore, fut pénétré d'une douleur qui le mit depuis au tombeau [a].

Du même fonds de caractère dont elle était incapable de rendre service, elle l'était aussi de nuire. L'abbé de Choisi rapporte que le ministre Louvois s'était jeté aux pieds de Louis XIV pour l'empêcher d'épouser la veuve Scarron. Si l'abbé de Choisi savait ce fait, madame de Maintenon en était instruite, et non seulement elle pardonna à ce ministre, mais elle apaisa le roi dans les mouvements de colère que l'hu-

[a] Ce fait a été rapporté par le fils de l'illustre Racine, dans la Vie de son père.

meur brusque du marquis de Louvois inspirait quelquefois à son maître[a].

Louis XIV, en épousant madame de Maintenon, ne se donna donc qu'une compagne agréable et soumise. La seule distinction publique qui fesait sentir son élévation secrète, c'est qu'à la messe elle occupait une de ces petites tribunes ou lanternes dorées, qui ne semblaient faites que pour le roi et la reine. D'ailleurs, nul extérieur de grandeur. La dévotion qu'elle avait inspirée au roi, et qui avait servi à son

---

[a] Qui croirait que, dans les *Mémoires de madame de Maintenon*, tome III, page 273, il est dit que ce ministre craignait que le roi ne l'empoisonnât? Il est bien étrange qu'on débite à Paris des horreurs si insensées, à la suite de tant de contes ridicules.

Cette sottise atroce est fondée sur un bruit populaire qui courut à la mort du marquis de Louvois. Ce ministre prenait des eaux (de Balaruc) que Séron, son médecin, lui avait ordonnées, et que La Ligerie, son chirurgien, lui fesait boire. C'est ce même La Ligerie qui a donné au public le remède qu'on nomme aujourd'hui *la poudre des Chartreux*. Ce La Ligerie m'a souvent dit qu'il avait averti M. de Louvois qu'il risquait sa vie s'il travaillait en prenant des eaux. Le ministre continua son travail: il mourut presque subitement le 16 juillet 1691, et non pas en 1692, comme le dit l'auteur des *faux Mémoires*. La Ligerie l'ouvrit, et ne trouva d'autre cause de sa mort que celle qu'il avait prédite. On s'avisa de soupçonner le médecin Séron d'avoir empoisonné une bouteille de ces eaux. Nous avons vu combien ces funestes soupçons étaient alors communs. On prétendit qu'un prince voisin (Victor-Amédée, duc de Savoie), que Louvois avait extrêmement irrité et maltraité, avait gagné le médecin Séron. On trouve une partie de ces anecdotes dans les *Mémoires du marquis de La Fare*, chapitre x. La famille même de Louvois fit mettre en prison un Savoyard qui frottait dans la maison; mais ce pauvre homme très innocent fut bientôt relâché. Or, si l'on soupçonna, quoique très mal à propos, un prince ennemi de la France d'avoir voulu attenter à la vie d'un ministre de Louis XIV, ce n'était pas certainement une raison pour en soupçonner Louis XIV lui-même.

Le même auteur, qui, dans les *Mémoires de Maintenon*, a rassemblé tant de faussetés, prétend, au même endroit, que le roi dit « qu'il avait été dé-« fait la même année de trois hommes qu'il ne pouvait souffrir, le maréchal « de La Feuillade, le marquis de Seignelai, et le marquis de Louvois. » Pre-

mariage, devint peu-à-peu un sentiment vrai et profond, que l'âge et l'ennui fortifièrent. Elle s'était déjà donné, à la cour et auprès du roi, la considération d'une fondatrice, en rassemblant à Noisi plusieurs filles de qualité; et le roi avait affecté déjà les revenus de l'abbaye de Saint-Denys à cette communauté naissante. Saint-Cyr fut bâti au bout du parc de Versailles, en 1686. Elle donna alors à cet établissement toute sa forme, en fit les réglements avec Godet Desmarets, évêque de Chartres, et fut elle-

mièrement, M. de Seignelai ne mourut point la même année 1691, mais en 1690. En second lieu, à qui Louis XIV, qui s'exprimait toujours avec circonspection et en honnête homme, a-t-il dit des paroles si imprudentes et si odieuses? à qui a-t-il développé une ame si ingrate et si dure? à qui a-t-il pu dire qu'il était bien aise d'être défait de trois hommes qui l'avaient servi avec le plus grand zèle? Est-il permis de calomnier ainsi, sans la plus légère preuve, sans la moindre vraisemblance, la mémoire d'un roi connu pour avoir toujours parlé sagement? Tout lecteur sensé ne voit qu'avec indignation ces recueils d'impostures, dont le public est surchargé; et l'auteur des *Mémoires de Maintenon* mériterait d'être châtié, si le mépris dont il abuse ne le sauvait de la punition. — On a prétendu que ce médecin Séron était mort empoisonné lui-même peu de temps après, et qu'on l'avait entendu répéter plus d'une fois pendant son agonie : « Je n'ai que ce que j'ai mérité. » Ces bruits sont dénués de preuves; et si le prince qui en était l'objet eut souvent une politique artificieuse, jamais il ne fut accusé d'aucun crime particulier. Mais la crainte d'être empoisonné par l'ordre du roi, que La Beaumelle attribue à Louvois, est une véritable absurdité. Louis XIV était fatigué du caractère dur et impérieux de Louvois; et l'ascendant qu'il avait laissé prendre à ce ministre lui était devenu insupportable. L'indignation que les violences ordonnées par Louvois, et surtout le deuxième incendie du Palatinat, avaient excitée en Europe contre Louis XIV, lui avaient rendu odieux un ministre dont les conseils le fesaient haïr. On a dit aussi que Louis XIV avait promis à Louvois, confident de son mariage, de ne jamais reconnaître madame de Maintenon pour reine; qu'il eut la faiblesse de vouloir oublier sa parole, et que Louvois la lui rappela avec une fermeté et une hauteur que ni le roi ni madame de Maintenon ne purent lui pardonner. Le chagrin et l'excès du travail accélérèrent sa mort. K.

même supérieure de ce couvent. Elle y allait souvent passer quelques heures ; et quand je dis que l'ennui la déterminait à ces occupations, je ne parle que d'après elle. Qu'on lise ce qu'elle écrivait à madame de La Maisonfort, dont il est parlé dans le chapitre du Quiétisme.

« Que ne puis-je vous donner mon expérience ! que « ne puis-je vous faire voir l'ennui qui dévore les « grands, et la peine qu'ils ont à remplir leurs jour- « nées ! Ne voyez-vous pas que je meurs de tristesse, « dans une fortune qu'on aurait eu peine à imaginer ? « J'ai été jeune et jolie ; j'ai goûté les plaisirs ; j'ai été « aimée partout. Dans un âge plus avancé, j'ai passé « des années dans le commerce de l'esprit ; je suis « venue à la faveur, et je vous proteste, ma chère fille, « que tous les états laissent un vide affreux[a]. »

Si quelque chose pouvait détromper de l'ambition, ce serait assurément cette lettre. Madame de Maintenon, qui pourtant n'avait d'autre chagrin que l'uniformité de sa vie auprès d'un grand roi[1], disait un jour au comte d'Aubigné son frère : « Je n'y peux plus « tenir, je voudrais être morte. » On sait quelle réponse il lui fit : « Vous avez donc parole d'épouser « Dieu le père ? »

A la mort du roi, elle se retira entièrement à Saint-Cyr. Ce qui peut surprendre, c'est que le roi ne lui avait presque rien assuré. Il la recommanda seule-

---

[a] Cette lettre est authentique, et l'auteur l'avait déjà vue en manuscrit avant que le fils du grand Racine l'eût fait imprimer.

[1] Voyez, dans ce volume, le *Supplément au Siècle de Louis XIV*, troisième partie. B.

ment au duc d'Orléans. Elle ne voulut qu'une pension de quatre-vingt mille livres, qui lui fut exactement payée jusqu'à sa mort, arrivée en 1719, le 15 d'avril. On a trop affecté d'oublier dans son épitaphe le nom de Scarron : ce nom n'est point avilissant, et l'omission ne sert qu'à faire penser qu'il peut l'être.

La cour fut moins vive et plus sérieuse, depuis que le roi commença à mener avec madame de Maintenon une vie plus retirée; et la maladie considérable qu'il eut en 1686 contribua encore à lui ôter le goût de ces fêtes galantes qui avaient jusque-là signalé presque toutes ses années. Il fut attaqué d'une fistule dans le dernier des intestins. L'art de la chirurgie, qui fit sous ce règne plus de progrès en France que dans tout le reste de l'Europe, n'était pas encore familiarisé avec cette maladie. Le cardinal de Richelieu en était mort, faute d'avoir été bien traité. Le danger du roi émut toute la France. Les églises furent remplies d'un peuple innombrable, qui demandait la guérison de son roi, les larmes aux yeux. Ce mouvement d'un attendrissement général fut presque semblable à ce que nous avons vu, lorsque son successeur[1] fut en danger de mort à Metz, en 1744. Ces deux époques apprendront à jamais aux rois ce qu'ils doivent à une nation qui sait aimer ainsi.

Dès que Louis XIV ressentit les premières atteintes de ce mal, son premier chirurgien Félix alla dans les hôpitaux chercher des malades qui fussent dans le même péril : il consulta les meilleurs chirurgiens; il

---

[1] Voyez, tome XXI, le chapitre XII du *Précis du Siècle de Louis XV*. B.

inventa avec eux des instruments qui abrégeaient l'opération, et qui la rendaient moins douloureuse. Le roi la souffrit sans se plaindre. Il fit travailler ses ministres auprès de son lit le jour même; et, afin que la nouvelle de son danger ne fît aucun changement dans les cours de l'Europe, il donna audience le lendemain aux ambassadeurs. A ce courage d'esprit se joignait la magnanimité avec laquelle il récompensa Félix; il lui donna une terre qui valait alors plus de cinquante mille écus.

Depuis ce temps le roi n'alla plus aux spectacles. La dauphine de Bavière, devenue mélancolique et attaquée d'une maladie de langueur qui la fit enfin mourir en 1690, se refusa à tous les plaisirs, et resta obstinément dans son appartement. Elle aimait les lettres; elle avait même fait des vers; mais dans sa mélancolie, elle n'aimait plus que la solitude.

Ce fut le couvent de Saint-Cyr qui ranima le goût des choses d'esprit. Madame de Maintenon pria Racine, qui avait renoncé au théâtre pour le jansénisme et pour la cour, de faire une tragédie qui pût être représentée par ses élèves. Elle voulut un sujet tiré de la *Bible*. Racine composa *Esther*. Cette pièce, ayant d'abord été jouée dans la maison de Saint-Cyr, le fut ensuite plusieurs fois à Versailles devant le roi, dans l'hiver de 1689. Des prélats, des jésuites, s'empressaient d'obtenir la permission de voir ce singulier spectacle. Il paraît remarquable que cette pièce eut alors un succès universel; et que deux ans après, *Athalie*, jouée par les mêmes personnes, n'en eut aucun. Ce fut tout le contraire quand on joua ces pièces à Paris, long-temps après la mort de l'auteur, et après le temps des partialités. *Athalie*, représentée en 1717, fut reçue comme elle devait l'être, avec transport; et *Esther*, en 1721, n'inspira que de la froideur, et ne reparut plus. Mais alors il n'y avait plus de courtisans qui reconnussent avec flatterie Esther dans madame de Maintenon, et avec malignité Vasthi dans madame de Montespan, Aman dans M. de Louvois, et surtout les huguenots persécutés par ce ministre dans la proscription des Hébreux. Le public impartial ne vit qu'une aventure sans intérêt et sans vraisemblance; un roi insensé, qui a passé six mois avec sa femme sans savoir, sans s'informer même qui elle est; un ministre assez ridiculement barbare pour demander au roi qu'il extermine toute une nation, vieillards, femmes, enfants, parcequ'on ne lui a pas fait la révérence; ce même ministre assez bête pour signifier l'ordre de tuer tous les Juifs dans onze mois, afin de leur donner apparemment le temps d'échapper ou de se défendre; un roi imbécile qui, sans prétexte, signe cet ordre ridicule, et qui, sans prétexte, fait pendre subitement son favori : tout cela, sans intrigue, sans action, sans intérêt, déplut beaucoup à quiconque avait du sens et du goût[a]. Mais, malgré

---

[a] Il est dit, dans les *Mémoires de Maintenon*, que Racine, voyant le mauvais succès d'*Esther* dans le public, s'écria : « Pourquoi m'y suis-je exposé ? pourquoi m'a-t-on détourné de me faire chartreux ? Mille louis le consolèrent. »

1° Il est faux qu'*Esther* fût alors mal reçue.

2° Il est faux et impossible que Racine ait dit qu'on l'avait empêché alors de se faire chartreux, puisque sa femme vivait. L'auteur, qui a tout écrit au hasard et tout confondu, devait consulter les *Mémoires sur la vie de Jean Ra-*

le vice du sujet, trente vers d'*Esther* valent mieux que beaucoup de tragédies qui ont eu de grands succès[1].

Ces amusements ingénieux recommencèrent pour l'éducation d'Adélaïde de Savoie, duchesse de Bourgogne, amenée en France à l'âge de onze ans.

C'est une des contradictions de nos mœurs, que, d'un côté, on ait laissé un reste d'infamie attaché aux spectacles publics, et que, de l'autre, on ait regardé ces représentations comme l'exercice le plus noble et le plus digne des personnes royales. On éleva un petit théâtre dans l'appartement de madame de Maintenon. La duchesse de Bourgogne, le duc d'Orléans, y jouaient avec les personnes de la cour qui avaient le plus de talents. Le fameux acteur Baron leur donnait des leçons, et jouait avec eux. La plupart des tragédies de Duché, valet de chambre du roi, furent composées pour ce théâtre; et l'abbé Genest, aumônier de la duchesse d'Orléans, en fesait pour la duchesse du Maine, que cette princesse et sa cour représentaient.

---

cine, par Louis Racine, son fils; il y aurait vu que Jean Racine voulait se faire chartreux avant son mariage.

3° Il est faux que le roi lui eût donné alors mille louis. Cette fausseté est encore prouvée par les mêmes Mémoires. Le roi lui fit présent d'une charge de gentilhomme ordinaire de sa chambre, en 1690, après la représentation d'*Athalie*, à Versailles. Ces minuties acquièrent quelque importance quand il s'agit d'un aussi grand homme que Racine. Les fausses anecdotes sur ceux qui illustrèrent le beau siècle de Louis XIV sont répétées dans tant de livres ridicules, et ces livres sont en si grand nombre, tant de lecteurs oisifs et mal instruits prennent ces contes pour des vérités, qu'on ne peut trop les prémunir contre tous ces mensonges. Et si l'on dément souvent l'auteur des *Mémoires de Maintenon*, c'est que jamais auteur n'a plus menti que lui.

[1] Cette phrase est de 1751, et me paraît dirigée contre Crébillon. B.

Ces occupations formaient l'esprit, et animaient la société^a.

Aucun de ceux qui ont trop censuré Louis XIV ne peut disconvenir qu'il ne fût, jusqu'à la journée d'Hochstedt, le seul puissant, le seul magnifique, le seul grand, presque en tout genre. Car, quoiqu'il y eût des héros, comme Jean Sobieski et des rois de Suède, qui effaçassent en lui le guerrier, personne n'effaça le monarque. Il faut avouer encore qu'il soutint ses malheurs, et qu'il les répara. Il a eu des défauts, il a fait de grandes fautes; mais ceux qui le condamnent l'auraient-ils égalé s'ils avaient été à sa place?

La duchesse de Bourgogne croissait en graces et en mérite. Les éloges qu'on donnait à sa sœur, en Espagne, lui inspirèrent une émulation qui redoubla en elle le talent de plaire. Ce n'était pas une beauté parfaite; mais elle avait le regard tel que son fils [1], un grand air, une taille noble. Ces avantages étaient embellis par son esprit, et plus encore par l'envie extrême de mériter les suffrages de tout le monde. Elle

---

^a Comment le marquis de La Fare peut-il dire dans ses Mémoires que « depuis la mort de Madame ce ne fut que jeu, confusion, et impolitesse? » On jouait beaucoup dans les voyages de Marli et de Fontainebleau, mais jamais chez madame de Maintenon; et la cour fut en tout temps le modèle de la plus parfaite politesse. La duchesse d'Orléans, alors duchesse de Chartres, la princesse de Conti, madame la Duchesse, démentaient bien ce que le marquis de La Fare avance. Cet homme, qui dans le commerce était de la plus grande indulgence, n'a presque écrit qu'une satire. Il était mécontent du gouvernement: il passait sa vie dans une société qui se fesait un mérite de condamner la cour; et cette société fit d'un homme très aimable un historien quelquefois injuste.

[1] Louis XV. Cette phrase existe dès 1751. B.

était, comme Henriette d'Angleterre, l'idole et le modèle de la cour, avec un plus haut rang : elle touchait au trône : la France attendait du duc de Bourgogne un gouvernement tel que les sages de l'antiquité en imaginèrent, mais dont l'austérité serait tempérée par les graces de cette princesse, plus faites encore pour être senties que la philosophie de son époux. Le monde sait comme toutes ces espérances furent trompées. Ce fut le sort de Louis XIV, de voir périr en France toute sa famille [1], par des morts prématurées; sa femme à quarante-cinq ans; son fils unique à cinquante [2]; et un an après que nous eûmes perdu son fils, nous vîmes son petit-fils, le dauphin duc de Bourgogne, la dauphine sa femme, leur fils aîné, le duc de Bretagne, portés à Saint-Denys, au même tombeau, au mois d'avril 1712; tandis que le dernier de leurs enfants, monté depuis sur le trône, était

---

[1] Louis XIV allait à la chasse le jour qu'il avait perdu quelqu'un de ses enfants, a dit Voltaire : voyez tome XXXVII, page 61. B.

[2] L'auteur des *Mémoires de madame de Maintenon*, tome IV, dans un chapitre intitulé : *Mademoiselle Chouin*, dit que « Monseigneur fut amoureux « d'une de ses propres sœurs, et qu'il épousa ensuite mademoiselle Chouin. » Ces contes populaires sont reconnus pour faux chez tous les honnêtes gens. Il faudrait être non seulement contemporain, mais être muni de preuves, pour avancer de telles anecdotes. Il n'y a jamais eu le moindre indice que Monseigneur eût épousé mademoiselle Chouin. Renouveler ainsi, au bout de soixante ans, des bruits de ville si vagues, si peu vraisemblables, si décriés, ce n'est point écrire l'histoire, c'est compiler au hasard des scandales pour gagner de l'argent. Sur quel fondement cet écrivain a-t-il le front d'avancer, page 244, que madame la duchesse de Bourgogne dit au prince son époux : « Si j'étais morte, auriez-vous fait le troisième tome de votre fa-« mille ? » Il fait parler Louis XIV, tous les princes, tous les ministres, comme s'il les avait écoutés. On trouve peu de pages dans ces Mémoires qui ne soient remplies de ces mensonges hardis qui soulèvent tous les honnêtes gens.

dans son berceau aux portes de la mort. Le duc de Berri, frère du duc de Bourgogne, les suivit deux ans après; et sa fille, dans le même temps, passa du berceau au cercueil.

Ce temps de désolation laissa dans les cœurs une impression si profonde, que, dans la minorité de Louis XV, j'ai vu plusieurs personnes qui ne parlaient de ces pertes qu'en versant des larmes. Le plus à plaindre de tous les hommes, au milieu de tant de morts précipitées, était celui qui semblait devoir hériter bientôt du royaume.

Ces mêmes soupçons qu'on avait eus à la mort de Madame et à celle de Marie-Louise, reine d'Espagne, se réveillèrent avec une fureur singulière. L'excès de la douleur publique aurait presque excusé la calomnie, si elle avait été excusable. Il y avait du délire à penser qu'on eût pu faire périr par un crime tant de personnes royales, en laissant vivre le seul qui pouvait les venger. La maladie qui emporta le dauphin duc de Bourgogne, sa femme et son fils, était une rougeole pourprée épidémique. Ce mal fit périr à Paris, en moins d'un mois, plus de cinq cents personnes. M. le duc de Bourbon, petit-fils du prince de Condé, le duc de La Trimouille, madame de La Vrillière, madame de Listenai, en furent attaqués à la cour. Le marquis de Gondrin, fils du duc d'Antin, en mourut en deux jours. Sa femme, depuis comtesse de Toulouse, fut à l'agonie. Cette maladie parcourut toute la France. Elle fit périr en Lorraine les aînés de ce duc de Lorraine, François, destiné à être un jour empereur, et à relever la maison d'Autriche.

Cependant, ce fut assez qu'un médecin, nommé Boudin, homme de plaisir, hardi et ignorant, eût proféré ces paroles : « Nous n'entendons rien à de pareilles maladies; » c'en fut assez, dis-je, pour que la calomnie n'eût point de frein.

Philippe, duc d'Orléans, neveu de Louis XIV, avait un laboratoire, et étudiait la chimie, ainsi que beaucoup d'autres arts : c'était une preuve sans réplique. Le cri public était affreux; il faut en avoir été témoin pour le croire. Plusieurs écrits et quelques malheureuses histoires de Louis XIV éterniseraient les soupçons, si des hommes instruits ne prenaient soin de les détruire. J'ose dire que, frappé de tout temps de l'injustice des hommes, j'ai fait bien des recherches pour savoir la vérité. Voici ce que m'a répété plusieurs fois le marquis de Canillac[1], l'un des plus honnêtes hommes du royaume, intimement attaché à ce prince soupçonné, dont il eut depuis beaucoup à se plaindre. Le marquis de Canillac, au milieu de cette clameur publique, va le voir dans son palais. Il le trouve étendu à terre, versant des larmes, aliéné par le désespoir. Son chimiste, Homberg[2], court se rendre à la Bastille, pour se constituer prisonnier; mais on n'avait point d'ordre de le recevoir; on le refuse. Le prince (qui le croirait?) demande lui-même, dans l'excès de sa dou-

---

[1] Le récit du marquis de Canillac ne prouve ni de près, ni de loin, l'innocence du duc d'Orléans. L. — Ce fut pour cette note que La Beaumelle fut mis à la Bastille : voyez ci-après ma Préface du *Supplément*. B.

[2] Voltaire a écrit *Humbert*. Guillaume Homberg, né à Batavia, le 3 janvier 1652, mort le 24 septembre 1715, était de l'académie des sciences, où Fontenelle a fait son *Éloge*. C'est du même Homberg que Voltaire parle dans ses lettres à Moussinot de juin et juillet 1737. B.

leur, à être mis en prison; il veut que des formes juridiques éclaircissent son innocence; sa mère demande avec lui cette justification cruelle. La lettre de cachet s'expédie; mais elle n'est point signée; et le marquis de Canillac, dans cette émotion d'esprit, conserva seul assez de sang froid pour sentir les conséquences d'une démarche si désespérée. Il fit que la mère du prince s'opposa à cette lettre de cachet ignominieuse. Le monarque qui l'accordait, et son neveu, qui la demandait, étaient également malheureux[a].

[a] L'auteur de la *Vie du duc d'Orléans* est le premier qui ait parlé de ces soupçons atroces: c'était un jésuite nommé La Motte, le même qui prêcha à Rouen contre ce prince pendant sa régence, et qui se réfugia ensuite en Hollande sous le nom de La Hode. Il était instruit de quelques faits publics. Il dit, tome I, page 112, que « le prince, si injustement soupçonné, demanda « à se constituer prisonnier; » et ce fait est très vrai. Ce jésuite n'était pas à portée de savoir comment M. de Canillac s'opposa à cette démarche trop injurieuse à l'innocence du prince. Toutes les autres anecdotes qu'il rapporte sont fausses. Reboulet, qui l'a copié, dit après lui, page 143, tome VIII, que « le dernier enfant du duc et de la duchesse de Bourgogne fut sauvé par du « contre-poison de Venise. » Il n'y a point de contre-poison de Venise qu'on donne ainsi au hasard. La médecine ne connait point d'antidotes généraux qui puissent guérir un mal dont on ne connaît point la source. Tous les contes qu'on a répandus dans le public en ces temps malheureux ne sont qu'un amas d'erreurs populaires.

C'est une fausseté de peu de conséquence dans le compilateur des *Mémoires de madame de Maintenon*, de dire que « le duc du Maine fut alors à « l'agonie; » c'est une calomnie puérile de dire que « l'auteur du *Siècle de* « *Louis XIV* accrédite ces bruits plus qu'il ne les détruit. »

Jamais l'histoire n'a été déshonorée par de plus absurdes mensonges que dans ces prétendus Mémoires. L'auteur feint de les écrire en 1753. Il s'avise d'imaginer que le duc et la duchesse de Bourgogne, et leur fils aîné, moururent de la petite-vérole; il avance cette fausseté pour se donner un prétexte de parler de l'inoculation qu'on a faite au mois de mai 1756. Ainsi, dans la même page, il se trouve qu'il parle, en 1753, de ce qui est arrivé en 1756.

La littérature a été infectée de tant de sortes d'écrits calomnieux, ou dé-

CHAPITRE XXVIII.

Suite des anecdotes.

Louis XIV dévorait sa douleur en public; il se laissa voir à l'ordinaire; mais, en secret, les ressentiments de tant de malheurs le pénétraient, et lui donnaient des convulsions. Il éprouvait toutes ces pertes domestiques à la suite d'une guerre malheureuse, avant qu'il fût assuré de la paix, et dans un temps où la misère désolait le royaume. On ne le vit pas succomber un moment à ses afflictions.

Le reste de sa vie fut triste. Le dérangement des finances, auquel il ne put remédier, aliéna les cœurs. Sa confiance entière pour le jésuite Le Tellier, homme trop violent, acheva de les révolter. C'est une chose très remarquable que le public, qui lui pardonna toutes ses maîtresses, ne lui pardonna pas son confesseur. Il perdit, les trois dernières années de sa vie, dans l'esprit de la plupart de ses sujets, tout ce qu'il avait fait de grand et de mémorable.

Privé de presque tous ses enfants, sa tendresse, qui redoublait pour le duc du Maine et pour le comte de Toulouse, ses fils légitimés, le porta à les déclarer héritiers de la couronne, eux et leurs descendants, au défaut des princes du sang, par un édit qui fut enre-

---

bité en Hollande tant de faux Mémoires, tant d'impostures sur le gouvernement et sur les citoyens, que c'est un devoir de précautionner les lecteurs contre cette foule de libelles.

gistré sans aucune remontrance, en 1714. Il tempérait ainsi, par la loi naturelle, la sévérité des lois de convention, qui privent les enfants nés hors du mariage de tous droits à la succession paternelle. Les rois dispensent de cette loi. Il crut pouvoir faire pour son sang ce qu'il avait fait en faveur de plusieurs de ses sujets. Il crut surtout pouvoir établir pour deux de ses enfants ce qu'il avait fait passer au parlement, sans opposition, pour les princes de la maison de Lorraine. Il égala ensuite le rang de ses bâtards à celui des princes du sang, en 1715[1]. Le procès que les princes du sang intentèrent depuis aux princes légitimés est connu[2]. Ceux-ci ont conservé, pour leurs personnes et pour leurs enfants, les honneurs donnés par Louis XIV. Ce qui regarde leur postérité dépendra du temps, du mérite, et de la fortune.

Louis XIV fut attaqué, vers le milieu du mois d'août 1715, au retour de Marli, de la maladie qui termina ses jours. Ses jambes s'enflèrent; la gangrène commença à se manifester. Le comte de Stair, ambassadeur d'Angleterre, paria, selon le génie de sa nation, que le roi ne passerait pas le mois de septembre. Le duc d'Orléans, qui, au voyage de Marli, avait été absolument seul, eut alors toute la cour auprès de sa personne. Un empirique, dans les derniers jours de la maladie du roi, lui donna un élixir qui ra-

---

[1] La déclaration de Louis XIV est du 23 mai 1715. Elle accorde aux princes légitimés les titre et qualité de princes du sang. Un édit de 1714 leur donnait le droit de succéder à la couronne après les princes du sang. B.
[2] Voyez tome XXII, page 286. B.

nima ses forces. Il mangea, et l'empirique assura qu'il guérirait. La foule qui entourait le duc d'Orléans diminua dans le moment. « Si le roi mange une seconde « fois, dit le duc d'Orléans, nous n'aurons plus per- « sonne. » Mais la maladie était mortelle. Les mesures étaient prises pour donner la régence absolue au duc d'Orléans. Le roi ne la lui avait laissée que très limitée par son testament, déposé au parlement; ou plutôt il ne l'avait établi que chef d'un conseil de régence, dans lequel il n'aurait eu que la voix prépondérante. Cependant il lui dit : « Je vous ai conservé tous les droits « que vous donne votre naissance [a]. » C'est qu'il ne croyait pas qu'il y eût de loi fondamentale qui donnât, dans une minorité, un pouvoir sans bornes à l'héritier présomptif du royaume [1]. Cette autorité suprême, dont on peut abuser, est dangereuse; mais l'autorité partagée l'est encore davantage. Il crut qu'ayant été si bien obéi pendant sa vie, il le serait après sa mort, et ne se souvenait pas qu'on avait cassé le testament de son père [2].

(1er septembre 1715) D'ailleurs personne n'ignore

---

[a] Les *Mémoires de madame de Maintenon*, tome V, page 194, disent que Louis XIV voulut faire le duc du Maine lieutenant-général du royaume. Il faut avoir des garants authentiques pour avancer une chose aussi extraordinaire et aussi importante. Le duc du Maine eût été au-dessus du duc d'Orléans : c'eût été tout bouleverser; aussi le fait est-il faux.

[1] Cette loi fondamentale n'exista jamais. M. de Voltaire voudrait absolument que le Français fût esclave. L.

[2] Le maréchal de Berwick dit, dans ses *Mémoires*, qu'il tient de la reine d'Angleterre que cette princesse ayant félicité Louis XIV sur la sagesse de son testament: « On a voulu absolument que je le fisse, répondit-il; mais « dès que je serai mort, il n'en sera ni plus ni moins. » K.

avec quelle grandeur d'ame il vit approcher la mort, disant à madame de Maintenon : « J'avais cru qu'il « était plus difficile de mourir; » et à ses domestiques : « Pourquoi pleurez-vous? m'avez-vous cru im- « mortel? » donnant tranquillement ses ordres sur beaucoup de choses, et même sur sa pompe funèbre. Quiconque a beaucoup de témoins de sa mort meurt toujours avec courage. Louis XIII, dans sa dernière maladie, avait mis en musique le *De profundis* qu'on devait chanter pour lui. Le courage d'esprit avec lequel Louis XIV vit sa fin fut dépouillé de cette ostentation répandue sur toute sa vie. Ce courage alla jusqu'à avouer ses fautes. Son successeur a toujours conservé écrites au chevet de son lit les paroles remarquables que ce monarque lui dit, en le tenant sur son lit entre ses bras : ces paroles ne sont point telles qu'elles sont rapportées dans toutes les histoires. Les voici fidèlement copiées :

« Vous allez être bientôt roi d'un grand royaume. « Ce que je vous recommande plus fortement est de « n'oublier jamais les obligations que vous avez à « Dieu. Souvenez-vous que vous lui devez tout ce que « vous êtes. Tâchez de conserver la paix avec vos voi- « sins. J'ai trop aimé la guerre; ne m'imitez pas en « cela, non plus que dans les trop grandes dépenses « que j'ai faites. Prenez conseil en toutes choses, et « cherchez à connaître le meilleur pour le suivre tou- « jours. Soulagez vos peuples le plus tôt que vous le « pourrez, et faites ce que j'ai eu le malheur de ne « pouvoir faire moi-même, etc. »

[1] Ce discours est très éloigné de la petitesse d'esprit qu'on lui impute dans quelques Mémoires.

On lui a reproché d'avoir porté sur lui des reliques, les dernières années de sa vie. Ses sentiments étaient grands ; mais son confesseur, qui ne l'était pas, l'avait assujetti à ces pratiques peu convenables, et aujourd'hui désusitées, pour l'assujettir plus pleinement à ses insinuations ; et d'ailleurs ces reliques, qu'il avait la faiblesse de porter, lui avaient été données par madame de Maintenon.

Quoique la vie et la mort de Louis XIV eussent été glorieuses, il ne fut pas aussi regretté qu'il le méritait. L'amour de la nouveauté, l'approche d'un temps de minorité, où chacun se figurait une fortune, la querelle de la *Constitution* qui aigrissait les esprits, tout fit recevoir la nouvelle de sa mort avec un sentiment qui allait plus loin que l'indifférence. Nous avons vu ce même peuple qui, en 1686, avait demandé au ciel avec larmes la guérison de son roi malade [2], suivre son convoi funèbre avec des démonstrations bien différentes. On prétend que la reine sa mère lui avait dit un jour dans sa grande jeunesse :

---

[1] Dans les premières éditions, au lieu de cet alinéa et du suivant, on lisait :

« Il est à croire que ces paroles n'ont pas peu contribué, trente ans après, à cette paix que Louis XV a donnée à ses ennemis, dans laquelle on a vu un roi victorieux rendre toutes ses conquêtes pour tenir sa parole, rétablir tous ses alliés, et devenir l'arbitre de l'Europe par son désintéressement plus encore que par ses victoires. »

Il est mention de cet alinéa dans la seconde partie du *Supplément au Siècle de Louis XIV*. B.

[2] Voyez page 200. B.

« Mon fils, ressemblez à votre grand-père, et non pas
« à votre père. » Le roi en ayant demandé la raison :
« C'est, dit-elle, qu'à la mort de Henri IV on pleurait,
« et qu'on a ri à celle de Louis XIII[a]. »

Quoiqu'on lui ait reproché des petitesses, des duretés dans son zèle contre le jansénisme, trop de hauteur avec les étrangers dans ses succès, de la faiblesse pour plusieurs femmes, de trop grandes sévérités dans des choses personnelles, des guerres légèrement entreprises, l'embrasement du Palatinat, les persécutions contre les réformés : cependant ses grandes qualités et ses actions, mises enfin dans la balance, l'ont emporté sur ses fautes. Le temps, qui mûrit les opinions des hommes, a mis le sceau à sa réputation ; et malgré tout ce qu'on a écrit contre lui, on ne prononcera point son nom sans respect, et sans concevoir à ce nom l'idée d'un siècle éternellement mémorable. Si l'on considère ce prince dans sa vie privée, on le voit à la vérité trop plein de sa grandeur, mais affable, ne donnant point à sa mère de part au gouvernement, mais remplissant avec elle tous les devoirs d'un fils, et observant avec son épouse tous les dehors de la bienséance : bon père, bon maître, toujours décent en public, laborieux dans le cabinet, exact dans les affaires, pensant juste, parlant bien, et aimable avec dignité.

[a] J'ai vu de petites tentes dressées sur le chemin de Saint-Denis. On y buvait, on y chantait, on riait. Les sentiments des citoyens de Paris avaient passé jusqu'à la populace. Le jésuite Le Tellier était la principale cause de cette joie universelle. J'entendis plusieurs spectateurs dire qu'il fallait mettre le feu aux maisons des jésuites avec les flambeaux qui éclairaient la pompe funèbre.

J'ai déjà remarqué ailleurs [1] qu'il ne prononça jamais les paroles qu'on lui fait dire, lorsque le premier gentilhomme de la chambre et le grand-maître de la garde-robe se disputaient l'honneur de le servir : « Qu'importe lequel de mes valets me serve ? » Un discours si grossier ne pouvait partir d'un homme aussi poli et aussi attentif qu'il l'était, et ne s'accordait guère avec ce qu'il dit un jour au duc de La Rochefoucauld au sujet de ses dettes : « Que ne parlez-vous à « vos amis ? » Mot bien différent, qui, par lui-même, valait beaucoup, et qui fut accompagné d'un don de cinquante mille écus.

Il n'est pas même vrai qu'il ait écrit au duc de La Rochefoucauld : « Je vous fais mon compliment, « comme votre ami, sur la charge de grand-maître « de la garde-robe, que je vous donne comme votre « roi. » Les historiens lui font honneur de cette lettre. C'est ne pas sentir combien il est peu délicat, combien même il est dur de dire à celui dont on est le maître, qu'on est son maître. Cela serait à sa place, si on écrivait à un sujet qui aurait été rebelle : c'est ce que Henri IV aurait pu dire au duc de Mayenne avant l'entière réconciliation. Le secrétaire du cabinet, Rose, écrivit cette lettre; et le roi avait trop de bon goût pour l'envoyer. C'est ce bon goût qui lui fit supprimer les inscriptions fastueuses dont Charpentier, de l'académie française, avait chargé les tableaux de Lebrun, dans la galerie de Versailles : *L'incroyable passage du Rhin, la merveilleuse prise de Valen-*

---

[1] Dans les *Anecdotes* imprimées en 1748 : voyez tome XXXIX, page 13. B.

ciennes, etc. Le roi sentit que *La prise de Valenciennes*, *le passage du Rhin*, disaient davantage. Charpentier avait eu raison d'orner d'inscriptions en notre langue les monuments de sa patrie; la flatterie seule avait nui à l'exécution.

On a recueilli quelques réponses, quelques mots de ce prince, qui se réduisent à très peu de chose. On prétend que, quand il résolut d'abolir en France le calvinisme, il dit : « Mon grand-père aimait les hu-
« guenots, et ne les craignait pas; mon père ne les
« aimait point, et les craignait; moi je ne les aime,
« ni ne les crains. »

Ayant donné, en 1658, la place de premier président du parlement de Paris à M. de Lamoignon, alors maître des requêtes, il lui dit : « Si j'avais connu
« un plus homme de bien et un plus digne sujet, je
« l'aurais choisi. » Il usa à peu près des mêmes termes avec le cardinal de Noailles, lorsqu'il lui donna l'archevêché de Paris. Ce qui fait le mérite de ces paroles, c'est qu'elles étaient vraies, et qu'elles inspiraient la vertu.

On prétend qu'un prédicateur indiscret le désigna un jour à Versailles : témérité qui n'est pas permise envers un particulier, encore moins envers un roi. On assure que Louis XIV se contenta de lui dire : « Mon père, j'aime bien à prendre ma part d'un ser-
« mon; mais je n'aime pas qu'on me la fasse. » Que ce mot ait été dit ou non, il peut servir de leçon.

Il s'exprimait toujours noblement et avec précision, s'étudiant en public à parler comme à agir en souverain. Lorsque le duc d'Anjou partit pour aller régner en Espagne, il lui dit, pour marquer l'union qui allait désormais joindre les deux nations : « Il n'y a plus de « Pyrénées. »

Rien ne peut assurément faire mieux connaître son caractère que le Mémoire suivant, qu'on a tout entier écrit de sa main[a].

[a] Il est déposé à la bibliothèque du roi depuis plusieurs années. — Cette note de Voltaire est dans l'édition de 1756.

Ce fut le 10 octobre 1749 que le maréchal de Noailles (Adrien-Maurice) déposa à la bibliothèque du roi trois volumes in-folio, contenant les originaux et les copies qu'il avait fait faire de divers écrits que Louis XIV lui avait remis.

M. A.-A. Renouard y a pris la copie *littérale* que voici du commencement et de la fin du *Mémoire* dont parle ici Voltaire :

« Les roys sont souuent obligés a faire des choses contre leur inclination « et qui blesse leur bon naturel ils doiuent aimer a faire plesir et il faut « quils chatie souuent et perde des gens a qui naturellement ils neulent du « bien linterest de lestat doit marcher le premier on doit forser son inclina- « tion et ne ce pas mettre en estat de ce reprocher dans quelque chose dim- « portant quón pouuoit faire mieux mais que quelques interest particuliers « en ont empesché et ont destourné les ueues quon deuoit auoir pour la « grandeur le bien et la puissance de lestat souuent ou il y a des androits « quils font peines il y en a de delicats quil est dificile a desmesler on a des « idees confuses tant que cela est on peut demeurer sans ce desterminer « mais desque lon cest fixé lesprit a quelquechose et quon croit uoir le « meilleur party il le faut prendre, cest ce qui ma fait reussir souuent dans « ce que jay fait . . . .

« . . . . . En 1671 un ministre mourut qui auoit une charge de secretaire « destat aiant le despartement des estrangers il estoit homme capable mais « non pas sen defauts il ne loissoit pas de bien remplir ce poste qui est tres « important je fus quelque temps a penser a qui je ferois auoir la charge et « apres avoir bien examiné je trouué quun homme qui auroit longtemps « seruy dans des ambassades estoit celuy qui la rempliroit la mieux je « lenuoyé querir mon choix fut aprouué de tout le monde ce qui narrive pas « toujours je le mis en possession de la charge a son retour je ne le connois- « sois que de reputation et par les commissions dont je l'auois chargé quil « auoit bien exécutée mais lemploy que je luy ay donné sest trouué trop « grand et trop estendu pour luy jay soufer plusieurs années de sa foiblesse « de son opiniastreté et de son inaplication il men a coûsté des choses consi-

« Les rois sont souvent obligés à faire des choses
« contre leur inclination, et qui blessent leur bon
« naturel. Ils doivent aimer à faire plaisir, et il faut
« qu'ils châtient souvent, et perdent des gens à qui
« naturellement ils veulent du bien. L'intérêt de l'état
« doit marcher le premier. On doit forcer son incli-
« nation, et ne pas se mettre en état de se reprocher,
« dans quelque chose d'importance, qu'on pouvait
« faire mieux ; mais quelques intérêts particuliers
« m'en ont empêché, et ont détourné les vues que je
« devais avoir pour la grandeur, le bien, et la puis-
« sance de l'état. Souvent il y a des endroits qui font
« peine ; il y en a de délicats qu'il est difficile de dé-
« mêler ; on a des idées confuses. Tant que cela est,
« on peut demeurer sans se déterminer ; mais, dès
« que l'on se fixe l'esprit à quelque chose, et qu'on
« croit voir le meilleur parti, il le faut prendre. C'est
« ce qui m'a fait réussir souvent dans ce que j'ai en-
« trepris. Les fautes que j'ai faites, et qui m'ont donné
« des peines infinies, ont été par complaisance, et
« pour me laisser aller trop nonchalamment aux avis

« derables je nay pas profité de tous les auantages que je pouuois avoir et
« tout cela par complaisance et bonté enfin il a falu que je luy ordonnase de
« se retirer parceque tout ce qui passoit par luy perdoit de la grandeur et de
« la force quon doit auoir en executant les ordres dun roy de france qui naist
« pas malheureux si jauois pris le party de lesloigner plustost jaurois esuité
« les inconueniens qui me sont arriués et je ne me reprocherois pas que ma
« complaisance pour luy a pu nuire a lestat jay fait ce destail pour faire uoir
« une exemple de ce que jay dit cydeuant. »

Ces fragments prouvent que Louis XIV ne savait pas l'orthographe. Voltaire, son éditeur, en la mettant dans ce qu'il imprimait, a fait, pour Louis XIV, ce que les éditeurs de Voltaire ont fait depuis quelquefois pour lui-même. B.

« des autres. Rien n'est si dangereux que la faiblesse, « de quelque nature qu'elle soit. Pour commander « aux autres, il faut s'élever au-dessus d'eux; et après « avoir entendu ce qui vient de tous les endroits, on « se doit déterminer par le jugement qu'on doit faire « sans préoccupation, et pensant toujours à ne rien « ordonner ni exécuter qui soit indigne de soi, du ca- « ractère qu'on porte, ni de la grandeur de l'état. Les « princes qui ont de bonnes intentions et quelque con- « naissance de leurs affaires, soit par expérience, soit « par étude et une grande application à se rendre ca- « pables, trouvent tant de différentes choses par les- « quelles ils se peuvent faire connaître, qu'ils doivent « avoir un soin particulier et une application univer- « selle à tout. Il faut se garder contre soi-même, « prendre garde à son inclination, et être toujours en « garde contre son naturel. Le métier de roi est grand, « noble, et flatteur [1], quand on se sent digne de bien « s'acquitter de toutes les choses auxquelles il engage; « mais il n'est pas exempt de peines, de fatigues, d'in- « quiétudes. L'incertitude désespère quelquefois; et « quand on a passé un temps raisonnable à examiner « une affaire, il faut se déterminer, et prendre le parti « qu'on croit le meilleur [2].

[1] M. Renouard a remarqué le premier que le manuscrit et la copie portent *délicieux* au lieu de *flatteur*. B.

[2] L'abbé Castel de Saint-Pierre, connu par plusieurs ouvrages singuliers, dans lesquels on trouve beaucoup de vues philosophiques et très peu de praticables, a laissé des *Annales politiques* depuis 1658 jusqu'à 1739. Il condamne sévèrement en plusieurs endroits l'administration de Louis XIV. Il ne veut pas surtout qu'on l'appelle Louis-le-Grand. Si *grand* signifie *parfait*, il est sûr que ce titre ne lui convient pas; mais par ces Mémoires écrits de la main de ce monarque, il paraît qu'il avait d'aussi bons principes de gouver-

« Quand on a l'état en vue, on travaille pour soi ;
« le bien de l'un fait la gloire de l'autre : quand le pre-
« mier est heureux, élevé, et puissant, celui qui en
« est cause en est glorieux, et par conséquent doit
« plus goûter que ses sujets, par rapport à lui et à eux,
« tout ce qu'il y a de plus agréable dans la vie. Quand
« on s'est mépris, il faut réparer sa faute le plus tôt
« qu'il est possible, et que nulle considération n'en
« empêche, pas même la bonté.

« En 1671, un homme mourut, qui avait la charge
« de secrétaire d'état, ayant le département des étran-
« gers. Il était homme capable, mais non pas sans
« défauts : il ne laissait pas de bien remplir ce poste,
« qui est très important.

« Je fus quelque temps à penser à qui je ferais
« avoir cette charge ; et après avoir bien examiné, je
« trouvai qu'un homme, qui avait long-temps servi
« dans des ambassades, était celui qui la remplirait
« le mieux[a].

« Je lui fis mander de venir. Mon choix fut ap-
« prouvé de tout le monde ; ce qui n'arrive pas tou-
« jours. Je le mis en possession de cette charge à son
« retour. Je ne le connaissais que de réputation, et par
« les commissions dont je l'avais chargé, et qu'il avait
« bien exécutées ; mais l'emploi que je lui ai donné
« s'est trouvé trop grand et trop étendu pour lui. Je

---

nement, pour le moins, que l'abbé de Saint-Pierre. Ces Mémoires de l'abbé
de Saint-Pierre n'ont rien de curieux que la bonne foi grossière avec laquelle
cet homme se croit fait pour gouverner. — Cette note est de 1756. Les *Annales* de l'abbé de Saint-Pierre n'ont été imprimées qu'en 1758. B.

[a] M. de Pomponne.

« n'ai pas profité de tous les avantages que je pouvais
« avoir, et tout cela par complaisance et bonté. En-
« fin il a fallu que je lui ordonne de se retirer, par-
« ceque tout ce qui passait par lui perdait de la gran-
« deur et de la force qu'on doit avoir en exécutant les
« ordres d'un roi de France. Si j'avais pris le parti de
« l'éloigner plus tôt, j'aurais évité les inconvénients
« qui me sont arrivés, et je ne me reprocherais pas
« que ma complaisance pour lui a pu nuire à l'état.
« J'ai fait ce détail pour faire voir un exemple de ce
« que j'ai dit ci-devant. »

Ce monument si précieux, et jusqu'à présent inconnu, dépose à la postérité en faveur de la droiture et de la magnanimité de son ame. On peut même dire qu'il se juge trop sévèrement, qu'il n'avait nul reproche à se faire sur M. de Pomponne, puisque les services de ce ministre et sa réputation avaient déterminé le choix de ce prince, confirmé par l'approbation universelle; et s'il se condamne sur le choix de M. de Pomponne, qui eut au moins le bonheur de servir dans les temps les plus glorieux, que ne devait-il pas se dire sur M. de Chamillart, dont le ministère fut si infortuné, et condamné si universellement?

Il avait écrit plusieurs mémoires dans ce goût, soit pour se rendre compte à lui-même, soit pour l'instruction du dauphin, duc de Bourgogne. Ces réflexions vinrent après les événements. Il eût approché davantage de la perfection où il avait le mérite d'aspirer, s'il eût pu se former une philosophie supérieure à la politique ordinaire et aux préjugés; philosophie que dans le cours de tant de siècles on voit pratiquée par si peu de souverains, et qu'il est bien pardonnable aux rois de ne pas connaître, puisque tant d'hommes privés l'ignorent.

Voici une partie[1] des instructions qu'il donne à son petit-fils, Philippe V, partant pour l'Espagne. Il les écrivit à la hâte, avec une négligence qui découvre bien mieux l'ame qu'un discours étudié. On y voit le père et le roi.

« Aimez les Espagnols et tous vos sujets attachés à
« vos couronnes et à votre personne. Ne préférez pas
« ceux qui vous flatteront le plus ; estimez ceux qui,
« pour le bien, hasarderont de vous déplaire. Ce sont
« là vos véritables amis.

« Faites le bonheur de vos sujets ; et dans cette vue
« n'ayez de guerre que lorsque vous y serez forcé, et

---

[1] Sur trente-trois articles que contenaient ces instructions, Voltaire en rapporte vingt-sept. Il avait omis les six premiers que voici :

1

Ne manqués a aucun de uos devoirs surtout enuers dieu

2

Conserués uous dans la pureté de uostre éducation

3

Faittes honorer dieu par tout ou uous aurés du pouuoir procurés sa gloire donnés en lexemple cest un des plus grands biens que les roys puissent faire

4

Desclarés uous en toutte oecation pour la uertu et contre le uice.

5

Naiés jamais dattachement pour personne

6

Aimés uotre femme uiués bien auec elle demandés en une a dieu qui uous conuienne Je ne croy pas que uous deuiés prendre une autrichienne.

C'est M. A.-A. Renouard qui, le premier, a, en 1819, ajouté ces six articles. B.

« que vous en aurez bien considéré et bien pesé les
« raisons dans votre conseil.

« Essayez de remettre vos finances; veillez aux
« Indes et à vos flottes; pensez au commerce, vivez
« dans une grande union avec la France; rien n'étant
« si bon pour nos deux puissances que cette union à
« laquelle rien ne pourra résister[a].

« Si vous êtes contraint de faire la guerre, mettez-
« vous à la tête de vos armées.

« Songez à rétablir vos troupes partout, et com-
« mencez par celles de Flandre.

« Ne quittez jamais vos affaires pour votre plaisir;
« mais faites-vous une sorte de règle qui vous donne
« des temps de liberté et de divertissement.

« Il n'y en a guère de plus innocents que la chasse
« et le goût de quelque maison de campagne, pourvu
« que vous n'y fassiez pas trop de dépense.

« Donnez une grande attention aux affaires quand
« on vous en parle; écoutez beaucoup dans les com-
« mencements, sans rien décider.

« Quand vous aurez plus de connaissance, souve-
« nez-vous que c'est à vous à décider; mais quelque
« expérience que vous ayez, écoutez toujours tous les
« avis et tous les raisonnements de votre conseil,
« avant que de faire cette décision.

« Faites tout ce qui vous sera possible pour bien
« connaître les gens les plus importants, afin de vous
« en servir à propos.

« Tâchez que vos vice-rois et gouverneurs soient
« toujours espagnols.

[a] On voit qu'il se trompa dans cette conjecture.

« Traitez bien tout le monde; ne dites jamais rien
« de fâcheux à personne: mais distinguez les gens de
« qualité et de mérite.

« Témoignez de la reconnaissance pour le feu roi,
« et pour tous ceux qui ont été d'avis de vous choisir
« pour lui succéder.

« Ayez une grande confiance au cardinal Porto-
« Carrero, et lui marquez le gré que vous lui savez de
« la conduite qu'il a tenue.

« Je crois que vous devez faire quelque chose de
« considérable pour l'ambassadeur qui a été assez heu-
« reux pour vous demander, et pour vous saluer le
« premier en qualité de sujet.

« N'oubliez pas Bedmar, qui a du mérite, et qui est
« capable de vous servir.

« Ayez une entière créance au duc d'Harcourt; il
« est habile homme, et honnête homme, et ne vous
« donnera des conseils que par rapport à vous.

« Tenez tous les Français dans l'ordre.

« Traitez bien vos domestiques, mais ne leur don-
« nez pas trop de familiarité, et encore moins de
« créance. Servez-vous d'eux tant qu'ils seront sages:
« renvoyez-les à la moindre faute qu'ils feront, et ne
« les soutenez jamais contre les Espagnols.

« N'ayez de commerce avec la reine douairière que
« celui dont vous ne pouvez vous dispenser. Faites
« en sorte qu'elle quitte Madrid, et qu'elle ne sorte
« pas d'Espagne. En quelque lieu qu'elle soit, obser-
« vez sa conduite, et empêchez qu'elle ne se mêle
« d'aucune affaire. Ayez pour suspects ceux qui au-
« ront trop de commerce avec elle.

« Aimez toujours vos parents. Souvenez-vous de
« la peine qu'ils ont eue à vous quitter. Conservez un
« grand commerce avec eux dans les grandes choses
« et dans les petites. Demandez-nous ce que vous au-
« rez besoin, ou envie d'avoir qui ne se trouve pas
« chez vous; nous en userons de même avec vous.

« N'oubliez jamais que vous êtes Français, et ce
« qui peut vous arriver. Quand vous aurez assuré la
« succession d'Espagne par des enfants, visitez vos
« royaumes, allez à Naples et en Sicile : passez à Mi-
« lan, et venez en Flandre [a] ; ce sera une occasion de
« nous revoir : en attendant visitez la Catalogne, l'A-
« ragon, et autres lieux. Voyez ce qu'il y aura à faire
« pour Ceuta.

« Jetez quelque argent au peuple quand vous serez
« en Espagne, et surtout en entrant dans Madrid.

« Ne paraissez pas choqué des figures extraordi-
« naires que vous trouverez. Ne vous en moquez
« point. Chaque pays a ses manières particulières; et
« vous serez bientôt accoutumé à ce qui vous paraî-
« tra d'abord le plus surprenant.

« Évitez, autant que vous pourrez, de faire des
« graces à ceux qui donnent de l'argent pour les ob-
« tenir. Donnez à propos et libéralement; et ne re-
« cevez guère de présents, à moins que ce soit des
« bagatelles. Si quelquefois vous ne pouvez éviter d'en
« recevoir, faites-en à ceux qui vous en auront donné

---

[a] Cela seul peut servir à confondre tant d'historiens qui, sur la foi des Mémoires infidèles écrits en Hollande, ont rapporté un prétendu traité (signé par Philippe V avant son départ), par lequel traité ce prince cédait à son grand-père la Flandre et le Milanais.

« de plus considérables, après avoir laissé passer
« quelques jours.

« Ayez une cassette pour mettre ce que vous aurez
« de particulier; dont vous aurez seul la clef.

« Je finis par un des plus importants avis que je
« puisse vous donner. Ne vous laissez point gouver-
« ner. Soyez le maître; n'ayez jamais de favori ni de
« premier ministre [1]. Écoutez, consultez votre conseil,
« mais décidez. Dieu, qui vous a fait roi, vous don-
« nera les lumières qui vous sont nécessaires, tant
« que vous aurez de bonnes intentions [a]. »

Louis XIV avait dans l'esprit plus de justesse et de
dignité que de saillies; et d'ailleurs on n'exige pas
qu'un roi dise des choses mémorables, mais qu'il en
fasse. Ce qui est nécessaire à tout homme en place,

[1] Philippe V était trop jeune et trop peu instruit pour se passer de premier ministre; et en général l'unité de vues, de principes, si nécessaire dans
un bon gouvernement, doit obliger tout prince qui ne gouverne point réellement par lui-même à mettre un seul homme à la tête de toutes les affaires. K.

[a] Le roi d'Espagne profita de ces conseils : c'était un prince vertueux.
L'auteur des *Mémoires de Maintenon*, tome V, page 200 et suiv., l'accuse
d'avoir fait un « souper scandaleux avec la princesse des Ursins le lendemain
« de la mort de sa première femme, et d'avoir voulu épouser cette dame, »
qu'il charge d'opprobres. Remarquez que Anne-Marie de La Trimouille,
princesse des Ursins, dame d'honneur de la feue reine, avait alors plus de
soixante-dix ans, et que c'était cinquante-cinq ans après son premier mariage, et quarante après le second. Ces contes populaires, qui ne méritent que l'oubli, deviennent des calomnies punissables, quand on les imprime, et qu'on veut flétrir les noms les plus respectés sans apporter la plus
légère preuve.—Philippe V est un des princes les plus chastes dont l'histoire
ait fait mention. Cette chasteté, portée à l'excès, a été regardée comme une
des principales causes de la mélancolie qui s'empara de lui dès les premières
années de son règne, et qui finit par le rendre incapable d'application pendant des intervalles de temps considérables. K.

c'est de ne laisser sortir personne mécontent de sa présence, et de se rendre agréable à tous ceux qui l'approchent. On ne peut faire du bien à tout moment ; mais on peut toujours dire des choses qui plaisent. Il s'en était fait une heureuse habitude. C'était entre lui et sa cour un commerce continuel de tout ce que la majesté peut avoir de graces, sans jamais se dégrader, et de tout ce que l'empressement de servir et de plaire peut avoir de finesse, sans l'air de la bassesse. Il était, surtout avec les femmes, d'une attention et d'une politesse qui augmentait encore celle de ses courtisans ; et il ne perdit jamais l'occasion de dire aux hommes de ces choses qui flattent l'amour-propre en excitant l'émulation, et qui laissent un long souvenir.

Un jour, madame la duchesse de Bourgogne, encore fort jeune, voyant à souper un officier qui était très laid, plaisanta beaucoup et très haut sur sa laideur. « Je le trouve, madame, dit le roi encore plus
« haut, un des plus beaux hommes de mon royaume ;
« car c'est un des plus braves. »

Un officier général [1], homme un peu brusque, et qui n'avait pas adouci son caractère dans la cour même de Louis XIV, avait perdu un bras dans une action, et se plaignait au roi, qui l'avait pourtant récompensé autant qu'on le peut faire pour un bras cassé : « Je voudrais avoir perdu aussi l'autre, dit-il,
« et ne plus servir votre majesté. » « J'en serais bien

---

[1] Dans les premières éditions du *Siècle de Louis XIV*, il y avait : « Le comte de Marivault, lieutenant-général, homme un peu brutal, et qui n'avait pas, etc. » B.

« fâché pour vous et pour moi », lui répondit le roi ; et ce discours fut suivi d'une grace qu'il lui accorda. Il était si éloigné de dire des choses désagréables, qui sont des traits mortels dans la bouche d'un prince, qu'il ne se permettait pas même les plus innocentes et les plus douces railleries, tandis que des particuliers en font tous les jours de si cruelles et de si funestes.

Il se plaisait et se connaissait à ces choses ingénieuses, aux impromptu, aux chansons agréables ; et quelquefois même il fesait sur-le-champ de petites parodies sur les airs qui étaient en vogue, comme celle-ci :

> Chez mon cadet de frère
> Le chancelier Serrant
> N'est pas trop nécessaire ;
> Et le sage Boifranc
> Est celui qui sait plaire.

Et cette autre qu'il fit en congédiant un jour le conseil :

> Le conseil à ses yeux a beau se présenter,
> Sitôt qu'il voit sa chienne il quitte tout pour elle ;
> Rien ne peut l'arrêter
> Quand la chasse l'appelle [1].

Ces bagatelles servent au moins à faire voir que les agréments de l'esprit fesaient un des plaisirs de sa cour, qu'il entrait dans ces plaisirs, et qu'il savait, dans le particulier, vivre en homme, aussi bien que représenter en monarque sur le théâtre du monde.

Sa lettre à l'archevêque de Reims, au sujet du mar-

---

[1] Cette parodie du prologue d'*Atys* est déjà rapportée dans les *Anecdotes* publiées en 1748 : voyez tome XXXIX, page 9. B.

quis de Barbesieux, quoique écrite d'un style extrêmement négligé, fait plus d'honneur à son caractère que les pensées les plus ingénieuses n'en auraient fait à son esprit. Il avait donné à ce jeune homme la place de secrétaire d'état de la guerre, qu'avait eue le marquis de Louvois, son père. Bientôt mécontent de la conduite de son nouveau secrétaire d'état, il veut le corriger sans le trop mortifier. Dans cette vue, il s'adresse à son oncle, l'archevêque de Reims; il le prie d'avertir son neveu. C'est un maître instruit de tout; c'est un père qui parle.

« Je sais, dit-il, ce que je dois à la mémoire de
« M. de Louvois [a]; mais si votre neveu ne change de
« conduite, je serai forcé de prendre un parti. J'en
« serai fâché; mais il en faudra prendre un. Il a des
« talents; mais il n'en fait pas un bon usage. Il donne
« trop souvent à souper aux princes, au lieu de tra-
« vailler; il néglige les affaires pour ses plaisirs; il
« fait attendre trop long-temps les officiers dans son
« antichambre; il leur parle avec hauteur, et quel-
« quefois avec dureté. »

Voilà ce que ma mémoire me fournit de cette lettre, que j'ai vue autrefois en original. Elle fait bien

---

[a] Ces mots démentent bien l'infâme calomnie de La Beaumelle, qui ose dire que « le marquis de Louvois avait craint que Louis XIV ne l'empoi-« sonnât. »
Au reste, cette lettre doit être encore parmi les manuscrits laissés par M. le garde des sceaux, Chauvelin.—Ce n'était pas une lettre, mais un mémoire. Il n'est pas dans les six volumes des OEuvres de Louis XIV, publiées en 1806. A.-A. Barbier l'ayant trouvé manuscrit dans la bibliothèque du château de Fleury, l'a fait imprimer dans la Revue encyclopédique du mois de novembre 1825. Des exemplaires ont été tirés à part. B.

voir que Louis XIV n'était pas gouverné par ses ministres, comme on l'a cru; et qu'il savait gouverner ses ministres.

Il aimait les louanges; et il est à souhaiter qu'un roi les aime, parcequ'alors il s'efforce de les mériter. Mais Louis XIV ne les recevait pas toujours, quand elles étaient trop fortes. Lorsque notre académie, qui lui rendait toujours compte des sujets qu'elle proposait pour ses prix, lui fit voir celui-ci: *Quelle est de toutes les vertus du roi celle qui mérite la préférence?* le roi rougit, et ne voulut pas qu'un tel sujet fût traité. Il souffrit les prologues de Quinault[1]; mais c'était dans les plus beaux jours de sa gloire, dans le temps où l'ivresse de la nation excusait la sienne. Virgile et Horace, par reconnaissance, et Ovide, par une indigne faiblesse, prodiguèrent à Auguste des éloges plus forts, et, si on songe aux proscriptions, bien moins mérités.

Si Corneille avait dit dans la chambre du cardinal de Richelieu, à quelqu'un des courtisans: Dites à M. le cardinal que je me connais mieux en vers que lui, jamais ce ministre ne lui eût pardonné; c'est pourtant ce que Despréaux dit tout haut du roi, dans une dispute qui s'éleva sur quelques vers que le roi trouvait bons, et que Despréaux condamnait. « Il a « raison, dit le roi; il s'y connaît mieux que moi. »

Le duc de Vendôme avait auprès de lui Villiers, un

---

[1] Un jour Guillaume III, qui détestait Louis XIV, et qui n'aimait guère la littérature, apostropha ainsi un comédien qui récitait devant lui, en plein théâtre, des vers à sa louange: « Qu'on me chasse ce coquin-là ! me « prend-il pour le roi de France ? » CL.

de ces hommes de plaisir, qui se font un mérite d'une liberté cynique. Il le logeait à Versailles dans son appartement. On l'appelait communément Villiers-Vendôme. Cet homme condamnait hautement tous les goûts de Louis XIV, en musique, en peinture, en architecture, en jardins. Le roi plantait-il un bosquet, meublait-il un appartement, construisait-il une fontaine, Villiers trouvait tout mal entendu, et s'exprimait en termes peu mesurés. Il est étrange, disait le roi, que Villiers ait choisi ma maison pour venir s'y moquer de tout ce que je fais. L'ayant rencontré un jour dans les jardins : Eh bien ! lui dit-il en lui montrant un de ses nouveaux ouvrages, cela n'a donc pas le bonheur de vous plaire? — Non, répondit Villiers. — Cependant, reprit le roi, il y a bien des gens qui n'en sont pas si mécontents. — Cela peut être, repartit Villiers, chacun a son avis. — Le roi, en riant, répondit : On ne peut pas plaire à tout le monde.

Un jour Louis XIV jouant au trictrac, il y eut un coup douteux. On disputait ; les courtisans demeuraient dans le silence. Le comte de Grammont arrive. Jugez-nous, lui dit le roi. — Sire, c'est vous qui avez tort, dit le comte. — Et comment pouvez-vous me donner le tort avant de savoir ce dont il s'agit? — Eh ! sire, ne voyez-vous pas que, pour peu que la chose eût été seulement douteuse, tous ces messieurs vous auraient donné gain de cause?

Le duc d'Antin se distingua dans ce siècle par un art singulier, non pas de dire des choses flatteuses, mais d'en faire. Le roi va coucher à Petit-Bourg ; il y critique une grande allée d'arbres qui cachait la vue de la rivière. Le duc d'Antin la fait abattre pendant la nuit. Le roi, à son réveil, est étonné de ne plus voir ces arbres qu'il avait condamnés. «C'est « parceque votre majesté les a condamnés, qu'elle ne « les voit plus », répond le duc.

Nous avons aussi rapporté ailleurs [1] que le même homme ayant remarqué qu'un bois assez grand, au bout du canal de Fontainebleau, déplaisait au roi, prit le moment d'une promenade; et, tout étant préparé, il se fit donner un ordre de couper ce bois, et on le vit dans l'instant abattu tout entier. Ces traits sont d'un courtisan ingénieux, et non pas d'un flatteur.

[2] On a accusé Louis XIV d'un orgueil insupportable, parceque la base de sa statue, à la place des Victoires, est entourée d'esclaves enchaînés [3]. Mais ce n'est point lui qui fit ériger cette statue, ni celle qu'on voit à la place de Vendôme [4]. Celle de la place

---

[1] Dans les *Anecdotes* imprimées en 1748 : voyez tome XXXIX, page 11. B.

[2] Dans les premières éditions cet alinéa commençait ainsi : « On a accusé Louis XIV d'un orgueil insupportable ; parceque les bases de ses statues à la place des Victoires et à celle de Vendôme, sont entourées d'esclaves enchaînés ; mais ce n'est point lui qui fit ériger ces statues. Celle de la place des Victoires, etc. » J'ai sous les yeux trois éditions qui contiennent ce passage, que l'auteur fit disparaître dans l'édition de *Leipsic*, 1752, deux volumes en quatre parties, et qui est intitulée: *seconde édition*, quoique ce fût au moins la quatrième, d'après ce que j'ai dit. Voyez, dans la *Correspondance*, les lettres à La Condamine des 29 avril et 12 octobre 1752. B.

[3] Les esclaves enchaînés furent enlevés quelques jours avant le 14 juillet 1790, et transportés à l'hôtel des Invalides, dont ils décorent la façade. B.

[4] Ces deux statues ont été détruites en 1792. A la place Vendôme on a, depuis, élevé la colonne en bronze *ex ære capto*, qu'on voit aujourd'hui. La

des Victoires est le monument de la grandeur d'ame et de la reconnaissance du premier maréchal de La Feuillade pour son souverain. Il y dépensa cinq cent mille livres, qui font près d'un million aujourd'hui; et la ville en ajouta autant pour rendre la place régulière. Il paraît qu'on a eu également tort d'imputer à Louis XIV le faste de cette statue, et de ne voir que de la vanité et de la flatterie dans la magnanimité du maréchal.

On ne parlait que de ces quatre esclaves; mais ils figurent des vices domptés, aussi bien que des nations vaincues; le duel aboli, l'hérésie détruite; les inscriptions le témoignent assez. Elles célèbrent aussi la jonction des mers, la paix de Nimègue; elles parlent de bienfaits plus que d'exploits guerriers. D'ailleurs c'est un ancien usage des sculpteurs de mettre des esclaves aux pieds des statues des rois. Il vaudrait mieux y représenter des citoyens libres et heureux; mais enfin, on voit des esclaves aux pieds du clément Henri IV et de Louis XIII, à Paris; on en voit à Livourne sous la statue de Ferdinand de Médicis, qui n'enchaîna assurément aucune nation; on en voit à Berlin sous la statue d'un électeur [1] qui repoussa les Suédois, mais qui ne fit point de conquêtes.

Les voisins de la France, et les Français eux-mêmes, ont rendu très injustement Louis XIV responsable de

---

statue de la place des Victoires était pédestre. La statue à cheval actuelle est de Bosio, et date de 1821. B.

[1] Frédéric-Guillaume, dit le Grand, électeur de Brandebourg, en 1640, né en 1620, mort le 29 avril 1688, père du premier roi de Prusse; on parle de lui tome XXIII, pages 28 et 615. B.

cet usage. L'inscription *Viro immortali*, *A l'homme immortel*, a été traitée d'idolâtrie, comme si ce mot signifiait autre chose que l'immortalité de sa gloire. L'inscription de Viviani, à sa maison de Florence, *Ædes a deo datæ* [1]; *Maison donnée par un dieu*, serait bien plus idolâtre : elle n'est pourtant qu'une allusion au surnom de *Dieu-donné*, et au vers de Virgile, *deus nobis hæc otia fecit*. (Egl. 1, v. 6.)

A l'égard de la statue de la place de Vendôme, c'est la ville qui l'a érigée. Les inscriptions latines qui remplissent les quatre faces de la base sont des flatteries plus grossières que celles de la place des Victoires. On y lit que Louis XIV ne prit jamais les armes que malgré lui. Il démentit bien solennellement cette adulation au lit de la mort, par des paroles dont on se souviendra plus long-temps que de ces inscriptions ignorées de lui, et qui ne sont que l'ouvrage de la bassesse de quelques gens de lettres.

Le roi avait destiné les bâtiments de cette place pour sa bibliothèque publique. La place était plus vaste; elle avait d'abord trois faces, qui étaient celles d'un palais immense, dont les murs étaient déjà élevés, lorsque le malheur des temps, en 1701, força la ville de bâtir des maisons de particuliers sur les ruines de ce palais commencé. Ainsi le Louvre n'a point été fini; ainsi la fontaine et l'obélisque que Colbert voulait faire élever vis-à-vis le portail de Perrault, n'ont paru que dans les dessins; ainsi le beau portail de Saint-Gervais est demeuré offusqué; et la plupart des monuments de Paris laissent des regrets.

[1] Voyez page 156. B.

La nation desirait que Louis XIV eût préféré son Louvre et sa capitale au palais de Versailles, que le duc de Créqui appelait un favori sans mérite. La postérité admire avec reconnaissance ce qu'on a fait de grand pour le public; mais la critique se joint à l'admiration, quand on voit ce que Louis XIV a fait de superbe et de défectueux pour sa maison de campagne.

Il résulte de tout ce qu'on vient de rapporter, que ce monarque aimait en tout la grandeur et la gloire. Un prince qui, ayant fait d'aussi grandes choses que lui, serait encore simple et modeste, serait le premier des rois [1], et Louis XIV le second.

S'il se repentit en mourant d'avoir entrepris légèrement des guerres, il faut convenir qu'il ne jugeait pas par les événements; car, de toutes ses guerres, la plus juste et la plus indispensable, celle de 1701, fut la seule malheureuse.

Il eut de son mariage, outre Monseigneur, deux fils et trois filles morts dans l'enfance. Ses amours furent plus heureux : il n'y eut que deux de ses enfants naturels qui moururent au berceau; huit autres vécurent, furent légitimés, et cinq eurent postérité. Il eut encore d'une demoiselle, attachée à madame de Montespan, une fille non reconnue, qu'il maria à un gentilhomme d'auprès de Versailles, nommé de La Queue.

On soupçonna, avec beaucoup de vraisemblance, une religieuse de l'abbaye de Moret d'être sa fille. Elle

---

[1] La Beaumelle croit que ce passage, qui existe dès 1751, regarde le roi de Prusse. B.

était extrêmement basanée, et d'ailleurs lui ressemblait[a]. Le roi lui donna vingt mille écus de dot, en la plaçant dans ce couvent. L'opinion qu'elle avait de sa naissance lui donnait un orgueil dont ses supérieures se plaignirent. Madame de Maintenon, dans un voyage de Fontainebleau, alla au couvent de Moret; et voulant inspirer plus de modestie à cette religieuse, elle fit ce qu'elle put pour lui ôter l'idée qui nourrissait sa fierté. « Madame, lui dit cette personne, la peine que prend une dame de votre élévation, de venir exprès ici me dire que je ne suis pas fille du roi, me persuade que je le suis. » Le couvent de Moret se souvient encore de cette anecdote.

Tant de détails pourraient rebuter un philosophe; mais la curiosité, cette faiblesse si commune aux hommes, cesse presque d'en être une, quand elle a pour objet des temps et des hommes qui attirent les regards de la postérité.

CHAPITRE XXIX.

Gouvernement intérieur. Justice. Commerce. Police. Lois. Discipline militaire. Marine, etc.

On doit cette justice aux hommes publics qui ont fait du bien à leur siècle, de regarder le point dont ils sont partis, pour mieux voir les changements qu'ils ont faits dans leur patrie. La postérité leur doit une

---

[a] L'auteur l'a vue avec M. de Caumartin, l'intendant des finances, qui avait le droit d'entrer dans l'intérieur du couvent.—C'est le Caumartin dont Voltaire a parlé tome XIX, page 79 et ci-dessus page 139. B.

éternelle reconnaissance des exemples qu'ils ont donnés, lors même qu'ils sont surpassés. Cette juste gloire est leur unique récompense. Il est certain que l'amour de cette gloire anima Louis XIV, lorsque, commençant à gouverner par lui-même, il voulut réformer son royaume, embellir sa cour, et perfectionner les arts.

Non seulement il s'imposa la loi de travailler régulièrement avec chacun de ses ministres, mais tout homme connu pouvait obtenir de lui une audience particulière, et tout citoyen avait la liberté de lui présenter des requêtes et des projets. Les placets étaient reçus d'abord par un maître des requêtes qui les rendait apostillés ; ils furent dans la suite renvoyés aux bureaux des ministres. Les projets étaient examinés dans le conseil quand ils méritaient de l'être, et leurs auteurs furent admis plus d'une fois à discuter leurs propositions avec les ministres en présence du roi. Ainsi on vit entre le trône et la nation une correspondance qui subsista malgré le pouvoir absolu.

Louis XIV se forma et s'accoutuma lui-même au travail ; et ce travail était d'autant plus pénible qu'il était nouveau pour lui, et que la séduction des plaisirs pouvait aisément le distraire. Il écrivit les premières dépêches à ses ambassadeurs. Les lettres les plus importantes furent souvent depuis minutées de sa main, et il n'y en eut aucune écrite en son nom qu'il ne se fît lire.

A peine Colbert, après la chute de Fouquet, eut-il rétabli l'ordre dans les finances, que le roi remit aux peuples tout ce qui était dû d'impôts depuis 1647 jusqu'en 1656, et surtout trois millions de tailles[1]. On abolit pour cinq cent mille écus par an de droits onéreux. Ainsi l'abbé de Choisi paraît ou bien mal instruit, ou bien injuste, quand il dit qu'on ne diminua point la recette. Il est certain qu'elle fut diminuée par ces remises, et augmentée par le bon ordre.

Les soins du premier président de Bellièvre, aidés des libéralités de la duchesse d'Aiguillon, et de plusieurs citoyens, avaient établi l'hôpital général. Le roi l'augmenta, et en fit élever dans toutes les villes principales du royaume.

Les grands chemins, jusqu'alors impraticables, ne furent plus négligés, et peu-à-peu devinrent ce qu'ils sont aujourd'hui sous Louis XV, l'admiration des étrangers. De quelque côté qu'on sorte de Paris, on voyage à présent environ cinquante à soixante lieues, à quelques endroits près, dans des allées fermes, bordées d'arbres. Les chemins construits par les anciens Romains étaient plus durables, mais non pas si spacieux et si beaux[2].

Le génie de Colbert se tourna principalement vers le commerce, qui était faiblement cultivé, et dont les

[1] Ces arrérages de tailles n'étaient dus que par des gens qu'il était impossible de faire payer. Si le retranchement de 500,000 écus de droits ne fut pas remplacé sur-le-champ par un autre impôt, ce qui est très douteux, il ne tarda point à l'être. K.

[2] La véritable beauté des grands chemins consiste, non dans leur largeur, qui nuit à l'agriculture, mais dans leur solidité, et surtout dans l'art de les diriger à travers les montagnes, en conciliant la commodité avec l'économie. Cet art s'est perfectionné de nos jours, surtout dans les pays où la corvée a été abolie. K.

grands principes n'étaient pas connus. Les Anglais, et encore plus les Hollandais, fesaient par leurs vaisseaux presque tout le commerce de la France. Les Hollandais surtout chargeaient dans nos ports nos denrées, et les distribuaient dans l'Europe. Le roi commença, dès 1662, à exempter ses sujets d'une imposition nommée *le droit de fret*, que payaient tous les vaisseaux étrangers ; et il donna aux Français toutes les facilités de transporter eux-mêmes leurs marchandises à moins de frais. Alors le commerce maritime naquit. Le conseil de commerce, qui subsiste aujourd'hui, fut établi, et le roi y présidait tous les quinze jours.

Les ports de Dunkerque et de Marseille furent déclarés francs, et bientôt cet avantage attira le commerce du Levant à Marseille, et celui du Nord à Dunkerque.

On forma une compagnie des Indes occidentales en 1664, et celle des grandes Indes fut établie la même année. Avant ce temps, il fallait que le luxe de la France fût tributaire de l'industrie hollandaise. Les partisans de l'ancienne économie timide, ignorante, et resserrée, déclamèrent en vain contre un commerce dans lequel on échange sans cesse de l'argent qui ne périrait pas, contre des effets qui se consomment. Ils ne fesaient pas réflexion que ces marchandises de l'Inde, devenues nécessaires, auraient été payées plus chèrement à l'étranger. Il est vrai qu'on porte aux Indes orientales plus d'espèces qu'on n'en retire, et que par là l'Europe s'appauvrit. Mais ces espèces viennent du Pérou et du Mexique ; elles sont le prix de nos denrées portées à Cadix, et il reste plus de cet argent en France que les Indes orientales n'en absorbent.

Le roi donna plus de six millions de notre monnaie d'aujourd'hui à la compagnie. Il invita les personnes riches à s'y intéresser. Les reines, les princes, et toute la cour, fournirent deux millions numéraires de ce temps-là. Les cours supérieures donnèrent douze cent mille livres; les financiers, deux millions; le corps des marchands, six cent cinquante mille livres. Toute la nation secondait son maître.

Cette compagnie a toujours subsisté; car encore que les Hollandais eussent pris Pondichéri en 1694, et que le commerce des Indes languît depuis ce temps, il reprit une force nouvelle sous la régence du duc d'Orléans[1]. Pondichéri devint alors la rivale de Batavia; et cette compagnie des Indes, fondée avec des peines extrêmes par le grand Colbert, reproduite de nos jours par des secousses singulières, fut, pendant quelques années, une des plus grandes ressources du royaume[2]. Le roi forma encore une compagnie du Nord en 1669: il y mit des fonds comme dans celle des Indes. Il parut bien alors que le commerce ne déroge pas, puisque les plus grandes maisons s'inté-

---

[1] Voyez, tome XXI, le chapitre xxix du *Précis du Siècle de Louis XV*; et dans les *Mélanges*, année 1773, l'article Ier des *Fragments historiques sur l'Inde*. B.

[2] Il a été prouvé depuis que la compagnie des Indes n'avait jamais fait qu'un commerce désavantageux, qu'elle n'avait pu soutenir qu'aux dépens du trésor public. Toute compagnie, même lorsqu'elle est florissante, dépense plus en frais de commerce que les particuliers, et rend les denrées dont elle a le privilége plus chères que si le commerce était resté libre. K.

ressaient à ces établissements, à l'exemple du monarque.

La compagnie des Indes occidentales ne fut pas moins encouragée que les autres : le roi fournit le dixième de tous les fonds.

Il donna trente francs par tonneau d'exportation, et quarante d'importation. Tous ceux qui firent construire des vaisseaux dans les ports du royaume reçurent cinq livres pour chaque tonneau que leur navire pouvait contenir [1].

On ne peut encore trop s'étonner que l'abbé de Choisi ait censuré ces établissements dans ses Mémoires, qu'il faut lire avec défiance [a]. Nous sentons

---

[1] Les sommes employées à payer les primes sont levées sur la nation, ce qu'il ne faut point perdre de vue. L'effet d'une prime est d'augmenter pour le commerçant l'intérêt des fonds qu'il met dans le commerce; il peut donc se contenter d'un moindre profit. Ainsi, l'effet de ces primes est d'augmenter le prix des denrées pour le vendeur, ou de les diminuer pour l'acheteur, ou plutôt de produire à-la-fois les deux effets. Lorsqu'elles ont lieu seulement pour le commerce d'un lieu à un autre, leur effet est donc d'augmenter le prix au lieu de l'achat, et de le diminuer au lieu de la vente. Ainsi, proposer une prime d'exportation, c'est forcer tous les citoyens à payer pour que les consommateurs d'une denrée l'achètent plus cher, et que ceux qui la récoltent la vendent aussi plus cher.

Proposer une prime d'importation, c'est forcer tous les citoyens à payer pour que ceux qui ont besoin de certaines denrées puissent les acheter à meilleur marché.

L'établissement de ces primes ne peut donc être ni juste ni utile que pour des temps très courts et dans des circonstances particulières. Si elles sont perpétuelles et générales, elles ne servent qu'à rompre l'équilibre qui, dans l'état de liberté, s'établit naturellement entre les productions et les besoins de chaque espèce. K.

[a] L'abbé Castel de Saint-Pierre s'exprime ainsi, page 105 de son manuscrit intitulé : *Annales politiques :* « Colbert, grand travailleur, en négligeant les « compagnies de commerce maritime pour avoir plus de soin des sciences cu- « rieuses et des beaux-arts, prit l'ombre pour le corps. » Mais Colbert fut si

aujourd'hui tout ce que le ministre Colbert fit pour le bien du royaume ; mais alors on ne le sentait pas : il travaillait pour des ingrats. On lui sut à Paris beaucoup plus mauvais gré de la suppression de quelques rentes sur l'hôtel de ville acquises à vil prix depuis 1656, et du décri où tombèrent les billets de l'épargne prodigués sous le précédent ministère, qu'on ne fut sensible au bien général qu'il fesait [1]. Il y avait plus de bourgeois que de citoyens. Peu de personnes portaient leurs vues sur l'avantage public. On sait combien l'intérêt particulier fascine les yeux et rétrécit l'esprit ; je ne dis pas seulement l'intérêt d'un commerçant, mais d'une compagnie, mais d'une ville. La réponse grossière d'un marchand, nommé Hazon, qui, consulté par ce ministre, lui dit : « Vous avez « trouvé la voiture renversée d'un côté, et vous l'avez « renversée de l'autre, » était encore citée avec complaisance dans ma jeunesse ; et cette anecdote se retrouve dans Moréri [2]. Il a fallu que l'esprit philoso-

---

loin de négliger le commerce maritime, que ce fut lui seul qui l'établit : jamais ministre ne prit moins l'ombre pour le corps. C'est contredire une vérité reconnue de toute la France et de l'Europe.

Cette note a été écrite au mois d'août 1756.—Toute cette note est en effet dans l'édition de 1756. Les *Annales* de l'abbé de Saint-Pierre n'ont été imprimées qu'en 1758. B.

[1] Nous ne pouvons dissimuler ici que ces plaintes étaient justes. Le retranchement des rentes était une banqueroute ; et toute banqueroute est un véritable crime, lorsqu'une nécessité absolue n'y contraint point. La morale des états n'est pas différente de celle des particuliers ; et jamais un homme qui fraude ses créanciers ne sera digne d'estime, quelque bienfesant qu'il paraisse dans le reste de sa conduite. K.

[2] Un autre négociant, consulté par lui sur ce qu'il devait faire pour encourager le commerce, lui répondit, « Laisser faire, et laisser passer ; » et il avait raison. Colbert fit précisément le contraire ; il multiplia les droits de

phique, introduit fort tard en France, ait réformé les préjugés du peuple, pour qu'on rendît enfin une justice entière à la mémoire de ce grand homme. Il avait la même exactitude que le duc de Sulli, et des vues beaucoup plus étendues. L'un ne savait que ménager, l'autre savait faire de grands établissements. Sulli, depuis la paix de Vervins, n'eut d'autre embarras que celui de maintenir une économie exacte et sévère; et il fallut que Colbert trouvât des ressources promptes et immenses pour la guerre de 1667 et pour celle de 1672. Henri IV secondait l'économie de Sulli : les magnificences de Louis XIV contrarièrent toujours le système de Colbert[1].

Cependant presque tout fut réparé ou créé de son temps. La réduction de l'intérêt au denier vingt, des emprunts du roi et des particuliers, fut la preuve sensible, en 1665, d'une abondante circulation. Il voulait

toute espèce, prodigua les réglements en tout genre. Quelques artistes instruits lui ayant donné des mémoires sur la méthode de fabriquer différentes espèces de tissus, sur l'art de la teinture, etc., il s'imagina d'ériger en lois ce qui n'était que la description des procédés usités dans les meilleures manufactures : comme s'il n'était pas de la nature des arts de perfectionner sans cesse leurs procédés ; comme si le génie d'invention pouvait attendre pour agir la permission du législateur ; comme si les produits des manufactures ne devaient pas changer, suivant les différentes modes de se vêtir, de se meubler. On condamnait à des peines infamantes les ouvriers qui s'écarteraient des réglements établis pour fixer la largeur d'une étoffe, le nombre des fils de la chaîne, la nature de la soie, du fil qu'on devait employer : et on a long-temps appelé ces réglements ridicules et tyranniques une protection accordée aux arts. On doit pardonner à Colbert d'avoir ignoré des principes inconnus de son temps, et même long-temps après lui ; mais ces condamnations rigoureuses, cette tyrannie qui érige en crimes des actions légitimes en elles-mêmes, ne peuvent être excusées. K.

[1] Voyez, sur Colbert, une note des éditeurs de Kehl, au chant VII de la *Henriade*, tome X. B.

enrichir la France et la peupler. Les mariages dans les campagnes furent encouragés, par une exemption de tailles pendant cinq années, pour ceux qui s'établiraient à l'âge de vingt ans; et tout père de famille qui avait dix enfants était exempt pour toute sa vie, parcequ'il donnait plus à l'état par le travail de ses enfants, qu'il n'eût pu donner en payant la taille. Ce réglement aurait dû demeurer à jamais sans atteinte.

Depuis l'an 1663 jusqu'en 1672, chaque année de ce ministère fut marquée par l'établissement de quelque manufacture. Les draps fins qu'on tirait auparavant d'Angleterre, de Hollande, furent fabriqués dans Abbeville. Le roi avançait au manufacturier deux mille livres par chaque métier battant, outre des gratifications considérables. On compta, dans l'année 1669, quarante-quatre mille deux cents métiers en laine dans le royaume. Les manufactures de soie perfectionnées produisirent un commerce de plus de cinquante millions de ce temps-là; et non seulement l'avantage qu'on en tirait était beaucoup au-dessus de l'achat des soies nécessaires, mais la culture des mûriers mit les fabricants en état de se passer des soies étrangères pour la trame des étoffes.

On commença dès 1666 à faire d'aussi belles glaces qu'à Venise, qui en avait toujours fourni toute l'Europe; et bientôt on en fit dont la grandeur et la beauté n'ont pu jamais être imitées ailleurs. Les tapis de Turquie et de Perse furent surpassés à la Savonnerie. Les tapisseries de Flandre cédèrent à celles des Gobelins. Ce vaste enclos des Gobelins était rempli alors de plus de huit cents ouvriers; il y en avait trois cents qu'on y logeait : les meilleurs peintres dirigeaient l'ouvrage, ou sur leurs propres dessins, ou sur ceux des anciens maîtres d'Italie. C'est dans cette enceinte des Gobelins qu'on fabriquait encore des ouvrages de rapport, espèce de mosaïque admirable; et l'art de la marqueterie fut poussé à sa perfection.

Outre cette belle manufacture de tapisseries aux Gobelins, on en établit une autre à Beauvais. Le premier manufacturier eut six cents ouvriers dans cette ville; et le roi lui fit présent de soixante mille livres.

Seize cents filles furent occupées aux ouvrages de dentelles : on fit venir trente principales ouvrières de Venise, et deux cents de Flandre; et on leur donna trente-six mille livres pour les encourager.

Les fabriques des draps de Sedan, celles des tapisseries d'Aubusson, dégénérées et tombées, furent rétablies. Les riches étoffes, où la soie se mêle avec l'or et l'argent, se fabriquèrent à Lyon, à Tours, avec une industrie nouvelle.

On sait que le ministère acheta en Angleterre le secret de cette machine ingénieuse avec laquelle on fait les bas dix fois plus promptement qu'à l'aiguille. Le fer-blanc, l'acier, la belle faïence, les cuirs maroquinés qu'on avait toujours fait venir de loin, furent travaillés en France. Mais des calvinistes, qui avaient le secret du fer-blanc et de l'acier, emportèrent, en 1686, ce secret avec eux, et firent partager cet avantage et beaucoup d'autres à des nations étrangères.

Le roi achetait tous les ans pour environ huit cent mille de nos livres de tous les ouvrages de goût qu'on fabriquait dans son royaume, et il en fesait des présents.

Il s'en fallait beaucoup que la ville de Paris fût ce qu'elle est aujourd'hui. Il n'y avait ni clarté, ni sûreté, ni propreté. Il fallut pourvoir à ce nettoiement continuel des rues ; à cette illumination que cinq mille fanaux forment toutes les nuits, paver la ville tout entière, y construire deux nouveaux ports, rétablir les anciens, faire veiller une garde continuelle, à pied et à cheval, pour la sûreté des citoyens. Le roi se chargea de tout en affectant des fonds à ces dépenses nécessaires. Il créa, en 1667, un magistrat uniquement pour veiller à la police. La plupart des grandes villes de l'Europe ont à peine imité ces exemples long-temps après, et aucune ne les a égalés. Il n'y a point de ville pavée comme Paris ; et Rome même n'est pas éclairée.

Tout commençait à tendre tellement à la perfection, que le second lieutenant de police [1] qu'eut Paris acquit dans cette place une réputation qui le mit au rang de ceux qui ont fait honneur à ce siècle : aussi était-ce un homme capable de tout. Il fut depuis dans le ministère ; et il eût été bon général d'armée. La place de lieutenant de police était au-dessous de sa naissance et de son mérite ; et cependant cette place lui fit un bien plus grand nom que le ministère gêné et passager qu'il obtint sur la fin de sa vie.

On doit observer ici que M. d'Argenson ne fut pas

[1] Le premier lieutenant-général de police fut Gabriel Nicolas de La Reinie, de 1667 à 1697 ; le second, de 1697 à 1718, fut le marquis d'Argenson, dont j'ai parlé dans une note, tome XXII, page 291. B.

le seul, à beaucoup près, de l'ancienne chevalerie, qui eût exercé la magistrature. La France est presque l'unique pays de l'Europe où l'ancienne noblesse ait pris souvent le parti de la robe. Presque tous les autres états, par un reste de barbarie gothique, ignorent encore qu'il y ait de la grandeur dans cette profession[1].

Le roi ne cessa de bâtir au Louvre, à Saint-Germain, à Versailles, depuis 1661. Les particuliers, à son exemple, élevèrent dans Paris mille édifices superbes et commodes. Le nombre s'en est accru tellement que, depuis les environs du Palais-Royal et ceux de Saint-Sulpice, il se forma dans Paris deux villes nouvelles, fort supérieures à l'ancienne. Ce fut en ce temps-là qu'on inventa la commodité magnifique de ces carrosses ornés de glaces et suspendus par des ressorts; de sorte qu'un citoyen de Paris se promenait dans cette grande ville avec plus de luxe que les premiers triomphateurs romains n'allaient autrefois au Capitole. Cet usage, qui a commencé dans Paris, fut bientôt reçu dans toute l'Europe; et, devenu commun, il n'est plus un luxe.

Louis XIV avait du goût pour l'architecture, pour les jardins, pour la sculpture; et ce goût était en tout dans le grand et dans le noble. Dès que le contrôleur-

---

[1] Cette assertion a besoin d'être expliquée. M. de Voltaire n'ignorait pas que dans les républiques aristocratiques, comme Venise, comme la Pologne, le droit d'exercer les magistratures supérieures est un de ceux de la noblesse; qu'en Angleterre les pairs sont de vrais magistrats, et y forment seuls la noblesse. Il ne veut parler que des monarchies qui se sont élevées sur les débris du gouvernement féodal; et son observation est vraie pour tous ces pays. K.

général Colbert eut, en 1664, la direction des bâtiments, qui est proprement le ministère des arts [a], il

[a] L'abbé de Saint-Pierre, dans ses *Annales politiques*, page 104 de son manuscrit, dit que « ces choses prouvent le nombre des fainéants ; leur goût « pour la fainéantise, qui suffit à entretenir et à nourrir d'autres espèces de « fainéants......; que c'est présentement ce qu'est la nation italienne, où ces « arts sont portés à une haute perfection ; ils sont gueux, fainéants, pares- « seux, vains, occupés de niaiseries, etc. »

Ces réflexions grossières et écrites grossièrement n'en sont pas plus justes. Lorsque les Italiens réussirent le plus dans ces arts, c'était sous les Médicis, pendant que Venise était la plus guerrière et la plus opulente des républiques. C'était le temps où l'Italie produisit de grands hommes de guerre, et des artistes illustres en tout genre ; et c'est de même dans les années florissantes de Louis XIV que les arts ont été le plus perfectionnés. L'abbé de Saint-Pierre s'est trompé dans beaucoup de choses, et a fait regretter que la raison n'ait pas secondé en lui les bonnes intentions. — Cette différence d'opinion entre les deux hommes des temps modernes qui ont consacré leur vie entière à plaider la cause de l'humanité avec le plus de constance et le zèle le plus pur, mérite de nous arrêter.

La magnificence dans les monuments publics est une suite de l'industrie et de la richesse d'une nation. Si la nation n'a point de dettes, si tous les impôts onéreux sont supprimés, si le revenu public n'est en quelque sorte que le superflu de la richesse publique, alors cette magnificence n'a rien qui blesse la justice. Elle peut même devenir avantageuse, parcequ'elle peut servir soit à former des ouvriers utiles à la société, soit à occuper ceux qui ne peuvent vivre que d'une espèce de travail, dans les temps où, par des circonstances particulières, ce travail vient à leur manquer. Les beaux-arts adoucissent les mœurs, servent à donner des charmes à la raison, à inspirer le goût de l'instruction. Ils peuvent devenir, entre les mains d'un gouvernement éclairé, un des meilleurs moyens d'adoucir ou d'élever les ames, de rendre les mœurs moins féroces ou moins grossières, de répandre des principes utiles.

Mais surcharger le peuple d'impôts pour étonner les étrangers par une vaine magnificence, obérer le trésor public pour embellir des jardins, bâtir des théâtres lorsqu'on manque de fontaines, élever des palais lorsqu'on n'a point de fonds pour creuser des canaux nécessaires à l'abondance publique, ce n'est point protéger les arts, c'est sacrifier un peuple entier à la vanité d'un seul homme.

Offrir un asile à ceux qui ont versé leur sang pour la patrie, élever aux dépens du public les enfants de ceux qui ont servi leur pays, c'est remplir un devoir de reconnaissance, c'est acquitter une dette sacrée pour la nation

s'appliqua à seconder les projets de son maître. Il fallut d'abord travailler à achever le Louvre. François Mansard, l'un des plus grands architectes qu'ait eus la France, fut choisi pour construire les vastes édifices qu'on projetait. Il ne voulut pas s'en charger sans avoir la liberté de refaire ce qui lui paraîtrait défectueux dans l'exécution. Cette défiance de lui-même, qui eût entraîné trop de dépenses, le fit exclure. On appela de Rome le cavalier Bernini, dont le nom était célèbre par la colonnade qui entoure le parvis de Saint-Pierre, par la statue équestre de Constantin, et par la fontaine Navonne. Des équipages lui furent fournis pour son voyage. Il fut conduit à Paris en homme qui venait honorer la France. Il reçut, outre cinq louis par jour pendant huit mois qu'il y resta, un présent de cinquante mille écus, avec une pension de deux mille, et une de cinq cents pour son fils. Cette générosité de Louis XIV, envers le Bernin, fut encore plus grande que la magnificence de François Ier pour Raphaël. Le Bernin, par reconnaissance, fit depuis à Rome la statue équestre du roi, qu'on voit à Versailles. Mais quand il arriva à Paris avec tant d'appareil, comme le seul homme digne de travailler pour

---

même : qui pourrait blâmer de tels établissements ? Mais si l'on y déploie une magnificence inutile, si l'on emploie à secourir cent familles ce qui en eût soulagé deux cents, si ce qu'on sacrifie pour la vanité excède ce qu'on a dépensé en bienfesance, alors ces mêmes établissements méritent une juste critique. C'est surtout en ce point que l'amour de la justice l'emporte sur l'amour de la gloire. L'un et l'autre inspirent également le bien : mais l'amour de la justice apprend seul à le bien faire. Ainsi M. de Voltaire et l'abbé de Saint-Pierre avaient tous deux raison ; et on ne peut leur reprocher que d'avoir exagéré leurs opinions. K.

Louis XIV, il fut bien surpris de voir le dessin de la façade du Louvre[1], du côté de Saint-Germain-l'Auxerrois, qui devint bientôt après dans l'exécution un des plus augustes monuments d'architecture qui soient au monde. Claude Perrault avait donné ce dessin exécuté par Louis Levau et Dorbay. Il inventa les machines avec lesquelles on transporta des pierres de cinquante-deux pieds de long, qui forment le fronton de ce majestueux édifice. On va chercher quelquefois bien loin ce qu'on a chez soi. Aucun palais de Rome n'a une entrée comparable à celle du Louvre, dont on est redevable à ce Perrault que Boileau osa vouloir rendre ridicule. Ces vignes si renommées sont, de l'aveu des voyageurs, très inférieures au seul château de Maisons, qu'avait bâti François Mansard à si peu de frais. Bernini fut magnifiquement récompensé, et ne mérita pas ses récompenses : il donna seulement des dessins qui ne furent pas exécutés.

Le roi, en fesant bâtir ce Louvre dont l'achèvement est tant désiré, en fesant une ville à Versailles près de ce château qui a coûté tant de millions[2], en bâtis-

---

[1] Charles Perrault, page 111 de ses *Mémoires*, que j'ai déjà cités page 156, dit que ce ne fut qu'après le départ de Bernin que les dessins de la façade, par Claude Perrault, furent présentés à Louis XIV. B.

[2] C'est ainsi que Voltaire s'exprimait en 1751. En 1756 il appelait Versailles *un abîme de dépenses* (tome XVIII, page 217). On a vu qu'il portait à plus de cinq cents millions, monnaie du temps, la dépense faite par Louis XIV à Versailles. Mirabeau, dans la neuvième de ses *Lettres à mes commettants*, avait dit, en 1789 : « Le maréchal de Belle-Isle s'arrêta d'effroi quand il eut compté jusqu'à douze cents millions de dépenses faites à Versailles, et il n'osa sonder jusqu'au fond cet abîme. » Volney, dans ses *Leçons d'histoire*, faites en 1795 à l'école normale, porte les dépenses de Louis XIV pour Versailles à quatorze cents millions, à seize francs le marc, dit-il; ce

sant Trianon, Marli, et en fesant embellir tant d'autres édifices, fit élever l'Observatoire, commencé en 1666, dès le temps qu'il établit l'Académie des Sciences. Mais le monument le plus glorieux par son utilité, par sa grandeur, et par ses difficultés, fut ce canal du Languedoc qui joint les deux mers, et qui tombe dans le port de Cette, construit pour recevoir ses eaux. Tout ce travail fut commencé dès 1664; et on le continua sans interruption jusqu'en 1681. La fondation des Invalides et la chapelle de ce bâtiment, la plus belle de Paris, l'établissement de Saint-Cyr, le dernier de tant d'ouvrages construits par ce monarque, suffiraient seuls pour faire bénir sa mémoire[a]. Quatre mille soldats et un grand nombre d'officiers, qui trouvent dans l'un de ces grands asiles une consolation dans leur vieillesse, et des secours pour leurs blessures et pour leurs besoins, deux cent cinquante filles nobles qui reçoivent dans l'autre une éducation digne d'elles, sont autant de voix qui célèbrent Louis XIV. L'établissement de Saint-Cyr sera surpassé par celui que Louis XV vient de former pour élever cinq cents gentilshommes [1]; mais, loin de faire oublier Saint-Cyr, il en fait souvenir : c'est l'art de faire du bien qui s'est perfectionné.

qui fait plus de quatre milliards cinq cents millions, à cinquante-deux francs le marc. En rejetant les calculs de Mirabeau et de Volney, on peut s'en tenir à celui de Voltaire : voyez ma note, tome XXXIX, page 10. B.

[a] L'abbé de Saint-Pierre critique cet établissement, que presque toutes les nations ont imité.

[1] L'École militaire : voyez, tome XLVIII, l'*Éloge funèbre de Louis XV*; et, dans la *Correspondance*, la lettre à Paris Duverney, du 26 juillet 1756. B.

Louis XIV voulut en même temps faire des choses plus grandes et d'une utilité plus générale, mais d'une exécution plus difficile ; c'était de réformer les lois. Il y fit travailler le chancelier Séguier, les Lamoignon, les Talon, les Bignon, et surtout le conseiller d'état Pussort. Il assistait quelquefois à leurs assemblées. L'année 1667 fut à-la-fois l'époque de ses premières lois et de ses conquêtes. L'ordonnance civile parut d'abord, ensuite le code des eaux et forêts, puis des statuts pour toutes les manufactures ; l'ordonnance criminelle, le code du commerce, celui de la marine, tout cela se suivit presque d'année en année. Il y eut même une jurisprudence nouvelle, établie en faveur des nègres de nos colonies, espèce d'hommes qui n'avait pas encore joui des droits de l'humanité [1].

Une connaissance approfondie de la jurisprudence n'est pas le partage d'un souverain ; mais le roi était instruit des lois principales : il en possédait l'esprit, et savait où les soutenir ou les mitiger à propos. Il jugeait souvent les causes de ses sujets, non seulement dans le conseil des secrétaires d'état, mais dans celui qu'on appelle le *conseil des parties*. Il y a de lui deux jugements célèbres, dans lesquels sa voix décida contre lui-même.

[1] Tous ces codes sont des monuments de l'ignorance où la France et toute l'Europe, à l'exception de l'Angleterre, étaient plongées sur les objets qui intéressent le plus les hommes. Pussort, loué par Despréaux, n'avait d'autre mérite que d'être parent de Colbert, et d'avoir montré autant de barbarie que de bassesse dans l'affaire de Fouquet. Le code criminel est une preuve du mépris que des hommes qui se croient au-dessus des lois osent quelquefois montrer pour le peuple ; le code noir n'a servi qu'à montrer que les gens de loi consultés par Louis XIV n'avaient aucune idée des droits de l'humanité. K.

Dans le premier, en 1680, il s'agissait d'un procès entre lui et des particuliers de Paris qui avaient bâti sur son fonds. Il voulut que les maisons leur demeurassent avec le fonds qui lui appartenait, et qu'il leur céda.

L'autre regardait un Persan, nommé Roupli, dont les marchandises avaient été saisies par les commis de ses fermes en 1687. Il opina que tout lui fût rendu, et y ajouta un présent de trois mille écus. Roupli porta dans sa patrie son admiration et sa reconnaissance. Lorsque nous avons vu depuis à Paris l'ambassadeur persan, Mehemet Rizabeg, nous l'avons trouvé instruit dès long-temps de ce fait par la renommée.

L'abolition des duels fut un des plus grands services rendus à la patrie. Ces combats avaient été autorisés autrefois par les rois, par les parlements mêmes, et par l'Église; et, quoiqu'ils fussent défendus depuis Henri IV, cette funeste coutume subsistait plus que jamais. Le fameux combat des La Frette, de quatre contre quatre, en 1663, fut ce qui détermina Louis XIV à ne plus pardonner. Son heureuse sévérité corrigea peu-à-peu notre nation, et même les nations voisines, qui se conformèrent à nos sages coutumes, après avoir pris nos mauvaises. Il y a dans l'Europe cent fois moins de duels aujourd'hui que du temps de Louis XIII [1].

---

[1] La douceur des mœurs, l'habitude de vivre dans la société, ont plus contribué que les lois à diminuer la fureur des duels. Louis XIV n'a réellement détruit que l'usage d'appeler des seconds. Ses lois n'ont pas empêché que, de Stockholm à Cadix, tout gentilhomme qui refuse un appel, ou qui souffre

Législateur de ses peuples, il le fut de ses armées. Il est étrange qu'avant lui on ne connût point les habits uniformes dans les troupes. Ce fut lui qui, la première année de son administration, ordonna que chaque régiment fût distingué par la couleur des habits ou par différentes marques; réglement adopté bientôt par toutes les nations. Ce fut lui[a] qui institua les brigadiers, et qui mit les corps dont la maison du roi est formée sur le pied où ils sont aujourd'hui. Il fit une compagnie de mousquetaires des gardes du cardinal Mazarin, et fixa à cinq cents hommes le nombre des deux compagnies auxquelles il donna l'habit qu'elles portent encore.

Sous lui, plus de connétable; et après la mort du duc d'Épernon, plus de colonel-général de l'infanterie; ils étaient trop maîtres; il voulait l'être, et le devait. Le maréchal de Grammont, simple mestre de camp des gardes françaises, sous le duc d'Épernon, et prenant l'ordre de ce colonel-général, ne le prit plus que du roi, et fut le premier qui eut le nom de colonel des gardes. Il installait lui-même ces colonels à la tête du régiment, en leur donnant de sa main un hausse-col doré avec une pique, et ensuite un esponton, quand l'usage des piques fut aboli. Il institua les grenadiers,

---

une injure, ne soit déshonoré. Louis XIV lui-même n'eût ni osé ni voulu forcer un régiment à conserver un officier qui eût obéi à ses édits. Établir la peine de mort contre un homme qui a prouvé qu'il préférait la mort à l'infamie, est une loi également absurde et barbare, digne, en un mot, de la superstition qui l'avait inspirée. K.

[a] L'abbé de Saint-Pierre, dans ses *Annales*, ne parle que de cette institution de brigadiers, et oublie tout ce que Louis XIV fit pour la discipline militaire.

d'abord au nombre de quatre par compagnie, dans le régiment du roi, qui est de sa création; ensuite il forma une compagnie de grenadiers dans chaque régiment d'infanterie; il en donna deux aux gardes françaises; maintenant il y en a dans toute l'infanterie une par bataillon. Il augmenta beaucoup le corps des dragons, et leur donna un colonel-général. Il ne faut pas oublier l'établissement des haras, en 1667. Ils étaient absolument abandonnés auparavant, et ils furent d'une grande ressource pour remonter la cavalerie. Ressource importante, depuis trop négligée [1].

L'usage de la baïonnette au bout du fusil est de son institution. Avant lui on s'en servait quelquefois, mais il n'y avait que quelques compagnies qui combattissent avec cette arme. Point d'usage uniforme, point d'exercice; tout était abandonné à la volonté du général. Les piques passaient pour l'arme la plus redoutable. Le premier régiment qui eut des baïonnettes, et qu'on forma à cet exercice, fut celui des fusiliers, établi en 1671.

La manière dont l'artillerie est servie aujourd'hui lui est due tout entière. Il en fonda des écoles à Douai, puis à Metz, et à Strasbourg; et le régiment d'artillerie s'est vu enfin rempli d'officiers presque tous

---

[1] Pour qu'un pays produise des chevaux, il faut que les propriétaires de terres, ou les cultivateurs qui les représentent, trouvent du profit à en élever; il faut, de plus, que les impôts permettent aux cultivateurs de faire les avances qu'exige ce commerce. Il est aisé de voir que des haras régis pour le compte du roi ne peuvent produire que des chevaux à un prix exorbitant; et que les réglements pour les étalons distribués dans les provinces n'étaient, comme tant d'autres, qu'un impôt déguisé sous la forme d'un établissement de police. K.

CHAP. XXIX. DISCIPLINE MILITAIRE. 257

capables de bien conduire un siége. Tous les magasins du royaume étaient pourvus, et on y distribuait tous les ans huit cents milliers de poudre. Il forma un régiment de bombardiers et un de houssards : avant lui, on ne connaissait les houssards que chez les ennemis.

Il établit, en 1688, trente régiments de milice, fournis et équipés par les communautés. Ces milices s'exerçaient à la guerre sans abandonner la culture des campagnes[1].

Des compagnies de cadets furent entretenues dans la plupart des places frontières : ils y apprenaient les mathématiques, le dessin, et tous les exercices, et fesaient les fonctions de soldats. Cette institution dura dix années. On se lassa enfin de cette jeunesse trop difficile à discipliner ; mais le corps des ingénieurs, que le roi forma, et auquel il donna les réglements qu'il suit encore, est un établissement à jamais durable. Sous lui, l'art de fortifier les places fut porté à la per-

---

[1] Ces milices étaient tirées au sort ; ainsi on forçait des hommes à s'exposer malgré eux aux dangers de la guerre, sans leur permettre de racheter leur service personnel par de l'argent ; sans que les motifs de devoir qui pouvaient les attacher à leur pays fussent écoutés, sans qu'aucune paie les dédommageât de la perte réelle à laquelle on les condamnait ; car un homme qui peut d'un moment à l'autre être enlevé à ses travaux par un ordre, trouve plus difficilement de l'emploi qu'un homme libre.

Les tirages forcés jetaient la désolation dans les villages, fesaient abandonner tous les travaux, excitaient entre ceux qui cherchaient à se dérober au sort, et ceux qui voulaient les contraindre à le subir, des haines durables, et souvent des querelles sanglantes. Ce fardeau tombait principalement sur les habitants des campagnes, qui les quittaient pour aller chercher dans les villes des emplois qui les missent à l'abri de ce fléau. M. de Voltaire n'avait jamais été le témoin d'un tirage de milice. Si ce spectacle, également horrible et déchirant, eût une fois frappé ses regards, il n'eût pu se résoudre à citer avec éloge cet établissement de Louis XIV. K.

SIÈCLE DE LOUIS XIV. II. 17

fection par le maréchal de Vauban et ses élèves, qui surpassèrent le comte de Pagan [1]. Il construisit ou répara cent cinquante places de guerre.

Pour soutenir la discipline militaire, il créa des inspecteurs généraux, ensuite des directeurs, qui rendirent compte de l'état des troupes; et on voyait, par leur rapport, si les commissaires des guerres avaient fait leur devoir.

Il institua l'ordre de Saint-Louis [2], récompense honorable, plus briguée souvent que la fortune. L'hôtel des Invalides mit le comble aux soins qu'il prit pour mériter d'être bien servi.

C'est par de tels soins que, dès l'an 1672, il eut cent quatre-vingt mille hommes de troupes réglées, et qu'augmentant ses forces à mesure que le nombre et la puissance de ses ennemis augmentaient, il eut enfin jusqu'à quatre cent cinquante mille hommes en armes, en comptant les troupes de la marine.

Avant lui, on n'avait point vu de si fortes armées. Ses ennemis lui en opposèrent à peine d'aussi considérables; mais il fallait qu'ils fussent réunis. Il montra ce que la France seule pouvait; et il eut toujours ou de grands succès, ou de grandes ressources.

Il fut le premier qui, en temps de paix, donna une image et une leçon complète de la guerre. Il assembla à Compiègne soixante et dix mille hommes, en 1698. On y fit toutes les opérations d'une cam-

---

[1] Blaise-François de Pagan, né en 1604, mort en 1665, auteur d'un *Traité des fortifications*, 1645, in-folio, passait, de son temps, pour le premier ingénieur. B.

[2] 10 mai 1693. B.

pagne. C'était pour l'instruction de ses trois petits-fils. Le luxe fit une fête somptueuse de cette école militaire.

Cette même attention qu'il eut à former des armées de terre nombreuses et bien disciplinées, même avant d'être en guerre, il l'eut à se donner l'empire de la mer. D'abord, le peu de vaisseaux que le cardinal Mazarin avait laissé pourrir dans les ports sont réparés. On en fait acheter en Hollande, en Suède; et, dès la troisième année de son gouvernement, il envoie ses forces maritimes s'essayer à Gigeri [1], sur la côte d'Afrique. Le duc de Beaufort purge les mers de pirates, dès l'an 1665; et, deux ans après, la France a dans ses ports soixante vaisseaux de guerre. Ce n'est là qu'un commencement : mais tandis qu'on fait de nouveaux réglements et de nouveaux efforts, il sent déjà toute sa force. Il ne veut pas consentir que ses vaisseaux baissent leur pavillon devant celui d'Angleterre. En vain le conseil du roi Charles II insiste sur ce droit, que la force, l'industrie, et le temps, avaient donné aux Anglais. Louis XIV écrit au comte d'Estrades, son ambassadeur : « Le roi d'Angleterre et son « chancelier peuvent voir quelles sont mes forces; « mais ils ne voient pas mon cœur. Tout ne m'est rien « à l'égard de l'honneur. »

Il ne disait que ce qu'il était résolu de soutenir; et en effet l'usurpation des Anglais céda au droit naturel et à la fermeté de Louis XIV. Tout fut égal entre les deux nations sur la mer. Mais tandis qu'il

---

[1] Voyez ma note, tome XXVI, page 176. B.

veut l'égalité avec l'Angleterre, il soutient sa supériorité avec l'Espagne. Il fait baisser le pavillon aux amiraux espagnols devant le sien, en vertu de cette préséance solennelle accordée en 1662.

Cependant on travaille de tous côtés à l'établissement d'une marine capable de justifier ces sentiments de hauteur. On bâtit la ville et le port de Rochefort, à l'embouchure de la Charente. On enrôle, on enclasse des matelots, qui doivent servir, tantôt sur les vaisseaux marchands, tantôt sur les flottes royales. Il s'en trouve bientôt soixante mille d'enclassés.

Des conseils de construction sont établis dans les ports, pour donner aux vaisseaux la forme la plus avantageuse. Cinq arsenaux de marine sont bâtis à Brest, à Rochefort, à Toulon, à Dunkerque, au Havre-de-Grace. Dans l'année 1672, on a soixante vaisseaux de ligne et quarante frégates. Dans l'année 1681, il se trouve cent quatre-vingt-dix-huit vaisseaux de guerre, en comptant les alléges; et trente galères sont dans le port de Toulon, ou armées, ou prêtes à l'être. Onze mille hommes de troupes réglées servent sur les vaisseaux; les galères en ont trois mille. Il y a cent soixante-six mille hommes d'enclassés pour tous les services divers de la marine. On compta, les années suivantes, dans ce service, mille gentilshommes ou enfants de famille, fesant la fonction de soldats sur les vaisseaux, et apprenant dans les ports tout ce qui prépare à l'art de la navigation et à la manœuvre: ce sont les gardes-marines; ils étaient sur mer ce que les cadets étaient sur terre. On les avait institués en 1672, mais en petit nombre. Ce corps a été l'école d'où sont sortis les meilleurs officiers de vaisseaux.

Il n'y avait point eu encore de maréchaux de France dans le corps de la marine; et c'est une preuve combien cette partie essentielle des forces de la France avait été négligée. Jean d'Estrées fut le premier maréchal, en 1681. Il paraît qu'une des grandes attentions de Louis XIV était d'animer, dans tous les genres, cette émulation sans laquelle tout languit.

Dans toutes les batailles navales que les flottes françaises livrèrent, l'avantage leur demeura toujours, jusqu'à la journée de La Hogue, en 1692, lorsque le comte de Tourville, suivant les ordres de la cour, attaqua, avec quarante-quatre voiles, une flotte de quatre-vingt-dix vaisseaux anglais et hollandais : il fallut céder au nombre : on perdit quatorze vaisseaux du premier rang, qui échouèrent, et qu'on brûla pour ne les pas laisser au pouvoir des ennemis. Malgré cet échec, les forces maritimes se soutinrent toujours; mais elles déclinèrent dans la guerre de la succession. Le cardinal de Fleury les négligea depuis, dans le loisir d'une heureuse paix, seul temps propice pour les rétablir.

Ces forces navales servaient à protéger le commerce. Les colonies de la Martinique, de Saint-Domingue, du Canada, auparavant languissantes, fleurirent, mais avec un avantage qu'on n'avait point espéré jusqu'alors; car, depuis 1635 jusqu'à 1665, ces établissements avaient été à charge.

En 1664, le roi envoie une colonie à Cayenne;

bientôt après une autre à Madagascar. Il tente toutes les voies de réparer le tort et le malheur qu'avait eu si long-temps la France de négliger la mer, tandis que ses voisins s'étaient formé des empires aux extrémités du monde.

On voit, par ce seul coup d'œil, quels changements Louis XIV fit dans l'état; changements utiles, puisqu'ils subsistent. Ses ministres le secondèrent à l'envi. On leur doit sans doute tout le détail, toute l'exécution; mais on lui doit l'arrangement général. Il est certain que les magistrats n'eussent pas réformé les lois, que l'ordre n'eût pas été remis dans les finances, la discipline introduite dans les armées, la police générale dans le royaume; qu'on n'eût point eu de flottes, que les arts n'eussent point été encouragés, tout cela de concert, et en même temps, et avec persévérance, et sous différents ministres, s'il ne se fût trouvé un maître qui eût en général toutes ces grandes vues, avec une volonté ferme de les remplir.

Il ne sépara point sa propre gloire de l'avantage de la France, et il ne regarda pas le royaume du même œil dont un seigneur regarde sa terre, de laquelle il tire tout ce qu'il peut, pour ne vivre que dans les plaisirs. Tout roi qui aime la gloire aime le bien public; il n'avait plus ni Colbert ni Louvois, lorsque, vers l'an 1698, il ordonna, pour l'instruction du duc de Bourgogne, que chaque intendant fît une description détaillée de sa province. Par là on pouvait avoir une notice exacte du royaume, et un dénombrement juste des peuples. L'ouvrage fut utile, quoique tous les intendants n'eussent pas la capacité et l'attention de M. de Lamoignon de Bâville. Si on avait rempli les vues du roi sur chaque province, comme elles le furent par ce magistrat dans le dénombrement du Languedoc, ce recueil de mémoires eût été un des plus beaux monuments du siècle. Il y en a quelques-uns de bien faits; mais on manqua le plan, en n'assujettissant pas tous les intendants au même ordre. Il eût été à desirer que chacun eût donné par colonnes un état du nombre des habitants de chaque élection, des nobles, des citoyens, des laboureurs, des artisans, des manœuvres, des bestiaux de toute espèce, des bonnes, des médiocres, et des mauvaises terres, de tout le clergé régulier et séculier, de leurs revenus, de ceux des villes, de ceux des communautés.

Tous ces objets sont confondus dans la plupart des Mémoires qu'on a donnés : les matières y sont peu approfondies et peu exactes; il faut y chercher, souvent avec peine, les connaissances dont on a besoin, et qu'un ministre doit trouver sous sa main et embrasser d'un coup d'œil, pour découvrir aisément les forces, les besoins et les ressources. Le projet était excellent, et une exécution uniforme serait de la plus grande utilité.

Voilà en général ce que Louis XIV fit et essaya pour rendre sa nation plus florissante. Il me semble qu'on ne peut guère voir tous ces travaux et tous ces efforts sans quelque reconnaissance, et sans être animé de l'amour du bien public qui les inspira. Qu'on se représente ce qu'était le royaume du temps de la fronde, et ce qu'il est de nos jours. Louis XIV fit plus de bien à sa nation que vingt de ses prédécesseurs ensemble; et il s'en faut beaucoup qu'il fît ce qu'il aurait pu. La guerre, qui finit par la paix de Rysvick, commença la ruine de ce grand commerce que son ministre Colbert avait établi; et la guerre de la succession l'acheva.

S'il avait employé à embellir Paris, à finir le Louvre, les sommes immenses que coûtèrent les aquéducs et les travaux de Maintenon, pour conduire des eaux à Versailles, travaux interrompus et devenus inutiles; s'il avait dépensé à Paris la cinquième partie de ce qu'il en a coûté pour forcer la nature à Versailles, Paris serait, dans toute son étendue, aussi beau qu'il l'est du côté des Tuileries et du Pont-Royal, et serait devenu la plus magnifique ville de l'univers.

C'est beaucoup d'avoir réformé les lois, mais la chicane n'a pu être écrasée par la justice. On pensa à rendre la jurisprudence uniforme; elle l'est dans les affaires criminelles, dans celles du commerce, dans la procédure : elle pourrait l'être dans les lois qui règlent les fortunes des citoyens. C'est un très grand inconvénient qu'un même tribunal ait à prononcer sur plus de cent coutumes différentes. Des droits de terres, ou équivoques, ou onéreux, ou qui gênent la société, subsistent encore comme des restes du gouvernement féodal qui ne subsiste plus : ce sont des décombres d'un bâtiment gothique ruiné.

Ce n'est pas qu'on prétende que les différents ordres de l'état doivent être assujettis à la même loi [1]. On sent bien que les usages de la noblesse, du clergé, des magistrats, des cultivateurs, doivent être différents; mais il est à souhaiter, sans doute, que chaque ordre ait sa loi uniforme dans tout le royaume; que ce qui est juste ou vrai dans la Champagne ne soit pas réputé faux ou injuste en Normandie. L'uniformité en tout genre d'administration est une vertu; mais les difficultés de ce grand ouvrage ont effrayé.

Louis XIV aurait pu se passer plus aisément de la ressource dangereuse des traitants, à laquelle le réduisit l'anticipation qu'il fit presque toujours sur ses revenus, comme on le verra dans le chapitre des finances.

S'il n'eût pas cru qu'il suffisait de sa volonté pour faire changer de religion à un million d'hommes, la France n'eût pas perdu tant de citoyens[a]. Ce pays cependant, malgré ses secousses et ses pertes, est encore un des plus florissants de la terre, parceque tout le bien qu'a fait Louis XIV subsiste, et que le mal, qu'il était difficile de ne pas faire dans des temps orageux, a été réparé. Enfin la postérité, qui juge les rois, et dont ils doivent avoir toujours le jugement devant les yeux, avouera, en pesant les vertus et les faiblesses de ce monarque, que, quoiqu'il eût été trop loué pendant sa vie, il mérita de l'être à jamais,

[1] La première phrase de cet alinéa est de 1753; la seconde phrase était dans l'édition de 1752; la troisième phrase est dans l'édition de 1751. B.

[a] Voyez, ci-après, le chapitre xxxvi, *Du Calvinisme*.

et qu'il fut digne de la statue qu'on lui a érigée à Montpellier, avec une inscription latine, dont le sens est : *A Louis-le-Grand après sa mort.* Don Ustariz, homme d'état, qui a écrit sur les finances et le commerce d'Espagne, appelle Louis XIV *un homme prodigieux.*

Tous les changements qu'on vient de voir dans le gouvernement, et dans tous les ordres de l'état, en produisirent nécessairement un très grand dans les mœurs. L'esprit de faction, de fureur, et de rébellion, qui possédait les citoyens depuis le temps de François II, devint une émulation de servir le prince. Les seigneurs des grandes terres n'étant plus cantonnés chez eux, les gouverneurs des provinces n'ayant plus de postes importants à donner; chacun songea à ne mériter de graces que celles du souverain; et l'état devint un tout régulier dont chaque ligne aboutit au centre.

C'est là ce qui délivra la cour des factions et des conspirations qui avaient troublé l'état pendant tant d'années. Il n'y eut sous l'administration de Louis XIV qu'une seule conjuration, en 1674, imaginée par La Truaumont, gentilhomme normand, perdu de débauches et de dettes, et embrassée par un homme de la maison de Rohan, grand veneur de France, qui avait beaucoup de courage et peu de prudence. La hauteur et la dureté du marquis de Louvois l'avaient irrité au point qu'en sortant de son audience il entra tout ému et hors de lui-même chez M. de Caumartin, et se jetant sur un lit de repos : Il faudra, dit-il, que ce..... Louvois meure ou moi. Caumartin ne prit cet emportement que pour une colère passagère : mais le lendemain ce même jeune homme lui ayant demandé s'il croyait les peuples de Normandie affectionnés au gouvernement, il entrevit des desseins dangereux. Les temps de la fronde sont passés, lui dit-il; croyez-moi, vous vous perdrez, et vous ne serez regretté de personne. Le chevalier ne le crut pas; il se jeta à corps perdu dans la conspiration de La Truaumont. Il n'entra dans ce complot qu'un chevalier de Préaux, neveu de La Truaumont, qui, séduit par son oncle, séduisit sa maîtresse, la marquise de Villiers. Leur but et leur espérance n'étaient pas, et ne pouvaient être de se faire un parti dans le royaume : ils prétendaient seulement vendre et livrer Quillebeuf aux Hollandais, et introduire les ennemis en Normandie. Ce fut plutôt une lâche trahison mal ourdie qu'une conspiration. Le supplice de tous les coupables fut le seul événement que produisit ce crime insensé et inutile, dont à peine on se souvient aujourd'hui.

S'il y eut quelques séditions dans les provinces, ce ne furent que de faibles émeutes populaires aisément réprimées. Les huguenots mêmes furent toujours tranquilles jusqu'au temps où l'on démolit leurs temples. Enfin, le roi parvint à faire d'une nation jusquelà turbulente un peuple paisible qui ne fut dangereux qu'aux ennemis, après l'avoir été à lui-même pendant plus de cent années. Les mœurs s'adoucirent sans faire tort au courage [1].

---

[1] C'est ici la véritable cause de la prospérité de la nation française sous Louis XIV. Les circonstances où il se trouva contribuèrent sans doute à cette

Les maisons que tous les seigneurs bâtirent ou achetèrent dans Paris, et leurs femmes qui y vécurent avec dignité, formèrent des écoles de politesse, qui retirèrent peu-à-peu les jeunes gens de cette vie de cabaret qui fut encore long-temps à la mode, et qui n'inspirait qu'une débauche hardie. Les mœurs tiennent à si peu de chose, que la coutume d'aller à cheval dans Paris entretenait une disposition aux querelles fréquentes, qui cessèrent quand cet usage fut aboli. La décence, dont on fut redevable principalement aux femmes qui rassemblèrent la société chez elles, rendit les esprits plus agréables, et la lecture les rendit à la longue plus solides. Les trahisons et les grands crimes, qui ne déshonorent point les hommes dans les temps de faction et de trouble, ne furent presque plus connus. Les horreurs des Brinvilliers et des Voisin ne furent que des orages passagers, sous

tranquillité de l'état ; mais le caractère du roi, et la persuasion qu'il sut établir que tout ce qui était ordonné en son nom était sa volonté propre, y servirent beaucoup. Malgré la barbarie d'une partie des lois, malgré les vices des principes d'administration, l'augmentation des impôts, leur forme onéreuse, la dureté des lois fiscales ; malgré les mauvaises maximes qui dirigèrent le gouvernement dans la législation du commerce et des manufactures ; enfin, malgré les persécutions contre les protestants, on peut observer que les peuples de l'intérieur du royaume, et même, jusqu'à la guerre de la succession, ceux des provinces frontières, ont vécu en paix, à l'abri des lois ; le cultivateur, l'artisan, le manufacturier, le marchand, étaient sûrs de recueillir le fruit de leur travail, sans craindre ni les brigands ni les petits oppresseurs. On put donc perfectionner la culture et les arts, se livrer à de grandes entreprises dans les manufactures et dans le commerce, y consacrer des capitaux considérables, faire des avances, même pour des temps éloignés. Cette paix dans l'intérieur d'un état est d'une plus grande importance que la plupart des politiques ne l'ont cru. De ce qu'un état tranquille a prospéré, il ne faut point en conclure qu'il ait eu ni de bonnes lois, ni une bonne constitution, ni un bon gouvernement. K.

un ciel d'ailleurs serein ; et il serait aussi déraisonnable de condamner une nation sur les crimes éclatants de quelques particuliers, que de la canoniser sur la réforme de la Trappe.

Tous les différents états de la vie étaient auparavant reconnaissables par des défauts qui les caractérisaient. Les militaires et les jeunes gens qui se destinaient à la profession des armes avaient une vivacité emportée; les gens de justice, une gravité rebutante, à quoi ne contribuait pas peu l'usage d'aller toujours en robe, même à la cour. Il en était de même des universités et des médecins. Les marchands portaient encore de petites robes lorsqu'ils s'assemblaient, et qu'ils allaient chez les ministres, et les plus grands commerçants étaient alors des hommes grossiers ; mais les maisons, les spectacles, les promenades publiques, où l'on commençait à se rassembler pour goûter une vie plus douce, rendirent peu-à-peu l'extérieur de tous les citoyens presque semblable. On s'aperçoit aujourd'hui, jusque dans le fond d'une boutique, que la politesse a gagné toutes les conditions. Les provinces se sont ressenties avec le temps de tous ces changements.

On est parvenu enfin à ne plus mettre le luxe que dans le goût et dans la commodité. La foule de pages et de domestiques de livrée a disparu, pour mettre plus d'aisance dans l'intérieur des maisons. On a laissé la vaine pompe et le faste extérieur aux nations chez lesquelles on ne sait encore que se montrer en public, et où l'on ignore l'art de vivre.

L'extrême facilité introduite dans le commerce du

monde, l'affabilité, la simplicité, la culture de l'esprit, ont fait de Paris une ville qui, pour la douceur de la vie, l'emporte probablement de beaucoup sur Rome et sur Athènes, dans le temps de leur splendeur.

Cette foule de secours toujours prompts, toujours ouverts pour toutes les sciences, pour tous les arts, les goûts, et les besoins; tant d'utilités solides réunies avec tant de choses agréables, jointes à cette franchise particulière aux Parisiens, tout cela engage un grand nombre d'étrangers à voyager ou à faire leur séjour dans cette patrie de la société. Si quelques natifs en sortent, ce sont ceux qui, appelés ailleurs par leurs talents, sont un témoignage honorable à leur pays; ou c'est le rebut de la nation, qui essaie de profiter de la considération qu'elle inspire; ou bien ce sont des émigrants qui préfèrent encore leur religion à leur patrie, et qui vont ailleurs chercher la misère ou la fortune, à l'exemple de leurs pères chassés de France par la fatale injure faite aux cendres du grand Henri IV, lorsqu'on anéantit sa loi perpétuelle appelée l'*Édit de Nantes*; ou enfin ce sont des officiers mécontents du ministère, des accusés qui ont échappé aux formes rigoureuses d'une justice quelquefois mal administrée; et c'est ce qui arrive dans tous les pays de la terre.

On s'est plaint de ne plus voir à la cour autant de hauteur dans les esprits qu'autrefois. Il n'y a plus en effet de petits tyrans, comme du temps de la fronde, et sous Louis XIII, et dans les siècles précédents; mais la véritable grandeur s'est retrouvée dans cette foule de noblesse, si long-temps avilie à servir auparavant des sujets trop puissants. On voit des gentilshommes, des citoyens qui se seraient crus honorés autrefois d'être domestiques de ces seigneurs, devenus leurs égaux, et très souvent leurs supérieurs dans le service militaire ; et plus le service en tout genre prévaut sur les titres, plus un état est florissant.

On a comparé le siècle de Louis XIV à celui d'Auguste. Ce n'est pas que la puissance et les événements personnels soient comparables. Rome et Auguste étaient dix fois plus considérables dans le monde que Louis XIV et Paris ; mais il faut se souvenir qu'Athènes a été égale à l'empire romain, dans toutes les choses qui ne tirent pas leur prix de la force et de la puissance. Il faut encore songer que s'il n'y a rien aujourd'hui dans le monde tel que l'ancienne Rome et qu'Auguste, cependant toute l'Europe ensemble est très supérieure à tout l'empire romain. Il n'y avait du temps d'Auguste qu'une seule nation, et il y en a aujourd'hui plusieurs, policées, guerrières, éclairées, qui possèdent des arts que les Grecs et les Romains ignorèrent ; et de ces nations il n'y en a aucune qui ait eu plus d'éclat en tout genre, depuis environ un siècle, que la nation formée, en quelque sorte, par Louis XIV.

CHAPITRE XXX.

Finances et réglements.

Si l'on compare l'administration de Colbert à toutes les administrations précédentes, la postérité chérira cet homme dont le peuple insensé voulut déchirer le corps après sa mort. Les Français lui doivent certainement leur industrie et leur commerce, et par conséquent cette opulence dont les sources diminuent quelquefois dans la guerre, mais qui se rouvrent toujours avec abondance dans la paix. Cependant, en 1702, on avait encore l'ingratitude de rejeter sur Colbert la langueur qui commençait à se faire sentir dans les nerfs de l'état. Un Bois-Guillebert [1], lieutenant-général au bailliage de Rouen, fit imprimer dans ce temps-là le *Détail de la France* en deux petits volumes, et prétendit que tout avait été en décadence depuis 1660. C'était précisément le contraire. La France n'avait jamais été si florissante que depuis la mort du cardinal Mazarin jusqu'à la guerre de 1689; et, même dans cette guerre, le corps de l'état commençant à être malade, se soutint par la vigueur que Colbert avait répandue dans tous ses membres. L'auteur du *Détail* prétendit que, depuis 1660, les biens-fonds du royaume avaient diminué de quinze cents millions. Rien n'était ni plus faux ni moins vraisemblable. Cependant ses arguments captieux persuadèrent ce paradoxe ridicule à ceux qui voulurent être persuadés. C'est ainsi qu'en Angleterre, dans les temps les plus florissants, on voit cent papiers publics qui démontrent que l'état est ruiné [2].

[1] Voyez ma note, tome XXXIV, page 40. B.

[2] Bois-Guillebert n'était pas un écrivain méprisable. On trouve dans ses ouvrages des idées sur l'administration et sur le commerce, fort supérieures à celles de son siècle. Il avait deviné une partie des vrais principes de l'économie politique. Mais ces vérités étaient mêlées avec beaucoup d'erreurs. Son style, qui a quelquefois de la force et de la chaleur, est souvent obscur

Il était plus aisé en France qu'ailleurs de décrier le ministère des finances dans l'esprit des peuples. Ce ministère est le plus odieux, parceque les impôts le sont toujours : il régnait d'ailleurs en général dans la finance autant de préjugés et d'ignorance que dans la philosophie.

On s'est instruit si tard, que de nos jours même on a entendu, en 1718, le parlement en corps dire au duc d'Orléans que « la valeur intrinsèque du marc « d'argent est de vingt-cinq livres; » comme s'il y avait une autre valeur réelle intrinsèque que celle du poids et du titre : et le duc d'Orléans, tout éclairé qu'il était, ne le fut pas assez pour relever cette méprise du parlement.

Colbert arriva au maniement des finances avec de la science et du génie[1]. Il commença, comme le duc de Sulli, par arrêter les abus et les pillages, qui étaient énormes. La recette fut simplifiée autant qu'il était possible; et, par une économie qui tient du prodige, il augmenta le trésor du roi en diminuant les tailles. On voit, par l'édit mémorable de 1664, qu'il y avait tous les ans un million de ce temps-là destiné à l'encouragement des manufactures et du commerce maritime. Il négligea si peu les campagnes, abandonnées jusqu'à lui à la rapacité des traitants, que des négociants anglais s'étant adressés à M. Colbert de Croissi,

---

et incorrect. On peut le comparer aux chimistes du même temps. Plusieurs eurent du génie, firent des découvertes; mais la science n'existait pas encore, et ils laissèrent à d'autres l'honneur de la créer. K.

[1] Voyez, dans la *Henriade*, une note des éditeurs sur Colbert. K.—Cette note est au chant VII. B.

son frère, ambassadeur à Londres, pour fournir en France des bestiaux d'Irlande et des salaisons pour les colonies, en 1667, le contrôleur-général répondit que depuis quatre ans on en avait à revendre aux étrangers.

Pour parvenir à cette heureuse administration, il avait fallu une chambre de justice, et de grandes réformes. Il fut obligé de retrancher huit millions et plus de rentes sur la ville, acquises à vil prix, que l'on remboursa sur le pied de l'achat. Ces divers changements exigèrent des édits. Le parlement était en possession de les vérifier depuis François Ier. Il fut proposé de les enregistrer seulement à la chambre des comptes ; mais l'usage ancien prévalut. Le roi alla lui-même au parlement faire vérifier ses édits en 1664[1].

Il se souvenait toujours de la fronde, de l'arrêt de proscription contre un cardinal[2], son premier ministre, des autres arrêts par lesquels on avait saisi les deniers royaux, pillé les meubles et l'argent des citoyens attachés à la couronne[3]. Tous ces excès ayant

---

[1] Ce fut vers ce temps que Colbert fit achever le cadastre dans quelques provinces. On ignorait tellement la méthode de faire ces opérations avec exactitude, que l'impôt d'un très grand nombre de terres en surpassait le produit. Les propriétaires étaient forcés de les abandonner au fisc. Colbert fit rendre un édit qui défendit aux propriétaires d'abandonner une terre, à moins qu'ils ne renonçassent en même temps à toutes leurs autres possessions. Des villages entiers laissèrent leurs terres en friche, et l'on fut obligé de leur accorder des gratifications extraordinaires pour les engager à reprendre la culture. M. de Voltaire ignorait sûrement ces détails, puisqu'il parle ici de la science et du génie de Colbert. K.

[2] Voyez tome XXII, page 268 ; et tome XIX, pages 304 et 314. B.

[3] Voyez tome XIX, page 292. B.

commencé par des remontrances sur des édits concernant les revenus de l'état, il ordonna, en 1667, que le parlement ne fît jamais de représentation que dans la huitaine, après avoir enregistré avec obéissance. Cet édit fut encore renouvelé en 1673. Aussi, dans tout le cours de son administration, il n'essuya aucune remontrance d'aucune cour de judicature, excepté dans la fatale année de 1709, où le parlement de Paris représenta inutilement le tort que le ministre des finances fesait à l'état par la variation du prix de l'or et de l'argent.

Presque tous les citoyens ont été persuadés que si le parlement s'était toujours borné à faire sentir au souverain, en connaissance de cause, les malheurs et les besoins du peuple, les dangers des impôts, les périls encore plus grands de la vente de ces impôts à des traitants qui trompaient le roi et opprimaient le peuple, cet usage des remontrances aurait été une ressource sacrée de l'état, un frein à l'avidité des financiers, et une leçon continuelle aux ministres. Mais les étranges abus d'un remède si salutaire avaient tellement irrité Louis XIV, qu'il ne vit que les abus, et proscrivit le remède. L'indignation qu'il conserva toujours dans son cœur fut portée si loin, qu'en 1669 (13 août), il alla encore lui-même au parlement, pour y révoquer les priviléges de noblesse qu'il avait accordés dans sa minorité, en 1644, à toutes les cours supérieures.

Mais, malgré cet édit, enregistré en présence du roi, l'usage a subsisté de laisser jouir de la noblesse tous ceux dont les pères ont exercé vingt ans une charge de judicature dans une cour supérieure, ou qui sont morts dans leurs emplois.

En mortifiant ainsi une compagnie de magistrats, il voulut encourager la noblesse, qui défend la patrie, et les agriculteurs, qui la nourrissent. Déjà, par son édit de 1666, il avait accordé deux mille francs de pension, qui en font près de quatre aujourd'hui, à tout gentilhomme qui aurait eu douze enfants, et mille à qui en aurait eu dix. La moitié de cette gratification était assurée à tous les habitants des villes exemptes de tailles; et, parmi les taillables, tout père de famille qui avait ou qui avait eu dix enfants, était à l'abri de toute imposition.

Il est vrai que le ministre Colbert ne fit pas tout ce qu'il pouvait faire, encore moins ce qu'il voulait. Les hommes n'étaient pas alors assez éclairés; et dans un grand royaume, il y a toujours de grands abus. La taille arbitraire, la multiplicité des droits, les douanes de province à province, qui rendent une partie de la France étrangère à l'autre, et même ennemie, l'inégalité des mesures d'une ville à l'autre, vingt autres maladies du corps politique ne purent être guéries[1].

La plus grande faute qu'on reproche à ce ministre

---

[1] Si Colbert eût été assez éclairé sur ces objets, s'il eût proposé à Louis XIV de détruire ces abus, l'amour de ce prince pour la gloire ne lui eût point permis d'hésiter. Mais Colbert ne connaissait point assez ni ces abus, ni les moyens d'y remédier, ni surtout ceux d'y remédier sans causer au trésor royal une perte momentanée : les guerres continuelles et la magnificence de la cour rendaient ce sacrifice bien difficile. Cette cause est la seule qui, sous un gouvernement ferme, empêche de faire dans l'administration des finances des changements utiles. Sous un gouvernement faible il en existe une autre, la crainte des hommes puissants à qui la destruction des abus peut nuire, et qui se réunissent pour les protéger. K.

est de n'avoir pas osé encourager l'exportation des blés. Il y avait long-temps qu'on n'en portait plus à l'étranger. La culture avait été négligée dans les orages du ministère de Richelieu ; elle le fut davantage dans les guerres civiles de la fronde. Une famine, en 1661, acheva la ruine des campagnes, ruine pourtant que la nature, secondée du travail, est toujours prête à réparer. Le parlement de Paris rendit, dans cette année malheureuse, un arrêt qui paraissait juste dans son principe, mais qui fut presque aussi funeste dans les conséquences que tous les arrêts arrachés à cette compagnie pendant la guerre civile. Il fut défendu aux marchands, sous les peines les plus graves, de contracter aucune association pour ce commerce, et à tous particuliers de faire un amas de grains. Ce qui était bon dans une disette passagère, devenait pernicieux à la longue, et décourageait tous les agriculteurs. Casser un tel arrêt, dans un temps de crise et de préjugés, c'eût été soulever les peuples.

Le ministre n'eut d'autres ressources que d'acheter chèrement chez les étrangers les mêmes blés que les Français leur avaient précédemment vendus dans les années d'abondance. Le peuple fut nourri, mais il en coûta beaucoup à l'état ; et l'ordre que M. Colbert avait déjà remis dans les finances rendit cette perte légère.

La crainte de retomber dans la disette ferma nos ports à l'exportation du blé. Chaque intendant, dans sa province, se fit même un mérite de s'opposer au transport des grains dans la province voisine. On ne put, dans les bonnes années, vendre ses grains que par une requête au conseil. Cette fatale administration semblait excusable par l'expérience du passé. Tout le conseil craignait que le commerce du blé ne le forçât de racheter encore à grands frais des autres nations une denrée si nécessaire, que l'intérêt et l'imprévoyance des cultivateurs auraient vendue à vil prix.

Le laboureur alors, plus timide que le conseil, craignit de se ruiner à créer une denrée dont il ne pouvait espérer un grand profit; et les terres ne furent pas aussi bien cultivées qu'elles auraient dû l'être. Toutes les autres branches de l'administration étant florissantes, empêchèrent Colbert de remédier au défaut de la principale.

C'est la seule tache de son ministère : elle est grande; mais, ce qui l'excuse, ce qui prouve combien il est malaisé de détruire les préjugés dans l'administration française, et comme il est difficile de faire le bien, c'est que cette faute, sentie par tous les citoyens habiles, n'a été réparée par aucun ministre, pendant cent années entières, jusqu'à l'époque mémorable de 1764, où un contrôleur-général [1] plus éclairé a tiré la France d'une misère profonde en rendant le commerce des grains libre, avec des restrictions à peu près semblables à celles dont on use en Angleterre [2].

[1] On lit *contrôleur-général* dans les éditions de 1768, in-8°; 1769, in-4°; 1775, in-8°. Les éditions de Kehl portent : *ministère*. Le contrôleur-général, en 1764, était Laverdy, qui se retira en 1768, et a péri sur l'échafaud pendant la révolution. L'édit pour la liberté du commerce des grains avait été enregistré au parlement le 19 juillet 1764. B.

[2] Tout ministère fiscal et oppresseur se conforme nécessairement à l'opinion de la populace pour toutes les lois qui ne se rapportent point directement à l'intérêt du fisc. Il est également de l'intérêt des corps intermédiaires

Colbert, pour fournir à-la-fois aux dépenses des guerres, des bâtiments, et des plaisirs, fut obligé de rétablir, vers l'an 1672, ce qu'il avait voulu d'abord abolir pour jamais; impôts en parti, rentes, charges nouvelles, augmentations de gages; enfin, ce qui soutient l'état quelque temps, et l'obère pour des siècles.

Il fut emporté hors de ses mesures; car, par toutes les instructions qui restent de lui, on voit qu'il était persuadé que la richesse d'un pays ne consiste que dans le nombre des habitants, la culture des terres, le travail industrieux et le commerce : on voit que le roi, possédant très peu de domaines particuliers, et n'étant que l'administrateur des biens de ses sujets, ne peut être véritablement riche que par des impôts aisés à percevoir, et également répartis.

Il craignait tellement de livrer l'état aux traitants, que, quelque temps après la dissolution de la chambre

de flatter l'opinion populaire. Ces motifs, joints à l'ignorance, ont déterminé les mauvaises lois sur le commerce des blés, et les mauvaises lois ont contribué à fortifier les préjugés. On croyait arrêter ce qu'on appelle monopole, et on empêchait les emmagasinements, qui sont le seul moyen de prévenir l'effet des mauvaises récoltes générales; et le commerce dont l'activité peut seule remédier aux disettes locales. On croyait faire du bien au peuple, en fesant baisser les prix pour quelques instants et dans quelques villes; cependant on décourageait la culture, et, par conséquent, on rendait la denrée plus rare, et dès-lors constamment plus chère. De ce qu'en examinant les prix des marchés et l'abondance qui y règne, on peut, dans un commerce libre, juger de l'abondance réelle de la denrée, on croyait pouvoir en juger dans un commerce gêné par des règlements : de là l'usage de ces permissions particulières, le plus souvent achetées par des gens avides, et dont l'effet est toujours contraire au but qu'ont, ou disent avoir ceux qui les accordent.

Observons enfin que c'est surtout dans les temps de disette que les lois prohibitives sont dangereuses; elles augmentent le mal, et ôtent les ressources. K.

de justice qu'il avait fait ériger contre eux, il fit rendre un arrêt du conseil, qui établissait la peine de mort contre ceux qui avanceraient de l'argent sur de nouveaux impôts. Il voulait, par cet arrêt comminatoire, qui ne fut jamais imprimé, effrayer la cupidité des gens d'affaires. Mais bientôt après il fut obligé de se servir d'eux; sans même révoquer l'arrêt : le roi pressait, et il fallait des moyens prompts.

Cette invention, apportée d'Italie en France par Catherine de Médicis, avait tellement corrompu le gouvernement, par la facilité funeste qu'elle donne, qu'après avoir été supprimée dans les belles années de Henri IV, elle reparut dans tout le règne de Louis XIII, et infecta surtout les derniers temps de Louis XIV.

Enfin, Sulli enrichit l'état par une économie sage, que secondait un roi aussi parcimonieux que vaillant, un roi soldat à la tête de son armée, et père de famille avec son peuple. Colbert soutint l'état, malgré le luxe d'un maître fastueux, qui prodiguait tout pour rendre son règne éclatant.

On sait qu'après la mort de Colbert [1], lorsque le roi se proposa de mettre Le Pelletier à la tête des finances, Le Tellier lui dit : « Sire, il n'est pas propre « à cet emploi. — Pourquoi? dit le roi. — Il n'a pas « l'ame assez dure, dit Le Tellier. — Mais vraiment, « reprit le roi, je ne veux pas qu'on traite durement « mon peuple. » En effet, ce nouveau ministre était bon et juste; mais, lorsqu'en 1688 on fut replongé dans la guerre, et qu'il fallut se soutenir contre la

---

[1] En 1683. Voyez tome XIX, page 44. B.

ligue d'Augsbourg, c'est-à-dire contre presque toute l'Europe, il se vit chargé d'un fardeau que Colbert avait trouvé trop lourd : le facile et malheureux expédient d'emprunter et de créer des rentes fut sa première ressource. Ensuite on voulut diminuer le luxe, ce qui, dans un royaume rempli de manufactures, est diminuer l'industrie et la circulation, et ce qui n'est convenable qu'à une nation qui paie son luxe à l'étranger.

Il fut ordonné que tous les meubles d'argent massif, qu'on voyait alors en assez grand nombre chez les grands seigneurs, et qui étaient une preuve de l'abondance, seraient portés à la Monnaie. Le roi donna l'exemple : il se priva de toutes ces tables d'argent, de ces candélabres, de ces grands canapés d'argent massif, et de tous ces autres meubles qui étaient des chefs-d'œuvre de ciselure des mains de Ballin, homme unique en son genre, et tous exécutés sur les dessins de Lebrun. Ils avaient coûté dix millions : on en retira trois. Les meubles d'argent orfévri des particuliers produisirent trois autres millions. La ressource était faible.

On fit ensuite une de ces énormes fautes dont le ministère ne s'est corrigé que dans nos derniers temps; ce fut d'altérer les monnaies, de faire des refontes inégales, de donner aux écus une valeur non proportionnée à celle des quarts : il arriva que, les quarts étant plus forts et les écus plus faibles, tous les quarts furent portés dans le pays étranger; ils y furent frappés en écus, sur lesquels il y avait à gagner en les reversant en France. Il faut qu'un pays soit bien bon par lui-même, pour subsister encore avec force après avoir essuyé si souvent de pareilles secousses. On n'était pas encore instruit : la finance était alors, comme la physique, une science de vaines conjectures. Les traitants étaient des charlatans qui trompaient le ministère; il en coûta quatre-vingts millions à l'état. Il faut vingt ans de peines pour réparer de pareilles brèches.

Vers les années 1691 et 1692, les finances de l'état parurent donc sensiblement dérangées. Ceux qui attribuaient l'affaiblissement des sources de l'abondance aux profusions de Louis XIV dans ses bâtiments, dans les arts, et dans les plaisirs, ne savaient pas qu'au contraire les dépenses qui encouragent l'industrie enrichissent un état [1]. C'est la guerre qui appauvrit nécessairement le trésor public, à moins que les dépouilles des vaincus ne le remplissent. Depuis les anciens Romains, je ne connais aucune nation qui se soit enrichie par des victoires. L'Italie, au seizième siècle, n'était riche que par le commerce. La Hollande n'eût pas subsisté long-temps si elle se fût bornée à enlever la flotte d'argent des Espagnols,

---

[1] La véritable richesse d'un état consiste dans la quantité des productions du sol qui reste au-delà de ce qui doit être employé à payer les frais de leur culture. L'industrie contribue à augmenter la richesse. Dans un peuple sans industrie, chacun ne cultiverait que pour avoir le nécessaire physique, et la culture serait languissante. Mais, quelle que soit l'industrie, si les dépenses du prince l'obligent à mettre des impôts qui réduisent le cultivateur au nécessaire, l'industrie de la nation cesse de contribuer à augmenter la richesse, et ne tarde pas à diminuer avec elle. Par la même raison, si le luxe empêche d'employer à soutenir ou à augmenter la culture une partie des sommes qui y seraient consacrées, il peut nuire à la richesse, quoiqu'il paraisse favoriser l'industrie. K.

et si les grandes Indes n'avaient pas été l'aliment de sa puissance. L'Angleterre s'est toujours appauvrie par la guerre, même en détruisant les flottes françaises; et le commerce seul l'a enrichie. Les Algériens, qui n'ont guère que ce qu'ils gagnent par les pirateries, sont un peuple très misérable.

Parmi les nations de l'Europe, la guerre, au bout de quelques années, rend le vainqueur presque aussi malheureux que le vaincu. C'est un gouffre où tous les canaux de l'abondance s'engloutissent. L'argent comptant, ce principe de tous les biens et de tous les maux, levé avec tant de peine dans les provinces, se rend dans les coffres de cent entrepreneurs, dans ceux de cent partisans qui avancent les fonds, et qui achètent, par ces avances, le droit de dépouiller la nation au nom du souverain. Les particuliers alors, regardant le gouvernement comme leur ennemi, enfouissent leur argent; et le défaut de circulation fait languir le royaume.

Nul remède précipité ne peut suppléer à un arrangement fixe et stable, établi de longue main, et qui pourvoit de loin aux besoins imprévus. On établit la capitation en 1695[a]. Elle fut supprimée à la paix de Rysvick, et rétablie ensuite. Le contrôleur-général, Pontchartrain, vendit des lettres de noblesse pour deux mille écus en 1696: cinq cents particuliers en

---

[a] Au tome IV, page 136, des *Mémoires de Maintenon*, on trouve que la capitation « rendit au-delà des espérances des fermiers. » Jamais il n'y a eu de ferme de la capitation. Il est dit que « les laquais de Paris allèrent à l'Hô- « tel de ville prier qu'on les imposât à la capitation. » Ce conte ridicule se détruit de lui-même; les maîtres payèrent toujours pour leurs domestiques.

achetèrent; mais la ressource fut passagère, et la honte durable. On obligea tous les nobles, anciens et nouveaux, de faire enregistrer leurs armoiries, et de payer la permission de cacheter leurs lettres avec leurs armes. Des maltôtiers traitèrent de cette affaire, et avancèrent l'argent. Le ministère n'eut presque jamais recours qu'à ces petites ressources, dans un pays qui en eût pu fournir de plus grandes.

On n'osa imposer le dixième que dans l'année 1710. Mais ce dixième, levé à la suite de tant d'autres impôts onéreux, parut si dur, qu'on n'osa pas l'exiger avec rigueur. Le gouvernement n'en retira pas vingt-cinq millions annuels, à quarante francs le marc.

Colbert avait peu changé la valeur numéraire des monnaies. Il vaut mieux ne la point changer du tout. L'argent et l'or, ces gages d'échange, doivent être des mesures invariables. Il n'avait poussé la valeur numéraire du marc d'argent, de vingt-six francs où il l'avait trouvée, qu'à vingt-sept et à vingt-huit; et après lui, dans les dernières années de Louis XIV, on étendit cette dénomination jusqu'à quarante livres idéales : ressource fatale, par laquelle le roi était soulagé un moment, pour être ruiné ensuite; car, au lieu d'un marc d'argent, on ne lui en donnait presque plus que la moitié. Celui qui devait vingt-six livres en 1668 donnait un marc, et qui devait quarante livres ne donnait qu'à peu près ce même marc en 1710. Les diminutions qui suivirent dérangèrent le peu qui restait de commerce autant qu'avait fait l'augmentation.

On aurait trouvé une ressource dans un papier de

crédit; mais ce papier doit être établi dans un temps de prospérité, pour se soutenir dans un temps malheureux.

Le ministre Chamillart commença, en 1706, à payer en billets de monnaie, en billets de subsistance, d'ustensiles; et comme cette monnaie de papier n'était pas reçue dans les coffres du roi, elle fut décriée presque aussitôt qu'elle parut. On fut réduit à continuer de faire des emprunts onéreux, à consommer d'avance quatre années des revenus de la couronne[a].

On fit toujours ce qu'on appelle des affaires extraordinaires : on créa des charges ridicules, toujours achetées par ceux qui veulent se mettre à l'abri de la taille; car l'impôt de la taille étant avilissant en France, et les hommes étant nés vains, l'appât qui les décharge de cette honte fait toujours des dupes; et les gages considérables attachés à ces nouvelles charges invitent à les acheter dans des temps difficiles, parcequ'on ne fait pas réflexion qu'elles seront supprimées dans des temps moins fâcheux. Ainsi, en

---

[a] Il est dit dans l'histoire écrite par La Hode, et rédigée sous le nom de La Martinière, qu'il en coûtait soixante et douze pour cent pour le change dans les guerres d'Italie. C'est une absurdité. Le fait est que M. de Chamillart, pour payer les armées, se servait du crédit du chevalier Bernard. Ce ministre croyait, par un ancien préjugé, qu'il ne fallait pas que l'argent sortît du royaume, comme si l'on donnait cet argent pour rien, et comme s'il était possible qu'une nation débitrice à une autre et qui ne s'acquitte pas en effets commerçables, ne payât point en argent comptant : ce ministre donnait au banquier huit pour cent de profit, à condition qu'on payât l'étranger sans faire sortir de l'argent de France. Il payait, outre cela, le change, qui allait à cinq ou six pour cent de perte; et le banquier était obligé, malgré sa promesse, de solder son compte en argent avec l'étranger, ce qui produisait une perte considérable. K.

1707, on inventa la dignité des conseillers du roi rouleurs et courtiers de vin, et cela produisit cent quatre-vingt mille livres. On imagina des greffiers royaux, des subdélégués des intendants des provinces. On inventa des conseillers du roi contrôleurs aux empilements des bois, des conseillers de police, des charges de barbiers-perruquiers, des contrôleurs-visiteurs de beurre frais, des essayeurs de beurre salé [1]. Ces extravagances font rire aujourd'hui; mais alors elles fesaient pleurer.

Le contrôleur-général Desmarets, neveu de l'illustre Colbert, ayant, en 1708, succédé à Chamillart, ne put guérir un mal que tout rendait incurable.

La nature conspira avec la fortune pour accabler l'état. Le cruel hiver de 1709 força le roi de remettre aux peuples neuf millions de tailles dans le temps qu'il n'avait pas de quoi payer ses soldats. La disette des denrées fut si excessive, qu'il en coûta quarante-cinq millions pour les vivres de l'armée. La dépense de cette année 1709 montait à deux cent vingt et un millions, et le revenu ordinaire du roi n'en produisit pas quarante-neuf. Il fallut donc ruiner l'état pour que les ennemis ne s'en rendissent pas les maîtres. Le désordre s'accrut tellement, et fut si peu réparé, que, long-temps après la paix, au commencement de l'année 1715, le roi fut obligé de faire négocier trente-deux millions de billets, pour en avoir huit en espèces. Enfin, il laissa à sa mort deux milliards six cents millions de dettes, à vingt-huit livres le marc,

___
[1] Voyez tome XXXI, page 493; et, tome XLIII, le paragraphe v du *Fragment des instructions pour le prince royal de****. B.

à quoi les espèces se trouvèrent alors réduites, ce qui fait environ quatre milliards cinq cents millions de notre monnaie courante en 1760.

Il est étonnant, mais il est vrai que cette immense dette n'aurait point été un fardeau impossible à soutenir, s'il y avait eu alors un commerce florissant, un papier de crédit établi, et des compagnies solides qui eussent répondu de ce papier, comme en Suède, en Angleterre, à Venise, et en Hollande; car, lorsqu'un état puissant ne doit qu'à lui-même, la confiance et la circulation suffisent pour payer [1]; mais il s'en fallait beaucoup que la France eût alors assez de ressorts pour faire mouvoir une machine si vaste et si compliquée, dont le poids l'écrasait.

Louis XIV, dans son règne, dépensa dix-huit milliards; ce qui revient, année commune, à trois cent trente millions d'aujourd'hui, en compensant l'une par l'autre les augmentations et les diminutions numéraires des monnaies.

Sous l'administration du grand Colbert, les revenus ordinaires de la couronne n'allaient qu'à cent dix-sept millions à vingt-sept livres, et puis à vingt-huit livres le marc d'argent. Ainsi tout le surplus fut toujours

---

[1] Ceci paraît demander quelques restrictions. 1° Il est clair que si l'intérêt de la dette surpasse la totalité des revenus, il est impossible de le payer. 2° Si la dette annuelle a une proportion très forte avec le revenu, l'intérêt qu'ont les propriétaires à veiller sur leurs biens diminue; s'ils sont cultivateurs, les sommes qu'ils peuvent employer à augmenter les produits de la terre sont moins fortes; s'ils afferment, ils sont obligés, pour se soulager d'une partie de la dette, de retrancher sur le profit qu'ils laissent au fermier, et la culture languit : la richesse diminue donc, et l'état s'obère de plus en plus. K.

fourni en affaires extraordinaires. Colbert, le plus grand ennemi de cette funeste ressource, fut obligé d'y avoir recours pour servir promptement. Il emprunta huit cents millions, valeur de notre temps, dans la guerre de 1672. Il restait au roi très peu d'anciens domaines de la couronne. Ils sont déclarés inaliénables par tous les parlements du royaume, et cependant ils sont presque tous aliénés. Le revenu du roi consiste aujourd'hui dans celui de ses sujets; c'est une circulation perpétuelle de dettes et de paiements. Le roi doit aux citoyens plus de millions numéraires par an, sous le nom de rentes de l'Hôtel de ville, qu'aucun roi n'en a jamais retiré des domaines de la couronne.

Pour se faire une idée de ce prodigieux accroissement de taxes, de dettes, de richesses, de circulation, et en même temps d'embarras et de peines, qu'on a éprouvés en France et dans les autres pays, on peut considérer qu'à la mort de François 1er l'état devait environ trente mille livres de rentes perpétuelles sur l'Hôtel de ville, et qu'à présent il en doit plus de quarante-cinq millions.

Ceux qui ont voulu comparer les revenus de Louis XIV avec ceux de Louis XV ont trouvé, en ne s'arrêtant qu'au revenu fixe et courant, que Louis XIV était beaucoup plus riche en 1683, époque de la mort de Colbert, avec cent dix-sept millions de revenu, que son successeur ne l'était, en 1730, avec près de deux cents millions; et cela est très vrai, en ne considérant que les rentes fixes et ordinaires de la couronne; car cent dix-sept millions numéraires au marc de vingt-huit livres sont une somme plus forte que deux cents millions à quarante-neuf livres, à quoi se montait le revenu du roi en 1730; et de plus, il faut compter les charges augmentées par les emprunts de la couronne; mais aussi les revenus du roi, c'est-à-dire de l'état, sont accrus depuis, et l'intelligence des finances s'est perfectionnée au point que, dans la guerre ruineuse de 1741, il n'y a pas eu un moment de discrédit. On a pris le parti de faire des fonds d'amortissement, comme chez les Anglais : il a fallu adopter une partie de leur système de finance, ainsi que leur philosophie; et si, dans un état purement monarchique, on pouvait introduire ces papiers circulants qui doublent au moins la richesse de l'Angleterre, l'administration de la France acquerrait son dernier degré de perfection ; mais perfection trop voisine de l'abus dans une monarchie [a].

[a] L'abbé de Saint-Pierre, dans son *Journal politique*, à l'article du *Système*, dit qu'en Angleterre et en Hollande il n'y a de papiers qu'autant qu'il y a d'espèces : mais il est avéré que le papier l'emporte beaucoup, et ne subsiste que par la confiance. — Le crédit de ces billets ne peut être fondé que sur la confiance qu'ils peuvent à volonté être échangés pour de l'argent ; et cette confiance est fondée sur celle que la banque dont ils partent est en état de payer à chaque instant ceux qui seraient présentés. La confiance est donc précaire lorsque la masse de ces billets surpasse la somme que cette banque peut rassembler en peu de temps. Les billets sont aux emprunts pour les états ce que les billets à vue sont aux contrats ou aux billets ordinaires des particuliers. Vous pouvez prêter à un homme une somme à peu près équivalente à sa fortune; vous ne prendrez, au lieu d'argent comptant, un billet sur lui que jusqu'à la concurrence de la somme que vous croyez qu'il pourra rassembler au moment de votre demande. Ces billets sont utiles, 1° parce-qu'ils procurent à un état une somme égale à leur valeur, dont il ne paie point l'intérêt, et qu'il est sûr de ne jamais rembourser tant que la confiance durera. 2° Ils servent nécessairement, en diminuant la nécessité des transports d'argent, à diminuer les frais de banque pour l'état comme pour les

Il y avait environ cinq cents millions numéraires d'argent monnayé dans le royaume en 1683; et il y en avait environ douze cents en 1730, de la manière dont on compte aujourd'hui. Mais le numéraire, sous le ministère du cardinal de Fleury, fut presque le double du numéraire du temps de Colbert. Il paraît donc que la France n'était environ que d'un sixième plus riche en espèces circulantes depuis la mort de Colbert. Elle l'est beaucoup davantage en matières d'argent et d'or travaillées et mises en œuvre pour le service et pour le luxe. Il n'y en avait pas pour quatre cents millions de notre monnaie d'aujourd'hui, en 1690; et vers l'an 1730, on en possédait autant que d'espèces circulantes. Rien ne fait voir plus évidemment combien le commerce, dont Colbert ouvrit les sources, s'est accru lorsque ses canaux, fermés par les guerres, ont été débouchés. L'industrie s'est perfectionnée, malgré l'émigration de tant d'artistes que dispersa la révocation de l'édit de Nantes; et cette industrie augmente encore tous les jours. La nation est capable d'aussi grandes choses, et de plus grandes encore que sous Louis XIV, parceque le génie et le commerce se fortifient toujours quand on les encourage.

A voir l'aisance des particuliers, ce nombre prodigieux de maisons agréables bâties dans Paris et dans

---

particuliers, et à faire baisser le taux de ces frais. Mais ils ont un grand désavantage, celui de mettre la foi publique, les fonds de l'état, la fortune des particuliers, à la merci de l'opinion d'un moment. Ainsi, dans un gouvernement éclairé et sage, on n'en aurait jamais que ce qui est nécessaire pour la facilité du commerce et des affaires particulières. K.

les provinces, cette quantité d'équipages, ces commodités, ces recherches qu'on nomme *luxe*, on croirait que l'opulence est vingt fois plus grande qu'autrefois. Tout cela est le fruit d'un travail ingénieux, encore plus que de la richesse. Il n'en coûte guère plus aujourd'hui pour être agréablement logé, qu'il n'en coûtait pour l'être mal sous Henri IV. Une belle glace de nos manufactures orne nos maisons à bien moins de frais que les petites glaces qu'on tirait de Venise. Nos belles et parantes étoffes sont moins chères que celles de l'étranger, qui ne les valaient pas.

Ce n'est point en effet l'argent et l'or qui procurent une vie commode, c'est le génie. Un peuple qui n'aurait que ces métaux serait très misérable : un peuple qui, sans ces métaux, mettrait heureusement en œuvre toutes les productions de la terre, serait véritablement le peuple riche. La France a cet avantage, avec beaucoup plus d'espèces qu'il n'en faut pour la circulation.

L'industrie s'étant perfectionnée dans les villes, s'est accrue dans les campagnes. Il s'élèvera toujours des plaintes sur le sort des cultivateurs. On les entend dans tous les pays du monde, et ces murmures sont presque partout ceux des oisifs opulents, qui condamnent le gouvernement beaucoup plus qu'ils ne plaignent les peuples. Il est vrai que presque en tout pays, si ceux qui passent leurs jours dans les travaux rustiques avaient le loisir de murmurer, ils s'élèveraient contre les exactions qui leur enlèvent une partie de leur substance. Ils détesteraient la nécessité de payer des taxes qu'ils ne se sont point imposées, et de porter le fardeau de l'état sans participer aux avantages des autres citoyens. Il n'est pas du ressort de l'histoire d'examiner comment le peuple doit contribuer sans être foulé, et de marquer le point précis, si difficile à trouver, entre l'exécution des lois et l'abus des lois, entre les impôts et les rapines; mais l'histoire doit faire voir qu'il est impossible qu'une ville soit florissante sans que les campagnes d'alentour soient dans l'abondance; car certainement ce sont ces campagnes qui la nourrissent. On entend, à des jours réglés, dans toutes les villes de France, des reproches de ceux à qui leur profession permet de déclamer en public contre toutes les différentes branches de consommation auxquelles on donne le nom de *luxe*. Il est évident que les aliments de ce luxe ne sont fournis que par le travail industrieux des cultivateurs; travail toujours chèrement payé.

On a planté plus de vignes, et on les a mieux travaillées : on a fait de nouveaux vins qu'on ne connaissait pas auparavant, tels que ceux de Champagne, auxquels on a su donner la couleur, la sève, et la force de ceux de Bourgogne, et qu'on débite chez l'étranger avec un grand avantage : cette augmentation des vins a produit celle des eaux-de-vie. La culture des jardins, des légumes, des fruits, a reçu de prodigieux accroissements, et le commerce des comestibles avec les colonies de l'Amérique en a été augmenté : les plaintes qu'on a de tout temps fait éclater sur la misère de la campagne ont cessé alors d'être fondées. D'ailleurs, dans ces plaintes vagues on ne distingue pas les cultivateurs, les fermiers, d'avec les manœuvres. Ceux-ci ne vivent que du travail de leurs mains ; et cela est ainsi dans tous les pays du monde, où le grand nombre doit vivre de sa peine. Mais il n'y a guère de royaume dans l'univers où le cultivateur, le fermier, soit plus à son aise que dans quelques provinces de France ; et l'Angleterre seule peut lui disputer cet avantage. La taille proportionnelle, substituée à l'arbitraire dans quelques provinces, a contribué encore à rendre plus solides les fortunes des cultivateurs qui possèdent des charrues, des vignobles, des jardins. Le manœuvre, l'ouvrier, doit être réduit au nécessaire pour travailler : telle est la nature de l'homme. Il faut que ce grand nombre d'hommes soit pauvre ; mais il ne faut pas qu'il soit misérable [1].

Le moyen ordre s'est enrichi par l'industrie. Les ministres et les courtisans ont été moins opulents, parceque l'argent ayant augmenté numériquement de près de moitié, les appointements et les pensions sont restés les mêmes, et le prix des denrées est monté à plus du double : c'est ce qui est arrivé dans tous les pays de l'Europe. Les droits, les honoraires, sont partout restés sur l'ancien pied. Un électeur, qui reçoit l'investiture de ses états, ne paie que ce que ses pré-

---

[1] En France, les mauvaises lois sur les successions et les testaments, les priviléges multipliés dans le commerce ; les manufactures, l'industrie, la forme des impôts qui occasione de grandes fortunes en finance, celles dont la cour est la source, et qui s'étendent bien au-delà de ce qu'on appelle les grands et les courtisans ; toutes ces causes, en entassant les biens sur les mêmes têtes, condamnent à la pauvreté une grande partie du peuple ; et cela est indépendant du montant réel des impôts.

L'inégalité des fortunes est la cause de ce mal ; et comme le luxe en est aussi un effet nécessaire, on a pris pour cause ce qui n'était qu'un effet d'une cause commune. K.

décesseurs payaient du temps de l'empereur Charles IV, au quatorzième siècle; et il n'est dû qu'un écu au secrétaire de l'empereur dans cette cérémonie.

Ce qui est bien plus étrange, c'est que tout ayant augmenté, valeur numéraire des monnaies, quantité des matières d'or et d'argent, prix des denrées, cependant la paie du soldat est restée au même taux qu'elle était il y a deux cents ans : on donne cinq sous numéraires aux fantassins, comme on les donnait du temps de Henri IV [1]. Aucun de ce grand nombre d'hommes ignorants, qui vendent leur vie à si bon marché, ne sait qu'attendu le surhaussement des espèces et la cherté des denrées, il reçoit environ deux tiers moins que les soldats de Henri IV. S'il le savait, s'il demandait une paie de deux tiers plus haute, il faudrait bien la lui donner : il arriverait alors que chaque puissance de l'Europe entretiendrait les deux tiers moins de troupes ; les forces se balanceraient de même; la culture de la terre et les manufactures en profiteraient.

Il faut encore observer que les gains du commerce

---

[1] Ceci n'est pas rigoureusement vrai ; les appointements des places qui donnent du crédit, ou qui sont nécessaires à l'administration, ont augmenté. Quant à la paie des soldats, quoiqu'elle paraisse la même, à l'exception d'une augmentation d'un sou, établie en France dans ces dernières années, il y a eu des augmentations réelles par des fournitures faites, en nature ou gratuitement, ou à un prix au-dessous de leur valeur. La vie du soldat est non seulement plus assurée, mais plus douce que celle du cultivateur, et même que celle de beaucoup d'artisans. L'usage de les faire coucher deux dans un lit étroit, et de ne leur payer l'année que sur le pied de trois cent soixante jours, sont peut-être les seules choses dont ils aient réellement à se plaindre. Mais les paysans, les artisans, n'ont pas toujours chacun un lit, et ils ne gagnent rien les jours de fête. K.

ayant augmenté, et les appointements de toutes les grandes charges ayant diminué de valeur réelle, il s'est trouvé moins d'opulence qu'autrefois chez les grands, et plus dans le moyen ordre; et cela même a mis moins de distance entre les hommes. Il n'y avait autrefois de ressource pour les petits que de servir les grands : aujourd'hui l'industrie a ouvert mille chemins qu'on ne connaissait pas il y a cent ans. Enfin, de quelque manière que les finances de l'état soient administrées, la France possède dans le travail d'environ vingt millions d'habitants un trésor inestimable.

CHAPITRE XXXI.

Des sciences.

Ce siècle heureux, qui vit naître une révolution dans l'esprit humain, n'y semblait pas destiné; car, à commencer par la philosophie, il n'y avait pas d'apparence, du temps de Louis XIII, qu'elle se tirât du chaos où elle était plongée. L'inquisition d'Italie, d'Espagne, de Portugal, avait lié les erreurs philosophiques aux dogmes de la religion : les guerres civiles en France, et les querelles du calvinisme, n'étaient pas plus propres à cultiver la raison humaine, que ne le fut le fanatisme du temps de Cromwell en Angleterre. Si un chanoine de Thorn[1] avait renouvelé l'ancien système planétaire des Chaldéens, oublié de-

---

[1] Nicolas Copernic, né à Thorn, en Prusse, le 19 février 1473, mort le 24 mai 1543. CL.

puis si long-temps, cette vérité était condamnée à Rome; et la congrégation du saint-office, composée de sept cardinaux, ayant déclaré non seulement hérétique, mais absurde, le mouvement de la terre, sans lequel il n'y a point de véritable astronomie, le grand Galilée ayant demandé pardon à l'âge de soixante et dix ans d'avoir eu raison, il n'y avait pas d'apparence que la vérité pût être reçue sur la terre.

Le chancelier Bacon avait montré de loin la route qu'on pouvait tenir: Galilée avait découvert les lois de la chute des corps: Torricelli commençait à connaître la pesanteur de l'air qui nous environne: on avait fait quelques expériences à Magdebourg. Avec ces faibles essais, toutes les écoles restaient dans l'absurdité, et le monde dans l'ignorance. Descartes parut alors; il fit le contraire de ce qu'on devait faire; au lieu d'étudier la nature, il voulut la deviner. Il était le plus grand géomètre de son siècle; mais la géométrie laisse l'esprit comme elle le trouve. Celui de Descartes était trop porté à l'invention. Le premier des mathématiciens ne fit guère que des romans de philosophie. Un homme qui dédaigna les expériences, qui ne cita jamais Galilée, qui voulait bâtir sans matériaux, ne pouvait élever qu'un édifice imaginaire.

Ce qu'il y avait de romanesque réussit; et le peu de vérités mêlé à ces chimères nouvelles fut d'abord combattu. Mais enfin ce peu de vérités perça, à l'aide de la méthode qu'il avait introduite: car avant lui on n'avait point de fil dans ce labyrinthe, et du moins il en donna un, dont on se servit après qu'il se fut égaré. C'était beaucoup de détruire les chimères du péripatétisme, quoique par d'autres chimères. Ces deux fantômes se combattirent: Ils tombèrent l'un après l'autre, et la raison s'éleva enfin sur leurs ruines. Il y avait à Florence une académie d'expériences, sous le nom *del Cimento*, établie par le cardinal Léopold de Médicis, vers l'an 1655. On sentait déjà, dans cette patrie des arts, qu'on ne pouvait comprendre quelque chose du grand édifice de la nature qu'en l'examinant pièce à pièce. Cette académie, après les jours de Galilée, et dès le temps de Torricelli, rendit de grands services.

Quelques philosophes, en Angleterre, sous la sombre administration de Cromwell, s'assemblèrent pour chercher en paix des vérités, tandis que le fanatisme opprimait toute vérité. Charles II, rappelé sur le trône de ses ancêtres, par le repentir et par l'inconstance de sa nation, donna des lettres patentes à cette académie naissante; mais c'est tout ce que le gouvernement donna. La société royale, ou plutôt la société libre de Londres, travailla pour l'honneur de travailler. C'est de son sein que sortirent, de nos jours, les découvertes sur la lumière, sur le principe de la gravitation, sur l'aberration des étoiles fixes, sur la géométrie transcendante, et cent autres inventions, qui pourraient, à cet égard, faire appeler ce siècle le *siècle des Anglais*, aussi bien que celui de Louis XIV.

En 1666, M. Colbert, jaloux de cette nouvelle gloire, voulut que les Français la partageassent; et, à la prière de quelques savants, il fit agréer à Louis XIV l'établissement d'une académie des sciences. Elle fut libre jusqu'en 1699, comme celle d'Angleterre, et comme l'académie française. Colbert attira d'Italie Dominique Cassini, Huygens, de Hollande, et Roëmer, de Danemark, par de fortes pensions. Roëmer détermina la vitesse des rayons solaires; Huygens découvrit l'anneau et un des satellites de Saturne, et Cassini les quatre autres. On doit à Huygens, sinon la première invention des horloges à pendule, du moins les vrais principes de la régularité de leurs mouvements, principes qu'il déduisit d'une géométrie sublime[1]. On acquit peu-à-peu des connaissances de toutes les parties de la vraie physique, en rejetant tout système. Le public fut étonné de voir une chimie dans laquelle on ne cherchait ni le grand-œuvre, ni l'art de prolonger la vie au-delà des bornes de la nature; une astronomie qui ne prédisait pas les événements du monde, une médecine indépendante des phases de la lune. La corruption ne fut plus la mère des animaux et des plantes[2]. Il n'y eut plus de prodiges dès que la nature fut mieux connue. On l'étudia dans toutes ses productions.

La géographie reçut des accroissements étonnants. A peine Louis XIV a-t-il fait bâtir l'Observatoire, qu'il fait commencer, en 1669, une méridienne par Dominique Cassini et par Picard. Elle est continuée vers le nord, en 1683, par Lahire; et enfin Cassini

---

[1] Huygens et Roëmer quittèrent la France lors de la révocation de l'édit de Nantes. On proposa, dit-on, à Huygens de rester; mais il refusa, dédaignant de profiter d'une tolérance qui n'aurait été que pour lui. La liberté de penser est un droit, et il n'en voulait pas à titre de grace. K.

[2] Dans la première épitre de saint Paul aux Corinthiens, il est dit, chapitre xv, verset 36 : *Quod seminas non vivificatur, nisi prius moriatur.* Voltaire revient souvent sur ce verset. B.

la prolonge en 1700 jusqu'à l'extrémité du Roussillon. C'est le plus beau monument de l'astronomie, et il suffit pour éterniser ce siècle.

On envoie, en 1672, des physiciens à la Cayenne, faire des observations utiles. Ce voyage a été la première origine de la connaissance de l'aplatissement de la terre, démontré depuis par le grand Newton; et il a préparé à ces voyages plus fameux, qui, depuis, ont illustré le règne de Louis XV.

On fait partir, en 1700, Tournefort pour le Levant. Il y va recueillir des plantes qui enrichissent le jardin royal, autrefois abandonné, remis alors en honneur, et aujourd'hui devenu digne de la curiosité de l'Europe. La bibliothèque royale, déjà nombreuse, s'enrichit sous Louis XIV de plus de trente mille volumes; et cet exemple est si bien suivi de nos jours, qu'elle en contient déjà plus de cent quatre-vingt mille [1]. Il fait rouvrir l'école de droit, fermée depuis cent ans. Il établit dans toutes les universités de France un professeur de droit français. Il semble qu'il ne devrait pas y en avoir d'autres, et que les bonnes lois romaines, incorporées à celles du pays, devraient former un seul corps des lois de la nation [2].

---

[1] L'abbé Sallier ne le sait pas lui-même; mais il sait bien que le nombre est de plus de deux cent cinquante mille. L.—La Beaumelle, en voulant corriger Voltaire, s'éloigne de la vérité. On disait, il est vrai, que la bibliothèque du roi contenait trois cent mille volumes; mais le récolement fait en 1792 ne porte qu'à cent cinquante mille le nombre des livres imprimés qu'elle renferme. Aujourd'hui (1830) le nombre des volumes peut être de cinq cent mille, sans compter les opuscules, qu'on peut porter au même nombre. B.

[2] Il n'y a pas dans l'Europe une seule grande nation qui ait un code de droit civil formant un système régulier, et dont toutes les décisions soient

Sous lui les journaux s'établissent. On n'ignore pas que le *Journal des Savants,* qui commença en 1665, est le père de tous les ouvrages de ce genre, dont l'Europe est aujourd'hui remplie, et dans lesquels trop d'abus se sont glissés, comme dans les choses les plus utiles.

L'académie des belles-lettres, formée d'abord, en 1663, de quelques membres de l'académie française, pour transmettre à la postérité, par des médailles, les actions de Louis XIV, devint utile au public dès qu'elle ne fut plus uniquement occupée du monarque, et qu'elle s'appliqua aux recherches de l'antiquité, et à une critique judicieuse des opinions et des faits. Elle fit à peu près dans l'histoire ce que l'académie des sciences fesait dans la physique; elle dissipa des erreurs.

L'esprit de sagesse et de critique, qui se communiquait de proche en proche, détruisit insensiblement beaucoup de superstitions. C'est à cette raison naissante qu'on dut la déclaration du roi de 1672, qui dé-

---

des conséquences de principes liés entre eux. Partout le droit civil est un mélange des lois romaines, des codes des nations barbares, de coutumes locales, et de lois nouvelles, où ces quatre sources de décisions dominent plus ou moins. Aucune grande nation n'a même un code criminel. Les usages et la collection de lois faites successivement, et dans un esprit souvent opposé, forment la jurisprudence criminelle de toute l'Europe. Peut-être le moment approche-t-il où les peuples auront enfin de véritables lois : du moins les hommes éclairés, et en état de concevoir et d'exécuter ce grand ouvrage, ne manqueraient point aux souverains qui voudraient l'entreprendre. K. — L'uniformité des lois en France est un des bienfaits de la révolution. Le code civil actuel est de 1807; il est bien au-dessus de l'ordonnance de 1667 ; le code criminel, de 1808, et le code pénal, de 1810, sont l'objet de nombreuses observations, et seront certainement bientôt adoucis, mais ne sont point aussi inhumains que l'ordonnance de 1670. B.

fendit aux tribunaux d'admettre les simples accusations de sorcellerie. On ne l'eût pas osé sous Henri IV et sous Louis XIII; et si, depuis 1672, il y a eu encore des accusations de maléfices, les juges n'ont condamné, d'ordinaire, les accusés que comme des profanateurs, qui d'ailleurs employaient le poison[a].

Il était très commun auparavant d'éprouver les sorciers en les plongeant dans l'eau, liés de cordes; s'ils surnageaient, ils étaient convaincus. Plusieurs juges de province avaient ordonné ces épreuves, et elles continuèrent encore long-temps parmi le peuple. Tout berger était sorcier; et les amulettes, les anneaux constellés, étaient en usage dans les villes. Les effets de la baguette de coudrier, avec laquelle on croit découvrir les sources, les trésors, et les voleurs, passaient pour certains, et ont encore beaucoup de crédit dans plus d'une province d'Allemagne. Il n'y avait presque personne qui ne se fît tirer son horoscope.

[a] En 1609, six cents sorciers furent condamnés, dans le ressort du parlement de Bordeaux, et la plupart brûlés. Nicolas Remi, dans sa *Démonolâtrie*, rapporte neuf cents arrêts rendus en quinze ans contre des sorciers dans la seule Lorraine. Le fameux curé Louis Gauffridi, brûlé à Aix, en 1611, avait avoué qu'il était sorcier, et les juges l'avaient cru.

C'est une chose honteuse que le P. Lebrun, dans son *Traité des pratiques superstitieuses*, admette encore de vrais sortiléges: il va même jusqu'à dire, page 524, que « le parlement de Paris reconnait des sortiléges; » il se trompe: « le parlement reconnait des profanations, des maléfices, mais non « des effets surnaturels opérés par le diable. » Le livre de dom Calmet sur les vampires et sur les apparitions a passé pour un délire; mais il fait voir combien l'esprit humain est porté à la superstition.—Sur L. Gauffredi, voyez, tome L, le chapitre IX du *Prix de la justice et de l'humanité*. Le livre de dom Calmet, dont il est question dans la note de Voltaire, est intitulé: *Traité sur les apparitions des esprits et sur les vampires, ou les revenants de Hongrie, de Moravie*, etc., nouvelle édition, 1751, deux volumes in-12; la première édition est de 1746. B.

On n'entendait parler que de secrets magiques; presque tout était illusion. Des savants, des magistrats, avaient écrit sérieusement sur ces matières. On distinguait parmi les auteurs une classe de démonographes. Il y avait des règles pour discerner les vrais magiciens, les vrais possédés d'avec les faux : enfin, jusque vers ces temps-là, on n'avait guère adopté de l'antiquité que des erreurs en tout genre.

Les idées superstitieuses étaient tellement enracinées chez les hommes, que les comètes les effrayaient encore en 1680. On osait à peine combattre cette crainte populaire. Jacques Bernouilli, l'un des grands mathématiciens de l'Europe, en répondant, à propos de cette comète, aux partisans du préjugé, dit que la chevelure de la comète ne peut être un signe de la colère divine, parceque cette chevelure est éternelle; mais que la queue pourrait bien en être un. Cependant, ni la tête ni la queue ne sont éternelles. Il fallut que Bayle écrivît contre le préjugé vulgaire un livre fameux, que les progrès de la raison ont rendu aujourd'hui moins piquant qu'il ne l'était alors.

On ne croirait pas que les souverains eussent obligation aux philosophes. Cependant il est vrai que cet esprit philosophique, qui a gagné presque toutes les conditions, excepté le bas peuple, a beaucoup contribué à faire valoir les droits des souverains. Des querelles qui auraient produit autrefois des excommunications, des interdits, des schismes, n'en ont point causé. Si on a dit que les peuples seraient heureux quand ils auraient des philosophes pour rois[1], il est très

---

[1] Platon, *Républ.*, livre V. B.

vrai de dire que les rois en sont plus heureux quand il y a beaucoup de leurs sujets philosophes.

Il faut avouer que cet esprit raisonnable qui commence à présider à l'éducation, dans les grandes villes, n'a pu empêcher les fureurs des fanatiques des Cévennes, ni prévenir la démence du petit peuple de Paris autour d'un tombeau, à Saint-Médard, ni calmer des disputes aussi acharnées que frivoles entre des hommes qui auraient dû être sages; mais, avant ce siècle, ces disputes eussent causé des troubles dans l'état; les miracles de Saint-Médard eussent été accrédités par les plus considérables citoyens, et le fanatisme, renfermé dans les montagnes des Cévennes, se fût répandu dans les villes.

Tous les genres de science et de littérature ont été épuisés dans ce siècle; et tant d'écrivains ont étendu les lumières de l'esprit humain, que ceux qui, en d'autres temps, auraient passé pour des prodiges, ont été confondus dans la foule. Leur gloire est peu de chose à cause de leur nombre, et la gloire du siècle en est plus grande.

CHAPITRE XXXII.

Des beaux-arts.

La saine philosophie ne fit pas en France d'aussi grands progrès qu'en Angleterre et à Florence; et si l'académie des sciences rendit des services à l'esprit humain, elle ne mit pas la France au-dessus des autres nations. Toutes les grandes inventions et les grandes vérités vinrent d'ailleurs.

Mais, dans l'éloquence, dans la poésie, dans la littérature, dans les livres de morale et d'agrément, les Français furent les législateurs de l'Europe. Il n'y avait plus de goût en Italie. La véritable éloquence était partout ignorée, la religion enseignée ridiculement en chaire, et les causes plaidées de même dans le barreau.

Les prédicateurs citaient Virgile et Ovide; les avocats, saint Augustin et saint Jérôme. Il ne s'était point encore trouvé de génie qui eût donné à la langue française le tour, le nombre, la propriété du style, et la dignité. Quelques vers de Malherbe fesaient sentir seulement qu'elle était capable de grandeur et de force; mais c'était tout. Les mêmes génies qui avaient écrit très bien en latin, comme un président De Thou, un chancelier de L'Hospital, n'étaient plus les mêmes quand ils maniaient leur propre langage, rebelle entre leurs mains. Le Français n'était encore recommandable que par une certaine naïveté, qui avait fait le seul mérite de Joinville, d'Amyot, de Marot, de Montaigne, de Régnier, de la *satire Ménippée*. Cette naïveté tenait beaucoup à l'irrégularité, à la grossièreté.

Jean de Lingendes, évêque de Mâcon, aujourd'hui inconnu, parcequ'il ne fit point imprimer ses ouvrages, fut le premier orateur qui parla dans le grand goût. Ses sermons et ses oraisons funèbres, quoique mêlés encore de la rouille de son temps, furent le modèle des orateurs qui l'imitèrent et le surpassèrent. L'oraison funèbre de Charles-Emmanuel, duc de Savoie, surnommé *le Grand* dans son pays, prononcée par Lingendes, en 1630, était pleine de si grands traits d'éloquence, que Fléchier, long-temps après, en prit l'exorde tout entier aussi bien que le texte et plusieurs passages considérables, pour en orner sa fameuse oraison funèbre du vicomte de Turenne[1].

Balzac, en ce temps-là, donnait du nombre et de l'harmonie à la prose. Il est vrai que ses lettres étaient des harangues ampoulées; il écrivait au premier cardinal de Retz : « Vous venez de prendre le sceptre des « rois et la livrée des roses. » Il écrivait de Rome à Boisrobert, en parlant des eaux de senteur : « Je me « sauve à la nage, dans ma chambre, au milieu des « parfums. » Avec tous ces défauts, il charmait l'oreille. L'éloquence a tant de pouvoir sur les hommes, qu'on admira Balzac dans son temps, pour avoir trouvé cette petite partie de l'art ignorée et nécessaire, qui consiste dans le choix harmonieux des paroles, et même pour l'avoir employée souvent hors de sa place.

[1] Voltaire dit ailleurs, dans une note (voyez tome XXIX, page 216), que Fléchier a *tiré mot à mot la moitié* de son oraison funèbre de Turenne de celle que *l'évêque de Grenoble, Lingendes, avait faite d'un duc de Savoie.* Ce n'est pas même *l'exorde tout entier* que Fléchier a pris à Lingendes, mais trois passages formant ensemble tout au plus deux pages. C'est ce qu'a très bien établi le cardinal Maury, dans une note de son *Essai sur l'éloquence de la chaire.* Le cardinal Maury observe que Voltaire confond Claude de Lingendes, jésuite, et qui fut en effet le premier réformateur de l'éloquence de la chaire, avec Jean de Lingendes, qui n'était qu'abbé lorsqu'en 1637 il prononça l'oraison funèbre de Victor-Amédée (et non Charles-Emmanuel). Cette oraison funèbre fut imprimée dans le temps. Jean de Lingendes, évêque de Sarlat, en 1642, de Mâcon, en 1650, n'a jamais été évêque de Grenoble. B.

Voiture donna quelque idée des graces légères de ce style épistolaire, qui n'est pas le meilleur, puisqu'il ne consiste que dans la plaisanterie. C'est un baladinage, que deux tomes de lettres, dans lesquelles il n'y en a pas une seule instructive, pas une qui parte du cœur, qui peigne les mœurs du temps et les caractères des hommes ; c'est plutôt un abus qu'un usage de l'esprit.

La langue commençait à s'épurer et à prendre une forme constante. On en était redevable à l'académie française, et surtout à Vaugelas. Sa *Traduction de Quinte-Curce*, qui parut en 1646, fut le premier bon livre écrit purement ; et il s'y trouve peu d'expressions et de tours qui aient vieilli.

Olivier Patru, qui le suivit de près, contribua beaucoup à régler, à épurer le langage ; et quoiqu'il ne passât pas pour un avocat profond, on lui dut néanmoins l'ordre, la clarté, la bienséance, l'élégance du discours, mérites absolument inconnus avant lui au barreau.

Un des ouvrages qui contribuèrent le plus à former le goût de la nation, et à lui donner un esprit de justesse et de précision, fut le petit recueil des *Maximes* de François duc de La Rochefoucauld. Quoiqu'il n'y ait presque qu'une vérité dans ce livre, qui est que *l'amour-propre est le mobile de tout*, cependant cette pensée se présente sous tant d'aspects variés, qu'elle est presque toujours piquante. C'est moins un livre que des matériaux pour orner un livre. On lut avidement ce petit recueil ; il accoutuma à penser et à renfermer ses pensées dans un tour vif, précis, et délicat. C'était un mérite que personne n'avait eu avant lui en Europe, depuis la renaissance des lettres.

Mais le premier livre de génie qu'on vit en prose, fut le recueil des *Lettres provinciales*, en 1656. Toutes les sortes d'éloquence y sont renfermées. Il n'y a pas un seul mot qui, depuis cent ans, se soit ressenti du changement qui altère souvent les langues vivantes. Il faut rapporter à cet ouvrage l'époque de la fixation du langage. L'évêque de Luçon, fils du célèbre Bussi, m'a dit qu'ayant demandé à M. de Meaux quel ouvrage il eût mieux aimé avoir fait, s'il n'avait pas fait les siens, Bossuet lui répondit: *Les Lettres provinciales*[1]. Elles ont beaucoup perdu de leur piquant lorsque les jésuites ont été abolis, et les objets de leurs disputes méprisés.

Le bon goût qui règne d'un bout à l'autre dans ce livre, et la vigueur des dernières lettres, ne corrigèrent pas d'abord le style lâche, diffus, incorrect, et décousu, qui depuis long-temps était celui de presque tous les écrivains, des prédicateurs, et des avocats.

Un des premiers, qui étala dans la chaire une raison toujours éloquente, fut le P. Bourdaloue, vers l'an 1668. Ce fut une lumière nouvelle. Il y a eu après lui d'autres orateurs de la chaire, comme le P. Massillon, évêque de Clermont, qui ont répandu dans leurs discours plus de graces, des peintures plus fines et

---

[1] Les premières phrases de cet alinéa sont de 1756; la dernière est de 1768. L'abolition des jésuites est de 1764 : voyez tome XXII, page 354 et suiv. B.

plus pénétrantes des mœurs du siècle; mais aucun ne l'a fait oublier. Dans son style plus nerveux que fleuri, sans aucune imagination dans l'expression, il paraît vouloir plutôt convaincre que toucher, et jamais il ne songe à plaire.

Peut-être serait-il à souhaiter qu'en bannissant de la chaire le mauvais goût qui l'avilissait, il en eût banni aussi cette coutume de prêcher sur un texte. En effet, parler long-temps sur une citation d'une ligne ou deux, se fatiguer à compasser tout son discours sur cette ligne, un tel travail paraît un jeu peu digne de la gravité de ce ministère. Le texte devient une espèce de devise, ou plutôt d'énigme, que le discours développe. Jamais les Grecs et les Romains ne connurent cet usage. C'est dans la décadence des lettres qu'il commença, et le temps l'a consacré.

L'habitude de diviser toujours en deux ou trois points des choses qui, comme la morale, n'exigent aucune division, ou qui en demanderaient davantage, comme la controverse, est encore une coutume gênante, que le P. Bourdaloue trouva introduite, et à laquelle il se conforma.

Il avait été précédé par Bossuet, depuis évêque de Meaux. Celui-ci, qui devint un si grand homme, s'était engagé, dans sa grande jeunesse, à épouser mademoiselle Desvieux, fille d'un rare mérite. Ses talents pour la théologie, et pour cette espèce d'éloquence qui le caractérise, se montrèrent de si bonne heure, que ses parents et ses amis le déterminèrent à ne se donner qu'à l'église. Mademoiselle Desvieux l'y engagea elle-même, préférant la gloire qu'il devait acquérir au bonheur de vivre avec lui ª. Il avait prêché assez jeune, devant le roi et la reine-mère, en 1662, long-temps avant que le P. Bourdaloue fût connu. Ses discours, soutenus d'une action noble et touchante, les premiers qu'on eût encore entendus à la cour qui approchassent du sublime, eurent un si grand succès, que le roi fit écrire, en son nom, à son père, intendant de Soissons ¹, pour le féliciter d'avoir un tel fils.

Cependant, quand Bourdaloue parut, Bossuet ne passa plus pour le premier prédicateur. Il s'était déjà donné aux oraisons funèbres, genre d'éloquence qui demande de l'imagination et une grandeur majestueuse qui tient un peu à la poésie, dont il faut toujours emprunter quelque chose, quoique avec discrétion, quand on tend au sublime. L'oraison funèbre de la reine-mère, qu'il prononça en 1667, lui valut l'évêché de Condom ² : mais ce discours n'était pas encore digne de lui; et il ne fut pas imprimé, non plus que ses sermons. L'éloge funèbre de la reine d'Angleterre, veuve de Charles Ier, qu'il fit en 1669, parut presque en tout un chef-d'œuvre. Les sujets de ces pièces d'éloquence sont heureux à proportion des malheurs que les morts ont éprouvés. C'est en quelque

---

ª Voyez le *Catalogue des écrivains*, à l'article BOSSUET, vol. XIX.

¹ Bossuet prêcha l'avent de 1661. Son père vécut et mourut conseiller au parlement de Metz. Ce fut un frère de l'évêque de Meaux qui, plus tard, fut intendant de Soissons. B.

² L'oraison funèbre d'Anne d'Autriche avait été prononcée le 20 janvier 1667; ce ne fut que près de trois ans après, le 13 septembre 1669, que Bossuet fut nommé à l'évêché de Condom. B.

façon comme dans les tragédies, où les grandes infortunes des principaux personnages sont ce qui intéresse davantage. L'éloge funèbre de Madame, enlevée à la fleur de son âge, et morte entre ses bras, eut le plus grand et le plus rare des succès, celui de faire verser des larmes à la cour. Il fut obligé de s'arrêter après ces paroles : « O nuit désastreuse ! nuit effroya-
« ble, où retentit tout-à-coup, comme un éclat de
« tonnerre, cette étonnante nouvelle : Madame se
« meurt, Madame est morte, etc. » L'auditoire éclata en sanglots; et la voix de l'orateur fut interrompue par ses soupirs et par ses pleurs.

Les Français furent les seuls qui réussirent dans ce genre d'éloquence. Le même homme, quelque temps après, en inventa un nouveau, qui ne pouvait guère avoir de succès qu'entre ses mains. Il appliqua l'art oratoire à l'histoire même, qui semble l'exclure. Son *Discours sur l'histoire universelle*, composé pour l'éducation du dauphin, n'a eu ni modèle, ni imitateurs. Si le système qu'il adopte, pour concilier la chronologie des Juifs avec celle des autres nations, a trouvé des contradicteurs chez les savants, son style n'a trouvé que des admirateurs. On fut étonné de cette force majestueuse dont il décrit les mœurs, le gouvernement, l'accroissement, et la chute des grands empires; et de ces traits rapides d'une vérité énergique, dont il peint et dont il juge les nations.

Presque tous les ouvrages qui honorèrent ce siècle étaient dans un genre inconnu à l'antiquité. Le *Télémaque* est de ce nombre. Fénélon, le disciple, l'ami de Bossuet, et depuis devenu malgré lui son rival et son ennemi, composa ce livre singulier, qui tient à-la-fois du roman et du poëme, et qui substitue une prose cadencée à la versification. Il semble qu'il ait voulu traiter le roman comme M. de Meaux avait traité l'histoire, en lui donnant une dignité et des charmes inconnus, et surtout en tirant de ces fictions une morale utile au genre humain, morale entièrement négligée dans presque toutes les inventions fabuleuses. On a cru qu'il avait composé ce livre pour servir de thèmes et d'instruction au duc de Bourgogne, et aux autres enfants de France, dont il fut le précepteur; ainsi que Bossuet avait fait son *Histoire universelle* pour l'éducation de Monseigneur. Mais son neveu, le marquis de Fénélon, héritier de la vertu de cet homme célèbre, et qui a été tué à la bataille de Rocoux, m'a assuré le contraire. En effet, il n'eût pas été convenable que les amours de Calypso et d'Eucharis eussent été les premières leçons qu'un prêtre eût données aux enfants de France.

Il ne fit cet ouvrage que lorsqu'il fut relégué dans son archevêché de Cambrai [1]. Plein de la lecture des anciens, et né avec une imagination vive et tendre, il s'était fait un style qui n'était qu'à lui, et qui coulait de source avec abondance. J'ai vu son manuscrit original : il n'y a pas dix ratures [2]. Il le composa en trois mois, au milieu de ses malheureuses disputes

---

[1] Le *Télémaque* n'a été imprimé qu'en 1699. Il y avait deux ans que Fénélon était en exil. Mais l'ouvrage avait été composé vers 1694. B.

[2] M. E.-A. Lequien, qui l'a consulté pour l'édition qu'il a donnée du *Télémaque* en 1819, a compté plus de quatre cents ratures dans ce manuscrit; « si, dit-il, on appelle rature un ou plusieurs mots effacés avec la plume, soit pour les supprimer, soit pour les remplacer par d'autres. » B.

sur le quiétisme, ne se doutant pas combien ce délassement était supérieur à ses occupations. On prétend qu'un domestique lui en déroba une copie qu'il fit imprimer. Si cela est, l'archevêque de Cambrai dut à cette infidélité toute la réputation qu'il eut en Europe; mais il lui dut aussi d'être perdu pour jamais à la cour. On crut voir dans le *Télémaque* une critique indirecte du gouvernement de Louis XIV. Sésostris, qui triomphait avec trop de faste; Idoménée, qui établissait le luxe dans Salente, et qui oubliait le nécessaire, parurent des portraits du roi, quoique, après tout, il soit impossible d'avoir chez soi le superflu que par la surabondance des arts de la première nécessité. Le marquis de Louvois semblait, aux yeux des mécontents, représenté sous le nom de Protésilas, vain, dur, hautain, ennemi des grands capitaines qui servaient l'état et non le ministre.

Les alliés, qui, dans la guerre de 1688, s'unirent contre Louis XIV, qui depuis ébranlèrent son trône, dans la guerre de 1701, se firent une joie de le reconnaître dans ce même Idoménée, dont la hauteur révolte tous ses voisins. Ces allusions firent des impressions profondes, à la faveur de ce style harmonieux, qui insinue d'une manière si tendre la modération et la concorde. Les étrangers et les Français même, lassés de tant de guerres, virent avec une consolation maligne une satire dans un livre fait pour enseigner la vertu. Les éditions en furent innombrables. J'en ai vu quatorze en langue anglaise. Il est vrai qu'après la mort de ce monarque si craint, si envié, si respecté de tous, et si haï de quelques uns, quand la malignité humaine a cessé de s'assouvir des allusions prétendues qui censuraient sa conduite, les juges d'un goût sévère ont traité le *Télémaque* avec quelque rigueur. Ils ont blâmé les longueurs, les détails, les aventures trop peu liées, les descriptions trop répétées et trop uniformes de la vie champêtre; mais ce livre a toujours été regardé comme un des beaux monuments d'un siècle florissant.

On peut compter parmi les productions d'un genre unique les *Caractères* de La Bruyère. Il n'y avait pas chez les anciens plus d'exemples d'un tel ouvrage que du *Télémaque*. Un style rapide, concis, nerveux, des expressions pittoresques, un usage tout nouveau de la langue, mais qui n'en blesse pas les règles, frappèrent le public; et les allusions qu'on y trouvait en foule achevèrent le succès. Quand La Bruyère montra son ouvrage manuscrit à M. de Malézieu, celui-ci lui dit : « Voilà de quoi vous attirer beaucoup de lecteurs et beaucoup d'ennemis. » Ce livre baissa dans l'esprit des hommes quand une génération entière, attaquée dans l'ouvrage, fut passée. Cependant, comme il y a des choses de tous les temps et de tous les lieux, il est à croire qu'il ne sera jamais oublié. Le *Télémaque* a fait quelques imitateurs, les *Caractères* de La Bruyère en ont produit davantage[1]. Il est plus aisé de faire de courtes peintures des choses qui nous frappent, que d'écrire un long ouvrage d'imagination, qui plaise et qui instruise à-la-fois.

---

[1] Dans l'édition de 1751 Voltaire disait : « Le *Télémaque* n'a point fait d'imitateurs; les *Caractères* de La Bruyère en ont produit. » C'est en 1756 que Voltaire se corrigea. B.

L'art délicat de répandre des graces jusque sur la philosophie fut encore une chose nouvelle, dont le livre des *Mondes* fut le premier exemple, mais exemple dangereux, parceque la véritable parure de la philosophie est l'ordre, la clarté, et surtout la vérité. Ce qui pourrait empêcher cet ouvrage ingénieux d'être mis par la postérité au rang de nos livres classiques, c'est qu'il est fondé en partie sur la chimère des tourbillons de Descartes.

Il faut ajouter à ces nouveautés celles que produisit Bayle en donnant une espèce de dictionnaire de raisonnement. C'est le premier ouvrage de ce genre où l'on puisse apprendre à penser. Il faut abandonner à la destinée des livres ordinaires les articles de ce recueil qui ne contiennent que de petits faits indignes à-la-fois de Bayle, d'un lecteur grave, et de la postérité. Au reste, en plaçant ici Bayle parmi les auteurs qui ont honoré le siècle de Louis XIV, quoiqu'il fût réfugié en Hollande, je ne fais en cela que me conformer à l'arrêt du parlement de Toulouse, qui, en déclarant son testament valide en France, malgré la rigueur des lois, dit expressément « qu'un tel homme « ne peut être regardé comme un étranger. »

On ne s'appesantira point ici sur la foule des bons livres que ce siècle a fait naître; on ne s'arrête qu'aux productions de génie singulières ou neuves qui le caractérisent, et qui le distinguent des autres siècles. L'éloquence de Bossuet et de Bourdaloue, par exemple, n'était et ne pouvait être celle de Cicéron : c'était un genre et un mérite tout nouveau. Si quelque chose approche de l'orateur romain, ce sont les trois mémoires que Pellisson composa pour Fouquet. Ils sont dans le même genre que plusieurs oraisons de Cicéron, un mélange d'affaires judiciaires et d'affaires d'état, traité solidement avec un art qui paraît peu, et orné d'une éloquence touchante.

Nous avons eu des historiens, mais point de Tite-Live. Le style de la *Conjuration de Venise* est comparable à celui de Salluste. On voit que l'abbé de Saint-Réal l'avait pris pour modèle, et peut-être l'a-t-il surpassé. Tous les autres écrits dont on vient de parler semblent être d'une création nouvelle. C'est là surtout ce qui distingue cet âge illustre ; car pour des savants et des commentateurs, le seizième et le dix-septième siècle en avaient beaucoup produit ; mais le vrai génie en aucun genre n'était encore développé.

Qui croirait que tous ces bons ouvrages en prose n'auraient probablement jamais existé, s'ils n'avaient été précédés par la poésie ? C'est pourtant la destinée de l'esprit humain dans toutes les nations : les vers furent partout les premiers enfants du génie, et les premiers maîtres d'éloquence.

Les peuples sont ce qu'est chaque homme en particulier. Platon et Cicéron commencèrent par faire des vers. On ne pouvait encore citer un passage noble et sublime de prose française, quand on savait par cœur le peu de belles stances que laissa Malherbe ; et il y a grande apparence que, sans Pierre Corneille, le génie des prosateurs ne se serait pas développé.

Cet homme est d'autant plus admirable, qu'il n'était environné que de très mauvais modèles quand il commença à donner des tragédies. Ce qui devait encore lui fermer le bon chemin, c'est que ces mauvais modèles étaient estimés ; et, pour comble de découragement, ils étaient favorisés par le cardinal de Richelieu, le protecteur des gens de lettres et non pas du bon goût. Il récompensait de misérables écrivains qui d'ordinaire sont rampants ; et, par une hauteur d'esprit si bien placée ailleurs, il voulait abaisser ceux en qui il sentait avec quelque dépit un vrai génie, qui rarement se plie à la dépendance. Il est bien rare qu'un homme puissant, quand il est lui-même artiste, protége sincèrement les bons artistes.

Corneille eut à combattre son siècle, ses rivaux, et le cardinal de Richelieu. Je ne répéterai point ici ce qui a été écrit sur *le Cid*. Je remarquerai seulement que l'académie, dans ses judicieuses décisions entre Corneille et Scudéri, eut trop de complaisance pour le cardinal de Richelieu, en condamnant l'amour de Chimène. Aimer le meurtrier de son père, et poursuivre la vengeance de ce meurtre, était une chose admirable. Vaincre son amour eût été un défaut capital dans l'art tragique, qui consiste principalement dans les combats du cœur ; mais l'art était inconnu alors à tout le monde, hors à l'auteur.

Le Cid ne fut pas le seul ouvrage de Corneille que le cardinal de Richelieu voulut rabaisser. L'abbé d'Aubignac nous apprend que ce ministre désapprouva *Polyeucte*.

Le Cid, après tout, était une imitation très embellie de Guillem de Castro, et en plusieurs endroits une traduction[a]. *Cinna*, qui le suivit, était unique. J'ai connu un ancien domestique de la maison de Condé, qui disait que le grand Condé, à l'âge de vingt ans, étant à la première représentation de *Cinna*, versa des larmes[1] à ces paroles d'Auguste :

> Je suis maitre de moi comme de l'univers ;
> Je le suis, je veux l'être. O siècles ! ô mémoire !
> Conservez à jamais ma dernière victoire.
> Je triomphe aujourd'hui du plus juste courroux
> De qui le souvenir puisse aller jusqu'à vous :
> Soyons amis, Cinna ; c'est moi qui t'en convie.

C'étaient là des larmes de héros. Le grand Corneille fesant pleurer le grand Condé d'admiration est une époque bien célèbre dans l'histoire de l'esprit humain.

La quantité de pièces indignes de lui qu'il fit plusieurs années après n'empêcha pas la nation de le regarder comme un grand homme, ainsi que les fautes considérables d'Homère n'ont jamais empêché qu'il ne fût sublime. C'est le privilége du vrai génie, et surtout du génie qui ouvre une carrière, de faire impunément de grandes fautes.

Corneille s'était formé tout seul ; mais Louis XIV, Colbert, Sophocle, et Euripide, contribuèrent tous à former Racine. Une ode qu'il composa à l'âge de dix-

---

[a] Il y avait deux tragédies espagnoles sur ce sujet : *le Cid* de Guillem de Castro, et *el Honrador de su padre* de Jean-Baptiste Diamante. Corneille imita autant de scènes de Diamante que de Castro.

[1] C'est ce qui a fait dire à Voltaire, dans son *Russe à Paris* (voyez tome XIV) :

> Le grand Condé pleurant aux vers du grand Corneille. B.

huit ans[1], pour le mariage du roi, lui attira un présent qu'il n'attendait pas, et le détermina à la poésie. Sa réputation s'est accrue de jour en jour, et celle des ouvrages de Corneille a un peu diminué. La raison en est que Racine, dans tous ses ouvrages, depuis son *Alexandre*, est toujours élégant, toujours correct, toujours vrai, qu'il parle au cœur, et que l'autre manque trop souvent à tous ces devoirs. Racine passa de bien loin et les Grecs et Corneille dans l'intelligence des passions, et porta la douce harmonie de la poésie, ainsi que les graces de la parole, au plus haut point où elles puissent parvenir. Ces hommes enseignèrent à la nation à penser, à sentir, et à s'exprimer. Leurs auditeurs, instruits par eux seuls, devinrent enfin des juges sévères pour ceux mêmes qui les avaient éclairés.

Il y avait très peu de personnes en France, du temps du cardinal de Richelieu, capables de discerner les défauts du *Cid*; et en 1702, quand *Athalie*, le chef-d'œuvre de la scène, fut représentée chez madame la duchesse de Bourgogne, les courtisans se crurent assez habiles pour la condamner. Le temps a vengé l'auteur; mais ce grand homme est mort sans jouir du succès de son plus admirable ouvrage. Un nombreux parti se piqua toujours de ne pas rendre justice à Racine. Madame de Sévigné, la première personne de son siècle pour le style épistolaire, et surtout pour conter des bagatelles avec grace, croit

---

[1] Il avait vingt ans et demi lorsqu'il composa cette ode intitulée : *la Nymphe de la Seine*. Cl.

CHAP. XXXII. DES BEAUX-ARTS.

toujours que Racine *n'ira pas loin*. Elle en jugeait comme du café, dont elle dit *qu'on se désabusera bientôt*[1]. Il faut du temps pour que les réputations mûrissent.

La singulière destinée de ce siècle rendit Molière contemporain de Corneille et de Racine. Il n'est pas vrai que Molière, quand il parut, eût trouvé le théâtre absolument dénué de bonnes comédies. Corneille lui-même avait donné *le Menteur*, pièce de caractère et d'intrigue, prise du théâtre espagnol, comme *le Cid*; et Molière n'avait encore fait paraître que deux de ses chefs-d'œuvre, lorsque le public avait *la Mère coquette* de Quinault, pièce à-la-fois de caractère et d'intrigue, et même modèle d'intrigue. Elle est de 1664; c'est la première comédie où l'on ait peint ceux que l'on a appelés depuis les *marquis*. La plupart des grands seigneurs de la cour de Louis XIV voulaient imiter cet air de grandeur, d'éclat, et de dignité qu'avait leur maître. Ceux d'un ordre inférieur copiaient la hauteur des premiers; et il y en avait enfin, et même en grand nombre, qui poussaient cet air avantageux, et cette envie dominante de se faire valoir, jusqu'au plus grand ridicule.

Ce défaut dura long-temps. Molière l'attaqua souvent, et il contribua à défaire le public de ces importants subalternes, ainsi que de l'affectation des *précieuses*, du pédantisme des *femmes savantes*, de la robe et du latin des médecins. Molière fut, si on

---

[1] Voltaire parle peut-être d'après la tradition de son temps; mais M. de Saint-Surin, dans sa notice sur madame de Sévigné, affirme que cette phrase ne se trouve dans aucune des *Lettres de madame de Sévigné*. B.

ose le dire, un législateur des bienséances du monde. Je ne parle ici que de ce service rendu à son siècle : on sait assez ses autres mérites.

C'était un temps digne de l'attention des temps à venir que celui où les héros de Corneille et de Racine, les personnages de Molière, les symphonies de Lulli, toutes nouvelles pour la nation, et (puisqu'il ne s'agit ici que des arts) les voix des Bossuet et des Bourdaloue, se fesaient entendre à Louis XIV, à Madame si célèbre par son goût, à un Condé, à un Turenne, à un Colbert, et à cette foule d'hommes supérieurs qui parurent en tout genre. Ce temps ne se retrouvera plus, où un duc de La Rochefoucauld, l'auteur des *Maximes*, au sortir de la conversation d'un Pascal et d'un Arnauld, allait au théâtre de Corneille.

Despréaux s'élevait au niveau de tant de grands hommes, non point par ses premières satires, car les regards de la postérité ne s'arrêteront point sur les *embarras de Paris*[1], et sur les noms des Cassaigne et des Cotin; mais il instruisait cette postérité par ses belles épîtres, et surtout par son *Art poétique*, où Corneille eût trouvé beaucoup à apprendre.

La Fontaine, bien moins châtié dans son style, bien moins correct dans son langage, mais unique dans sa naïveté et dans les graces qui lui sont propres, se mit, par les choses les plus simples, presque à côté de ces hommes sublimes.

Quinault, dans un genre tout nouveau, et d'autant plus difficile qu'il paraît plus aisé, fut digne d'être

[1] C'est la sixième satire de Boileau. B.

placé avec tous ces illustres contemporains. On sait avec quelle injustice Boileau voulut le décrier. Il manquait à Boileau d'avoir sacrifié aux graces : il chercha en vain toute sa vie à humilier un homme qui n'était connu que par elles. Le véritable éloge d'un poëte, c'est qu'on retienne ses vers. On sait par cœur des scènes entières de Quinault; c'est un avantage qu'aucun opéra d'Italie ne pourrait obtenir. La musique française est demeurée dans une simplicité qui n'est plus du goût d'aucune nation; mais la simple et belle nature, qui se montre souvent dans Quinault avec tant de charmes, plaît encore dans toute l'Europe à ceux qui possèdent notre langue, et qui ont le goût cultivé. Si l'on trouvait dans l'antiquité un poëme comme *Armide* ou comme *Atys,* avec quelle idolâtrie il serait reçu! mais Quinault était moderne.

Tous ces grands hommes furent connus et protégés de Louis XIV, excepté La Fontaine. Son extrême simplicité, poussée jusqu'à l'oubli de soi-même, l'écartait d'une cour qu'il ne cherchait pas; mais le duc de Bourgogne l'accueillit, et il reçut dans sa vieillesse quelques bienfaits de ce prince. Il était, malgré son génie, presque aussi simple que les héros de ses fables. Un prêtre de l'Oratoire, nommé Pouget, se fit un grand mérite d'avoir traité cet homme, de mœurs si innocentes, comme s'il eût parlé à la Brinvilliers et à la Voisin. Ses contes ne sont que ceux du Pogge, de l'Arioste, et de la reine de Navarre. Si la volupté est dangereuse, ce ne sont pas des plaisanteries qui inspirent cette volupté. On pourrait appliquer à La Fontaine son admirable fable des *Animaux malades de la peste*, qui s'accusent de leurs fautes : on y pardonne tout aux lions, aux loups, et aux ours; et un animal innocent est dévoué pour avoir mangé un peu d'herbe.

Dans l'école de ces génies, qui seront les délices et l'instruction des siècles à venir, il se forma une foule d'esprits agréables, dont on a une infinité de petits ouvrages délicats qui font l'amusement des honnêtes gens, ainsi que nous avons eu beaucoup de peintres gracieux, qu'on ne met pas à côté des Poussin, des Lesueur, des Lebrun, des Lemoine, et des Vanloo.

Cependant, vers la fin du règne de Louis XIV, deux hommes percèrent la foule des génies médiocres, et eurent beaucoup de réputation. L'un était La Motte Houdar[a], homme d'un esprit plus sage et plus étendu que sublime, écrivain délicat et méthodique en prose, mais manquant souvent de feu et d'élégance dans sa poésie, et même de cette exactitude qu'il n'est permis de négliger qu'en faveur du sublime. Il donna d'abord de belles stances plutôt que de belles odes. Son talent déclina bientôt après; mais beaucoup de beaux morceaux qui nous restent de lui en plus d'un genre, empêcheront toujours qu'on ne le mette au rang des auteurs méprisables. Il prouva que, dans l'art d'écrire, on peut être encore quelque chose au second rang.

L'autre était Rousseau, qui, avec moins d'esprit, moins de finesse, et de facilité que La Motte, eut

---

[a] Voyez le *Catalogue des écrivains*, à l'article La Motte (vol. XIX, p. 133).

beaucoup plus de talent pour l'art des vers. Il ne fit des odes qu'après La Motte; mais il les fit plus belles, plus variées, plus remplies d'images. Il égala dans ses psaumes l'onction et l'harmonie qu'on remarque dans les cantiques de Racine. Ses épigrammes sont mieux travaillées que celles de Marot. Il réussit bien moins dans les opéra qui demandent de la sensibilité, dans les comédies qui veulent de la gaîté, et dans les épîtres morales qui veulent de la vérité: tout cela lui manquait. Ainsi il échoua dans ces genres, qui lui étaient étrangers.

Il aurait corrompu la langue française, si le style marotique, qu'il employa dans des ouvrages sérieux, avait été imité. Mais heureusement ce mélange de la pureté de notre langue avec la difformité de celle qu'on parlait il y a deux cents ans, n'a été qu'une mode passagère. Quelques unes de ses épîtres sont des imitations un peu forcées de Despréaux, et ne sont pas fondées sur des idées aussi claires, et sur des vérités reconnues: *le vrai seul est aimable*[1].

Il dégénéra beaucoup dans les pays étrangers: soit que l'âge et les malheurs eussent affaibli son génie; soit que, son principal mérite consistant dans le choix des mots et dans les tours heureux, mérite plus nécessaire et plus rare qu'on ne pense, il ne fût plus à portée des mêmes secours. Il pouvait, loin de sa patrie, compter parmi ses malheurs celui de n'avoir plus de critiques sévères.

Ses longues infortunes eurent leur source dans un amour-propre indomptable, et trop mêlé de jalousie

[1] Boileau, épître IX, vers 43. K.

et d'animosité. Son exemple doit être une leçon frappante pour tout homme à talents; mais on ne le considère ici que comme un écrivain qui n'a pas peu contribué à l'honneur des lettres.

Il ne s'éleva guère de grands génies depuis les beaux jours de ces artistes illustres; et, à peu près vers le temps de la mort de Louis XIV, la nature sembla se reposer.

La route était difficile au commencement du siècle, parceque personne n'y avait marché; elle l'est aujourd'hui, parcequ'elle a été battue. Les grands hommes du siècle passé ont enseigné à penser et à parler; ils ont dit ce qu'on ne savait pas. Ceux qui leur succèdent ne peuvent guère dire que ce qu'on sait. Enfin une espèce de dégoût est venue de la multitude des chefs-d'œuvre.

Le siècle de Louis XIV a donc en tout la destinée des siècles de Léon X., d'Auguste, d'Alexandre. Les terres qui firent naître dans ces temps illustres tant de fruits du génie avaient été long-temps préparées auparavant. On a cherché en vain dans les causes morales et dans les causes physiques la raison de cette tardive fécondité, suivie d'une longue stérilité. La véritable raison est que chez les peuples qui cultivent les beaux-arts, il faut beaucoup d'années pour épurer la langue et le goût. Quand les premiers pas sont faits, alors les génies se développent; l'émulation, la faveur publique prodiguée à ces nouveaux efforts, excitent tous les talents. Chaque artiste saisit en son genre les beautés naturelles que ce genre comporte. Quiconque approfondit la théorie des arts purement de génie, doit, s'il a quelque génie lui-même, savoir que ces premières beautés, ces grands traits naturels qui appartiennent à ces arts, et qui conviennent à la nation pour laquelle on travaille, sont en petit nombre. Les sujets et les embellissements propres aux sujets ont des bornes bien plus resserrées qu'on ne pense. L'abbé Dubos, homme d'un très grand sens, qui écrivait son traité sur la poésie et sur la peinture, vers l'an 1714[1], trouva que dans toute l'histoire de France il n'y avait de vrai sujet de poëme épique que la destruction de la ligue par Henri-le-Grand. Il devait ajouter que les embellissements de l'épopée, convenables aux Grecs, aux Romains, aux Italiens du quinzième et du seizième siècle, étant proscrits parmi les Français, les dieux de la fable, les oracles, les héros invulnérables, les monstres, les sortiléges, les métamorphoses, les aventures romanesques n'étant plus de saison, les beautés propres au poëme épique sont renfermées dans un cercle très étroit. Si donc il se trouve jamais quelque artiste qui s'empare des seuls ornements convenables au temps, au sujet, à la nation, et qui exécute ce qu'on a tenté, ceux qui viendront après lui trouveront la carrière remplie.

Il en est de même dans l'art de la tragédie. Il ne faut pas croire que les grandes passions tragiques et les grands sentiments puissent se varier à l'infini d'une manière neuve et frappante. Tout a ses bornes.

La haute comédie a les siennes. Il n'y a dans la nature humaine qu'une douzaine, tout au plus, de

---

[1] La première édition des *Réflexions critiques sur la poésie et sur la peinture* est de 1719. B.

caractères vraiment comiques et marqués de grands traits. L'abbé Dubos, faute de génie, croit que les hommes de génie peuvent encore trouver une foule de nouveaux caractères; mais il faudrait que la nature en fît. Il s'imagine que ces petites différences qui sont dans les caractères des hommes peuvent être maniées aussi heureusement que les grands sujets. Les nuances, à la vérité, sont innombrables, mais les couleurs éclatantes sont en petit nombre; et ce sont ces couleurs primitives qu'un grand artiste ne manque pas d'employer.

L'éloquence de la chaire, et surtout celle des oraisons funèbres, sont dans ce cas. Les vérités morales une fois annoncées avec éloquence, les tableaux des misères et des faiblesses humaines, des vanités de la grandeur, des ravages de la mort, étant faits par des mains habiles, tout cela devient lieu commun. On est réduit ou à imiter ou à s'égarer. Un nombre suffisant de fables étant composé par un La Fontaine, tout ce qu'on y ajoute rentre dans la même morale, et presque dans les mêmes aventures. Ainsi donc le génie n'a qu'un siècle, après quoi il faut qu'il dégénère.

Les genres dont les sujets se renouvellent sans cesse, comme l'histoire, les observations physiques, et qui ne demandent que du travail, du jugement, et un esprit commun, peuvent plus aisément se soutenir; et les arts de la main, comme la peinture, la sculpture, peuvent ne pas dégénérer, quand ceux qui gouvernent ont, à l'exemple de Louis XIV, l'attention de n'employer que les meilleurs artistes. Car on peut, en peinture et en sculpture, traiter cent fois les mêmes sujets : on peint encore la Sainte Famille, quoique Raphael ait déployé dans ce sujet toute la supériorité de son art; mais on ne serait pas reçu à traiter *Cinna*, *Andromaque*, *l'Art poétique*, *le Tartufe*.

Il faut encore observer que le siècle passé ayant instruit le siècle présent, il est devenu si facile d'écrire des choses médiocres, qu'on a été inondé de livres frivoles, et, ce qui est encore pis, de livres sérieux inutiles; mais parmi cette multitude de médiocres écrits, mal devenu nécessaire dans une ville immense, opulente, et oisive, où une partie des citoyens s'occupe sans cesse à amuser l'autre, il se trouve de temps en temps d'excellents ouvrages, ou d'histoire, ou de réflexions, ou de cette littérature légère qui délasse toutes sortes d'esprits.

La nation française est de toutes les nations celle qui a produit le plus de ces ouvrages. Sa langue est devenue la langue de l'Europe : tout y a contribué; les grands auteurs du siècle de Louis XIV, ceux qui les ont suivis; les pasteurs calvinistes réfugiés, qui ont porté l'éloquence, la méthode dans les pays étrangers; un Bayle surtout, qui, écrivant en Hollande, s'est fait lire de toutes les nations; un Rapin de Thoyras, qui a donné en français la seule bonne histoire d'Angleterre [1]; un Saint-Évremond, dont toute la cour de Londres recherchait le commerce; la duchesse de Mazarin, à qui l'on ambitionnait de plaire;

---

[1] Celle de M. Hume n'avait pas encore paru. K.—Il est à remarquer que Voltaire n'ait pas corrigé cette phrase, qui est en contradiction avec ce qu'on lit à l'article Rapin de Thoiras, dans la *Liste des écrivains*, tome XIX, page 184. B.

madame d'Olbreuse, devenue duchesse de Zell, qui porta en Allemagne toutes les graces de sa patrie. L'esprit de société est le partage naturel des Français : c'est un mérite et un plaisir dont les autres peuples ont senti le besoin. La langue française est de toutes les langues celle qui exprime avec le plus de facilité, de netteté, et de délicatesse, tous les objets de la conversation des honnêtes gens; et par là elle contribue dans toute l'Europe à un des plus grands agréments de la vie.

CHAPITRE XXXIII.

Suite des arts.

A l'égard des arts qui ne dépendent pas uniquement de l'esprit, comme la musique, la peinture, la sculpture, l'architecture, ils n'avaient fait que de faibles progrès en France, avant le temps qu'on nomme le siècle de Louis XIV. La musique était au berceau : quelques chansons languissantes, quelques airs de violon, de guitare, et de téorbe, la plupart même composés en Espagne, étaient tout ce qu'on connaissait. Lulli étonna par son goût et par sa science. Il fut le premier en France qui fit des basses, des milieux, et des fugues. On avait d'abord quelque peine à exécuter ses compositions, qui paraissent aujourd'hui si simples et si aisées. Il y a de nos jours mille personnes qui savent la musique, pour une qui la savait du temps de Louis XIII; et l'art s'est perfectionné dans cette progression. Il n'y a point de grande ville qui n'ait des concerts publics ; et Paris même alors n'en avait pas : vingt-quatre violons du roi étaient toute la musique de la France.

Les connaissances qui appartiennent à la musique et aux arts qui en dépendent ont fait tant de progrès que, sur la fin du règne de Louis XIV, on a inventé l'art de noter la danse ; de sorte qu'aujourd'hui il est vrai de dire qu'on danse à livre ouvert.

Nous avions eu de très grands architectes du temps de la régence de Marie de Médicis. Elle fit élever le palais du Luxembourg dans le goût toscan, pour honorer sa patrie et pour embellir la nôtre. Le même de Brosse, dont nous avons le portail de Saint-Gervais, bâtit le palais de cette reine, qui n'en jouit jamais. Il s'en fallut beaucoup que le cardinal de Richelieu, avec autant de grandeur dans l'esprit, eût autant de goût qu'elle. Le palais Cardinal, qui est aujourd'hui le Palais-Royal, en est la preuve. Nous conçûmes les plus grandes espérances quand nous vîmes élever cette belle façade du Louvre qui fait tant desirer l'achèvement de ce palais. Beaucoup de citoyens ont construit des édifices magnifiques, mais plus recherchés pour l'intérieur que recommandables par des dehors dans le grand goût, et qui satisfont le luxe des particuliers encore plus qu'ils n'embellissent la ville.

Colbert, le Mécène de tous les arts, forma une académie d'architecture en 1671. C'est peu d'avoir des Vitruves, il faut que les Augustes les emploient.

Il faut aussi que les magistrats municipaux soient

animés par le zèle et éclairés par le goût. S'il y avait eu deux ou trois prévôts des marchands comme le président Turgot, on ne reprocherait pas à la ville de Paris cet Hôtel de ville mal construit et mal situé [1]; cette place si petite et si irrégulière, qui n'est célèbre que par des gibets et de petits feux de joie; ces rues étroites dans les quartiers les plus fréquentés, et enfin un reste de barbarie, au milieu de la grandeur et dans le sein de tous les arts.

La peinture commença sous Louis XIII avec le Poussin. Il ne faut point compter les peintres médiocres qui l'ont précédé. Nous avons eu toujours depuis lui de grands peintres; non pas dans cette profusion qui fait une des richesses de l'Italie : mais sans nous arrêter à un Lesueur qui n'eut d'autre maître que lui-même; à un Lebrun qui égala les Italiens dans le dessin et dans la composition, nous avons eu plus de trente peintres qui ont laissé des morceaux très dignes de recherche. Les étrangers commencent à nous les enlever. J'ai vu chez un grand roi [2] des galeries et des appartements qui ne sont ornés que de nos tableaux, dont peut-être nous ne voulions pas connaître assez le mérite. J'ai vu en France refuser douze mille livres d'un tableau de Santerre. Il n'y a guère dans l'Europe de plus vaste ouvrage de peinture que le plafond de Lemoine à Versailles; et je ne sais s'il y en a de plus beaux. Nous avons eu depuis Vanloo, qui, chez les étrangers mêmes, passait pour le premier de son temps.

[1] Voyez tome XXXIX, page 101. B.
[2] Frédéric, roi de Prusse. B.

Non seulement Colbert donna à l'académie de peinture la forme qu'elle a aujourd'hui, mais, en 1667, il engagea Louis XIV à en établir une à Rome. On acheta dans cette métropole un palais, où loge le directeur. On y envoie les élèves qui ont remporté des prix à l'académie de Paris. Ils y sont conduits et entretenus aux frais du roi : ils y dessinent les antiques; ils étudient Raphael et Michel-Ange. C'est un noble hommage que rendit à Rome ancienne et nouvelle le desir de l'imiter; et on n'a pas même cessé de rendre cet hommage, depuis que les immenses collections de tableaux d'Italie amassées par le roi et par le duc d'Orléans, et les chefs-d'œuvre de sculpture que la France a produits, nous ont mis en état de ne point chercher ailleurs des maîtres.

C'est principalement dans la sculpture que nous avons excellé, et dans l'art de jeter en fonte d'un seul jet des figures équestres colossales.

Si l'on trouvait un jour, sous des ruines, des morceaux tels que les bains d'Apollon, exposés aux injures de l'air dans les bosquets de Versailles; le tombeau du cardinal de Richelieu, trop peu montré au public, dans la chapelle de Sorbonne[1]; la statue équestre de Louis XIV, faite à Paris pour décorer Bordeaux; le Mercure dont Louis XV a fait présent au roi de Prusse, et tant d'autres ouvrages égaux à ceux que je cite; il est à croire que ces productions de nos jours seraient mises à côté de la plus belle antiquité grecque.

Nous avons égalé les anciens dans les médailles.

[1] Déplacé pendant la révolution, il y a été replacé depuis. B.

Warin fut le premier qui tira cet art de la médiocrité sur la fin du règne de Louis XIII. C'est maintenant une chose admirable que ces poinçons et ces carrés qu'on voit rangés par ordre historique dans l'endroit de la galerie du Louvre occupé par les artistes [1]. Il y en a pour deux millions, et la plupart sont des chefs-d'œuvre.

On n'a pas moins réussi dans l'art de graver les pierres précieuses. Celui de multiplier les tableaux, de les éterniser par le moyen des planches en cuivre, de transmettre facilement à la postérité toutes les représentations de la nature et de l'art, était encore très informe en France avant ce siècle. C'est un des arts les plus agréables et les plus utiles. On le doit aux Florentins, qui l'inventèrent vers le milieu du quinzième siècle ; et il a été poussé plus loin en France que dans le lieu même de sa naissance, parcequ'on y a fait un plus grand nombre d'ouvrages en ce genre. Les recueils des estampes du roi ont été souvent un des plus magnifiques présents qu'il ait fait aux ambassadeurs. La ciselure en or et en argent, qui dépend du dessin et du goût, a été portée à la plus grande perfection dont la main de l'homme soit capable.

Après avoir ainsi parcouru tous ces arts, qui contribuent aux délices des particuliers et à la gloire de l'état, ne passons pas sous silence le plus utile de tous les arts, dans lequel les Français surpassent toutes les nations du monde : je veux parler de la chirurgie,

---

[1] Ces poinçons et carrés sont aujourd'hui à la Monnaie. B.

dont les progrès furent si rapides et si célèbres dans ce siècle, qu'on venait à Paris des bouts de l'Europe pour toutes les cures et pour toutes les opérations qui demandaient une dextérité non commune. Non seulement il n'y avait guère d'excellents chirurgiens qu'en France, mais c'était dans ce seul pays qu'on fabriquait parfaitement les instruments nécessaires ; il en fournissait tous ses voisins; et je tiens du célèbre Cheselden, le plus grand chirurgien de Londres, que ce fut lui qui commença à faire fabriquer à Londres, en 1715, les instruments de son art. La médecine, qui servait à perfectionner la chirurgie, ne s'éleva pas en France au-dessus de ce qu'elle était en Angleterre et sous le fameux Bourhave[a] en Hollande; mais il arriva à la médecine, comme à la philosophie, d'atteindre à la perfection dont elle est capable, en profitant des lumières de nos voisins.

Voilà en général un tableau fidèle des progrès de l'esprit humain chez les Français dans ce siècle, qui commença au temps du cardinal de Richelieu, et qui finit de nos jours. Il sera difficile qu'il soit surpassé ; et s'il l'est en quelques genres, il restera le modèle des âges encore plus fortunés, qu'il aura fait naître [1].

---

[a] Chez les Hollandais, la diphthongue *oe* se prononce comme *ou*. — Par une note sur l'article XII des *Fragments sur l'Inde* (voyez tome XLVII), Voltaire dit que les Hollandais écrivent *Boerhave*, mais que nous devons écrire *Bourhave*. B.

[1] Voyez, dans la *Correspondance*, la lettre au président Hénault, du 28 janvier 1752. B.

CHAPITRE XXXIV[1].

Des beaux-arts en Europe du temps de Louis XIV.

Nous avons assez insinué dans tout le cours de cette histoire que les désastres publics dont elle est composée, et qui se succèdent les uns aux autres presque sans relâche, sont à la longue effacés des registres des temps. Les détails et les ressorts de la politique tombent dans l'oubli : les bonnes lois, les instituts, les monuments produits par les sciences et par les arts, subsistent à jamais.

La foule des étrangers qui voyagent aujourd'hui à Rome, non en pélerins, mais en hommes de goût, s'informent peu de Grégoire VII et de Boniface VIII; ils admirent les temples que les Bramante et les Michel-Ange ont élevés, les tableaux des Raphael, les sculptures des Bernini; s'ils ont de l'esprit, ils lisent l'Arioste et le Tasse, et ils respectent la cendre de Galilée. En Angleterre on parle un moment de Cromwell; on ne s'entretient plus des guerres de la *rose blanche*, mais on étudie Newton des années entières; on n'est point étonné de lire dans son épitaphe qu'*il a été la gloire du genre humain*, et on le serait beaucoup, si on voyait en ce pays les cendres d'aucun homme d'état honorées d'un pareil titre.

Je voudrais ici pouvoir rendre justice à tous les

---

[1] Ce chapitre était, en 1756, le ccxiv° de l'*Essai sur l'histoire générale*. C'est en 1763 qu'il fut mis à la place qu'il a aujourd'hui. B.

grands hommes qui ont comme lui illustré leur patrie dans le dernier siècle. J'ai appelé ce siècle celui de Louis XIV, non seulement parceque ce monarque a protégé les arts beaucoup plus que tous les rois ses contemporains ensemble, mais encore parcequ'il a vu renouveler trois fois toutes les générations des princes de l'Europe. J'ai fixé cette époque à quelques années avant Louis XIV[1], et à quelques années après lui; c'est en effet dans cet espace de temps que l'esprit humain a fait les plus grands progrès.

Les Anglais ont plus avancé vers la perfection presque en tous les genres depuis 1660 jusqu'à nos jours, que dans tous les siècles précédents. Je ne répéterai point ici ce que j'ai dit ailleurs de Milton[2]. Il est vrai que plusieurs critiques lui reprochent de la bizarrerie dans ses peintures, son paradis des sots, ses murailles d'albâtre qui entourent le paradis terrestre; ses diables qui de géants qu'ils étaient se transforment en pygmées pour tenir moins de place au conseil, dans une grande salle toute d'or bâtie en enfer, les canons qu'on tire dans le ciel, les montagnes qu'on s'y jette à la tête; des anges à cheval, des anges qu'on coupe en deux, et dont les parties se rejoignent soudain. On se plaint de ses longueurs, de ses répétitions; on dit qu'il n'a égalé ni Ovide ni Hésiode dans sa longue description de la manière dont la terre, les animaux, et l'homme, furent formés. On censure ses dissertations sur l'astronomie qu'on croit trop sèches,

[1] Voyez tome XIX, page 240. B.
[2] Voyez, tome X, le chapitre IX de l'*Essai sur la poésie épique*. Le morceau sur Milton, qu'on lit tome XXIX, pages 167-186, est de 1771. B.

et ses inventions qu'on croit plus extravagantes que merveilleuses, plus dégoûtantes que fortes : telles sont une longue chaussée sur le chaos; le Péché et la Mort amoureux l'un de l'autre, qui ont des enfants de leur inceste; et la Mort « qui lève le nez pour re-« nifler à travers l'immensité du chaos le change-« ment arrivé à la terre, comme un corbeau qui sent « les cadavres, » cette Mort qui flaire l'odeur du Péché, qui frappe de sa massue pétrifique sur le froid et sur le sec; ce froid et ce sec avec le chaud et l'humide qui, devenus quatre braves généraux d'armée, conduisent en bataille des embryons d'atomes armés à la légère. Enfin on s'est épuisé sur les critiques, mais on ne s'épuise pas sur les louanges. Milton reste la gloire et l'admiration de l'Angleterre : on le compare à Homère, dont les défauts sont aussi grands; et on le met au-dessus du Dante, dont les imaginations sont encore plus bizarres.

Dans le grand nombre des poëtes agréables qui décorèrent le règne de Charles II, comme les Waller, les comtes de Dorset et de Rochester, le duc de Buckingham, etc., on distingue le célèbre Dryden, qui s'est signalé dans tous les genres de poésie : ses ouvrages sont pleins de détails naturels à-la-fois et brillants, animés, vigoureux, hardis, passionnés, mérite qu'aucun poëte de sa nation n'égale, et qu'aucun ancien n'a surpassé. Si Pope, qui est venu après lui, n'avait pas, sur la fin de sa vie, fait son *Essai sur l'homme*, il ne serait pas comparable à Dryden.

Nulle nation n'a traité la morale en vers avec plus d'énergie et de profondeur que la nation anglaise; c'est là, ce me semble, le plus grand mérite de ses poëtes.

Il y a une autre sorte de littérature variée, qui demande un esprit encore plus cultivé et plus universel; c'est celle qu'Addison a possédée; non seulement il s'est immortalisé par son *Caton,* la seule tragédie anglaise écrite avec une élégance et une noblesse continue, mais ses autres ouvrages de morale et de critique respirent le goût : on y voit partout le bon sens paré des fleurs de l'imagination; sa manière d'écrire est un excellent modèle en tout pays. Il y a du doyen Swift plusieurs morceaux dont on ne trouve aucun exemple dans l'antiquité : c'est Rabelais perfectionné[1].

Les Anglais n'ont guère connu les oraisons funèbres; ce n'est pas la coutume chez eux de louer des rois et des reines dans les églises; mais l'éloquence de la chaire, qui était très grossière à Londres avant Charles II, se forma tout d'un coup. L'évêque Burnet avoue dans ses mémoires que ce fut en imitant les Français. Peut-être ont-ils surpassé leurs maîtres : leurs sermons sont moins compassés, moins affectés, moins déclamateurs qu'en France.

Il est encore remarquable que ces insulaires, séparés du reste du monde, et instruits si tard, aient acquis pour le moins autant de connaissances de l'antiquité qu'on en a pu rassembler dans Rome, qui a été si long-temps le centre des nations. Marsham a percé dans les ténèbres de l'ancienne Égypte. Il n'y a

---

[1] Le parallèle de Swift et de Rabelais est plus étendu dans la vingt-deuxième des *Lettres philosophiques* (tome XXXVII, pages 255-56). C'est à Swift qu'est consacrée la cinquième des *Lettres à son altesse monseigneur le prince de*** (tome XLIII). Voyez aussi, tome XII, le *Temple du goût.* B.

point de Persan qui ait connu la religion de Zoroastre comme le savant Hyde. L'histoire de Mahomet et des temps qui le précèdent était ignorée des Turcs, et a été développée par l'Anglais Sale, qui a voyagé si utilement en Arabie.

Il n'y a point de pays au monde où la religion chrétienne ait été si fortement combattue, et défendue si savamment qu'en Angleterre. Depuis Henri VIII jusqu'à Cromwell, on avait disputé et combattu comme cette ancienne espèce de gladiateurs qui descendaient dans l'arène un cimeterre à la main et un bandeau sur les yeux. Quelques légères différences dans le culte et dans le dogme avaient produit des guerres horribles; et quand, depuis la restauration jusqu'à nos jours, on a attaqué tout le christianisme presque chaque année, ces disputes n'ont pas excité le moindre trouble; on n'a répondu qu'avec la science : autrefois c'était avec le fer et la flamme.

C'est surtout en philosophie que les Anglais ont été les maîtres des autres nations. Il ne s'agissait plus de systèmes ingénieux. Les fables des Grecs devaient disparaître depuis long-temps, et les fables des modernes ne devaient jamais paraître. Le chancelier Bacon avait commencé par dire qu'on devait interroger la nature d'une manière nouvelle, qu'il fallait faire des expériences : Boyle passa sa vie à en faire. Ce n'est pas ici le lieu d'une dissertation physique; il suffit de dire qu'après trois mille ans de vaines recherches, Newton est le premier qui ait découvert et démontré la grande loi de la nature par laquelle tous les éléments de la matière s'attirent réciproquement, loi par laquelle tous les astres sont retenus dans leur cours. Il est le premier qui ait vu en effet la lumière; avant lui, on ne la connaissait pas.

Ses principes mathématiques, où règne une physique toute nouvelle et toute vraie, sont fondés sur la découverte du calcul qu'on appelle mal à propos de *l'infini*, dernier effort de la géométrie, et effort qu'il avait fait à vingt-quatre ans. C'est ce qui a fait dire à un grand philosophe, au savant Halley [1], « qu'il n'est « pas permis à un mortel d'atteindre de plus près à la « divinité. »

Une foule de bons géomètres, de bons physiciens, fut éclairée par ses découvertes, et animée par lui. Bradley trouva enfin l'aberration de la lumière des étoiles fixes, placées au moins à douze millions de millions de lieues loin de nôtre petit globe.

Ce même Halley que je viens de citer eut, quoique simple astronome, le commandement d'un vaisseau du roi, en 1698. C'est sur ce vaisseau qu'il détermina la position des étoiles du pôle antarctique, et qu'il marqua toutes les variations de la boussole dans toutes les parties du globe connu. Le voyage des Argonautes n'était, en comparaison, que le passage d'une barque d'un bord de rivière à l'autre. A peine a-t-on parlé dans l'Europe du voyage de Halley.

Cette indifférence que nous avons pour les grandes choses, devenues trop familières, et cette admiration des anciens Grecs pour les petites, est encore une preuve de la prodigieuse supériorité de notre siècle sur les anciens. Boileau en France, le chevalier Temple,

[1] Voyez son texte, tome XXXVIII, page 215. B.

en Angleterre, s'obstinaient à ne pas reconnaître cette supériorité: ils voulaient dépriser leur siècle pour se mettre eux-mêmes au-dessus de lui. Cette dispute entre les anciens et les modernes est enfin décidée, du moins en philosophie. Il n'y a pas un ancien philosophe qui serve aujourd'hui à l'instruction de la jeunesse chez les nations éclairées.

Locke seul serait un grand exemple de cet avantage que notre siècle a eu sur les plus beaux âges de la Grèce. Depuis Platon jusqu'à lui, il n'y a rien: personne, dans cet intervalle, n'a développé les opérations de notre ame; et un homme qui saurait tout Platon, et qui ne saurait que Platon, saurait peu, et saurait mal.

C'était, à la vérité, un Grec éloquent; son apologie de Socrate est un service rendu aux sages de toutes les nations; il est juste de le respecter, puisqu'il a rendu si respectable la vertu malheureuse, et les persécuteurs si odieux. On crut long-temps que sa belle morale ne pouvait être accompagnée d'une mauvaise métaphysique; on en fit presque un père de l'Église, à cause de son *Ternaire*, que personne n'a jamais compris. Mais, que penserait-on aujourd'hui d'un philosophe qui nous dirait qu'une matière est l'*autre*; que le monde est une figure de douze pentagones; que le feu, qui est une pyramide, est lié à la terre par des nombres? Serait-on bien reçu à prouver l'immortalité et les métempsycoses de l'ame, en disant que le sommeil naît de la veille, la veille du sommeil, le vivant du mort, et le mort du vivant? Ce sont là les raisonnements qu'on a admirés pendant tant de siècles; et des idées plus extravagantes encore ont été employées depuis à l'éducation des hommes.

Locke seul a développé l'*entendement humain*, dans un livre où il n'y a que des vérités; et, ce qui rend l'ouvrage parfait, toutes ces vérités sont claires.

Si l'on veut achever de voir en quoi ce dernier siècle l'emporte sur tous les autres, on peut jeter les yeux sur l'Allemagne et sur le Nord. Un Hevelius, à Dantzick, est le premier astronome qui ait bien connu la planète de la lune; aucun homme, avant lui, n'avait mieux examiné le ciel. Parmi les grands hommes que cet âge a produits, nul ne fait mieux voir que ce siècle peut être appelé celui de Louis XIV. Hevelius perdit, par un incendie, une immense bibliothèque : le monarque de France gratifia l'astronome de Dantzick d'un présent fort au-dessus de sa perte.

Mercator, dans le Holstein, fut, en géométrie, le précurseur de Newton; les Bernouilli, en Suisse, ont été les dignes disciples de ce grand homme. Leibnitz passa quelque temps pour son rival.

Ce fameux Leibnitz naquit à Leipsick; il mourut en sage à Hanovre, adorant un dieu comme Newton, sans consulter les hommes. C'était peut-être le savant le plus universel de l'Europe : historien infatigable dans ses recherches, jurisconsulte profond, éclairant l'étude du droit par la philosophie, tout étrangère qu'elle paraît à cette étude : métaphysicien assez délié pour vouloir réconcilier la théologie avec la métaphysique; poëte latin même; et enfin mathématicien assez bon pour disputer au grand Newton l'invention du calcul de *l'infini*, et pour faire douter quelque temps entre Newton et lui.

C'était alors le bel âge de la géométrie : les mathématiciens s'envoyaient souvent des défis, c'est-à-dire des problèmes à résoudre, à peu près comme on dit que les anciens rois de l'Égypte et de l'Asie s'envoyaient réciproquement des énigmes à deviner. Les problèmes que se proposaient les géomètres étaient plus difficiles que ces énigmes; il n'y en eut aucun qui demeurât sans solution en Allemagne, en Angleterre, en Italie, en France. Jamais la correspondance entre les philosophes ne fut plus universelle; Leibnitz servait à l'animer. On a vu une république littéraire établie insensiblement dans l'Europe, malgré les guerres, et malgré les religions différentes. Toutes les sciences, tous les arts, ont reçu ainsi des secours mutuels; les académies ont formé cette république. L'Italie et la Russie ont été unies par les lettres. L'Anglais, l'Allemand, le Français, allaient étudier à Leyde. Le célèbre médecin Bourhave était consulté à-la-fois par le pape et par le czar. Ses plus grands élèves ont attiré ainsi les étrangers, et sont devenus en quelque sorte les médecins des nations; les véritables savants dans chaque genre ont resserré les liens de cette grande société des esprits, répandue partout, et partout indépendante. Cette correspondance dure encore; elle est une des consolations des maux que l'ambition et la politique répandent sur la terre.

L'Italie, dans ce siècle, a conservé son ancienne gloire, quoiqu'elle n'ait eu, ni de nouveaux Tasses, ni de nouveaux Raphaels : c'est assez de les avoir produits une fois. Les Chiabrera, et ensuite les Zappi, les Filicaia, ont fait voir que la délicatesse est toujours le partage de cette nation. La *Mérope* de Maffei, et les ouvrages dramatiques de Metastasio, sont de beaux monuments du siècle.

L'étude de la vraie physique, établie par Galilée, s'est toujours soutenue, malgré les contradictions d'une ancienne philosophie trop consacrée. Les Cassini, les Viviani, les Manfredi, les Bianchini, les Zanotti, et tant d'autres, ont répandu sur l'Italie la même lumière qui éclairait les autres pays; et quoique les principaux rayons de cette lumière vinssent de l'Angleterre, les écoles italiennes n'en ont point enfin détourné les yeux.

Tous les genres de littérature ont été cultivés dans cette ancienne patrie des arts, autant qu'ailleurs, excepté dans les matières où la liberté de penser donne plus d'essor à l'esprit chez d'autres nations. Ce siècle surtout a mieux connu l'antiquité que les précédents. L'Italie fournit plus de monuments que toute l'Europe ensemble; et plus on a déterré de ces monuments, plus la science s'est étendue.

On doit ces progrès à quelques sages, à quelques génies répandus en petit nombre dans quelques parties de l'Europe, presque tous long-temps obscurs, et souvent persécutés : ils ont éclairé et consolé la terre pendant que les guerres la désolaient. On peut trouver ailleurs des listes de tous ceux qui ont illustré l'Allemagne, l'Angleterre, l'Italie. Un étranger serait peut-être trop peu propre à apprécier le mérite de tous ces hommes illustres. Il suffit ici d'avoir fait voir que, dans le siècle passé, les hommes ont acquis plus de lumières, d'un bout de l'Europe à l'autre, que dans tous les âges précédents.

CHAPITRE XXXV.
Affaires ecclésiastiques. Disputes mémorables.

Des trois ordres de l'état, le moins nombreux est l'Église; et ce n'est que dans le royaume de France que le clergé est devenu un ordre de l'état. C'est une chose aussi vraie qu'étonnante: on l'a déjà dit[1], et rien ne démontre plus le pouvoir de la coutume. Le clergé donc, reconnu pour ordre de l'état, est celui qui a toujours exigé du souverain la conduite la plus délicate et la plus ménagée. Conserver à-la-fois l'union avec le siége de Rome, et soutenir les libertés de l'Église gallicane, qui sont les droits de l'ancienne Église; savoir faire obéir les évêques comme sujets, sans toucher aux droits de l'épiscopat; les soumettre en beaucoup de choses à la juridiction séculière, et les laisser juges en d'autres; les faire contribuer aux besoins de l'état, et ne pas choquer leurs priviléges, tout cela demande un mélange de dextérité et de fermeté que Louis XIV eut presque toujours.

Le clergé en France fut remis peu-à-peu dans un ordre et dans une décence dont les guerres civiles et la licence des temps l'avaient écarté. Le roi ne souffrit plus enfin ni que les séculiers possédassent des

[1] Tome XVI, page 442. B.

bénéfices sous le nom de confidentiaires, ni que ceux qui n'étaient pas prêtres eussent des évêchés, comme le cardinal Mazarin qui avait possédé l'évêché de Metz n'étant pas même sous-diacre, et le duc de Verneuil qui en avait aussi joui étant séculier.

Ce que payait au roi le clergé de France et des villes conquises allait, année commune, à environ deux millions cinq cent mille livres; et depuis, la valeur des espèces ayant augmenté numériquement, ils ont secouru l'état d'environ quatre millions par année sous le nom de décimes, de subvention extraordinaire, de don gratuit. Ce mot et ce privilége de *don gratuit* se sont conservés comme une trace de l'ancien usage où étaient tous les seigneurs de fiefs d'accorder des dons gratuits aux rois dans les besoins de l'état. Les évêques et les abbés étant seigneurs de fiefs par un ancien abus, ne devaient que des soldats dans le temps de l'anarchie féodale. Les rois alors n'avaient que leurs domaines comme les autres seigneurs. Lorsque tout changea depuis, le clergé ne changea pas; il conserva l'usage d'aider l'état par des dons gratuits [1].

---

[1] En France, le clergé est exempt, comme la noblesse, des tailles et de quelques uns des droits d'aides. La noblesse était censée remplacer les impôts par son service personnel, et le clergé par ses prières. Pendant quelque temps on demanda au pape la permission d'imposer des décimes sur le clergé, toujours sous le prétexte de combattre les infidèles ou les hérétiques. Enfin l'usage de s'adresser au clergé assemblé, et de se passer du consentement de Rome, a prévalu: mais pour ménager Rome, qui excommuniait, il n'y a pas encore long-temps, chaque jeudi-saint, les souverains qui obligeaient le clergé à contribuer aux charges publiques, on donna aux décimes le nom de *don gratuit*. Lorsqu'à la fin du règne de Louis XIV on ajouta la capitation et le dixième aux impôts, déjà trop onéreux, on n'osa établir ces nouvelles taxes d'une manière trop rigoureuse; et le clergé obtint facilement

A cette ancienne coutume qu'un corps qui s'assemble souvent conserve, et qu'un corps qui ne s'assemble point perd nécessairement, se joint l'immunité toujours réclamée par l'Église, et cette maxime, que *son bien est le bien des pauvres:* non qu'elle prétende ne devoir rien à l'état dont elle tient tout, car le royaume, quand il a des besoins, est le premier pauvre; mais elle allègue, pour elle, le droit de ne donner que des secours volontaires; et Louis XIV exigea toujours ces secours de manière à n'être pas refusé.

On s'étonne, dans l'Europe et en France, que le clergé paie si peu; on se figure qu'il jouit du tiers du royaume. S'il possédait ce tiers, il est indubitable qu'il devrait payer le tiers des charges, ce qui se monterait, année commune, à plus de cinquante millions, indépendamment des droits sur les consommations qu'il paie comme les autres sujets; mais on se fait des idées vagues et des préjugés sur tout.

Il est incontestable que l'Église de France est, de

---

d'être exempt de ces impôts, en payant des dons gratuits plus considérables. Il est donc évident qu'il ne doit point ce dernier privilége aux anciens usages de la nation, puisque jusqu'à ce moment il n'avait joui que des priviléges de la noblesse, et que la noblesse a payé ces nouveaux impôts. Cette exemption est donc une pure grace accordée par Louis XIV; grace qui est une injustice à l'égard des citoyens, grace que ni le temps ni aucune assemblée nationale n'ont consacrée. Nos souverains, mieux instruits de leurs droits et de ceux de leurs peuples, sentiront sans doute un jour que leur intérêt et la justice exigent également de soumettre aux taxes les biens du clergé, dans la proportion qu'ont ces biens avec ceux du reste de la nation; et qu'en général tout privilége en matière d'impôt est une véritable injustice, depuis que, la constitution militaire ayant changé, il n'existe plus de service personnel gratuit, et que les esprits s'étant éclairés, on sait que ce ne sont point les processions des moines, mais les évolutions des soldats qui décident du succès des batailles. K.

toutes les Églises catholiques, celle qui a le moins accumulé de richesses. Non seulement il n'y a point d'évêque qui se soit emparé, comme celui de Rome, d'une grande souveraineté, mais il n'y a point d'abbé qui jouisse des droits régaliens, comme l'abbé du Mont-Cassin et les abbés d'Allemagne. En général les évêchés de France ne sont pas d'un revenu trop immense. Ceux de Strasbourg et de Cambrai[1] sont les plus forts; mais c'est qu'ils appartenaient originairement à l'Allemagne, et que l'Église d'Allemagne était beaucoup plus riche que l'empire.

Giannone, dans son Histoire de Naples, assure que les ecclésiastiques ont les deux tiers du revenu du pays. Cet abus énorme n'afflige point la France. On dit que l'Église possède le tiers du royaume, comme on dit au hasard qu'il y a un million d'habitants dans Paris. Si on se donnait seulement la peine de supputer le revenu des évêchés, on verrait, par le prix des baux faits il y a environ cinquante ans, que tous les évêchés n'étaient évalués alors que sur le pied d'un revenu annuel de quatre millions; et les abbayes commendataires allaient à quatre millions cinq cent mille livres. Il est vrai que l'énoncé de ce prix des baux fut un tiers au-dessous de la valeur; et si on ajoute encore l'augmentation des revenus en terre, la somme totale des rentes de tous les bénéfices consistoriaux sera portée à environ seize millions. Il ne faut pas oublier que de cet argent il en va tous les ans à Rome une somme considérable qui ne revient

[1] En 1790, l'évêché de Strasbourg avait quatre cent mille livres de rente; l'archevêché de Cambray, deux cent mille. B.

jamais, et qui est en pure perte. C'est une grande libéralité du roi envers le saint-siége : elle dépouille l'état, dans l'espace d'un siècle, de plus de quatre cent mille marcs d'argent; ce qui, dans la suite des temps, appauvrirait le royaume, si le commerce ne réparait pas abondamment cette perte [1].

A ces bénéfices qui paient des annates à Rome, il faut joindre les cures, les couvents, les collégiales, les communautés, et tous les autres bénéfices ensemble; mais s'ils sont évalués à cinquante millions par année dans toute l'étendue actuelle du royaume, on ne s'éloigne pas beaucoup de la vérité.

Ceux qui ont examiné cette matière avec des yeux aussi sévères qu'attentifs, n'ont pu porter les revenus de toute l'Église gallicane séculière et régulière au-delà de quatre-vingt-dix millions. Ce n'est pas une somme exorbitante pour l'entretien de quatre-vingt-dix mille personnes religieuses et environ cent soixante mille ecclésiastiques, que l'on comptait en 1700. Et sur ces quatre-vingt-dix mille moines, il y en a plus d'un tiers qui vivent de quêtes et de messes. Beaucoup de moines conventuels ne coûtent pas deux cents livres par an à leur monastère : il y a des moines abbés réguliers qui jouissent de deux cent mille livres de rentes. C'est cette énorme disproportion qui frappe et qui excite les murmures. On plaint un curé de cam-

---

[1] Un état ne s'appauvrit pas en payant chaque année un faible tribut, comme un homme ne se ruine pas en payant une rente sur les revenus de sa terre. Mais ce tribut payé à Rome est, en finance, une diminution de la richesse annuelle, et, en théologie, une véritable simonie, qui damne infailliblement dans l'autre monde celui qu'elle enrichit sur la terre. K.

pagne, dont les travaux pénibles ne lui procurent que sa portion congrue de trois cents livres de droit en rigueur, et de quatre à cinq cents livres par libéralités, tandis qu'un religieux oisif, devenu abbé, et non moins oisif, possède une somme immense, et qu'il reçoit des titres fastueux de ceux qui lui sont soumis. Ces abus vont beaucoup plus loin en Flandre, en Espagne, et surtout dans les états catholiques d'Allemagne, où l'on voit des moines princes[1].

Les abus servent de lois dans presque toute la terre; et si les plus sages des hommes s'assemblaient pour faire des lois, où est l'état dont la forme subsistât entière?

Le clergé de France observe toujours un usage onéreux pour lui, quand il paie au roi un don gratuit de plusieurs millions pour quelques années. Il emprunte; et après en avoir payé les intérêts, il rembourse le capital aux créanciers : ainsi il paie deux fois. Il eût été plus avantageux pour l'état et pour le clergé en général, et plus conforme à la raison, que ce corps eût subvenu aux besoins de la patrie

---

[1] Cet article est la meilleure réponse que l'on puisse faire à ceux qui ont accusé M. de Voltaire d'avoir sacrifié la vérité des détails historiques à ses opinions générales. Il est ici très favorable au clergé. Cependant il résulte de cette évaluation, portée seulement à quatre-vingt-dix millions, que l'impôt des vingtièmes mis sur le clergé, comme il l'est sur les particuliers, produirait dix millions, somme fort au-dessus de celle où montent les dons gratuits évalués en annuités. Cette même évaluation, en la supposant aussi exacte que celle qui a servi à l'établissement des vingtièmes, ne porterait la masse des biens du clergé qu'à environ un huitième de la totalité des biens du royaume. Cependant il y a des cantons très étendus, où la dîme seule est pour la plus grande partie des terres environ un cinquième du produit net; et dans ces mêmes cantons le clergé a des possessions immenses. K.

par des contributions proportionnées à la valeur de chaque bénéfice. Mais les hommes sont toujours attachés à leurs anciens usages. C'est par le même esprit que le clergé, en s'assemblant tous les cinq ans, n'a jamais eu, ni une salle d'assemblée, ni un meuble qui lui appartînt. Il est clair qu'il eût pu, en dépensant moins, aider le roi davantage, et se bâtir dans Paris un palais qui eût été un nouvel ornement de cette capitale.

Les maximes du clergé de France n'étaient pas encore entièrement épurées, dans la minorité de Louis XIV, du mélange que la Ligue y avait apporté. On avait vu dans la jeunesse de Louis XIII, et dans les derniers états, tenus en 1614, la plus nombreuse partie de la nation, qu'on appelle le tiers-état, et qui est le fonds de l'état, demander en vain avec le parlement qu'on posât pour loi fondamentale, « qu'aucune « puissance spirituelle ne peut priver les rois de leurs « droits sacrés, qu'ils ne tiennent que de Dieu seul ; « et que c'est un crime de lèse-majesté au premier « chef d'enseigner qu'on peut déposer et tuer les rois. » C'est la substance en propres paroles de la demande de la nation. Elle fut faite dans un temps où le sang de Henri-le-Grand fumait encore. Cependant un évêque de France, né en France, le cardinal Duperron [1], s'opposa violemment à cette proposition, sous prétexte que ce n'était pas au tiers-état à proposer des lois sur ce qui peut concerner l'Église. Que ne fesait-il donc avec le clergé ce que le tiers-état voulait faire? mais il en était si loin qu'il s'emporta jusqu'à dire

[1] Voyez tome XVIII, page 172; tome XXII, page 218. B.

« que la puissance du pape était pleine, plénissime,
« directe au spirituel, indirecte au temporel, et qu'il
« avait charge du clergé de dire qu'on excommunie-
« rait ceux qui avanceraient que le pape ne peut dé-
« poser les rois. » On gagna la noblesse, on fit taire
le tiers-état. Le parlement renouvela ses anciens arrêts, pour déclarer la couronne indépendante, et la personne des rois sacrée. La chambre ecclésiastique, en avouant que la personne était sacrée, persista à soutenir que la couronne était dépendante. C'était le même esprit qui avait autrefois déposé Louis-le-Débonnaire. Cet esprit prévalut au point, que la cour subjuguée fut obligée de faire mettre en prison l'imprimeur qui avait publié l'arrêt du parlement sous le titre de *loi fondamentale*. C'était, disait-on, pour le bien de la paix; mais c'était punir ceux qui fournissaient des armes défensives à la couronne. De telles scènes ne se passaient point à Vienne; c'est qu'alors la France craignait Rome, et que Rome craignait la maison d'Autriche [1].

La cause qui succomba était tellement la cause de tous les rois, que Jacques Ier, roi d'Angleterre, écrivit contre le cardinal Duperron; et c'est le meilleur ouvrage de ce monarque [2]. C'était aussi la cause des peuples, dont le repos exige que leurs souverains ne dépendent pas d'une puissance étrangère. Peu-à-peu la raison a prévalu; et Louis XIV n'eut pas de peine

---

[1] Voyez le chapitre de Louis XIII, dans l'*Essai sur les mœurs et l'esprit des nations*, chap. CLXXV (tome XVIII, page 169 et suiv.). B.

[2] Son ouvrage est intitulé : *Declaratio pro jure regio, sceptrorumque immunitate, adversus orationem cardinalis Perronii*. Londres, 1616, in-4°. B.

à faire écouter cette raison, soutenue du poids de sa puissance.

Antonio Perez avait recommandé trois choses à Henri IV, *Roma, Consejo, Pielago*. Louis XIV eut les deux dernières avec tant de supériorité, qu'il n'eut pas besoin de la première. Il fut attentif à conserver l'usage de l'appel comme d'abus au parlement des ordonnances ecclésiastiques, dans tous les cas où ces ordonnances intéressent la juridiction royale. Le clergé s'en plaignit souvent, et s'en loua quelquefois; car si d'un côté ces appels soutiennent les droits de l'état contre l'autorité épiscopale, ils assurent de l'autre cette autorité même, en maintenant les priviléges de l'Église gallicane contre les prétentions de la cour de Rome : de sorte que les évêques ont regardé les parlements comme leurs adversaires et comme leurs défenseurs; et le gouvernement eut soin que, malgré les querelles de religion, les bornes aisées à franchir ne fussent passées de part ni d'autre. Il en est de la puissance des corps et des compagnies comme des intérêts des villes commerçantes; c'est au législateur à les balancer.

DES LIBERTÉS DE L'ÉGLISE GALLICANE.

Ce mot de *libertés* suppose l'assujettissement. Des libertés, des priviléges sont des exemptions de la servitude générale. Il fallait dire les droits, et non les libertés de l'Église gallicane. Ces droits sont ceux de toutes les anciennes Églises. Les évêques de Rome n'ont jamais eu la moindre juridiction sur les sociétés chrétiennes de l'empire d'Orient : mais dans les ruines de l'empire d'Occident tout fut envahi par eux. L'Église de France fut long-temps la seule qui disputa contre le siége de Rome les anciens droits que chaque évêque s'était donnés, lorsque, après le premier concile de Nicée, l'administration ecclésiastique et purement spirituelle se modela sur le gouvernement civil, et que chaque évêque eut son diocèse, comme chaque district impérial avait le sien. Certainement aucun évangile n'a dit qu'un évêque de la ville de Rome pourrait envoyer en France des légats *a latere*[1] avec pouvoir de juger, réformer, dispenser, et lever de l'argent sur les peuples;

D'ordonner aux prélats français de venir plaider à Rome;

D'imposer des taxes sur les bénéfices du royaume, sous les noms de vacances, dépouilles, successions, déports, incompatibilités, commandes, neuvièmes, décimes, annates;

D'excommunier les officiers du roi, pour les empêcher d'exercer les fonctions de leurs charges;

De rendre les bâtards capables de succéder;

De casser les testaments de ceux qui sont morts sans donner une partie de leurs biens à l'Église;

De permettre aux ecclésiastiques français d'aliéner leurs biens immeubles;

De déléguer des juges pour connaître de la légitimité des mariages.

Enfin, l'on compte plus de soixante et dix usurpations contre lesquelles les parlements du royaume ont

[1] Voyez ma note, tome XVI, page 35. B.

toujours maintenu la liberté naturelle de la nation et la dignité de la couronne.

Quelque crédit qu'aient eu les jésuites sous Louis XIV, et quelque frein que ce monarque eût mis aux remontrances des parlements, depuis qu'il régna par lui-même, cependant aucun de ces grands corps ne perdit jamais une occasion de réprimer les prétentions de la cour de Rome; et le roi approuva toujours cette vigilance, parcequ'en cela les droits essentiels de la nation étaient les droits du prince.

L'affaire de ce genre la plus importante et la plus délicate fut celle de la régale. C'est un droit qu'ont les rois de France de pourvoir à tous les bénéfices simples d'un diocèse, pendant la vacance du siége, et d'économiser à leur gré les revenus de l'évêché. Cette prérogative est particulière aujourd'hui aux rois de France; mais chaque état a les siennes. Les rois de Portugal jouissent du tiers du revenu des évêchés de leur royaume. L'empereur a le droit des premières prières; il a toujours conféré tous les premiers bénéfices qui vaquent. Les rois de Naples et de Sicile ont de plus grands droits. Ceux de Rome sont, pour la plupart, fondés sur l'usage plutôt que sur des titres primitifs.

Les rois de la race de Mérovée conféraient de leur seule autorité les évêchés et toutes les prélatures. On voit qu'en 742 Carloman créa archevêque de Mayence ce même Boniface qui, depuis, sacra Pépin par reconnaissance. Il reste encore beaucoup de monuments du pouvoir qu'avaient les rois de disposer de ces places importantes; plus elles le sont, plus elles doivent dépendre du chef de l'état. Le concours d'un évêque étranger paraissait dangereux ; et la nomination réservée à cet évêque étranger a souvent passé pour une usurpation plus dangereuse encore. Elle a plus d'une fois excité une guerre civile. Puisque les rois conféraient les évêchés, il semblait juste qu'ils conservassent le faible privilége de disposer du revenu, et de nommer à quelques bénéfices simples, dans le court espace qui s'écoule entre la mort d'un évêque et le serment de fidélité enregistré de son successeur. Plusieurs évêques de villes réunies à la couronne, sous la troisième race, ne voulurent pas reconnaître ce droit, que des seigneurs particuliers, trop faibles, n'avaient pu faire valoir. Les papes se déclarèrent pour les évêques : et ces prétentions restèrent toujours enveloppées d'un nuage. Le parlement, en 1608, sous Henri IV, déclara que la régale avait lieu dans tout le royaume ; le clergé se plaignit, et ce prince, qui ménageait les évêques et Rome, évoqua l'affaire à son conseil, et se garda bien de la décider.

Les cardinaux de Richelieu et Mazarin firent rendre plusieurs arrêts du conseil, par lesquels les évêques, qui se disaient exempts, étaient tenus de montrer leurs titres. Tout resta indécis jusqu'en 1673 ; et le roi n'osait pas alors donner un seul bénéfice dans presque tous les diocèses situés au-delà de la Loire, pendant la vacance d'un siége.

Enfin, en 1673, le chancelier Étienne d'Aligre scella un édit par lequel tous les évêchés du royaume étaient soumis à la régale. Deux évêques, qui étaient malheureusement les deux plus vertueux hommes du royaume, refusèrent opiniâtrément de se soumettre ; c'étaient Pavillon, évêque d'Aleth, et Caulet, évêque de Pamiers. Ils se défendirent d'abord par des raisons plausibles : on leur en opposa d'aussi fortes. Quand des hommes éclairés disputent long-temps, il y a grande apparence que la question n'est pas claire : elle était très obscure ; mais il était évident que, ni la religion, ni le bon ordre, n'étaient intéressés à empêcher un roi de faire dans deux diocèses ce qu'il fesait dans tous les autres. Cependant les deux évêques furent inflexibles. Ni l'un ni l'autre n'avait fait enregistrer son serment de fidélité, et le roi se croyait en droit de pourvoir aux canonicats de leurs églises [1].

Les deux prélats excommunièrent les pourvus en régale. Tous deux étaient suspects de jansénisme. Ils

---

[1] Cette question n'était difficile que parcequ'on croyait alors devoir décider toutes celles de ce genre d'après l'autorité et l'usage. En ne consultant que la raison, il est évident que la puissance législative a le pouvoir absolu de régler la manière dont il sera pourvu à toutes les places, ainsi que de fixer les appointements de chacune, et la nature de ces appointements. Les évêchés peuvent être électifs comme les places de maires, ou nommés par le roi comme les intendances, selon que la loi de l'état l'aura réglé ; cette loi peut être plus ou moins utile, mais elle sera toujours légitime. La loi peut de même, sans être injuste, substituer des appointements en argent aux terres dont on laisse la jouissance aux ecclésiastiques ; supprimer même ces appointements, si elle juge ces places ecclésiastiques inutiles au bien public. Toute loi qui n'attaque aucun des droits naturels des hommes est légitime ; et le pouvoir législatif de chaque état, en quelques mains qu'il réside, a droit de la faire. Toute propriété qui ne se perpétue point en vertu d'un ordre naturel, mais seulement par une loi positive, n'est point une propriété, mais un usufruit accordé par la loi, dont, après la mort de l'usufruitier, une autre loi peut changer la disposition. C'est par cette raison que les biens des particuliers appartiennent de droit à leurs héritiers ; que les biens des communes leur appartiennent, et que ceux du clergé et de tout autre corps sont à la nation. K.

avaient eu contre eux le pape Innocent X ; mais quand ils se déclarèrent contre les prétentions du roi, ils eurent pour eux Innocent XI, Odescalchi : ce pape, vertueux et opiniâtre comme eux, prit entièrement leur parti.

Le roi se contenta d'abord d'exiler les principaux officiers de ces évêques. Il montra plus de modération que deux hommes qui se piquaient de sainteté. On laissa mourir paisiblement l'évêque d'Aleth, dont on respectait la grande vieillesse. L'évêque de Pamiers restait seul, et n'était point ébranlé. Il redoubla ses excommunications, et persista de plus à ne point faire enregistrer son serment de fidélité, persuadé que dans ce serment on soumet trop l'Église à la monarchie. Le roi saisit son temporel. Le pape et les jansénistes le dédommagèrent. Il gagna à être privé de ses revenus, et il mourut en 1680, convaincu qu'il avait soutenu la cause de Dieu contre le roi. Sa mort n'éteignit pas la querelle : des chanoines, nommés par le roi, viennent pour prendre possession ; des religieux, qui se prétendaient chanoines et grands-vicaires, les font sortir de l'église, et les excommunient. Le métropolitain Montpezat, archevêque de Toulouse, à qui cette affaire ressortit de droit, donne en vain des sentences contre ces prétendus grands-vicaires : ils en appellent à Rome, selon l'usage de porter à la cour de Rome les causes ecclésiastiques jugées par les archevêques de France; usage qui contredit les libertés gallicanes : mais tous les gouvernements des hommes sont des contradictions. Le parlement donne des arrêts. Un moine, nommé Cerle, qui était l'un de ces grands-vicaires, casse, et les sentences du métropolitain, et les arrêts du parlement. Ce tribunal le condamne par contumace à perdre la tête, et à être traîné sur la claie. On l'exécute en effigie. Il insulte du fond de sa retraite à l'archevêque et au roi, et le pape le soutient. Ce pontife fait plus : persuadé, comme l'évêque de Pamiers, que le droit de régale est un abus dans l'Église, et que le roi n'a aucun droit dans Pamiers, il casse les ordonnances de l'archevêque de Toulouse; il excommunie les nouveaux grands-vicaires que ce prélat a nommés, et les pourvus en régale, et leurs fauteurs.

Le roi convoque une assemblée du clergé, composée de trente-cinq évêques, et d'autant de députés du second ordre. Les jansénistes prenaient pour la première fois le parti d'un pape; et ce pape, ennemi du roi, les favorisait sans les aimer. Il se fit toujours un honneur de résister à ce monarque dans toutes les occasions; et depuis même, en 1689, il s'unit avec les alliés contre le roi Jacques, parceque Louis XIV protégeait ce prince : de sorte qu'alors on dit que, pour mettre fin aux troubles de l'Europe et de l'Église, il fallait que le roi Jacques se fît huguenot, et le pape catholique [1].

Cependant l'assemblée du clergé de 1681 et 1682, d'une voix unanime, se déclare pour le roi. Il s'agissait encore d'une autre petite querelle devenue importante: l'élection d'un prieuré, dans un faubourg de Paris, commettait ensemble le roi et le pape. Le pon-

---

[1] La Fontaine, dans sa lettre au duc de Vendôme, septembre 1689, attribue ce bon mot au chevalier de Sillery. B.

tife romain avait cassé une ordonnance de l'archevêque de Paris, et annulé sa nomination à ce prieuré. Le parlement avait jugé la procédure de Rome abusive. Le pape avait ordonné par une bulle que l'inquisition fît brûler l'arrêt du parlement; et le parlement avait ordonné la suppression de la bulle. Ces combats sont depuis long-temps les effets ordinaires et inévitables de cet ancien mélange de la liberté naturelle de se gouverner soi-même dans son pays, et de la soumission à une puissance étrangère.

L'assemblée du clergé prit un parti qui montre que des hommes sages peuvent céder avec dignité à leur souverain, sans l'intervention d'un autre pouvoir. Elle consentit à l'extension du droit de régale à tout le royaume; mais ce fut autant une concession de la part du clergé, qui se relâchait de ses prétentions, par reconnaissance pour son protecteur, qu'un aveu formel du droit absolu de la couronne.

L'assemblée se justifia auprès du pape par une lettre dans laquelle on trouve un passage qui, seul, devrait servir de règle éternelle dans toutes les disputes : c'est « qu'il vaut mieux sacrifier quelque chose de ses droits « que de troubler la paix. » Le roi, l'Église gallicane, les parlements, furent contents. Les jansénistes écrivirent quelques libelles. Le pape fut inflexible : il cassa par un bref toutes les résolutions de l'assemblée, et manda aux évêques de se rétracter. Il y avait là de quoi séparer à jamais l'église de France de celle de Rome. On avait parlé, sous le cardinal de Richelieu, et sous Mazarin, de faire un patriarche. Le vœu de tous les magistrats était qu'on ne payât plus à Rome le tribut des annates; que Rome ne nommât plus, pendant six mois de l'année, aux bénéfices de Bretagne; que les évêques de France ne s'appelassent plus évêques *par la permission du saint-siége*. Si le roi l'avait voulu, il n'avait qu'à dire un mot: il était maître de l'assemblée du clergé, et il avait pour lui la nation. Rome eût tout perdu par l'inflexibilité d'un pontife vertueux, qui, seul de tous les papes de ce siècle, ne savait pas s'accommoder aux temps; mais il y a d'anciennes bornes qu'on ne remue pas sans de violentes secousses. Il fallait de plus grands intérêts, de plus grandes passions, et plus d'effervescence dans les esprits, pour rompre tout d'un coup avec Rome; et il était bien difficile de faire cette scission, tandis qu'on voulait extirper le calvinisme. On crut même faire un coup hardi lorsqu'on publia les quatre fameuses décisions de la même assemblée du clergé, en 1682, dont voici la substance:

1. Dieu n'a donné à Pierre et à ses successeurs aucune puissance, ni directe, ni indirecte, sur les choses temporelles.

2. L'Église gallicane approuve le concile de Constance, qui déclare les conciles généraux supérieurs au pape, dans le spirituel.

3. Les règles, les usages, les pratiques reçues dans le royaume et dans l'Église gallicane, doivent demeurer inébranlables.

4. Les décisions du pape, en matière de foi, ne sont sûres qu'après que l'Église les a acceptées.

Tous les tribunaux et toutes les facultés de théologie enregistrèrent ces quatre propositions dans toute leur étendue; et il fut défendu par un édit de rien enseigner jamais de contraire.

Cette fermeté fut regardée à Rome comme un attentat de rebelles, et par tous les protestants de l'Europe comme un faible effort d'une église née libre, qui ne rompait que quatre chaînons de ses fers.

Ces quatre maximes furent d'abord soutenues avec enthousiasme dans la nation, ensuite avec moins de vivacité. Sur la fin du règne de Louis XIV, elles commencèrent à devenir problématiques ; et le cardinal de Fleury les fit depuis désavouer, en partie, par une assemblée du clergé, sans que ce désaveu causât le moindre bruit, parceque les esprits n'étaient pas alors échauffés, et que, dans le ministère du cardinal de Fleury, rien n'eut de l'éclat. Elles ont repris enfin une grande vigueur.

Cependant Innocent XI s'aigrit plus que jamais : il refusa des bulles à tous les évêques et à tous les abbés commendataires que le roi nomma; de sorte qu'à la mort de ce pape, en 1689, il y avait vingt-neuf diocèses en France dépourvus d'évêques. Ces prélats n'en touchaient pas moins leurs revenus; mais ils n'osaient se faire sacrer, ni faire les fonctions épiscopales. L'idée de créer un patriarche se renouvela. La querelle des franchises des ambassadeurs à Rome, qui acheva d'envenimer les plaies, fit penser qu'enfin le temps était venu d'établir en France une Église *catholique-apostolique* qui ne serait point *romaine*. Le procureur-général de Harlai, et l'avocat-général Talon, le firent assez entendre quand ils appelèrent, comme d'abus, en 1687, de la bulle contre les franchises, et qu'ils éclatèrent contre l'opiniâtreté du pape, qui laissait tant d'églises sans pasteurs; mais jamais le roi ne voulut consentir à cette démarche, qui était plus aisée qu'elle ne paraissait hardie.

La cause d'Innocent XI devint cependant la cause du saint-siége. Les quatre propositions du clergé de France attaquaient le fantôme de l'infaillibilité (qu'on ne croit pas à Rome, mais qu'on y soutient), et le pouvoir réel attaché à ce fantôme. Alexandre VIII et Innocent XII suivirent les traces du fier Odescalchi, quoique d'une manière moins dure; ils confirmèrent la condamnation portée contre l'assemblée du clergé : ils refusèrent les bulles aux évêques : enfin, ils en firent trop, parceque Louis XIV n'en avait pas fait assez. Les évêques, lassés de n'être que nommés par le roi, et de se voir sans fonctions, demandèrent à la cour de France la permission d'apaiser la cour de Rome.

Le roi, dont la fermeté était fatiguée, le permit. Chacun d'eux écrivit séparément qu'il « était doulou-« reusement affligé des procédés de l'assemblée; » chacun déclare dans sa lettre qu'il ne reçoit point comme décidé ce qu'on y a décidé, ni comme ordonné ce qu'on y a ordonné. Pignatelli (Innocent XII), plus conciliant qu'Odescalchi, se contenta de cette démarche. Les quatre propositions n'en furent pas moins enseignées en France de temps en temps; mais ces armes se rouillèrent quand on ne combattit plus, et la dispute resta couverte d'un voile sans être décidée, comme il arrive presque toujours dans un état qui n'a pas sur ces matières des principes invariables et reconnus. Ainsi, tantôt on s'élève contre Rome, tantôt on lui cède, suivant les caractères de ceux qui gouvernent, et suivant les intérêts particuliers de ceux par qui les principaux de l'état sont gouvernés.

Louis XIV d'ailleurs n'eut point d'autre démêlé ecclésiastique avec Rome, et n'essuya aucune opposition du clergé dans les affaires temporelles.

Sous lui ce clergé devint respectable par une décence ignorée dans la barbarie des deux premières races, dans le temps encore plus barbare du gouvernement féodal, absolument inconnue pendant les guerres civiles et dans les agitations du règne de Louis XIII, et surtout pendant la fronde, à quelques exceptions près, qu'il faut toujours faire dans les vices comme dans les vertus qui dominent.

Ce fut alors seulement que l'on commença à dessiller les yeux du peuple sur les superstitions qu'il mêle toujours à sa religion. Il fut permis, malgré le parlement d'Aix, et malgré les carmes, de savoir que Lazare et Magdeleine n'étaient point venus en Provence. Les bénédictins ne purent faire croire que Denys-l'Aréopagite eût gouverné l'Église de Paris. Les saints supposés, les faux miracles, les fausses reliques, commencèrent à être décriés[1]. La saine raison qui éclairait les philosophes pénétrait partout, mais lentement et avec difficulté.

L'évêque de Châlons-sur-Marne, Gaston-Louis de Noailles[2], frère du cardinal, eut une piété assez éclai-

---

[1] Voyez l'article LAUNOY, dans la *Liste des écrivains*, tome XIX, page 147. B.

[2] Gaston-Jean-Baptiste-Louis de Noailles, mort en 1720. CL.

rée pour enlever, en 1702, et faire jeter une relique conservée précieusement depuis plusieurs siècles dans l'église de Notre-Dame, et adorée[1] sous le nom du *nombril de Jésus-Christ.* Tout Châlons murmura contre l'évêque. Présidents, conseillers, gens du roi, trésoriers de France, marchands, notables, chanoines, curés, protestèrent unanimement, par un acte juridique, contre l'entreprise de l'évêque, réclamant le *saint nombril,* et alléguant la robe de Jésus-Christ conservée à Argenteuil; son mouchoir à Turin et à Laon; un des clous de la croix à Saint-Denys; son prépuce à Rome, le même prépuce au Puy en Velay; et tant d'autres reliques que l'on conserve et que l'on méprise, et qui font tant de tort à une religion qu'on révère. Mais la sage fermeté de l'évêque l'emporta à la fin sur la crédulité du peuple.

Quelques autres superstitions, attachées à des usages respectables, ont subsisté. Les protestants en ont triomphé: mais ils sont obligés de convenir qu'il n'y a pas d'église catholique où ces abus soient moins communs et plus méprisés qu'en France.

L'esprit vraiment philosophique, qui n'a pris racine que vers le milieu de ce siècle, n'éteignit point les anciennes et nouvelles querelles théologiques qui n'étaient pas de son ressort. On va parler de ces dissensions qui font la honte de la raison humaine.

[1] « C'est ainsi que parlerait un hérétique : il faut *honorée,* » dit La Beaumelle. B.

CHAPITRE XXXVI.

Du calvinisme au temps de Louis XIV.

Il est affreux sans doute que l'Église chrétienne ait toujours été déchirée par ses querelles, et que le sang ait coulé pendant tant de siècles par des mains qui portaient le dieu de la paix. Cette fureur fut inconnue au paganisme. Il couvrit la terre de ténèbres, mais il ne l'arrosa guère que du sang des animaux; et si quelquefois, chez les Juifs et chez les païens, on dévoua des victimes humaines, ces dévouements, tout horribles qu'ils étaient, ne causèrent point de guerres civiles. La religion des païens ne consistait que dans la morale et dans les fêtes. La morale, qui est commune aux hommes de tous les temps et de tous les lieux, et les fêtes, qui n'étaient que des réjouissances, ne pouvaient troubler le genre humain.

L'esprit dogmatique apporta chez les hommes la fureur des guerres de religion. J'ai recherché longtemps comment et pourquoi cet esprit dogmatique, qui divisa les écoles de l'antiquité païenne sans causer le moindre trouble, en a produit parmi nous de si horribles. Ce n'est pas le seul fanatisme qui en est cause; car les gymnosophistes et les bramins, les plus fanatiques des hommes, ne firent jamais de mal qu'à eux-mêmes. Ne pourrait-on pas trouver l'origine de cette nouvelle peste qui a ravagé la terre, dans ce combat naturel de l'esprit républicain qui anima les premières Églises contre l'autorité qui hait la résistance en tout genre? Les assemblées secrètes, qui bravaient d'abord dans des caves et dans des grottes les lois de quelques empereurs romains, formèrent peu-à-peu un état dans l'état : c'était une république cachée au milieu de l'empire. Constantin la tira de dessous terre pour la mettre à côté du trône. Bientôt l'autorité attachée aux grands siéges se trouva en opposition avec l'esprit populaire qui avait inspiré jusqu'alors toutes les assemblées des chrétiens. Souvent, dès que l'évêque d'une métropole fesait valoir un sentiment, un évêque suffragant, un prêtre, un diacre, en avaient un contraire. Toute autorité blessé en secret les hommes, d'autant plus que toute autorité veut toujours s'accroître. Lorsqu'on trouve, pour lui résister, un prétexte qu'on croit sacré, on se fait bientôt un devoir de la révolte. Ainsi les uns deviennent persécuteurs, les autres rebelles, en attestant Dieu des deux côtés.

Nous avons vu combien, depuis les disputes du prêtre Arius[a] contre un évêque, la fureur de dominer sur les ames a troublé la terre. Donner son sentiment pour la volonté de Dieu, commander de croire sous peine de la mort du corps et des tourments éternels de l'ame, a été le dernier période du despotisme de l'esprit dans quelques hommes; et résister à ces

---

[a] Voyez *Essai sur les mœurs et l'esprit des nations.* — C'est au chapitre *De Calvin et de Servet* (voyez tome XVII, page 277), ainsi qu'à celui *De Jean Hus et de Jérôme de Prague* (voyez tome XVI, page 334), que renvoie Voltaire; et peut-être aussi au chapitre où il parle des puritains anglais : voyez tome XVIII, page 295 et suiv. Sur Arius, voyez tome XXVII, page 12 et suiv. B.

deux menaces a été [1] dans d'autres le dernier effort de la liberté naturelle. Cet *Essai sur les mœurs*, que vous avez parcouru, vous a fait voir depuis Théodose une lutte perpétuelle entre la juridiction séculière et l'ecclésiastique ; et depuis Charlemagne les efforts réitérés des grands fiefs contre les souverains, les évêques élevés souvent contre les rois, les papes aux prises avec les rois et les évêques.

On disputait peu dans l'Église latine aux premiers siècles. Les invasions continuelles des barbares permettaient à peine de penser; et il y avait peu de dogmes qu'on eût assez développés pour fixer la croyance universelle. Presque tout l'Occident rejeta le culte des images au siècle de Charlemagne. Un évêque de Turin, nommé Claude, les proscrivit avec chaleur, et retint plusieurs dogmes qui font encore aujourd'hui le fondement de la religion des protestants. Ces opinions se perpétuèrent dans les vallées du Piémont, du Dauphiné, de la Provence, du Languedoc : elles éclatèrent au douzième siècle : elles produisirent bientôt après la guerre des Albigeois; et ayant passé ensuite dans l'université de Prague, elles excitèrent la guerre des hussites. Il n'y eut qu'environ cent ans d'intervalle entre la fin des troubles qui naquirent de la cendre de Jean Hus et de Jérôme de Prague, et ceux que la vente des indulgences fit renaître. Les anciens dogmes embrassés par les Vaudois, les Albigeois, les hussites, renouvelés et différemment expliqués par Luther et Zuingle, furent reçus

[1] Dans l'édition de 1756, on lit : « A été dans d'autres le dernier effort de l'indépendance. » Le texte actuel est de 1768. B.

avec avidité dans l'Allemagne, comme un prétexte pour s'emparer de tant de terres dont les évêques et les abbés s'étaient mis en possession, et pour résister aux empereurs, qui alors marchaient à grands pas au pouvoir despotique. Ces dogmes triomphèrent en Suède et en Danemark, pays où les peuples étaient libres sous des rois.

Les Anglais, dans qui la nature a mis l'esprit d'indépendance, les adoptèrent, les mitigèrent, et en composèrent une religion pour eux seuls. Le presbytérianisme établit en Écosse, dans les temps malheureux, une espèce de république dont le pédantisme et la dureté étaient beaucoup plus intolérables que la rigueur du climat, et même que la tyrannie des évêques qui avait excité tant de plaintes. Il n'a cessé d'être dangereux en Écosse que quand la raison, les lois et la force l'ont réprimé. La réforme pénétra en Pologne, et y fit beaucoup de progrès dans les seules villes où le peuple n'est point esclave. La plus grande et la plus riche partie de la république helvétique n'eut pas de peine à la recevoir. Elle fut sur le point d'être établie à Venise par la même raison; et elle y eût pris racine si Venise n'eût pas été voisine de Rome, et peut-être si le gouvernement n'eût pas craint la démocratie, à laquelle le peuple aspire naturellement dans toute république, et qui était alors le grand but de la plupart des prédicants. Les Hollandais ne prirent cette religion que quand ils secouèrent le joug de l'Espagne. Genève devint un état entièrement républicain en devenant calviniste.

Toute la maison d'Autriche écarta ces religions de

ses états autant qu'il lui fut possible. Elles n'approchèrent presque point de l'Espagne. Elles ont été extirpées par le fer et par le feu dans les états du duc de Savoie, qui ont été leur berceau. Les habitants des vallées piémontaises ont éprouvé, en 1655, ce que les peuples de Mérindol et de Cabrières éprouvèrent en France sous François Ier. Le duc de Savoie absolu a exterminé chez lui la secte dès qu'elle lui a paru dangereuse : il n'en reste que quelques faibles rejetons ignorés dans les rochers qui les renferment. On ne vit point les luthériens et les calvinistes causer de grands troubles en France sous le gouvernement ferme de François Ier et de Henri II : mais dès que le gouvernement fut faible et partagé, les querelles de religion furent violentes. Les Condé et les Coligni, devenus calvinistes parceque les Guises étaient catholiques, bouleversèrent l'état à l'envi. La légèreté et l'impétuosité de la nation, la fureur de la nouveauté et l'enthousiasme, firent, pendant quarante ans, du peuple le plus poli un peuple de barbares.

Henri IV, né dans cette secte qu'il aimait sans être entêté d'aucune, ne put, malgré ses victoires et ses vertus, régner sans abandonner le calvinisme : devenu catholique, il ne fut pas assez ingrat pour vouloir détruire un parti si long-temps ennemi des rois, mais auquel il devait en partie sa couronne; et s'il avait voulu détruire cette faction, il ne l'aurait pas pu. Il la chérit, la protégea, et la réprima.

Les huguenots en France fesaient alors à peu près la douzième partie de la nation. Il y avait parmi eux des seigneurs puissants : des villes entières étaient protestantes. Ils avaient fait la guerre aux rois : on avait été contraint de leur donner des places de sûreté : Henri III leur en avait accordé quatorze dans le seul Dauphiné; Montauban, Nîmes dans le Languedoc; Saumur, et surtout La Rochelle, qui fesait une république à part, et que le commerce et la faveur de l'Angleterre pouvaient rendre puissante. Enfin Henri IV sembla satisfaire son goût, sa politique, et même son devoir, en accordant au parti le célèbre édit de Nantes, en 1598. Cet édit n'était au fond que la confirmation des priviléges que les protestants de France avaient obtenus des rois précédents les armes à la main, et que Henri-le-Grand, affermi sur le trône, leur laissa par bonne volonté.

Par cet édit de Nantes [1], que le nom de Henri IV rendit plus célèbre que tous les autres, tout seigneur de fief haut justicier pouvait avoir dans son château plein exercice de la religion prétendue réformée : tout seigneur sans haute justice pouvait admettre trente personnes à son prêche. L'entier exercice de cette religion était autorisé dans tous les lieux qui ressortissaient immédiatement à un parlement.

Les calvinistes pouvaient faire imprimer, sans s'adresser aux supérieurs, tous leurs livres, dans les villes où leur religion était permise.

Ils étaient déclarés capables de toutes les charges et dignités de l'état; et il y parut bien en effet, puisque le roi fit ducs et pairs les seigneurs de La Trimouille et de Rosni.

On créa une chambre exprès au parlement de Pa-

[1] Du 30 avril 1598 : voyez tome XXII, page 195. B.

ris, composée d'un président et de seize conseillers, laquelle jugea tous les procès des réformés, non seulement dans le district immense du ressort de Paris, mais dans celui de Normandie et de Bretagne. Elle fut nommée *la chambre de l'édit*. Il n'y eut jamais, à la vérité, qu'un seul calviniste admis de droit parmi les conseillers de cette juridiction. Cependant, comme elle était destinée à empêcher les vexations dont le parti se plaignait, et que les hommes se piquent toujours de remplir un devoir qui les distingue, cette chambre, composée de catholiques, rendit toujours aux huguenots, de leur aveu même, la justice la plus impartiale.

Ils avaient une espèce de petit parlement à Castres, indépendant de celui de Toulouse. Il y eut à Grenoble et à Bordeaux des chambres mi-parties catholiques et calvinistes. Leurs Églises s'assemblaient en synodes, comme l'Église gallicane. Ces priviléges et beaucoup d'autres incorporèrent ainsi les calvinistes au reste de la nation. C'était à la vérité attacher des ennemis ensemble; mais l'autorité, la bonté et l'adresse de ce grand roi les continrent pendant sa vie.

Après la mort à jamais effrayante et déplorable de Henri IV, dans la faiblesse d'une minorité et sous une cour divisée, il était bien difficile que l'esprit républicain des réformés n'abusât de ses priviléges, et que la cour, toute faible qu'elle était, ne voulût les restreindre. Les huguenots avaient déjà établi en France des *cercles*, à l'imitation de l'Allemagne. Les députés de ces cercles étaient souvent séditieux; et il y avait dans le parti des seigneurs pleins d'ambition.

Le duc de Bouillon, et surtout le duc de Rohan, le chef le plus accrédité des huguenots, précipitèrent bientôt dans la révolte l'esprit remuant des prédicants et le zèle aveugle des peuples. L'assemblée générale du parti osa, dès 1615, présenter à la cour un cahier par lequel, entre autres articles injurieux, elle demandait qu'on réformât le conseil du roi. Ils prirent les armes en quelques endroits dès l'an 1616; et l'audace des huguenots se joignant aux divisions de la cour, à la haine contre les favoris, à l'inquiétude de la nation, tout fut long-temps dans le trouble. C'était des séditions, des intrigues, des menaces, des prises d'armes, des paix faites à la hâte, et rompues de même; c'est ce qui fesait dire au célèbre cardinal Bentivoglio, alors nonce en France [1], qu'il n'y avait vu que des orages.

Dans l'année 1621, les Églises réformées de France offrirent à Lesdiguières, devenu depuis connétable, le généralat de leurs armées, et cent mille écus par mois. Mais Lesdiguières, plus éclairé dans son ambition qu'eux dans leurs factions, et qui les connaissait pour les avoir commandés, aima mieux alors les combattre que d'être à leur tête; et pour réponse à leurs offres, il se fit catholique. Les huguenots s'adressèrent ensuite au maréchal duc de Bouillon, qui dit qu'il était trop vieux; enfin ils donnèrent cette malheureuse place au duc de Rohan, qui, conjointement avec son frère Soubise, osa faire la guerre au roi de France.

La même année le connétable de Luines mena

[1] Voyez une particularité qui le concerne, tome XXX, page 147. B.

Louis XIII de province en province. Il soumit plus de cinquante villes, presque sans résistance; mais il échoua devant Montauban; le roi eut l'affront de décamper. On assiégea en vain La Rochelle, elle résistait par elle-même et par les secours de l'Angleterre; et le duc de Rohan, coupable du crime de lèse-majesté, traita de la paix avec son roi, presque de couronne à couronne.

Après cette paix et après la mort du connétable de Luines, il fallut encore recommencer la guerre et assiéger de nouveau La Rochelle, toujours liguée contre son souverain avec l'Angleterre et avec les calvinistes du royaume. Une femme[1] (c'était la mère du duc de Rohan) défendit cette ville pendant un an contre l'armée royale, contre l'activité du cardinal de Richelieu, et contre l'intrépidité de Louis XIII, qui affronta plus d'une fois la mort à ce siége. La ville souffrit toutes les extrémités de la faim; et on ne dut la reddition de la place qu'à cette digue de cinq cents pieds de long que le cardinal de Richelieu fit construire, à l'exemple de celle qu'Alexandre fit autrefois élever devant Tyr. Elle dompta la mer et les Rochellois. Le maire Guiton, qui voulait s'ensevelir sous les ruines de La Rochelle, eut l'audace, après s'être rendu à discrétion, de paraître avec ses gardes devant le cardinal de Richelieu. Les maires des principales villes des huguenots en

[1] Catherine Larchevêque de Parthenay, née en 1554, morte en 1631, avait épousé en premières noces Charles de Quellenec, baron de Pont, auquel elle intenta ce scandaleux procès dont parle Voltaire (voyez t. XXXII, p. 345, et aussi tome X, une note du chant second de la *Henriade*), et qui épousa en secondes noces Réné de Rohan. Sur le siége de La Rochelle, voyez tome XVIII, page 206. B.

avaient. On ôta les siens à Guiton, et les priviléges à la ville. Le duc de Rohan, chef des hérétiques rebelles, continuait toujours la guerre pour son parti; et, abandonné des Anglais, quoique protestants, il se liguait avec les Espagnols, quoique catholiques. Mais la conduite ferme du cardinal de Richelieu força les huguenots, battus de tous côtés, à se soumettre.

Tous les édits qu'on leur avait accordés jusqu'alors avaient été des traités avec les rois. Richelieu voulut que celui qu'il fit rendre fût appelé *l'édit de grace*. Le roi y parla en souverain qui pardonne. On ôta l'exercice de la nouvelle religion à La Rochelle, à l'île de Ré, à Oléron, à Privas, à Pamiers; du reste, on laissa subsister l'édit de Nantes, que les calvinistes regardèrent toujours comme leur loi fondamentale.

Il paraît étrange que le cardinal de Richelieu, si absolu et si audacieux, n'abolît pas ce fameux édit: il eut alors une autre vue, plus difficile peut-être à remplir, mais non moins conforme à l'étendue de son ambition et à la hauteur de ses pensées. Il rechercha la gloire de subjuguer les esprits; il s'en croyait capable par ses lumières, par sa puissance et par sa politique. Son projet était de gagner quelques prédicants que les réformés appelaient alors *ministres*, et qu'on nomme aujourd'hui *pasteurs*; de leur faire d'abord avouer que le culte catholique n'était pas un crime devant Dieu, de les mener ensuite par degrés, de leur accorder quelques points peu importants, et de paraître aux yeux de la cour de Rome ne leur avoir rien accordé. Il comptait éblouir une partie des réformés, séduire l'autre par les présents et par les graces, et avoir enfin toutes les apparences de les avoir réunis à l'Église, laissant au temps à faire le reste, et n'envisageant que la gloire d'avoir ou fait ou préparé ce grand ouvrage, et de passer pour l'avoir fait. Le fameux capucin Joseph d'un côté, et deux ministres gagnés de l'autre, entamèrent cette négociation. Mais il parut que le cardinal de Richelieu avait trop présumé, et qu'il est plus difficile d'accorder des théologiens que de faire des digues sur l'Océan.

Richelieu, rebuté, se proposa d'écraser les calvinistes. D'autres soins l'en empêchèrent. Il avait à combattre à-la-fois les grands du royaume, la maison royale, toute la maison d'Autriche, et souvent Louis XIII lui-même. Il mourut enfin, au milieu de tous ces orages, d'une mort prématurée. Il laissa tous ses desseins encore imparfaits, et un nom plus éclatant que cher et vénérable.

Cependant, après la prise de La Rochelle et l'édit de grace, les guerres civiles cessèrent, et il n'y eut plus que des disputes. On imprimait de part et d'autre de ces gros livres qu'on ne lit plus. Le clergé, et surtout les jésuites, cherchaient à convertir des huguenots. Les ministres tâchaient d'attirer quelques catholiques à leurs opinions. Le conseil du roi était occupé à rendre des arrêts pour un cimetière que les deux religions se disputaient dans un village, pour un temple bâti sur un fonds appartenant autrefois à l'Église, pour des écoles, pour des droits de châteaux, pour des enterrements, pour des cloches ; et rarement les réformés gagnaient leurs procès. Il n'y eut plus, après tant de dévastations et de saccagements, que ces petites épines. Les huguenots n'eurent plus de chef depuis que le duc de Rohan cessa de l'être, et que la maison de Bouillon n'eut plus Sedan. Ils se firent même un mérite de rester tranquilles au milieu des factions de la fronde et des guerres civiles que des princes, des parlements et des évêques excitèrent, en prétendant servir le roi contre le cardinal Mazarin.

Il ne fut presque point question de religion pendant la vie de ce ministre. Il ne fit nulle difficulté de donner la place de contrôleur-général des finances à un calviniste étranger, nommé Hervart. Tous les réformés entrèrent dans les fermes, dans les sous-fermes, dans toutes les places qui en dépendent.

Colbert, qui ranima l'industrie de la nation, et qu'on peut regarder comme le fondateur du commerce, employa beaucoup de huguenots dans les arts, dans les manufactures, dans la marine. Tous ces objets utiles, qui les occupaient, adoucirent peu-à-peu dans eux la fureur épidémique de la controverse ; et la gloire qui environna cinquante ans Louis XIV, sa puissance, son gouvernement ferme et vigoureux, ôtèrent au parti réformé, comme à tous les ordres de l'état, toute idée de résistance. Les fêtes magnifiques d'une cour galante jetaient même du ridicule sur le pédantisme des huguenots. A mesure que le bon goût se perfectionnait, les psaumes de Marot et de Bèze ne pouvaient plus insensiblement inspirer que du dégoût. Ces psaumes, qui avaient charmé la cour de François II, n'étaient plus faits que pour la populace sous Louis XIV. La saine philosophie, qui commença vers le milieu de ce siècle à percer un peu dans le monde, devait encore dégoûter à la longue les honnêtes gens des disputes de controverse.

Mais, en attendant que la raison se fît peu-à-peu écouter des hommes, l'esprit même de dispute pouvait servir à entretenir la tranquillité de l'état ; car les jansénistes commençant alors à paraître avec quelque réputation, ils partageaient les suffrages de ceux qui se nourrissent de ces subtilités : ils écrivaient contre les jésuites et contre les huguenots : ceux-ci répondaient aux jansénistes et aux jésuites : les luthériens de la province d'Alsace écrivaient contre eux tous. Une guerre de plume entre tant de partis, pendant que l'état était occupé de grandes choses, et que le gouvernement était tout puissant, ne pouvait devenir en peu d'années qu'une occupation de gens oisifs, qui dégénère tôt ou tard en indifférence.

Louis XIV était animé contre les réformés [1], par les remontrances continuelles de son clergé, par les insinuations des jésuites, par la cour de Rome, et enfin par le chancelier Le Tellier et Louvois, son fils, tous deux ennemis de Colbert, et qui voulaient perdre les réformés comme rebelles, parceque Colbert les protégeait comme des sujets utiles. Louis XIV, nullement instruit d'ailleurs du fond de leur doctrine, les regardait, non sans quelque raison, comme d'anciens révoltés soumis avec peine. Il s'appliqua d'abord à miner par degrés, de tous côtés, l'édifice de leur religion : on leur ôtait un temple sur le moindre prétexte : on

[1] Au lieu de *Réformés*, les éditions antérieures à 1768 portent *Religionnaires*. B.

leur défendit d'épouser des filles catholiques; et, en cela, on ne fut pas peut-être assez politique : c'était ignorer le pouvoir d'un sexe que la cour, pourtant, connaissait si bien. Les intendants et les évêques tâchaient, par les moyens les plus plausibles, d'enlever aux huguenots leurs enfants. Colbert eut ordre, en 1681, de ne plus recevoir aucun homme de cette religion dans les fermes. On les exclut, autant qu'on le put, des communautés des *arts et métiers*. Le roi, en les tenant ainsi sous le joug, ne l'appesantissait pas toujours. On défendit par des arrêts toute violence contre eux. On mêla les insinuations aux sévérités, et il n'y eut alors de rigueur qu'avec les formalités[1] de la justice.

On employa surtout un moyen souvent efficace de conversion : ce fut l'argent; mais on ne fit pas assez d'usage de ce ressort. Pellisson fut chargé de ce ministère secret. C'est ce même Pellisson, long-temps calviniste, si connu par ses ouvrages, par une éloquence pleine d'abondance, par son attachement au surintendant Fouquet, dont il avait été le premier commis, le favori, et la victime. Il eut le bonheur d'être éclairé et de changer de religion, dans un temps où ce changement pouvait le mener aux dignités et à la fortune. Il prit l'habit ecclésiastique, obtint des bénéfices et une place de maître des requêtes. Le roi lui confia le revenu des abbayes de Saint-Germain-des-Prés et de Cluni, vers l'année 1677, avec les revenus du tiers des économats, pour être distribués à ceux qui voudraient se

---

[1] On lit *formes* dans toutes les éditions. J'ai trouvé le mot *formalités* écrit de la main de Voltaire à la marge d'un exemplaire. B.

convertir. Le cardinal Lecamus, évêque de Grenoble, s'était déjà servi de cette méthode. Pellisson, chargé de ce département, envoyait l'argent dans les provinces. On tâchait d'opérer beaucoup de conversions pour peu d'argent. De petites sommes, distribuées à des indigents, enflaient la liste que Pellisson présentait au roi tous les trois mois, en lui persuadant que tout cédait dans le monde à sa puissance ou à ses bienfaits.

Le conseil, encouragé par ces petits succès, que le temps eût rendus plus considérables, s'enhardit, en 1681, à donner une déclaration par laquelle les enfants étaient reçus à renoncer à leur religion à l'âge de sept ans; et à l'appui de cette déclaration, on prit dans les provinces beaucoup d'enfants pour les faire abjurer, et on logea des gens de guerre chez les parents.

Ce fut cette précipitation du chancelier Le Tellier et de Louvois, son fils, qui fit d'abord déserter, en 1681, beaucoup de familles du Poitou, de la Saintonge, et des provinces voisines. Les étrangers se hâtèrent d'en profiter.

Les rois d'Angleterre et de Danemark, et surtout la ville d'Amsterdam, invitèrent les calvinistes de France à se réfugier dans leurs états, et leur assurèrent une subsistance. Amsterdam s'engagea même à bâtir mille maisons pour les fugitifs.

Le conseil vit les suites dangereuses de l'usage trop prompt de l'autorité, et crut y remédier par l'autorité même. On sentait combien étaient nécessaires les artisans dans un pays où le commerce florissait, et les gens de mer dans un temps où l'on établissait une puissante marine. On ordonna la peine des galères contre ceux de ces professions qui tenteraient de s'échapper.

On remarqua que plusieurs familles calvinistes vendaient leurs immeubles. Aussitôt parut une déclaration qui confisqua tous ces immeubles, en cas que les vendeurs sortissent dans un an du royaume. Alors la sévérité redoubla contre les ministres. On interdisait leurs temples sur la plus légère contravention. Toutes les rentes laissées par testament aux consistoires furent appliquées aux hôpitaux du royaume.

On défendit aux maîtres d'école calvinistes de recevoir des pensionnaires. On mit les ministres à la taille ; on ôta la noblesse aux maires protestants. Les officiers de la maison du roi, les secrétaires du roi, qui étaient protestants, eurent ordre de se défaire de leurs charges. On n'admit plus ceux de cette religion, ni parmi les notaires, les avocats, ni même dans la fonction de procureurs.

Il était enjoint à tout le clergé de faire des prosélytes, et il était défendu aux pasteurs réformés d'en faire, sous peine de bannissement perpétuel. Tous ces arrêts étaient publiquement sollicités par le clergé de France. C'était, après tout, les enfants de la maison, qui ne voulaient point de partage avec des étrangers introduits par force.

Pellisson continuait d'acheter des convertis ; mais madame Hervart, veuve du contrôleur-général des finances, animée de ce zèle de religion qu'on a remarqué de tout temps dans les femmes, envoyait autant d'argent pour empêcher les conversions, que Pellisson pour en faire.

(1682) Enfin, les huguenots osèrent désobéir en quelques endroits. Ils s'assemblèrent dans le Vivarais et dans le Dauphiné, près des lieux où l'on avait démoli leurs temples. On les attaqua; ils se défendirent. Ce n'était qu'une très légère étincelle du feu des anciennes guerres civiles. Deux ou trois cents malheureux, sans chef, sans places, et même sans desseins, furent dispersés en un quart d'heure : les supplices suivirent leur défaite. L'intendant du Dauphiné fit rouer le petit-fils du pasteur Chamier, qui avait dressé l'édit de Nantes. Il est au rang des plus fameux martyrs de la secte, et ce nom de Chamier a été long-temps en vénération chez les protestants.

(1683) L'intendant du Languedoc [1] fit rouer vif le prédicant Chomel. On condamna trois autres au même supplice, et dix à être pendus : la fuite qu'ils avaient prise les sauva, et ils ne furent exécutés qu'en effigie.

Tout cela inspirait la terreur, et en même temps augmentait l'opiniâtreté. On sait trop que les hommes s'attachent à leur religion à mesure qu'ils souffrent pour elle.

Ce fut alors qu'on persuada au roi qu'après avoir envoyé des missionnaires dans toutes les provinces, il fallait y envoyer des dragons. Ces violences parurent faites à contre-temps; elles étaient les suites de l'es-

---

[1] Henri Daguesseau, intendant du Limousin, puis du Languedoc, père du chancelier. B.

prit qui régnait alors à la cour, que tout devait fléchir au nom de Louis XIV. On ne songeait pas que les huguenots n'étaient plus ceux de Jarnac, de Moncontour et de Coutras ; que la rage des guerres civiles était éteinte ; que cette longue maladie était dégénérée en langueur ; que tout n'a qu'un temps chez les hommes ; que si les pères avaient été rebelles sous Louis XIII, les enfants étaient soumis sous Louis XIV. On voyait en Angleterre, en Hollande, en Allemagne, plusieurs sectes, qui s'étaient mutuellement égorgées le siècle passé, vivre maintenant en paix dans les mêmes villes. Tout prouvait qu'un roi absolu pouvait être également bien servi par des catholiques et par des protestants. Les luthériens d'Alsace en étaient un témoignage authentique. Il parut enfin que la reine Christine avait eu raison de dire dans une de ses lettres, à l'occasion de ces violences et de ces émigrations : « Je considère la France comme un malade à « qui l'on coupe bras et jambes, pour le traiter d'un « mal que la douceur et la patience auraient entière« ment guéri. »

Louis XIV, qui, en se saisissant de Strasbourg, en 1681, y protégeait le luthéranisme, pouvait tolérer dans ses états le calvinisme, que le temps aurait pu abolir, comme il diminue un peu, chaque jour, le nombre des luthériens en Alsace. Pouvait-on imaginer qu'en forçant un grand nombre de sujets, on n'en perdrait pas un plus grand nombre, qui, malgré les édits et malgré les gardes, échapperait par la fuite à une violence regardée comme une horrible persécution ? Pourquoi, enfin, vouloir faire haïr à plus d'un million d'hommes un nom cher et précieux, auquel, et protestants et catholiques, et Français et étrangers, avaient alors joint celui de *grand?* La politique même semblait pouvoir engager à conserver les calvinistes, pour les opposer aux prétentions continuelles de la cour de Rome. C'était en ce temps-là même que le roi avait ouvertement rompu avec Innocent XI, ennemi de la France. Mais Louis XIV, conciliant les intérêts de sa religion, et ceux de sa grandeur, voulut à-la-fois humilier le pape d'une main, et écraser le calvinisme de l'autre.

Il envisageait, dans ces deux entreprises, cet éclat de gloire dont il était idolâtre en toutes choses. Les évêques, plusieurs intendants, tout le conseil, lui persuadèrent que ses soldats, en se montrant seulement, achèveraient ce que ses bienfaits et les missions avaient commencé. Il crut n'user que d'autorité; mais ceux à qui cette autorité fut commise usèrent d'une extrême rigueur.

Vers la fin de 1684, et au commencement de 1685, tandis que Louis XIV, toujours puissamment armé, ne craignait aucun de ses voisins, les troupes furent envoyées dans toutes les villes et dans tous les châteaux où il y avait le plus de protestants; et comme les dragons, assez mal disciplinés dans ce temps-là, furent ceux qui commirent le plus d'excès, on appela cette exécution *la dragonnade*.

Les frontières étaient aussi soigneusement gardées qu'on le pouvait, pour prévenir la fuite de ceux qu'on voulait réunir à l'Église. C'était une espèce de chasse qu'on fesait dans une grande enceinte.

Un évêque, un intendant, ou un subdélégué, ou un curé, ou quelqu'un d'autorisé, marchait à la tête des soldats. On assemblait les principales familles calvinistes, surtout celles qu'on croyait les plus faciles. Elles renonçaient à leur religion au nom des autres, et les obstinés étaient livrés aux soldats, qui eurent toute licence, excepté celle de tuer. Il y eut pourtant plusieurs personnes si cruellement maltraitées, qu'elles en moururent. Les enfants des réfugiés, dans les pays étrangers, jettent encore des cris sur cette persécution de leurs pères : ils la comparent aux plus violentes que souffrit l'Église dans les premiers temps.

C'était un étrange contraste que du sein d'une cour voluptueuse, où régnaient la douceur des mœurs, les graces, les charmes de la société, il partît des ordres si durs et si impitoyables. Le marquis de Louvois porta dans cette affaire l'inflexibilité de son caractère; on y reconnut le même génie qui avait voulu ensevelir la Hollande sous les eaux, et qui, depuis, mit le Palatinat en cendres. Il y a encore des lettres de sa main, de cette année, 1685, conçues en ces termes : « Sa majesté veut qu'on fasse éprouver les dernières « rigueurs à ceux qui ne voudront pas se faire de sa « religion; et ceux qui auront la sotte gloire de vou- « loir demeurer les derniers, doivent être poussés « jusqu'à la dernière extrémité. »

Paris ne fut point exposé à ces vexations; les cris se seraient fait entendre au trône de trop près. On veut bien faire des malheureux, mais on souffre d'entendre leurs clameurs.

(1685) Tandis qu'on fesait ainsi tomber partout les

temples, et qu'on demandait dans les provinces des abjurations à main armée, l'édit de Nantes fut enfin cassé, au mois[1] d'octobre 1685; et on acheva de ruiner l'édifice qui était déjà miné de toutes parts.

La chambre de l'édit[2] avait déjà été supprimée. Il fut ordonné aux conseillers calvinistes du parlement de se défaire de leurs charges. Une foule d'arrêts du conseil parut coup sur coup, pour extirper les restes de la religion proscrite. Celui qui paraissait le plus fatal fut l'ordre d'arracher les enfants aux prétendus réformés, pour les remettre entre les mains des plus proches parents catholiques; ordre contre lequel la nature réclamait à si haute voix qu'il ne fut pas exécuté.

Mais dans ce célèbre édit qui révoqua celui de Nantes, il paraît qu'on prépara un événement tout contraire au but qu'on s'était proposé. On voulait la réunion des calvinistes à l'Église dans le royaume. Gourville, homme très judicieux, consulté par Louvois, lui avait proposé, comme on sait, de faire enfermer tous les ministres, et de ne relâcher que ceux qui, gagnés par des pensions secrètes, abjureraient en public, et serviraient à la réunion plus que des missionnaires et des soldats. Au lieu de suivre cet avis politique, il fut ordonné, par l'édit, à tous les ministres qui ne voulaient pas se convertir, de sortir du royaume dans quinze jours. C'était s'aveugler que de penser qu'en chassant les pasteurs, une grande

---

[1] Le 21 octobre : un décret de l'assemblée constituante, du 10 juillet 1790, annule l'édit de 1685, qui révoquait celui de Nantes. B.

[2] Voyez page 371. B.

partie du troupeau ne suivrait pas. C'était bien présumer de sa puissance, et mal connaître les hommes, de croire que tant de cœurs ulcérés et tant d'imaginations échauffées par l'idée du martyre, surtout dans les pays méridionaux de la France, ne s'exposeraient pas à tout, pour aller chez les étrangers publier leur constance et la gloire de leur exil, parmi tant de nations envieuses de Louis XIV, qui tendaient les bras à ces troupes fugitives.

Le vieux chancelier Le Tellier, en signant l'édit, s'écria plein de joie : « Nunc dimittis servum tuum, « Domine..... quia viderunt oculi mei salutare tuum[1]. » Il ne savait pas qu'il signait un des grands malheurs de la France[a].

Louvois, son fils, se trompait encore en croyant qu'il suffirait d'un ordre de sa main pour garder toutes les frontières et toutes les côtes contre ceux qui se fesaient un devoir de la fuite. L'industrie occupée à tromper la loi est toujours plus forte que l'autorité. Il suffisait de quelques gardes gagnés, pour favoriser la foule des réfugiés. Près de cinquante mille familles, en trois ans de temps, sortirent du royaume, et furent après suivies par d'autres. Elles allèrent porter chez les étrangers les arts, les manufactures, la ri-

---

[1] Cantique de Siméon. Saint Luc, II, 29-30. B.

[a] Si vous lisez l'Oraison funèbre de Le Tellier, par Bossuet, ce chancelier est un juste, et un grand homme. Si vous lisez les *Annales* de l'abbé de Saint-Pierre, c'est un lâche et dangereux courtisan, un calomniateur adroit, dont le comte de Grammont disait, en le voyant sortir d'un entretien particulier avec le roi : « Je crois voir une fouine qui vient d'égorger des pou- « lets, en se léchant le museau plein de leur sang. » — Cette note est de 1756. B.

chesse. Presque tout le nord de l'Allemagne, pays encore agreste et dénué d'industrie, reçut une nouvelle face de ces multitudes transplantées. Elles peuplèrent des villes entières. Les étoffes, les galons, les chapeaux, les bas, qu'on achetait auparavant de la France, furent fabriqués par eux. Un faubourg entier de Londres fut peuplé d'ouvriers français en soie ; d'autres y portèrent l'art de donner la perfection aux cristaux, qui fut alors perdu en France. On trouve encore très communément dans l'Allemagne l'or que les réfugiés y répandirent[a]. Ainsi la France perdit environ cinq cent mille habitants, une quantité prodigieuse d'espèces, et surtout des arts dont ses ennemis s'enrichirent. La Hollande y gagna d'excellents officiers et des soldats. Le prince d'Orange et le duc de Savoie eurent des régiments entiers de réfugiés. Ces mêmes souverains de Savoie et de Piémont, qui avaient exercé tant de cruautés contre les réformés de leurs pays, soudoyaient ceux de France ; et ce n'était pas assurément par zèle de religion que le prince d'Orange les enrôlait. Il y en eut qui s'établirent jusque vers le Cap-de-Bonne-Espérance. Le neveu du célèbre Duquesne, lieutenant-général de la marine, fonda une petite colonie à cette extrémité de la terre ; elle n'a pas prospéré ; ceux qui s'embarquèrent périrent pour la plupart. Mais enfin il y a encore des restes de cette colonie voisine des Hottentots. Les Français ont été dispersés plus loin que les Juifs.

[a] Le comte d'Avaux, dans ses lettres, dit qu'on lui rapporta qu'à Londres on frappa soixante mille guinées de l'or que les réfugiés y avaient fait passer : on lui avait fait un rapport trop exagéré.

Ce fut en vain qu'on remplit les prisons et les galères de ceux qu'on arrêta dans leur fuite. Que faire de tant de malheureux, affermis dans leur croyance par les tourments? comment laisser aux galères des gens de loi, des vieillards infirmes? On en fit embarquer quelques centaines pour l'Amérique. Enfin le conseil imagina que, quand la sortie du royaume ne serait plus défendue, les esprits n'étant plus animés par le plaisir secret de désobéir, il y aurait moins de désertions. On se trompa encore; et après avoir ouvert les passages, on les referma inutilement une seconde fois.

On défendit aux calvinistes, en 1685, de se faire servir par des catholiques, de peur que les maîtres ne pervertissent les domestiques ; et, l'année d'après, un autre édit leur ordonna de se défaire des domestiques huguenots, afin de pouvoir les arrêter comme vagabonds. Il n'y avait rien de stable dans la manière de les persécuter, que le dessein de les opprimer pour les convertir.

Tous les temples détruits, tous les ministres bannis, il s'agissait de retenir dans la communion romaine tous ceux qui avaient changé par persuasion ou par crainte. Il en restait plus[a] de quatre cent mille

---

[a] On a imprimé plusieurs fois qu'il y a encore en France trois millions de réformés. Cette exagération est intolérable. M. de Bâville n'en comptait pas cent mille en Languedoc, et il était exact. Il n'y en a pas quinze mille dans Paris : beaucoup de villes et des provinces entières n'en ont point.—Les protestants qui vivent à Paris sont enterrés par ordre de la police. Le nombre des morts est donc connu par ses registres, et il en résulte qu'ils forment environ la dixième partie de la population, les étrangers compris. Il ne serait pas surprenant que les protestants, relégués par les lois dans les classes qui

dans le royaume. Ils étaient obligés d'aller à la messe et de communier. Quelques uns, qui rejetèrent l'hostie après l'avoir reçue, furent condamnés à être brûlés vifs. Les corps de ceux qui ne voulaient pas recevoir les sacrements à la mort étaient traînés sur la claie, et jetés à la voirie.

Toute persécution fait des prosélytes, quand elle frappe pendant la chaleur de l'enthousiasme. Les calvinistes s'assemblèrent partout pour chanter leurs psaumes, malgré la peine de mort décernée contre ceux qui tiendraient des assemblées. Il y avait aussi peine de mort contre les ministres qui rentreraient dans le royaume, et cinq mille cinq cents livres de récompense pour qui les dénoncerait. Il en revint plusieurs qu'on fit périr par la corde ou par la roue [1].

peuplent le plus, eussent beaucoup plus que doublé depuis la révocation de l'édit de Nantes.

Bâville ne mérite aucune croyance. Il est très vraisemblable que la terreur qu'il avait inspirée avait forcé les huguenots à sortir du Languedoc, ou à dissimuler, et à se cacher. Il était d'ailleurs intéressé à en diminuer le nombre. C'était un moyen de plaire à Louis XIV: et pourquoi, après avoir versé tant de sang pour se frayer la route du ministère, se serait-il fait scrupule d'un mensonge? K.—On porte aujourd'hui (1830) à onze ou douze cent mille le nombre des protestants dans toute la France. B.

[1] Toutes ces violences, qui déshonorent le règne de Louis XIV, furent exercées dans le temps où, dégoûté de madame de Montespan, subjugué par madame de Maintenon, il commençait à se livrer à ses confesseurs. Ces lois, qui violaient également et les premiers droits des hommes et tous les sentiments de l'humanité, étaient demandées par le clergé, et présentées par les jésuites à leur pénitent, comme le moyen de réparer les péchés qu'il avait commis avec ses maîtresses. On lui proposait pour modèles Constantin, Théodose; et quelques autres scélérats du Bas-Empire. Jamais ses ministres, esclaves des prêtres, et tyrans de la nation, n'osèrent lui faire connaître ni l'inutilité ni les suites cruelles de ses lois.

La nation aidait elle-même à le tromper : au milieu des cris de ses sujets innocents, expirants sur la roue et dans les bûchers, on vantait sa justice, et

La secte subsista en paraissant écrasée. Elle espéra en vain, dans la guerre de 1689, que le roi Guillaume, ayant détrôné son beau-père catholique, soutiendrait en France le calvinisme. Mais, dans la

même sa clémence. Dans les lettres, dans les mémoires du temps, on parle souvent du sanguinaire Bâville comme d'un grand homme. Tel est le malheureux sort d'un prince qui accorde sa confiance à des prêtres, et qui, trompé par eux, laisse gémir sa nation sous le joug de la superstition. Louis aimait la gloire, et il marchandait honteusement la conscience de ses sujets : il voulait faire régner les lois, et il envoyait des soldats vivre à discrétion chez ceux qui ne pensaient point comme son confesseur. Il était flatté qu'on lui trouvât de la grandeur dans l'esprit, et il signait chaque mois des édits pour régler de quelle religion devaient être les marmitons, les maîtres en fait d'armes, et les écuyers de ses états; il aimait la décence, et les soldats envoyés par ses ordres donnaient le fouet aux filles protestantes pour les convertir.

Qu'il nous soit permis de faire ici quelques réflexions sur les causes de nos derniers troubles de religion.

L'esprit des réformés n'a été républicain que dans les pays où les souverains se sont montrés leurs ennemis. Le clergé protestant de Danemark a été un des principaux agents de la révolution qui a établi l'autorité absolue. En France, sous Louis XIII, les ministres protestants les plus éclairés écrivirent pour exhorter les peuples à obéir aux lois du prince, n'exceptant que les cas où les lois ordonnent positivement une action contraire à la loi de Dieu. Mais on se plaisait à les contraindre à ce qu'ils regardaient comme des actes d'idolâtrie. On les forçait, par une foule de petites injustices, à se jeter entre les bras des factieux, tandis qu'il n'aurait fallu qu'exécuter fidèlement l'édit de Nantes, pour ôter à ces factieux l'appui des réformés. Cet édit de Nantes, à la vérité, ressemblait plus à une convention entre deux partis qu'à une loi donnée par un prince à ses sujets. Une tolérance absolue aurait été plus utile à la nation, plus juste, plus propre à conserver la paix qu'une tolérance limitée : mais Henri IV n'osa l'accorder, pour ne pas déplaire aux catholiques; et les protestants ne comptaient point assez sur son autorité pour se contenter d'une loi de tolérance, quelque étendue qu'elle pût être.

Il eût été facile à Richelieu, et plus encore à Louis XIV, de réparer ce désordre en étendant la tolérance accordée par l'édit, et en détruisant tout le reste. Mais Richelieu avait eu le malheur de faire quelques mauvais ouvrages de théologie, et les protestants les avaient réfutés. Louis XIV, élevé, gouverné par des prêtres dans sa jeunesse, entouré de femmes qui joignaient

guerre de 1701, la rébellion et le fanatisme éclatèrent en Languedoc et dans les contrées voisines.

Cette rébellion fut excitée par des prophéties. Les prédictions ont été de tout temps un moyen dont les faiblesses de la dévotion aux faiblesses de l'amour, et de ministres qui croyaient avoir besoin de se couvrir du manteau de l'hypocrisie, ne put jamais soulever un coin du bandeau que la superstition avait jeté sur ses yeux. Il croyait que l'on n'était huguenot de bonne foi que faute d'être instruit ; et la bassesse de ses courtisans, qui, en vendant leur conscience, fesaient semblant de se convertir par conviction, l'affermissait dans cette idée.

Ses ministres semblaient choisir les moyens les plus sûrs pour forcer les protestants à la révolte : on joignait l'insulte à la violence, on outrageait les femmes, on enlevait les enfants à leurs pères. On semblait se plaire à les irriter, à les plonger dans le désespoir par des lois souvent opposées, mais toujours oppressives, qu'on fesait succéder de mois en mois. Il n'est donc pas étonnant qu'il y ait eu parmi les protestants des fanatiques, et que ce fanatisme ait à la fin produit des révoltes. Elles éclatèrent dans les Cévennes, pays alors impraticable, habité par un peuple à demi sauvage, qui n'avait jamais été subjugué ni par les lois ni par les mœurs ; livré à un intendant violent par caractère, inaccessible à tout sentiment d'humanité, mêlant le mépris et l'insulte à la cruauté, dont l'ame trouvait un plaisir barbare dans les supplices longs et recherchés, et qui, instrument ambitieux et servile du despotisme et de la superstition de son maître, voulait mériter par des meurtres et par l'oppression d'une province l'honneur d'opprimer en chef la nation.

Quel fut le fruit des persécutions de Louis XIV ? Une foule de ses meilleurs sujets emportant dans les pays étrangers leurs richesses et leur industrie, les armées de ses ennemis grossies par des régiments français, qui joignaient les fureurs du fanatisme et de la vengeance à leur valeur naturelle ; la haine de la moitié de l'Europe, une guerre civile ajoutée aux malheurs d'une guerre étrangère, la crainte de voir ses provinces livrées aux étrangers par les Français, et l'humiliante nécessité de faire un traité avec un garçon boulanger.

Voilà ce que le clergé célébrait dans des harangues, ce que la flatterie consacrait dans des inscriptions et sur des médailles.

Après lui, les protestants furent tranquilles et soumis. Albéroni forma inutilement le projet absurde de les engager à se soulever contre le régent, c'est-à-dire contre un prince tolérant par raison, par politique, et par caractère ; pour se donner un maître pénitent des jésuites, et qui s'était soumis au joug honteux de l'inquisition. Pendant le ministère du duc de Bourbon,

on s'est servi pour séduire les simples, et pour enflammer les fanatiques. De cent événements que la fourberie ose prédire, si la fortune en amène un seul, les autres sont oubliés, et celui-là reste comme un gage de la faveur de Dieu, et comme la preuve d'un prodige. Si aucune prédiction ne s'accomplit, on les explique, on leur donne un nouveau sens; les enthousiastes l'adoptent, et les imbéciles le croient.

Le ministre Jurieu fut un des plus ardents prophètes. Il commença par se mettre au-dessus d'un Cotterus [1], de je ne sais quelle Christine [2], d'un Jus-

l'évêque de Fréjus, qui gouvernait les affaires ecclésiastiques, fit rendre, en 1724, contre les protestants, une loi plus sévère que celle de Louis XIV; elle n'excita point de troubles, parcequ'il n'eut garde de la faire exécuter à la rigueur. Aussi indifférent pour la religion que le régent, il ne voulait qu'obtenir le chapeau de cardinal, malgré l'opposition secrète du duc de Bourbon. Il trahissait, par cette conduite, et son pays, et le souverain qui lui avait accordé sa confiance; mais quand le cardinalat est le prix de la trahison, quel prêtre est resté fidèle?

Sous Louis XV, les protestants furent traités avec modération, sans qu'on ait rien changé cependant aux lois portées contre eux : leur fortune, leur état, celui de leurs enfants, ne sont appuyés que sur la bonne foi. Ils ne peuvent faire aucun acte de religion sans encourir la peine des galères; ils sont exclus non seulement des places honorables, mais de la plupart des métiers. Nous devons espérer que la raison, qui à la longue triomphera du fanatisme, et la politique, qui dans tous les temps l'emporte sur la superstition, détruiront enfin ces lois. La tolérance est établie dans toute l'Europe, hors l'Italie, l'Espagne, et la France; l'Amérique appelle l'industrie, et offre la liberté, la tolérance, et la fortune, à tout homme qui, ayant un métier, voudra quitter son pays; et la politique ne permettra point de laisser subsister plus long-temps des lois qui mettent en contradiction l'amour naturel de la patrie avec l'intérêt et la conscience; et elles pourraient amener des émigrations plus funestes que celles du siècle dernier, et nous faire perdre en peu d'années tous les avantages du commerce dont la révolution de l'Amérique doit être la source.

[1] Christophe Kotter, ou Cotterus, mort en 1647, dont Voltaire parle tome XXXII, page 12. B.

[2] Christine Poniatowia, fille d'un moine polonais, apostat, morte en 1644. CL.

tus Velsius[1], d'un Drabitius[2], qu'il regarde comme gens inspirés de Dieu. Ensuite il se mit presque à côté de l'auteur de l'*Apocalypse* et de saint Paul; ses partisans, ou plutôt ses ennemis, firent frapper une médaille en Hollande avec cet exergue, *Jurius propheta*. Il promit la délivrance du peuple de Dieu pendant huit années. Son école de prophétie s'était établie dans les montagnes du Dauphiné, du Vivarais et des Cévennes, pays tout propre aux prédictions, peuplé d'ignorants et de cervelles chaudes, échauffées par la chaleur du climat, et plus encore par leurs prédicants.

La première école de prophétie fut établie dans une verrerie, sur une montagne du Dauphiné, appelée Peira; un vieil huguenot, nommé De Serre, y annonça la ruine de Babylone, et le rétablissement de Jérusalem. Il montrait aux enfants les paroles de l'Écriture, qui disent : « Quand trois ou quatre sont « assemblés en mon nom, mon esprit est parmi eux[3]; « et avec un grain de foi on transportera des mon- « tagnes[4]. » Ensuite il recevait l'esprit: on le lui conférait en lui soufflant dans la bouche, parcequ'il est dit dans *Saint-Matthieu* que Jésus souffla sur ses disciples avant sa mort: il était hors de lui-même; il avait des convulsions; il changeait de voix; il restait

---

[1] Justus Velsius, ou Welsens, né à La Haye, reçu docteur en médecine à Louvain, en 1641. B.

[2] Nicolas Drabicius, décapité en 1671. Cl..

[3] *Ubi enim sunt duo vel tres congregati in nomine meo, ibi sum in medio eorum.* Matthieu, xviii, 20. B.

[4] *Si habueritis fidem, sicut granum sinapis, dicetis monti huic : Transi hinc illuc; et transibit.* Matthieu, xvii, 19. B.

immobile, égaré, les cheveux hérissés, selon l'ancien usage de toutes les nations, et selon ces règles de démence transmises de siècle en siècle. Les enfants recevaient ainsi le don de prophétie; et s'ils ne transportaient pas des montagnes, c'est qu'ils avaient assez de foi pour recevoir l'esprit, et pas assez pour faire des miracles : ainsi ils redoublaient de ferveur pour obtenir ce dernier don.

Tandis que les Cévennes étaient ainsi l'école de l'enthousiasme, des ministres, qu'on appelait *apôtres*, revenaient en secret prêcher les peuples.

Claude Brousson, d'une famille de Nîmes considérée, homme éloquent et plein de zèle, très estimé chez les étrangers, retourna dans sa patrie en 1698, y fut convaincu non seulement d'avoir rempli son ministère malgré les édits, mais d'avoir eu, dix ans auparavant, des correspondances avec les ennemis de l'état. En effet, il avait formé le projet d'introduire des troupes anglaises et savoyardes dans le Languedoc. Ce projet, écrit de sa main, et adressé au duc de Schomberg, avait été intercepté depuis longtemps, et était entre les mains de l'intendant de la province. Brousson, errant de ville en ville, fut saisi à Oléron, et transféré à la citadelle de Montpellier. L'intendant et ses juges l'interrogèrent; il répondit qu'il était l'apôtre de Jésus-Christ, qu'il avait reçu le Saint-Esprit, qu'il ne devait pas trahir le dépôt de la foi, que son devoir était de distribuer le pain de la parole à ses frères. On lui demanda si les apôtres avaient écrit des projets pour faire révolter des provinces : on lui montra son fatal écrit, et les juges le condamnèrent tous d'une voix à être roué vif. (1698) Il mourut comme mouraient les premiers martyrs. Toute la secte, loin de le regarder comme un criminel d'état, ne vit en lui qu'un saint, qui avait scellé sa foi de son sang; et on imprima *le Martyre de M. de Brousson*[1].

Alors les prophètes se multiplient, et l'esprit de fureur redouble. Il arrive malheureusement qu'en 1703 un abbé de la maison Du Chaila, inspecteur des missions, obtient un ordre de la cour de faire enfermer dans un couvent deux filles d'un gentilhomme nouveau converti. Au lieu de les conduire au couvent, il les mène d'abord dans son château. Les calvinistes s'attroupent : on enfonce les portes : on délivre les deux filles et quelques autres prisonniers. Les séditieux saisissent l'abbé Du Chaila; ils lui offrent la vie, s'il veut être de leur religion. Il la refuse. Un prophète lui crie : « Meurs donc, l'esprit te condamne; « ton péché est contre toi : » et il est tué à coups de fusil. Aussitôt après ils saisissent les receveurs de la capitation, et les pendent avec leurs rôles au cou. De là ils se jettent sur les prêtres qu'ils rencontrent, et les massacrent. On les poursuit : ils se retirent au milieu des bois et des rochers. Leur nombre s'accroît : leurs prophètes et leurs prophétesses leur annoncent de la part de Dieu le rétablissement de Jérusalem et la chute de Babylone. Un abbé de La Bourlie paraît tout-à-coup au milieu d'eux dans leurs retraites sauvages, et leur apporte de l'argent et des armes.

[1] Un *Abrégé de la vie de Claude Brousson* se trouve en tête de ses *Lettres et opuscules*, Utrecht, 1701, in-8°. B.

C'était le fils du marquis de Guiscard, sous-gouverneur du roi, l'un des plus sages hommes du royaume. Le fils était bien indigne d'un tel père. Réfugié en Hollande pour un crime, il va exciter les Cévennes à la révolte. On le vit quelque temps après passer à Londres, où il fut arrêté en 1711 pour avoir trahi le ministère anglais, après avoir trahi son pays. Amené devant le conseil, il prit sur la table un de ces longs canifs avec lesquels on peut commettre un meurtre; il en frappa le chancelier Robert Harley, depuis comte d'Oxford, et on le conduisit en prison chargé de fers. Il prévint son supplice en se donnant la mort lui-même. Ce fut donc cet homme qui, au nom des Anglais, des Hollandais et du duc de Savoie, vint encourager les fanatiques, et leur promettre de puissants secours.

(1703) Une grande partie du pays les favorisait secrètement. Leur cri de guerre était: *Point d'impôts et liberté de conscience.* Ce cri séduit partout la populace. Ces fureurs justifiaient aux yeux du peuple le dessein qu'avait eu Louis XIV d'extirper le calvinisme; mais sans la révocation de l'édit de Nantes, on n'aurait pas eu à combattre ces fureurs.

Le roi envoie d'abord le maréchal de Montrevel avec quelques troupes. Il fait la guerre à ces misérables avec une barbarie qui surpasse la leur. On roue, on brûle les prisonniers; mais aussi les soldats qui tombent entre les mains des révoltés périssent par des morts cruelles. Le roi, obligé de soutenir la guerre partout, ne pouvait envoyer contre eux que peu de troupes. Il était difficile de les surprendre dans des rochers presque inaccessibles alors, dans des cavernes, dans des bois où ils se rendaient par des chemins non frayés, et dont ils descendaient tout-à-coup comme des bêtes féroces. Ils défirent même, dans un combat réglé, des troupes de la marine. On employa contre eux successivement trois maréchaux de France.

Au maréchal de Montrevel succéda, en 1704, le maréchal de Villars. Comme il lui était plus difficile encore de les trouver que de les battre, le maréchal de Villars, après s'être fait craindre, leur fit proposer une amnistie. Quelques uns d'entre eux y consentirent, détrompés des promesses d'être secourus par le duc de Savoie, qui, à l'exemple de tant de souverains, les persécutait chez lui, et avait voulu les protéger chez ses ennemis.

Le plus accrédité de leurs chefs, et le seul qui mérite d'être nommé, était Jean Cavalier. Je l'ai vu depuis en Hollande et en Angleterre. C'était un petit homme blond, d'une physionomie douce et agréable. On l'appelait David dans son parti. De garçon boulanger, il était devenu chef d'une assez grande multitude, à l'âge de vingt-trois ans, par son courage, et à l'aide d'une prophétesse qui le fit reconnaître sur un ordre exprès du Saint-Esprit. On le trouva à la tête de huit cents hommes qu'il enrégimentait, quand on lui proposa l'amnistie [1]. Il demanda des otages :

---

[1] Cavalier a été le rival de Voltaire, et rival heureux. Ils aimèrent l'un et l'autre mademoiselle Pimpette, fille de madame Dunoyer, et fille de beaucoup d'esprit et de coquetterie. Ce qui devait arriver arriva : le héros l'emporta sur le poëte ; et la physionomie douce et agréable sur la physionomie

on lui en donna. Il vint, suivi d'un des chefs, à Nîmes, où il traita avec le maréchal de Villars.

(1704) Il promit de former quatre régiments des révoltés, qui serviraient le roi sous quatre colonels, dont il serait le premier, et dont il nomma les trois autres. Ces régiments devaient avoir l'exercice libre de leur religion, comme les troupes étrangères à la solde de France; mais cet exercice ne devait point être permis ailleurs.

On acceptait ces conditions, quand des émissaires de Hollande vinrent en empêcher l'effet avec de l'argent et des promesses. Ils détachèrent de Cavalier les principaux fanatiques; mais ayant donné sa parole au maréchal de Villars, il la voulut tenir. Il accepta le brevet de colonel; et commença à former son régiment avec cent trente hommes qui lui étaient affectionnés.

J'ai entendu souvent de la bouche du maréchal de Villars, qu'il avait demandé à ce jeune homme comment il pouvait à son âge avoir eu tant d'autorité sur des hommes si féroces et si indisciplinables. Il répondit que, quand on lui désobéissait, sa prophétesse, qu'on appelait *la grande Marie*, était sur-le-champ inspirée, et condamnait à mort les réfractaires, qu'on tuait sans raisonner[a]. Ayant fait de-

---

égarée et méchante. L. — J'ai rapporté cette note de La Beaumelle parcequ'elle n'est pas rapportée textuellement par Voltaire, et parcequ'elle m'a paru nécessaire pour l'intelligence d'un passage du *Supplément au Siècle de Louis XIV*, seconde partie. Cavalier, né à Ribaute, près d'Anduze, en 1679, est mort à Chelsea, près de Londres, en 1740. B.

[a] Ce trait doit se trouver dans les véritables *Mémoires* du maréchal de Villars. Le premier tome est certainement de lui : il est conforme au manuscrit

puis la même question à Cavalier, j'en eus la même réponse.

Cette négociation singulière se fesait après la bataille d'Hochstedt. Louis XIV, qui avait proscrit le calvinisme avec tant de hauteur, fit la paix, sous le nom d'amnistie, avec un garçon boulanger; et le maréchal de Villars lui présenta le brevet de colonel, et celui d'une pension de douze cents livres.

Le nouveau colonel alla à Versailles; il y reçut les ordres du ministre de la guerre. Le roi le vit, et haussa les épaules. Cavalier, observé par le ministère, craignit, et se retira en Piémont. De là il passa en Hollande et en Angleterre. Il fit la guerre en Espagne, et y commanda un régiment de réfugiés français à la bataille d'Almanza. Ce qui arriva à ce régiment sert à prouver la rage des guerres civiles, et combien la religion ajoute à cette fureur. La troupe de Cavalier se trouva opposée à un régiment français. Dès qu'ils se reconnurent, ils fondirent l'un sur l'autre avec la baïonnette sans tirer. On a déjà remarqué [1] que la baïonnette agit peu dans les combats. La contenance de la première ligne, composée de trois rangs, après avoir fait feu, décide du sort de la journée; mais ici la fureur fit ce que ne fait presque jamais la valeur. Il ne resta pas trois cents hommes de ces régiments. Le maréchal de Berwick contait souvent avec étonnement cette aventure.

que j'ai vu : les deux autres sont d'une main étrangère et bien différente. — Cette note de Voltaire est la répétition de celle qu'il a mise page 25 : voyez, sur les *Mémoires* de Villars, ma note, tome XIX, page 219. B.

[1] Voyez page 27. B.

Cavalier est mort officier général et gouverneur de l'île de Jersey, avec une grande réputation de valeur, n'ayant de ses premières fureurs conservé que le courage, et ayant peu-à-peu substitué la prudence à un fanatisme qui n'était plus soutenu par l'exemple.

Le maréchal de Villars, rappelé du Languedoc, fut remplacé par le maréchal de Berwick. Les malheurs des armes du roi enhardissaient alors les fanatiques du Languedoc, qui espéraient les secours du ciel et en recevaient des alliés. On leur fesait toucher de l'argent par la voie de Genève. Ils attendaient des officiers, qui devaient leur être envoyés de Hollande et d'Angleterre. Ils avaient des intelligences dans toutes les villes de la province.

On peut mettre au rang des plus grandes conspirations, celle qu'ils formèrent de saisir dans Nîmes le duc de Berwick et l'intendant Bâville, de faire révolter le Languedoc et le Dauphiné, et d'y introduire les ennemis. Le secret fut gardé par plus de mille conjurés. L'indiscrétion d'un seul fit tout découvrir. Plus de deux cents personnes périrent dans les supplices. Le maréchal de Berwick fit exterminer, par le fer et par le feu, tout ce qu'on rencontra de ces malheureux. Les uns moururent les armes à la main, les autres sur les roues ou dans les flammes. Quelques uns, plus adonnés à la prophétie qu'aux armes, trouvèrent moyen d'aller en Hollande. Les réfugiés français les y reçurent comme des envoyés célestes. Ils marchèrent au-devant d'eux, chantant des psaumes, et jonchant leur chemin de branches d'arbres. Plusieurs de ces prophètes allèrent en Angleterre; mais trouvant que l'Église épiscopale tenait trop de l'Église romaine, ils voulurent faire dominer la leur. Leur persuasion était si pleine, que, ne doutant pas qu'avec beaucoup de foi on ne fît beaucoup de miracles, ils offrirent de ressusciter un mort, et même tel mort que l'on voudrait choisir. Partout le peuple est peuple; et les presbytériens pouvaient se joindre à ces fanatiques contre le clergé anglican. Qui croirait qu'un des plus grands géomètres de l'Europe, Fatio Duillier [1], et un homme de lettres fort savant, nommé Daudé, fussent à la tête de ces énergumènes? Le fanatisme rend la science même sa complice, et étouffe la raison.

Le ministère anglais prit le parti qu'on aurait dû toujours prendre avec les hommes à miracles. On leur permit de déterrer un mort dans le cimetière de l'église cathédrale. La place fut entourée de gardes. Tout se passa juridiquement. La scène finit par mettre au pilori les prophètes.

Ces excès du fanatisme ne pouvaient guère réussir en Angleterre, où la philosophie commençait à dominer. Ils ne troublaient plus l'Allemagne, depuis que les trois religions, la catholique, l'évangélique, et la réformée, y étaient également protégées par les traités de Vestphalie. Les Provinces-Unies admettaient dans leur sein toutes les religions, par une tolérance politique. Enfin, il n'y eut, sur la fin de ce siècle, que la France qui essuya de grandes querelles ecclésiastiques, malgré les progrès de la raison. Cette raison, si lente à s'introduire chez les doctes, pouvait à peine encore

[1] Voyez tome XXIX, page 335. B.

percer chez les docteurs, encore moins dans le commun des citoyens. Il faut d'abord qu'elle soit établie dans les principales têtes; elle descend aux autres de proche en proche, et gouverne enfin le peuple même qui ne la connaît pas, mais qui, voyant que ses supérieurs sont modérés, apprend aussi à l'être. C'est un des grands ouvrages du temps, et ce temps n'était pas encore venu.

CHAPITRE XXXVII.

Du jansénisme.

Le calvinisme devait nécessairement enfanter des guerres civiles, et ébranler les fondements des états. Le jansénisme ne pouvait exciter que des querelles théologiques et des guerres de plume; car les réformateurs du seizième siècle ayant déchiré tous les liens par qui l'Église romaine tenait les hommes, ayant traité d'idolâtrie ce qu'elle avait de plus sacré, ayant ouvert les portes de ses cloîtres, et remis ses trésors dans les mains des séculiers, il fallait qu'un des deux partis pérît par l'autre. Il n'y a point de pays, en effet, où la religion de Calvin et de Luther ait paru sans exciter des persécutions et des guerres.

Mais les jansénistes n'attaquant point l'Église, n'en voulant ni aux dogmes fondamentaux, ni aux biens, et écrivant sur des questions abstraites, tantôt contre les réformés, tantôt contre les constitutions des papes, n'eurent enfin de crédit nulle part; et ils ont fini par voir leur secte méprisée dans presque toute l'Europe, quoiqu'elle ait eu plusieurs partisans très respectables par leurs talents et par leurs mœurs.

Dans le temps même où les huguenots attiraient une attention sérieuse, le jansénisme inquiéta la France plus qu'il ne la troubla. Ces disputes étaient venues d'ailleurs, comme bien d'autres. D'abord, un certain docteur de Louvain, nommé Michel Bay, qu'on appelait Baïus, selon la coutume du pédantisme de ces temps-là, s'avisa de soutenir, vers l'an 1552, quelques propositions sur la grace et sur la prédestination. Cette question, ainsi que presque toute la métaphysique, rentre, pour le fond, dans le labyrinthe de la fatalité et de la liberté où toute l'antiquité s'est égarée, et où l'homme n'a guère de fil qui le conduise.

L'esprit de curiosité donné de Dieu à l'homme, cette impulsion nécessaire pour nous instruire, nous emporte sans cesse au-delà du but, comme tous les autres ressorts de notre ame, qui, s'ils ne pouvaient nous pousser trop loin, ne nous exciteraient peut-être jamais assez.

Ainsi, on a disputé sur tout ce qu'on connaît, et sur tout ce qu'on ne connaît pas : mais les disputes des anciens philosophes furent toujours paisibles; et celles des théologiens souvent sanglantes, et toujours turbulentes.

Des cordeliers, qui n'entendaient pas plus ces questions que Michel Baïus, crurent le libre arbitre renversé, et la doctrine de Scot en danger. Fâchés d'ailleurs contre Baïus, au sujet d'une querelle à peu près dans le même goût, ils déférèrent soixante et seize propositions de Baïus au pape Pie V. Ce fut Sixte-Quint, alors général des cordeliers, qui dressa la bulle de condamnation, en 1567.

Soit crainte de se compromettre, soit dégoût d'examiner de telles subtilités, soit indifférence et mépris pour des thèses de Louvain, on condamna respectivement les soixante et seize propositions en gros, comme hérétiques, sentant l'hérésie, malsonnantes, téméraires, et suspectes, sans rien spécifier, et sans entrer dans aucun détail. Cette méthode tient de la suprême puissance, et laisse peu de prise à la dispute. Les docteurs de Louvain furent très empêchés en recevant la bulle; il y avait surtout une phrase dans laquelle une virgule, mise à une place ou à une autre, condamnait ou tolérait quelques opinions de Michel Baïus. L'université députa à Rome, pour savoir du saint-père où il fallait mettre la virgule. La cour de Rome, qui avait d'autres affaires, envoya pour toute réponse à ces Flamands un exemplaire de la bulle, dans lequel il n'y avait point de virgule du tout. On le déposa dans les archives. Le grand-vicaire, nommé Morillon, dit qu'il fallait recevoir la bulle du pape, *quand même il y aurait des erreurs.* Ce Morillon avait raison en politique; car, assurément, il vaut mieux recevoir cent bulles erronées que de mettre cent villes en cendres, comme ont fait les huguenots et leurs adversaires. Baïus crut Morillon, et se rétracta paisiblement.

Quelques années après, l'Espagne, aussi fertile en auteurs scolastiques que stérile en philosophes, produisit Molina le jésuite, qui crut avoir découvert précisément comment Dieu agit sur les créatures, et comment les créatures lui résistent. Il distingua l'ordre naturel et l'ordre surnaturel, la prédestination à la grace, et la prédestination à la gloire, la grace prévenante, et la coopérante. Il fut l'inventeur du concours concomitant, de la science moyenne et du congruisme. Cette science moyenne, et ce congruisme, étaient surtout des idées rares. Dieu, par sa science moyenne, consulte habilement la volonté de l'homme, pour savoir ce que l'homme fera quand il aura eu sa grace; et ensuite, selon l'usage qu'il devine que fera le libre arbitre, il prend ses arrangements en conséquence, pour déterminer l'homme, et ces arrangements sont le congruisme.

Les dominicains espagnols, qui n'entendaient pas plus cette explication que les jésuites, mais qui étaient jaloux d'eux, écrivirent que le livre de *Molina était le précurseur de l'antechrist.*

La cour de Rome évoqua la dispute, qui était déjà entre les mains des grands inquisiteurs, et ordonna, avec beaucoup de sagesse, le silence aux deux partis, qui ne le gardèrent ni l'un ni l'autre.

Enfin, on plaida sérieusement devant Clément VIII, et, à la honte de l'esprit humain, tout Rome prit parti dans le procès. Un jésuite, nommé Achille Gaillard, assura le pape qu'il avait un moyen sûr de rendre la paix à l'Église; il proposa gravement d'accepter la prédestination gratuite, à condition que les dominicains admettraient la science moyenne, et qu'on ajusterait ces deux systèmes comme on pourrait. Les dominicains refusèrent l'accommodement d'Achille Gaillard. Leur célèbre Lemos soutint le concours prévenant et le complément de la vertu active. Les congrégations se multiplièrent sans que personne s'entendît.

Clément VIII mourut avant d'avoir pu réduire les arguments pour et contre à un sens clair. Paul V reprit le procès ; mais comme lui-même en eut un plus important avec la république de Venise, il fit cesser toutes les congrégations, qu'on appela et qu'on appelle encore *de auxiliis*. On leur donnait ce nom, aussi peu clair par lui-même que les questions qu'on agitait, parceque ce mot signifie *secours*, et qu'il s'agissait, dans cette dispute, des secours que Dieu donne à la volonté faible des hommes. Paul V finit par ordonner aux deux partis de vivre en paix.

Pendant que les jésuites établissaient leur science moyenne et leur congruisme, Cornélius Jansénius, évêque d'Ypres, renouvelait quelques idées de Baïus, dans un gros livre sur saint Augustin, qui ne fut imprimé qu'après sa mort ; de sorte qu'il devint chef de secte, sans jamais s'en douter. Presque personne ne lut ce livre, qui a causé tant de troubles ; mais Duverger de Hauranne, abbé de Saint-Cyran, ami de Jansénius, homme aussi ardent qu'écrivain diffus et obscur, vint à Paris, et persuada de jeunes docteurs et quelques vieilles femmes. Les jésuites demandèrent à Rome la condamnation du livre de Jansénius, comme une suite de celle de Baïus, et l'obtinrent en 1641 ; mais, à Paris, la faculté de théologie, et tout ce qui se mêlait de raisonner, fut partagé. Il ne paraît pas qu'il y ait beaucoup à gagner à penser avec Jansénius que Dieu commande des choses impossibles ; cela n'est ni philosophique, ni consolant : mais le plaisir secret d'être d'un parti, la haine que s'attiraient les jésuites, l'envie de se distinguer, et l'inquiétude d'esprit, formèrent une secte.

La faculté condamna cinq propositions de Jansénius, à la pluralité des voix. Ces cinq propositions étaient extraites du livre très-fidèlement quant au sens, mais non pas quant aux propres paroles. Soixante docteurs appelèrent au parlement comme d'abus, et la chambre des vacations ordonna que les parties comparaîtraient.

Les parties ne comparurent point ; mais, d'un côté, un docteur, nommé Habert[1], soulevait les esprits contre Jansénius ; de l'autre, le fameux Arnauld, disciple de Saint-Cyran, défendait le jansénisme avec l'impétuosité de son éloquence. Il haïssait les jésuites encore plus qu'il n'aimait la grace efficace ; et il était encore plus haï d'eux, comme né d'un père qui, s'étant donné au barreau, avait violement plaidé pour l'université contre leur établissement. Ses parents s'étaient acquis beaucoup de considération dans la robe et dans l'épée. Son génie, et les circonstances où il se trouva, le déterminèrent à la guerre de plume, et à se faire chef de parti, espèce d'ambition devant qui toutes les autres disparaissent. Il combattit contre les jésuites et contre les réformés, jusqu'à l'âge de quatre-vingts ans. On a de lui cent quatre volumes, dont

---

[1] Isaac Habert, évêque de Vabres en 1645, mort en 1668. CL.

presque aucun n'est aujourd'hui au rang de ces bons livres classiques qui honorent le siècle de Louis XIV, et qui sont la bibliothèque des nations. Tous ses ouvrages eurent une grande vogue dans son temps, et par la réputation de l'auteur, et par la chaleur des disputes. Cette chaleur s'est attiédie; les livres ont été oubliés. Il n'est resté que ce qui appartenait simplement à la raison, sa *Géométrie*, la *Grammaire raisonnée*, la *Logique*, auxquelles il eut beaucoup de part. Personne n'était né avec un esprit plus philosophique; mais sa philosophie fut corrompue en lui par la faction qui l'entraîna, et qui plongea soixante ans, dans de misérables disputes de l'école, et dans les malheurs attachés à l'opiniâtreté, un esprit fait pour éclairer les hommes.

L'université étant partagée sur ces cinq fameuses propositions, les évêques le furent aussi. Quatre-vingt-huit évêques de France écrivirent en corps à Innocent X, pour le prier de décider; et onze autres écrivirent pour le prier de n'en rien faire. Innocent X jugea; il condamna chacune des cinq propositions à part; mais toujours sans citer les pages dont elles étaient tirées, ni ce qui les précédait et ce qui les suivait.

Cette omission, qu'on n'aurait pas faite dans une affaire civile au moindre des tribunaux, fut faite et par la Sorbonne, et par les jansénistes, et par les jésuites, et par le souverain pontife. Le fond des cinq propositions condamnées est évidemment dans Jansénius. Il n'y a qu'à ouvrir le troisième tome, à la page 138, édition de Paris, 1641; on y lira mot à

mot : « Tout cela démontre pleinement et évidem-
« ment qu'il n'est rien de plus certain et de plus fon-
« damental dans la doctrine de saint Augustin, qu'il
« y a certains commandements impossibles, non seu-
« lement aux infidèles, aux aveugles, aux endurcis,
« mais aux fidèles et aux justes, malgré leurs volontés
« et leurs efforts, selon les forces qu'ils ont; et que
« la grace, qui peut rendre ces commandements pos-
« sibles, leur manque. » On peut aussi lire, à la page 165, « que Jésus-Christ n'est pas, selon saint
« Augustin, mort pour tous les hommes. »

Le cardinal Mazarin fit recevoir unanimement la bulle du pape par l'assemblée du clergé. Il était bien alors avec le pape; il n'aimait pas les jansénistes, et il haïssait avec raison les factions.

La paix semblait rendue à l'Église de France : mais les jansénistes écrivirent tant de lettres, on cita tant saint Augustin, on fit agir tant de femmes, qu'après la bulle acceptée il y eut plus de jansénistes que jamais.

Un prêtre de Saint-Sulpice s'avisa de refuser l'absolution à M. de Liancourt, parcequ'on disait qu'il ne croyait pas que les cinq propositions fussent dans Jansénius, et qu'il avait dans sa maison des hérétiques. Ce fut un nouveau scandale, un nouveau sujet d'écrits. Le docteur Arnauld se signala, et dans une nouvelle lettre à un duc et pair ou réel ou imaginaire, il soutint que les propositions de Jansénius condamnées n'étaient pas dans Jansénius, mais qu'elles se trouvaient dans saint Augustin, et dans plusieurs pères. Il ajouta que « saint Pierre était un juste à

« qui la grace, sans laquelle on ne peut rien, avait
« manqué. »

Il est vrai que saint Augustin et saint Jean Chrysostôme avaient dit la même chose ; mais les conjonctures, qui changent tout, rendirent Arnauld coupable. On disait qu'il fallait mettre de l'eau dans le vin des saints pères ; car ce qui est un objet si sérieux pour les uns est toujours pour les autres un sujet de plaisanterie. La faculté s'assembla ; le chancelier Séguier y vint même de la part du roi. Arnauld fut condamné, et exclus de la Sorbonne, en 1654[1]. La présence du chancelier parmi des théologiens eut un air de despotisme qui déplut au public ; et le soin qu'on eut de garnir la salle d'une foule de docteurs, moines mendiants, qui n'étaient pas accoutumés de s'y trouver en si grand nombre, fit dire à Pascal, dans ses *Provinciales*, « qu'il était plus aisé de trouver des moines « que des raisons. »

La plupart de ces moines n'admettaient point le congruisme, la science moyenne, la grace versatile de Molina ; mais ils soutenaient une grace suffisante à laquelle la volonté peut consentir, et ne consent jamais ; une grace efficace à laquelle on peut résister, et à laquelle on ne résiste pas ; et ils expliquaient cela clairement, en disant qu'on pouvait résister à cette grace dans le sens divisé, et non pas dans le sens composé.

Si ces choses sublimes ne sont pas trop d'accord avec la raison humaine, le sentiment d'Arnauld et des jansénistes semblait trop d'accord avec le pur

[1] Censuré en 1656, et ensuite exclus. Cl.

calvinisme. C'était précisément le fond de la querelle des gomaristes et des arminiens[1]. Elle divisa la Hollande comme le jansénisme divisa la France ; mais elle devint en Hollande une faction politique, plus qu'une dispute de gens oisifs ; elle fit couler sur un échafaud le sang du pensionnaire Barnevelt : violence atroce que les Hollandais détestent aujourd'hui, après avoir ouvert les yeux sur l'absurdité de ces disputes, sur l'horreur de la persécution, et sur l'heureuse nécessité de la tolérance : ressource des sages qui gouvernent, contre l'enthousiasme passager de ceux qui argumentent. Cette dispute ne produisit en France que des mandements, des bulles, des lettres de cachet, et des brochures, parcequ'il y avait alors des querelles plus importantes.

Arnauld fut donc seulement exclus de la faculté. Cette petite persécution lui attira une foule d'amis : mais lui et les jansénistes eurent toujours contre eux l'Église et le pape. Une des premières démarches d'Alexandre VII, successeur d'Innocent X, fut de renouveler les censures contre les cinq propositions. Les évêques de France, qui avaient déjà dressé un formulaire, en firent encore un nouveau, dont la fin était conçue en ces termes : « Je condamne de cœur « et de bouche la doctrine des cinq propositions con- « tenues dans le livre de Cornélius Jansénius, laquelle « doctrine n'est point celle de saint Augustin, que « Jansénius a mal expliquée. »

---

[1] Sur Armin et Gomar, voyez tome XVIII, page 385 ; et, tome XLI, une des notes du *Traité sur la tolérance*. B.

Il fallut depuis souscrire cette formule; et les évêques la présentèrent dans leurs diocèses à tous ceux qui étaient suspects. On la voulut faire signer aux religieuses de Port-Royal de Paris et de Port-Royal des Champs. Ces deux maisons étaient le sanctuaire du jansénisme : Saint-Cyran et Arnauld les gouvernaient.

Ils avaient établi auprès du monastère de Port-Royal des Champs une maison où s'étaient retirés plusieurs savants vertueux, mais entêtés, liés ensemble par la conformité des sentiments : ils y instruisaient de jeunes gens choisis. C'est de cette école qu'est sorti Racine [1], le poëte de l'univers qui a le mieux connu le cœur humain. Pascal, le premier des satiriques français, car Despréaux ne fut que le second, était intimement lié avec ces illustres et dangereux solitaires. On présenta le formulaire à signer aux filles de Port-Royal de Paris et de Port-Royal des Champs; elles répondirent qu'elles ne pouvaient en conscience avouer, après le pape et les évêques, que les cinq propositions fussent dans le livre de Jansénius qu'elles n'avaient pas lu; qu'assurément on n'avait pas pris sa pensée; qu'il se pouvait faire que ces cinq propositions fussent erronées; mais que Jansénius n'avait pas tort.

Un tel entêtement irrita la cour. Le lieutenant civil d'Aubrai (il n'y avait point encore de lieutenant de police) alla à Port-Royal des Champs faire sortir tous

---

[1] Les premières éditions portaient : « le plus pur et le plus éloquent des « poëtes. » B.

les solitaires qui s'y étaient retirés, et tous les jeunes gens qu'ils élevaient. On menaça de détruire les deux monastères : un miracle les sauva.

Mademoiselle Perrier, pensionnaire de Port-Royal de Paris, nièce du célèbre Pascal, avait mal à un œil : on fit à Port-Royal la cérémonie de baiser une épine de la couronne qu'on mit autrefois sur la tête de Jésus-Christ. Cette épine était depuis quelque temps à Port-Royal. Il n'est pas trop aisé de savoir comment elle avait été sauvée et transportée de Jérusalem au faubourg Saint-Jacques. La malade la baisa : elle parut guérie plusieurs jours après. On ne manqua pas d'affirmer et d'attester qu'elle avait été guérie en un clin d'œil d'une fistule lacrymale désespérée. Cette fille n'est morte qu'en 1728. Des personnes qui ont long-temps vécu avec elle m'ont assuré que sa guérison avait été fort longue, et c'est ce qui est bien vraisemblable; mais ce qui ne l'est guère, c'est que Dieu, qui ne fait point de miracles pour amener à notre religion les dix-neuf vingtièmes de la terre, à qui cette religion est ou inconnue ou en horreur, eût en effet interrompu l'ordre de la nature en faveur d'une petite fille, pour justifier une douzaine de religieuses qui prétendaient que Cornélius Jansénius n'avait point écrit une douzaine de lignes qu'on lui attribue; ou qu'il les avait écrites dans une autre intention que celle qui lui est imputée.

Le miracle eut un si grand éclat, que les jésuites écrivirent contre lui. Un P. Annat[1], confesseur de

---

[1] François Annat, dont le vrai nom paraît avoir été Canard, fut le troi-

Louis XIV, publia le *Rabat-joie des jansénistes, à l'occasion du miracle qu'on dit être arrivé à Port-Royal, par un docteur catholique.* Annat n'était ni docteur ni docte. Il crut démontrer que si une épine était venue de Judée à Paris guérir la petite Perrier, c'était pour lui prouver que Jésus est mort pour *tous,* et non pour *plusieurs* : tous sifflèrent le P. Annat. Les jésuites prirent alors le parti de faire aussi des miracles de leur côté; mais ils n'eurent point la vogue : ceux des jansénistes étaient les seuls à la mode alors. Ils firent encore quelques années après un autre miracle. Il y eut à Port-Royal une sœur Gertrude guérie d'une enflure à la jambe. Ce prodige-là n'eut point de succès : le temps était passé, et sœur Gertrude n'avait point un Pascal pour oncle.

Les jésuites, qui avaient pour eux les papes et les rois, étaient entièrement décriés dans l'esprit des peuples. On renouvelait contre eux les anciennes histoires de l'assassinat de Henri-le-Grand, médité par Barrière, exécuté par Châtel, leur écolier, le supplice du P. Guignard, leur bannissement de France et de Venise, la conjuration des poudres, la banqueroute de Séville[1]. On tentait toutes les voies de les rendre odieux. Pascal fit plus, il les rendit ridicules. Ses *Lettres provinciales,* qui paraissaient alors, étaient un modèle d'éloquence et de plaisanterie. Les meilleures comédies de Molière n'ont pas plus de sel que

---

sième confesseur de Louis XIV. Il abdiqua, après seize ans de règne, en 1670, et mourut quelques mois après, le 14 juin de la même année. Cl..

[1] Voyez tome XXII, page 358. R.

CHAP. XXXVII. DU JANSÉNISME. 415

les premières *Lettres provinciales* : Bossuet n'a rien de plus sublime que les dernières.

Il est vrai que tout le livre portait sur un fondement faux. On attribuait adroitement à toute la société des opinions extravagantes de plusieurs jésuites espagnols et flamands. On les aurait déterrées aussi bien chez des casuistes dominicains et franciscains; mais c'était aux seuls jésuites qu'on en voulait. On tâchait, dans ces lettres, de prouver qu'ils avaient un dessein formé de corrompre les mœurs des hommes; dessein qu'aucune secte, aucune société n'a jamais eu et ne peut avoir; mais il ne s'agissait pas d'avoir raison, il s'agissait de divertir le public.

Les jésuites, qui n'avaient alors aucun bon écrivain, ne purent effacer l'opprobre dont les couvrit le livre le mieux écrit qui eût encore paru en France; mais il leur arriva dans leurs querelles la même chose à peu près qu'au cardinal Mazarin: Les Blot, les Marigni, et les Barbançon, avaient fait rire toute la France à ses dépens; et il fut le maître de la France. Ces pères eurent le crédit de faire brûler les *Lettres provinciales*, par un arrêt du parlement de Provence[1] : ils n'en furent pas moins ridicules, et en devinrent plus odieux à la nation.

On enleva les principales religieuses de l'abbaye de Port-Royal de Paris avec deux cents gardes, et on les dispersa dans d'autres couvents : on ne laissa que celles qui voulurent signer le formulaire. La dispersion de ces religieuses intéressa tout Paris. Sœur Per-

[1] Du 9 février 1657. Voyez, ci-après, la deuxième partie du *Supplément au Siècle de Louis XIV*. B.

dreau et sœur Passart, qui signèrent et en firent signer d'autres, furent le sujet des plaisanteries et des chansons dont la ville fut inondée par cette espèce d'hommes oisifs qui ne voit jamais dans les choses que le côté plaisant, et qui se divertit toujours, tandis que les persuadés gémissent, que les frondeurs déclament, et que le gouvernement agit.

Les jansénistes s'affermirent par la persécution. Quatre prélats, Arnauld, évêque d'Angers, frère du docteur; Buzanval, de Beauvais; Pavillon, d'Aleth; et Caulet, de Pamiers, le même qui depuis résista à Louis XIV sur la régale, se déclarèrent contre le formulaire. C'était un nouveau formulaire composé par le pape Alexandre VII lui-même, semblable en tout pour le fond au premier, reçu en France par les évêques, et même par le parlement. Alexandre VII, indigné, nomma neuf évêques français pour faire le procès aux quatre prélats réfractaires. Alors les esprits s'aigrirent plus que jamais.

Mais lorsque tout était en feu pour savoir si les cinq propositions étaient ou n'étaient pas dans Jansénius, Rospigliosi, devenu pape sous le nom de Clément IX, pacifia tout pour quelque temps. Il engagea les quatre évêques à signer *sincèrement* le formulaire, au lieu de *purement et simplement;* ainsi il sembla permis de croire, en condamnant les cinq propositions, qu'elles n'étaient point extraites de Jansénius. Les quatre évêques donnèrent quelques petites explications : l'accortise italienne calma la vivacité française. Un mot substitué à un autre opéra cette paix qu'on appela *la paix de Clément IX*, et même *la paix de l'Église*, quoiqu'il ne s'agît que d'une dispute ignorée, ou méprisée dans le reste du monde. Il paraît que depuis le temps de Baïus, les papes eurent toujours pour but d'étouffer ces controverses dans lesquelles on ne s'entend point, et de réduire les deux partis à enseigner la même morale que tout le monde entend. Rien n'était plus raisonnable; mais on avait affaire à des hommes.

Le gouvernement mit en liberté les jansénistes qui étaient prisonniers à la Bastille, et entre autres Saci, auteur de la *Version du Testament*. On fit revenir les religieuses exilées; elles signèrent *sincèrement*, et crurent triompher par ce mot. Arnauld sortit de la retraite où il s'était caché, et fut présenté au roi, accueilli du nonce, regardé par le public comme un père de l'Église; il s'engagea dès-lors à ne combattre que les calvinistes, car il fallait qu'il fît la guerre. Ce temps de tranquillité produisit son livre de *la Perpétuité de la foi*, dans lequel il fut aidé par Nicole; et ce fut le sujet de la grande controverse entre eux et Claude le ministre, controverse dans laquelle chaque parti se crut victorieux, selon l'usage.

La paix de Clément IX ayant été donnée à des esprits peu pacifiques, qui étaient tous en mouvement, ne fut qu'une trêve passagère. Les cabales sourdes, les intrigues et les injures continuèrent des deux côtés.

La duchesse de Longueville, sœur du grand Condé, si connue par les guerres civiles et par ses amours, devenue vieille et sans occupation, se fit dévote; et comme elle haïssait la cour, et qu'il lui fallait de l'intrigue, elle se fit janséniste. Elle bâtit un corps de logis à Port-Royal des Champs, où elle se retirait quelquefois avec les solitaires. Ce fut leur temps le plus florissant. Les Arnauld, les Nicole, les Le Maistre, les Herman, les Saci, beaucoup d'hommes, qui, quoique moins célèbres, avaient pourtant beaucoup de mérite et de réputation, s'assemblaient chez elle. Ils substituaient au bel esprit que la duchesse de Longueville tenait de l'hôtel de Rambouillet, leurs conversations solides, et ce tour d'esprit mâle, vigoureux et animé, qui fesait le caractère de leurs livres et de leurs entretiens. Ils ne contribuèrent pas peu à répandre en France le bon goût et la vraie éloquence. Mais malheureusement ils étaient encore plus jaloux d'y répandre leurs opinions. Ils semblaient être eux-mêmes une preuve de ce système de la fatalité qu'on leur reprochait. On eût dit qu'ils étaient entraînés par une détermination invincible à s'attirer des persécutions sur des chimères, tandis qu'ils pouvaient jouir de la plus grande considération et de la vie la plus heureuse en renonçant à ces vaines disputes.

(1679) La faction des jésuites, toujours irritée des *Lettres provinciales*, remua tout contre le parti. Madame de Longueville, ne pouvant plus cabaler pour la fronde, cabala pour le jansénisme. Il se tenait des assemblées à Paris, tantôt chez elle, tantôt chez Arnauld. Le roi, qui avait déjà résolu d'extirper le calvinisme, ne voulait point d'une nouvelle secte. Il menaça; et enfin Arnauld craignant des ennemis armés de l'autorité souveraine, privé de l'appui de madame de Longueville que la mort enleva, prit le parti de quitter pour jamais la France, et d'aller vivre dans les Pays-Bas, inconnu, sans fortune, même sans domestiques; lui, dont le neveu avait été ministre d'état; lui, qui aurait pu être cardinal. Le plaisir d'écrire en liberté lui tint lieu de tout. Il vécut jusqu'en 1694, dans une retraite ignorée du monde, et connue à ses seuls amis, toujours écrivant, toujours philosophe supérieur à la mauvaise fortune, et donnant jusqu'au dernier moment l'exemple d'une ame pure, forte, et inébranlable.

Son parti fut toujours persécuté dans les Pays-Bas catholiques; pays qu'on nomme d'*obédience*, et où les bulles des papes sont des lois souveraines. Il le fut encore plus en France.

Ce qu'il y a d'étrange, c'est que la question, « si les « cinq propositions se trouvaient en effet dans Jansé- « nius », était toujours le seul prétexte de cette petite guerre intestine. La distinction du *fait* et du *droit* occupait les esprits. On proposa enfin, en 1701, un problème théologique, qu'on appela *le cas de conscience par excellence* : « Pouvait-on donner les sacrements à « un homme qui aurait signé le formulaire, en croyant, « dans le fond de son cœur, que le pape et même « l'Église peut se tromper sur les faits ? » Quarante docteurs signèrent qu'on pouvait donner l'absolution à un tel homme.

Aussitôt la guerre recommence. Le pape et les évêques voulaient qu'on les crût sur les faits. L'archevêque de Paris, Noailles, ordonna qu'on crût le *droit* d'une foi divine, et le *fait* d'une foi humaine. Les autres, et même l'archevêque de Cambrai, Fénélon, qui n'était pas content de M. de Noailles, exigèrent la foi divine pour le fait. Il eût mieux valu, peut-être, se donner la peine de citer les passages du livre; c'est ce qu'on ne fit jamais.

Le pape Clément XI donna, en 1705, la bulle *Vineam Domini*, par laquelle il ordonna de croire le fait, sans expliquer si c'était d'une foi divine ou d'une foi humaine.

C'était une nouveauté introduite dans l'Église de faire signer des bulles à des filles. On fit encore cet honneur aux religieuses de Port-Royal des Champs. Le cardinal de Noailles fut obligé de leur faire porter cette bulle pour les éprouver. Elles signèrent, sans déroger à la paix de Clément IX, et se retranchant dans le silence respectueux à l'égard du fait.

On ne sait ce qui est plus singulier, ou l'aveu qu'on demandait à des filles, que cinq propositions étaient dans un livre latin, ou le refus obstiné de ces religieuses.

Le roi demanda une bulle au pape pour la suppression de leur monastère. Le cardinal de Noailles les priva des sacrements. Leur avocat fut mis à la Bastille. Toutes les religieuses furent enlevées et mises chacune dans un couvent moins désobéissant. Le lieutenant de police[1] fit démolir, en 1709, leur maison de fond en comble; et enfin, en 1711, on déterra les corps qui étaient dans l'église et dans le cimetière, pour les transporter ailleurs.

Les troubles n'étaient pas détruits avec ce mo-

---

[1] D'Argenson : voyez ma note, tome XXII, page 291 ; et, ci-dessus, page 247. B.

nastère. Les jansénistes voulaient toujours cabaler, et les jésuites se rendre nécessaires. Le P. Quesnel, prêtre de l'Oratoire, ami du célèbre Arnauld, et qui fut compagnon de sa retraite jusqu'au dernier moment, avait, dès l'an 1671, composé un livre de réflexions pieuses sur le texte du Nouveau Testament. Ce livre contient quelques maximes qui pourraient paraître favorables au jansénisme; mais elles sont confondues dans une si grande foule de maximes saintes et pleines de cette onction qui gagne le cœur, que l'ouvrage fut reçu avec un applaudissement universel. Le bien s'y montre de tous côtés, et le mal, il faut le chercher. Plusieurs évêques lui donnèrent les plus grands éloges dans sa naissance, et les confirmèrent quand le livre eut reçu encore, par l'auteur, sa dernière perfection. Je sais même que l'abbé Renaudot, l'un des plus savants hommes de France, étant à Rome la première année du pontificat de Clément XI, allant un jour chez ce pape, qui aimait les savants et qui l'était lui-même, le trouva lisant le livre du P. Quesnel. « Voilà, lui dit le pape, un livre « excellent. Nous n'avons personne à Rome qui soit « capable d'écrire ainsi. Je voudrais attirer l'auteur « auprès de moi. » C'est le même pape qui depuis condamna le livre.

Il ne faut pourtant pas regarder ces éloges de Clément XI, et les censures qui suivirent les éloges, comme une contradiction. On peut être très touché, dans une lecture, des beautés frappantes d'un ouvrage, et en condamner ensuite les défauts cachés.

Un des prélats qui avaient donné en France l'approbation la plus sincère au livre de Quesnel, était le cardinal de Noailles, archevêque de Paris. Il s'en était déclaré le protecteur lorsqu'il était évêque de Châlons; et le livre lui était dédié. Ce cardinal, plein de vertus et de science, le plus doux des hommes, le plus ami de la paix, protégeait quelques jansénistes, sans l'être; et aimait peu les jésuites, sans leur nuire et sans les craindre.

Ces jésuites commençaient à jouir d'un grand crédit, depuis que le P. de La Chaise, gouvernant la conscience de Louis XIV, était en effet à la tête de l'Église gallicane. Le P. Quesnel, qui les craignait, était retiré à Bruxelles avec le savant bénédictin Gerberon, un prêtre nommé Brigode, et plusieurs autres du même parti. Il en était devenu chef après la mort du fameux Arnauld, et jouissait comme lui de cette gloire flatteuse de s'établir un empire secret indépendant des souverains, de régner sur des consciences, et d'être l'ame d'une faction composée d'esprits éclairés. Les jésuites, plus répandus que sa faction et plus puissants, déterrèrent bientôt Quesnel dans sa solitude. Ils le persécutèrent auprès de Philippe V, qui était encore maître des Pays-Bas, comme ils avaient poursuivi Arnauld, son maître, auprès de Louis XIV. Ils obtinrent un ordre du roi d'Espagne de faire arrêter ces solitaires. (1703) Quesnel fut mis dans les prisons de l'archevêché de Malines. Un gentilhomme, qui crut que le parti janséniste ferait sa fortune s'il délivrait le chef, perça les murs, et fit évader Quesnel, qui se retira à Amsterdam, où il est mort en 1719[1], dans une extrême vieillesse, après avoir contribué à former en Hollande quelques églises de jansénistes, troupeau faible qui dépérit tous les jours.

Lorsqu'on l'arrêta, on saisit tous ses papiers, et on y trouva tout ce qui caractérise un parti formé. Il y avait une copie d'un ancien contrat fait par les jansénistes avec Antoinette Bourignon[2], célèbre visionnaire, femme riche, et qui avait acheté, sous le nom de son directeur, l'île de Nordstrand près du Holstein, pour y rassembler ceux qu'elle prétendait associer à une secte de mystiques qu'elle avait voulu établir.

Cette Bourignon avait imprimé à ses frais dix-neuf gros volumes de pieuses rêveries, et dépensé la moitié de son bien à faire des prosélytes. Elle n'avait réussi qu'à se rendre ridicule, et même avait essuyé les persécutions attachées à toute innovation. Enfin, désespérant de s'établir dans son île, elle l'avait revendue aux jansénistes, qui ne s'y établirent pas plus qu'elle.

On trouva encore dans les manuscrits de Quesnel un projet plus coupable, s'il n'avait été insensé. Louis XIV ayant envoyé en Hollande, en 1684, le comte d'Avaux, avec plein pouvoir d'admettre à une trêve de vingt années les puissances qui voudraient y entrer, les jansénistes, sous le nom des *disciples de saint Augustin*, avaient imaginé de se faire comprendre dans cette trêve, comme s'ils avaient été en

---

[1] Le 2 décembre, âgé de quatre-vingt-six ans. B.
[2] Née à Lille, morte en 1680 : Voltaire en a parlé tome XIX, page 47. B.

effet un parti formidable, tel que celui des calvinistes le fut si long-temps. Cette idée chimérique était demeurée sans exécution; mais enfin les propositions de paix des jansénistes avec le roi de France avaient été rédigées par écrit. Il y avait eu certainement dans ce projet une envie de se rendre trop considérables; et c'en était assez pour être criminels. On fit aisément croire à Louis XIV qu'ils étaient dangereux.

Il n'était pas assez instruit pour savoir que de vaines opinions de spéculation tomberaient d'elles-mêmes, si on les abandonnait à leur inutilité. C'était leur donner un poids qu'elles n'avaient point, que d'en faire des matières d'état. Il ne fut pas difficile de faire regarder le livre du P. Quesnel comme coupable, après que l'auteur eut été traité en séditieux. Les jésuites engagèrent le roi lui-même à faire demander à Rome la condamnation du livre. C'était en effet faire condamner le cardinal de Noailles, qui en avait été le protecteur le plus zélé. On se flattait avec raison que le pape Clément XI mortifierait l'archevêque de Paris. Il faut savoir que quand Clément XI était le cardinal Albani, il avait fait imprimer un livre tout moliniste de son ami le cardinal de Sfondrate, et que M. de Noailles avait été le dénonciateur de ce livre. Il était naturel de penser qu'Albani, devenu pape, ferait au moins, contre les approbations données à Quesnel, ce qu'on avait fait contre les approbations données à Sfondrate.

On ne se trompa point : le pape Clément XI donna, vers l'an 1708, un décret contre le livre de Quesnel. Mais alors les affaires temporelles empêchèrent que cette affaire spirituelle, qu'on avait sollicitée, ne réussît. La cour était mécontente de Clément XI, qui avait reconnu l'archiduc Charles pour roi d'Espagne, après avoir reconnu Philippe V. On trouva des nullités dans son décret : il ne fut point reçu en France ; et les querelles furent assoupies jusqu'à la mort du P. de La Chaise, confesseur du roi, homme doux, avec qui les voies de conciliation étaient toujours ouvertes, et qui ménageait dans le cardinal de Noailles l'allié de madame de Maintenon.

Les jésuites étaient en possession de donner un confesseur au roi, comme à presque tous les princes catholiques. Cette prérogative était le fruit de leur institut, par lequel ils renoncent aux dignités ecclésiastiques. Ce que leur fondateur établit par humilité était devenu un principe de grandeur. Plus Louis XIV vieillissait, plus la place de confesseur devenait un ministère considérable. Ce poste fut donné à Le Tellier, fils d'un procureur de Vire [1], en Basse-Normandie, homme sombre, ardent, inflexible, cachant ses violences sous un flegme apparent : il fit tout le mal qu'il pouvait faire dans cette place, où il est trop aisé d'inspirer ce qu'on veut, et de perdre qui l'on hait : il avait à venger ses injures particulières. Les jansénistes avaient fait condamner à Rome un de ses livres sur les cérémonies chinoises. Il était mal personnellement avec le cardinal de Noailles, et il ne savait rien mé-

---

[1] Michel Le Tellier, sixième et dernier confesseur de Louis XIV, était fils d'un vigneron des environs de Coutances. Son homonyme le chancelier Michel Le Tellier, mort plus de trente ans avant lui, était petit-fils d'un marchand de vin à Aï. CL.

nager. Il remua toute l'Église de France. Il dressa, en 1711, des lettres et des mandements, que des évêques devaient signer. Il leur envoyait des accusations contre le cardinal de Noailles, au bas desquelles ils n'avaient plus qu'à mettre leur nom. De telles manœuvres, dans des affaires profanes, sont punies ; elles furent découvertes, et n'en réussirent pas moins [a].

La conscience du roi était alarmée par son confesseur autant que son autorité était blessée par l'idée d'un parti rebelle. En vain le cardinal de Noailles lui demanda justice de *ces mystères d'iniquité ;* le confesseur persuada qu'il s'était servi des voies humaines pour faire réussir les choses divines ; et comme en effet il défendait l'autorité du pape et celle de l'unité de l'Église, tout le fond de l'affaire lui était favorable. Le cardinal s'adressa au dauphin, duc de Bourgogne ;

---

[a] Il est dit dans la *Vie du duc d'Orléans*, imprimée en 1737, que le cardinal de Noailles accusa le P. Le Tellier de vendre les bénéfices, et que le jésuite dit au roi : « Je consens à être brûlé vif, si l'on prouve cette accusation, pourvu que le cardinal soit brûlé vif aussi, en cas qu'il ne la prouve pas. »

Ce conte est tiré des pièces qui coururent sur l'affaire de la constitution, et ces pièces sont remplies d'autant d'absurdités que la *Vie du duc d'Orléans*. La plupart de ces écrits sont composés par des malheureux qui ne cherchent qu'à gagner de l'argent : ces gens-là ne savent pas qu'un homme qui doit ménager sa considération auprès d'un roi qu'il confesse, ne lui propose pas, pour se disculper, de faire brûler vif son archevêque.

Tous les petits contes de cette espèce se retrouvent dans les *Mémoires de Maintenon*. Il faut soigneusement distinguer entre les faits et les ouï-dire.— On proposa pour confesseur à Louis XIV Le Tellier et Tournemine. Tournemine, littérateur assez savant, pensait avec autant de liberté, et avait aussi peu de fanatisme qu'il était possible à un jésuite. Mais il était d'une naissance illustre, et Louis XIV ne voulut pas d'un confesseur fait pour aspirer aux premières places de l'Église et de l'état ; il craignait d'ailleurs l'ambition de sa famille. K.

mais il le trouva prévenu par les lettres et par les amis de l'archevêque de Cambrai. La faiblesse humaine entre dans tous les cœurs. Fénélon n'était pas encore assez philosophe pour oublier que le cardinal de Noailles avait contribué à le faire condamner; et Quesnel payait alors pour madame Guyon.

Le cardinal n'obtint pas davantage du crédit de madame de Maintenon. Cette seule affaire pourrait faire connaître le caractère de cette dame, qui n'avait guère de sentiments à elle, et qui n'était occupée que de se conformer à ceux du roi. Trois lignes de sa main au cardinal de Noailles, développent tout ce qu'il faut penser, et d'elle, et de l'intrigue du P. Le Tellier, et des idées du roi, et de la conjoncture. « Vous me connaissez assez pour savoir ce que je « pense sur la découverte nouvelle; mais bien des rai- « sons doivent me retenir de parler. Ce n'est point à « moi à juger et à condamner; je n'ai qu'à me taire « et à prier pour l'Église, pour le roi, et pour vous. « J'ai donné votre lettre au roi; elle a été lue : c'est « tout ce que je puis vous en dire, étant abattue de « tristesse. »

Le cardinal archevêque, opprimé par un jésuite, ôta les pouvoirs de prêcher et de confesser à tous les jésuites, excepté à quelques uns des plus sages et des plus modérés. Sa place lui donnait le droit dangereux d'empêcher Le Tellier de confesser le roi; mais il n'osa pas irriter à ce point son ennemi[a]. « Je crains, écri-

---

[a] Consultez les *Lettres de madame de Maintenon*. On voit que ces Lettres étaient connues de l'auteur avant qu'on les eût imprimées, et qu'il n'a rien hasardé.

« vit-il à madame de Maintenon, de marquer au roi
« trop de soumission, en donnant les pouvoirs à celui
« qui les mérite le moins. Je prie Dieu de lui faire
« connaître le péril qu'il court en confiant son ame à
« un homme de ce caractère[a]. »

On voit dans plusieurs Mémoires que le P. Le Tellier dit qu'il fallait qu'il perdît sa place, ou le cardinal la sienne. Il est très vraisemblable qu'il le pensa, et peu qu'il l'ait dit.

Quand les esprits sont aigris, les deux partis ne font plus que des démarches funestes. Des partisans du P. Le Tellier, des évêques qui espéraient le chapeau, employèrent l'autorité royale pour enflammer ces étincelles qu'on pouvait éteindre. Au lieu d'imiter Rome, qui avait plusieurs fois imposé silence aux deux partis; au lieu de réprimer un religieux, et de conduire le cardinal; au lieu de défendre ces combats comme les duels, et de réduire tous les prêtres, comme tous les seigneurs, à être utiles sans être dangereux; au lieu d'accabler enfin les deux partis sous le poids de la puissance suprême, soutenue par la raison et par tous les magistrats, Louis XIV crut bien faire de solliciter lui-même à Rome une déclaration de guerre,

---

[a] Quand on a des lettres aussi authentiques, on peut les citer : ce sont les plus précieux matériaux de l'histoire. Mais quel fond faire sur une lettre qu'on suppose écrite au roi par le cardinal de Noailles.... « J'ai travaillé le « premier à la ruine du clergé pour sauver votre état et pour soutenir votre « trône..... Il ne vous est pas permis de demander compte de ma conduite. » Est-il vraisemblable qu'un sujet aussi sage et aussi modéré que le cardinal de Noailles ait écrit à son souverain une lettre si insolente et si outrée ? Ce n'est qu'une imputation maladroite : elle se trouve page 141, tome V, des *Mémoires de Maintenon;* et comme elle n'a ni authenticité ni vraisemblance, on ne doit y ajouter aucune foi.

et de faire venir la fameuse constitution *Unigenitus*, qui remplit le reste de sa vie d'amertume.

Le jésuite Le Tellier et son parti envoyèrent à Rome cent trois propositions à condamner. Le saint office en proscrivit cent et une. La bulle fut donnée au mois de septembre 1713. Elle vint, et souleva contre elle presque toute la France. Le roi l'avait demandée pour prévenir un schisme ; et elle fut prête d'en causer un. La clameur fut générale, parceque, parmi ces cent et une propositions, il y en avait qui paraissaient à tout le monde contenir le sens le plus innocent, et la plus pure morale. Une nombreuse assemblée d'évêques fut convoquée à Paris. Quarante acceptèrent la bulle pour le bien de la paix ; mais ils en donnèrent en même temps des explications, pour calmer les scrupules du public. L'acceptation pure et simple fut envoyée au pape, et les modifications furent pour les peuples. Ils prétendaient par là satisfaire à-la-fois le pontife, le roi, et la multitude ; mais le cardinal de Noailles, et sept autres évêques de l'assemblée, qui se joignirent à lui, ne voulurent ni de la bulle, ni de ses correctifs. Ils écrivirent au pape pour demander ces correctifs mêmes à sa sainteté. C'était un affront qu'ils lui fesaient respectueusement. Le roi ne le souffrit pas : il empêcha que la lettre ne parût, renvoya les évêques dans leurs diocèses, défendit au cardinal de paraître à la cour. La persécution donna à cet archevêque une nouvelle considération dans le public. Sept autres évêques se joignirent encore à lui. C'était une véritable division dans l'épiscopat, dans tout le clergé, dans les ordres religieux. Tout le monde avouait qu'il ne s'agissait pas des points fondamentaux de la religion : cependant, il y avait une guerre civile dans les esprits, comme s'il eût été question du renversement du christianisme, et on fit agir, des deux côtés, tous les ressorts de la politique, comme dans l'affaire la plus profane.

Ces ressorts furent employés pour faire accepter la constitution par la Sorbonne. La pluralité des suffrages ne fut pas pour elle, et cependant elle y fut enregistrée. Le ministère avait peine à suffire aux lettres de cachet qui envoyaient en prison ou en exil les opposants.

(1714) Cette bulle avait été enregistrée au parlement, avec la réserve des droits ordinaires de la couronne, des libertés de l'Église gallicane, du pouvoir et de la juridiction des évêques; mais le cri public perçait toujours à travers l'obéissance. Le cardinal de Bissi, l'un des plus ardents défenseurs de la bulle, avoua, dans une de ses lettres, qu'elle n'aurait pas été reçue avec plus d'indignité à Genève qu'à Paris.

Les esprits étaient surtout révoltés contre le jésuite Le Tellier. Rien ne nous irrite plus qu'un religieux devenu puissant. Son pouvoir nous paraît une violation de ses vœux; mais s'il abuse de ce pouvoir, il est en horreur¹. Toutes les prisons étaient pleines depuis long-temps de citoyens accusés de jansénisme. On fesait accroire à Louis XIV, trop ignorant dans ces matières, que c'était le devoir d'un roi très chré-

---

¹ Le commencement de cet alinéa est de 1751 ; la fin, de 1768. B.

tien, et qu'il ne pouvait expier ses péchés qu'en persécutant les hérétiques. Ce qu'il y a de plus honteux, c'est qu'on portait à ce jésuite Le Tellier les copies des interrogatoires faits à ces infortunés. Jamais on ne trahit plus lâchement la justice; jamais la bassesse ne sacrifia plus indignement au pouvoir. On a retrouvé, en 1768, à la maison professe des jésuites, ces monuments de leur tyrannie, après qu'ils ont porté enfin la peine de leurs excès, et qu'ils ont été chassés par tous les parlements du royaume, par les vœux de la nation, et enfin par un édit de Louis XV [1].

(1715) Le Tellier osa présumer de son crédit, jusqu'à proposer de faire déposer le cardinal de Noailles dans un concile national. Ainsi, un religieux fesait servir à sa vengeance son roi, son pénitent, et sa religion.

Pour préparer ce concile, dans lequel il s'agissait de déposer un homme devenu l'idole de Paris et de la France, par la pureté de ses mœurs, par la douceur de son caractère, et plus encore par la persécution, on détermina Louis XIV à faire enregistrer au parlement une déclaration par laquelle tout évêque qui n'aurait pas reçu la bulle *purement et simplement*, serait tenu d'y souscrire, ou qu'il serait poursuivi suivant la rigueur des canons. Le chancelier Voisin, secrétaire-d'état de la guerre, dur et despotique, avait dressé cet édit. Le procureur-général D'Aguesseau, plus versé que le chancelier Voisin dans les lois du

---

[1] Novembre 1764 : voyez tome XXII, page 361. B.

royaume, et ayant alors ce courage d'esprit que donne la jeunesse, refusa absolument de se charger d'une telle pièce. Le premier président de Mesme en remontra au roi les conséquences. On traîna l'affaire en longueur. Le roi était mourant : ces malheureuses disputes troublèrent et avancèrent ses derniers moments. Son impitoyable confesseur fatiguait sa faiblesse par des exhortations continuelles à consommer un ouvrage qui ne devait pas faire chérir sa mémoire. Les domestiques du roi, indignés, lui refusèrent deux fois l'entrée de la chambre; et enfin ils le conjurèrent de ne point parler au roi de constitution. Ce prince mourut, et tout changea.

Le duc d'Orléans, régent du royaume, ayant renversé d'abord toute la forme du gouvernement de Louis XIV, et ayant substitué des conseils aux bureaux des secrétaires d'état, composa un conseil de conscience, dont le cardinal de Noailles fut le président. On exila le jésuite Le Tellier, chargé de la haine publique, et peu aimé de ses confrères.

Les évêques opposés à la bulle appelèrent à un futur concile, dût-il ne se tenir jamais. La Sorbonne, les curés du diocèse de Paris, des corps entiers de religieux, firent le même appel; et enfin le cardinal de Noailles fit le sien en 1717, mais il ne voulut pas d'abord le rendre public. On l'imprima, dit-on, malgré lui. L'Église de France resta divisée en deux factions, les *acceptants* et les *refusants*. Les acceptants étaient les cent évêques qui avaient adhéré sous Louis XIV avec les jésuites et les capucins. Les refusants étaient quinze évêques et toute la nation. Les

CHAP. XXXVII. DU JANSÉNISME. 433

acceptants se prévalaient de Rome; les autres, des universités, des parlements, et du peuple. On imprimait volume sur volume, lettres sur lettres. On se traitait réciproquement de schismatique et d'hérétique.

Un archevêque de Reims, du nom de Mailli[1], grand et heureux partisan de Rome, avait mis son nom au bas de deux écrits que le parlement fit brûler par le bourreau. L'archevêque l'ayant su, fit chanter un *Te Deum*, pour remercier Dieu d'avoir été outragé par des schismatiques. Dieu le récompensa; il fut cardinal. Un évêque de Soissons, nommé Languet[2], ayant essuyé le même traitement du parlement, et ayant signifié à ce corps que « ce n'était pas à lui « à le juger, même pour un crime de lèse-majesté », il fut condamné à dix mille livres d'amende. Mais le régent ne voulut pas qu'il les payât, de peur, dit-il, qu'il ne devînt cardinal aussi.

Rome éclatait en reproches : on se consumait en négociations : on appelait, on réappelait; et tout cela pour quelques passages, aujourd'hui oubliés, du livre d'un prêtre octogénaire, qui vivait d'aumônes à Amsterdam[3].

La folie du système des finances contribua plus qu'on ne croit à rendre la paix à l'Église. Le public se jeta avec tant de fureur dans le commerce des actions; la cupidité des hommes, excitée par cette

---

[1] François de Mailli, né en 1658, cardinal en 1719; mort en 1721. CL.
[2] Sur Languet, voyez ma note, tome XXVI, page 11. B.
[3] Voyez le *Catalogue des écrivains*, tome XIX, page 179; et, ci-dessus, pages 421-423. B.

SIÈCLE DE LOUIS XIV. II. 28

amorce, fut si générale, que ceux qui parlèrent ensuite de jansénisme et de bulle ne trouvèrent personne qui les écoutât. Paris n'y pensait pas plus qu'à la guerre qui se fesait sur les frontières d'Espagne. Les fortunes rapides et incroyables qu'on fesait alors, le luxe et la volupté portés au dernier excès, imposèrent silence aux disputes ecclésiastiques; et le plaisir fit ce que Louis XIV n'avait pu faire.

Le duc d'Orléans saisit ces conjonctures pour réunir l'Église de France. Sa politique y était intéressée. Il craignait des temps où il aurait eu contre lui Rome, l'Espagne, et cent évêques[a].

Il fallait engager le cardinal de Noailles non seulement à recevoir cette constitution qu'il regardait comme scandaleuse, mais à rétracter son appel qu'il regardait comme légitime. Il fallait obtenir de lui plus que Louis XIV, son bienfaiteur, ne lui avait en vain demandé. Le duc d'Orléans devait trouver les plus grandes oppositions dans le parlement, qu'il avait exilé à Pontoise; cependant il vint à bout de tout. On composa *un corps de doctrine* qui contenta presque les deux partis. On tira parole du cardinal qu'enfin il accepterait. Le duc d'Orléans alla lui-même au grand-conseil, avec les princes et les pairs, faire enregistrer un édit qui ordonnait l'acceptation de la bulle, la suppression des appels, l'unanimité, et la paix. Le parlement, qu'on avait mortifié en portant au grand-conseil des déclarations qu'il était en possession de recevoir, menacé d'ailleurs d'être transféré

---

[a] On verra, dans le *Siècle de Louis XV*, quelles furent les vues et la conduite du régent.

de Pontoise à Blois, enregistra ce que le grand-conseil avait enregistré, mais toujours avec les réserves d'usage, c'est-à-dire le maintien des libertés de l'Église gallicane et des lois du royaume.

Le cardinal archevêque, qui avait promis de se rétracter quand le parlement obéirait, se vit enfin obligé de tenir parole; et on afficha son mandement de rétractation le 20 août 1720.

Le nouvel archevêque de Cambrai, Dubois, fils d'un apothicaire de Brive-la-Gaillarde, depuis cardinal et premier ministre, fut celui qui eut le plus de part à cette affaire, dans laquelle la puissance de Louis XIV avait échoué. Personne n'ignore quelles étaient la conduite, la manière de penser [1], les mœurs de ce ministre. Le licencieux Dubois subjugua le pieux Noailles. On se souvient avec quel mépris le duc d'Orléans et son ministre parlaient des querelles qu'ils apaisèrent, quel ridicule ils jetèrent sur cette guerre de controverse. Ce mépris et ce ridicule servirent encore à la paix. On se lasse enfin de combattre pour des querelles dont le monde rit.

Depuis ce temps, tout ce qu'on appelait en France jansénisme, quiétisme, bulles, querelles théologiques, baissa sensiblement. Quelques évêques appelants restèrent opiniâtrément attachés à leurs sentiments.

Mais il y eut quelques évêques connus et quelques ecclésiastiques ignorés qui persistèrent dans leur en-

---

[1] Il mourut sans vouloir se confesser : voyez tome XXVIII, pages 162-163 ; et, tome XXI, le commencement du chapitre III du *Précis du Siècle de Louis XV*. B.

thousiasme janséniste. Ils se persuadèrent que Dieu allait détruire la terre, puisqu'une feuille de papier, nommée *bulle*, imprimée en Italie, était reçûë en France. S'ils avaient seulement considéré sur quelque mappemonde le peu de place que la France et l'Italie y tiennent, et le peu de figure qu'y font des évêques de province et des habitués de paroisse, ils n'auraient pas écrit que Dieu anéantirait le monde entier pour l'amour d'eux; et il faut avouer qu'il n'en a rien fait. Le cardinal de Fleury eut une autre sorte de folie, celle de croire ces pieux énergumènes dangereux à l'état.

Il voulait plaire d'ailleurs au pape Benoît XIII, de l'ancienne maison Orsini, mais vieux moine entêté, croyant qu'une bulle émane de Dieu même. Orsini et Fleury firent donc convoquer un petit [1] concile dans Embrun, pour condamner Soanen, évêque d'un village nommé Senez, âgé de quatre-vingt-un ans, ci-devant prêtre de l'Oratoire, janséniste beaucoup plus entêté que le pape.

Le président de ce concile était Tencin, archevêque d'Embrun, homme plus entêté d'avoir le chapeau de cardinal que de soutenir une bulle. Il avait été poursuivi au parlement de Paris comme simoniaque, et regardé dans le public comme un prêtre incestueux qui friponnait au jeu. Mais il avait converti Lass [2] le banquier, contrôleur-général; et de presbytérien écossais il en avait fait un Français catholique. Cette

---

[1] Voyez la lettre à d'Argental du 6, et celle à Richelieu du 13 février 1755. B.

[2] Voyez, tome XXI, le chapitre II du *Précis du Siècle de Louis XV*. B.

bonne œuvre avait valu au convertisseur beaucoup d'argent et l'archevêché d'Embrun [1].

Soanen passait pour un saint dans toute la province. Le simoniaque condamna le saint, lui interdit les fonctions d'évêque et de prêtre, et le relégua dans un couvent de bénédictins au milieu des montagnes, où le condamné pria Dieu pour le convertisseur jusqu'à l'âge de quatre-vingt-quatorze ans.

Ce concile, ce jugement, et surtout le président du concile, indignèrent toute la France, et au bout de deux jours on n'en parla plus.

Le pauvre parti janséniste eut recours à des miracles; mais les miracles ne fesaient plus fortune. Un vieux prêtre de Reims, nommé Rousse, mort, comme on dit, en odeur de sainteté, eut beau guérir les maux de dents et les entorses; le Saint-Sacrement, porté dans le faubourg Saint-Antoine à Paris, guérit en vain la femme Lafosse d'une perte de sang, au bout de trois mois, en la rendant aveugle [2].

Enfin des enthousiastes s'imaginèrent qu'un diacre, nommé Pâris [3], frère d'un conseiller au parlement, appelant et réappelant, enterré dans le cimetière de Saint-Médard, devait faire des miracles. Quelques personnes du parti, qui allèrent prier sur son tombeau, eurent l'imagination si frappée, que leurs or-

[1] Voyez tome XXII, page 314. B.
[2] Ce fut l'origine d'une procession qu'on appelait procession de madame Lafosse, et qui s'est faite jusqu'à l'époque de la révolution. Le *miracle* est du 31 mai 1725, et fut le sujet d'un mandement de l'archevêque, dans lequel Voltaire est cité: voyez, tome LI, les lettres à madame de Bernières, des 27 juin et 31 août 1725. B.
[3] Voyez tome XXVIII, page 222. B.

ganes ébranlés leur donnèrent de légères convulsions. Aussitôt la tombe fut environnée de peuple : la foule s'y pressait jour et nuit. Ceux qui montaient sur la tombe donnaient à leurs corps des secousses qu'ils prenaient eux-mêmes pour des prodiges. Les fauteurs secrets du parti encourageaient cette frénésie. On priait en langue vulgaire autour du tombeau : on ne parlait que de sourds qui avaient entendu quelques paroles, d'aveugles qui avaient entrevu, d'estropiés qui avaient marché droit quelques moments. Ces prodiges étaient même juridiquement attestés par une foule de témoins qui les avaient presque vus, parcequ'ils étaient venus dans l'espérance de les voir. Le gouvernement abandonna pendant un mois cette maladie épidémique à elle-même. Mais le concours augmentait; les miracles redoublaient; et il fallut enfin fermer le cimetière, et y mettre une garde. Alors les mêmes enthousiastes allèrent faire leurs miracles dans les maisons. Ce tombeau du diacre Pâris fut en effet le tombeau du jansénisme dans l'esprit de tous les honnêtes gens. Ces farces auraient eu des suites sérieuses dans des temps moins éclairés. Il semblait que ceux qui les protégeaient ignorassent à quel siècle ils avaient affaire.

La superstition alla si loin, qu'un conseiller du parlement, nommé Carré, et surnommé *Montgeron*[1], eut la démence de présenter au roi, en 1736, un recueil de tous ces prodiges, muni d'un nombre considérable d'attestations. Cet homme insensé, organe

[1] Voyez tome XXII, page 319; voyez aussi, sur les convulsions, tome XXVIII, page 222. B.

et victime d'insensés, dit, dans son Mémoire au roi, « qu'il faut croire aux témoins qui se font égorger « pour soutenir leurs témoignages[1]. » Si son livre subsistait un jour, et que les autres fussent perdus, la postérité croirait que notre siècle a été un temps de barbarie.

Ces extravagances ont été en France les derniers soupirs d'une secte qui, n'étant plus soutenue par des Arnauld, des Pascal, et des Nicole, et n'ayant plus que des convulsionnaires, est tombée dans l'avilissement; on n'entendrait plus parler de ces querelles qui déshonorent la religion et font tort à la religion, s'il ne se trouvait de temps en temps quelques esprits remuants, qui cherchent dans ces cendres éteintes quelques restes de feu dont ils essaient de faire un incendie. Si jamais ils y réussissent, la dispute du molinisme et du jansénisme ne sera plus l'objet des troubles. Ce qui est devenu ridicule ne peut plus être dangereux. La querelle changera de nature. Les hommes ne manquent pas de prétextes pour se nuire quand ils n'en ont plus de cause.

La religion peut encore aiguiser les poignards. Il y a toujours, dans la nation, un peuple qui n'a nul commerce avec les honnêtes gens, qui n'est pas du siècle, qui est inaccessible aux progrès de la raison, et sur qui l'atrocité du fanatisme conserve son empire comme certaines maladies qui n'attaquent que la plus vile populace.

Les jésuites semblèrent entraînés dans la chûte du

[1] C'est la pensée de Pascal : voyez son texte et la remarque de Voltaire, tome XXXVII, page 66. B.

jansénisme; leurs armes émoussées n'avaient plus d'adversaires à combattre : ils perdirent à la cour le crédit dont Le Tellier avait abusé; leur *Journal de Trévoux*[1] ne leur concilia ni l'estime ni l'amitié des gens de lettres. Les évêques sur lesquels ils avaient dominé les confondirent avec les autres religieux; et ceux-ci, ayant été abaissés par eux, les rabaissèrent à leur tour. Les parlements leur firent sentir plus d'une fois ce qu'ils pensaient d'eux en condamnant quelques uns de leurs écrits qu'on aurait pu oublier[2]. L'Université, qui commençait alors à faire de bonnes études dans la littérature, et à donner une excellente éducation, leur enleva une grande partie de la jeunesse; et ils attendirent, pour reprendre leur ascendant, que le temps leur fournît des hommes de génie, et des conjonctures favorables; mais ils furent bien trompés dans leurs espérances : leur chute, l'abolition de leur ordre en France, leur bannissement d'Espagne, de Portugal, de Naples, a fait voir enfin combien Louis XIV avait eu tort de leur donner sa confiance.

Il serait très utile à ceux qui sont entêtés de toutes ces disputes, de jeter les yeux sur l'histoire générale du monde; car, en observant tant de nations, tant de mœurs, tant de religions différentes, on voit le peu de figure que font sur la terre un moliniste et un janséniste. On rougit alors de sa frénésie pour un parti qui se perd dans la foule et dans l'immensité des choses.

[1] Sur ce journal, voyez ma note, tome XXXIII, page 267. B.
[2] Voyez tome XXXI, page 524. B.

CHAPITRE XXXVIII.

Du quiétisme.

Au milieu des factions du calvinisme et des querelles du jansénisme, il y eut encore une division en France sur le quiétisme. C'était une suite malheureuse des progrès de l'esprit humain dans le siècle de Louis XIV, que l'on s'efforçât de passer presque en tout les bornes prescrites à nos connaissances ; ou plutôt c'était une preuve qu'on n'avait pas fait encore assez de progrès.

La dispute du quiétisme est une de ces intempérances d'esprit et de ces subtilités théologiques qui n'auraient laissé aucune trace dans la mémoire des hommes, sans les noms des deux illustres rivaux qui combattirent. Une femme sans crédit, sans véritable esprit, et qui n'avait qu'une imagination échauffée, mit aux mains les deux plus grands hommes qui fussent alors dans l'Église. Son nom était Jeanne Bouvier de La Motte. Sa famille était originaire de Montargis. Elle avait épousé le fils de Guyon, entrepreneur du canal de Briare. Devenue veuve dans une assez grande jeunesse, avec du bien, de la beauté, et un esprit fait pour le monde, elle s'entêta de ce qu'on appelle *la spiritualité*. Un barnabite du pays d'Anneci, près de Genève, nommé Lacombe, fut son directeur. Cet homme, connu par un mélange assez ordinaire de passions et de religion, et qui est mort fou, plongea l'esprit de sa pénitente dans des rêveries mystiques dont elle était déjà atteinte. L'envie d'être une sainte Thérèse en France ne lui permit pas de voir combien le génie français est opposé au génie espagnol, et la fit aller beaucoup plus loin que sainte Thérèse. L'ambition d'avoir des disciples, la plus forte peut-être de toutes les ambitions, s'empara tout entière de son cœur.

Son directeur Lacombe la conduisit en Savoie dans son petit pays d'Anneci, où l'évêque titulaire de Genève fait sa résidence. C'était déjà une très grande indécence à un moine de conduire une jeune veuve hors de sa patrie; mais c'est ainsi qu'en ont usé presque tous ceux qui ont voulu établir une secte: ils traînent presque toujours des femmes avec eux. La jeune veuve se donna d'abord quelque autorité dans Anneci par sa profusion en aumônes. Elle tint des conférences; elle prêchait le renoncement entier à soi-même, le silence de l'ame, l'anéantissement de toutes ses puissances, le culte intérieur, l'amour pur et désintéressé qui n'est ni avili par la crainte, ni animé de l'espoir des récompenses.

Les imaginations tendres et flexibles, surtout celles des femmes et de quelques jeunes religieux, qui aimaient plus qu'ils ne croyaient la parole de Dieu dans la bouche d'une belle femme, furent aisément touchées de cette éloquence de paroles; la seule propre à persuader tout à des esprits préparés. Elle fit des prosélytes. L'évêque d'Anneci obtint qu'on la fît sortir du pays, elle et son directeur. Ils s'en allèrent à Grenoble. Elle y répandit un petit livre intitulé *le*

Moyen court[1], et un autre sous le nom des *Torrents*, écrits du style dont elle parlait, et fut encore obligée de sortir de Grenoble.

Se flattant déjà d'être au rang des confesseurs, elle eut une vision, et elle prophétisa; elle envoya sa prophétie au P. Lacombe. « Tout l'enfer se bandera, « dit-elle, pour empêcher les progrès de l'intérieur et « la formation de Jésus-Christ dans les ames. La tem- « pête sera telle qu'il ne restera pas pierre sur pierre; « et il me semble que dans toute la terre il y aura « trouble, guerre, et renversement. La femme sera « enceinte de l'esprit intérieur, et le dragon se tien- « dra debout devant elle. »

La prophétie se trouva vraie en partie; l'enfer ne se banda point; mais étant revenue à Paris, conduite par son directeur, et l'un et l'autre ayant dogmatisé en 1687, l'archevêque de Harlai de Chanvalon obtint un ordre du roi pour faire enfermer Lacombe comme un séducteur, et pour mettre dans un couvent madame Guyon comme un esprit aliéné qu'il fallait guérir; mais madame Guyon, avant ce coup, s'était fait des protections qui la servirent. Elle avait dans la maison de Saint-Cyr, encore naissante, une cousine, nommée madame de La Maisonfort, favorite de madame de Maintenon. Elle s'était insinuée dans l'esprit des duchesses de Chevreuse et de Beauvilliers. Toutes ses amies se plaignirent hautement que l'archevêque de Harlai, connu pour aimer trop les femmes, persécutât une femme qui ne parlait que de l'amour de Dieu.

[1] *Moyen court et très facile de faire oraison*, Grenoble, 1685, in-12. CL.

La protection toute puissante de madame de Maintenon imposa silence à l'archevêque de Paris, et rendit la liberté à madame Guyon. Elle alla à Versailles, s'introduisit dans Saint-Cyr, assista à des conférences dévotes que fesait l'abbé de Fénélon, après avoir dîné en tiers avec madame de Maintenon. La princesse d'Harcourt, les duchesses de Chevreuse, de Beauvilliers, et de Charost, étaient de ces mystères.

L'abbé de Fénélon, alors précepteur des enfants de France, était l'homme de la cour le plus séduisant. Né avec un cœur tendre et une imagination douce et brillante, son esprit était nourri de la fleur des belles-lettres. Plein de goût et de graces, il préférait dans la théologie tout ce qui a l'air touchant et sublime à ce qu'elle a de sombre et d'épineux. Avec tout cela, il avait je ne sais quoi de romanesque, qui lui inspira, non pas les rêveries de madame Guyon, mais un goût de spiritualité qui ne s'éloignait pas des idées de cette dame.

Son imagination s'échauffait par la candeur et par la vertu, comme les autres s'enflamment par leurs passions. Sa passion était d'aimer Dieu pour lui-même. Il ne vit dans madame Guyon qu'une ame pure éprise du même goût que lui, et se lia sans scrupule avec elle.

Il était étrange qu'il fût séduit par une femme à révélations, à prophéties, et à galimatias, qui suffoquait de la grace intérieure, qu'on était obligé de délacer, et qui se vidait (à ce qu'elle disait) de la surabondance de grace, pour en faire enfler le corps de l'élu qui était assis auprès d'elle; mais Fénélon, dans l'amitié et dans ses idées mystiques, était ce qu'on est en amour : il excusait les défauts, et ne s'attachait qu'à la conformité du fond des sentiments qui l'avaient charmé.

Madame Guyon, assurée et fière d'un tel disciple qu'elle appelait son fils, et comptant même sur madame de Maintenon, répandit dans Saint-Cyr toutes ses idées. L'évêque de Chartres, Godet, dans le diocèse duquel est Saint-Cyr, s'en alarma, et s'en plaignit. L'archevêque de Paris menaça encore de recommencer ses premières poursuites.

Madame de Maintenon, qui ne pensait qu'à faire de Saint-Cyr un séjour de paix, qui savait combien le roi était ennemi de toute nouveauté, qui n'avait pas besoin pour se donner de la considération de se mettre à la tête d'une espèce de secte, et qui enfin n'avait en vue que son crédit et son repos, rompit tout commerce avec madame Guyon, et lui défendit le séjour de Saint-Cyr.

L'abbé de Fénélon voyait un orage se former, et craignit de manquer les grands postes où il aspirait. Il conseilla à son amie de se mettre elle-même dans les mains du célèbre Bossuet, évêque de Meaux, regardé comme un père de l'Église. Elle se soumit aux décisions de ce prélat, communia de sa main, et lui donna tous ses écrits à examiner.

L'évêque de Meaux, avec l'agrément du roi, s'associa pour cet examen l'évêque de Châlons, qui fut depuis le cardinal de Noailles, et l'abbé Tronson, supérieur de Saint-Sulpice. Ils s'assemblèrent secrètement au village d'Issi, près de Paris. L'archevêque de

Paris, Chanvalon, jaloux que d'autres que lui se portassent pour juges dans son diocèse, fit afficher une censure publique des livres qu'on examinait. Madame Guyon se retira dans la ville de Meaux même; elle souscrivit à tout ce que l'évêque Bossuet voulut, et promit de ne plus dogmatiser.

Cependant Fénélon fut élevé à l'archevêché de Cambrai en 1695, et sacré par l'évêque de Meaux. Il semblait qu'une affaire assoupie, dans laquelle il n'y avait eu jusque-là que du ridicule, ne devait jamais se réveiller. Mais madame Guyon, accusée de dogmatiser toujours, après avoir promis le silence, fut enlevée par ordre du roi, dans la même année 1695, et mise en prison à Vincennes, comme si elle eût été une personne dangereuse dans l'état. Elle ne pouvait l'être; et ses pieuses rêveries ne méritaient pas l'attention du souverain. Elle composa à Vincennes un gros volume de vers mystiques, plus mauvais encore que sa prose; elle parodiait les vers des opéra. Elle chantait souvent:

> L'amour pur et parfait va plus loin qu'on ne pense[1]:
> On ne sait pas, lorsqu'il commence,
> Tout ce qu'il doit coûter un jour.
> Mon cœur n'aurait connu Vincennes ni souffrance,
> S'il n'eût connu le pur amour.

Les opinions des hommes dépendent des temps, des lieux, et des circonstances. Tandis qu'on tenait en prison madame Guyon, qui avait épousé Jésus-Christ dans une de ses extases, et qui depuis ce temps-là ne priait plus les saints, disant que la maî-

---

[1] Ces vers sont parodiés de Quinault, *Thésée*, acte II, scène 1re. B.

tresse de la maison ne devait pas s'adresser aux domestiques ; dans ce temps-là, dis-je, on sollicitait à Rome la canonisation de Marie d'Agréda, qui avait eu plus de visions et de révélations que tous les mystiques ensemble : et pour mettre le comble aux contradictions dont ce monde est plein, on poursuivait en Sorbonne cette même d'Agréda, qu'on voulait faire sainte en Espagne. L'université de Salamanque condamnait la Sorbonne, et en était condamnée. Il était difficile de dire de quel côté il y avait le plus d'absurdité et de folie ; mais c'en est sans doute une très grande d'avoir donné à toutes les extravagances de cette espèce le poids qu'elles ont encore quelquefois[a].

Bossuet, qui s'était long-temps regardé comme le père et le maître de Fénélon, devenu jaloux de la réputation et du crédit de son disciple, et voulant toujours conserver cet ascendant qu'il avait pris sur tous ses confrères, exigea que le nouvel archevêque de Cambrai condamnât madame Guyon avec lui, et souscrivît à ses instructions pastorales. Fénélon ne voulut lui sacrifier ni ses sentiments ni son amie. On proposa des tempéraments ; on donna des promesses : on se plaignit de part et d'autre qu'on avait manqué de parole. L'archevêque de Cambrai, en partant pour son diocèse, fit imprimer à Paris son livre des *Maximes des saints,* ouvrage dans lequel il crut rectifier tout

[a] Ce qu'on aurait dû remarquer, c'est que le quiétisme est dans *don Quichotte.* Ce chevalier errant dit qu'on doit servir Dulcinée, sans autre récompense que celle d'être son chevalier. Sancho lui répond : « Con esta manera « de amor he oido yo predicar que se ha de amar à nuestro señor por si solo, « sinque nos mueva esperanza de gloria, ó temor de pena : aunque yo le « querria amar y servir por lo que pudiese. »

ce qu'on reprochait à son amie, et développer les idées orthodoxes des pieux contemplatifs qui s'élèvent au-dessus des sens, et qui tendent à un état de perfection où les ames ordinaires n'aspirent guère. L'évêque de Meaux et ses amis se soulevèrent contre le livre. On le dénonça au roi, comme s'il eût été aussi dangereux qu'il était peu intelligible. Le roi en parla à Bossuet, dont il respectait la réputation et les lumières. Celui-ci, se jetant aux genoux de son prince, lui demanda pardon de ne l'avoir pas averti plus tôt de la fatale hérésie de M. de Cambrai.

Cet enthousiasme ne parut pas sincère aux nombreux amis de Fénélon. Les courtisans pensèrent que c'était un tour de courtisan. Il était bien difficile qu'au fond un homme comme Bossuet regardât comme une *hérésie* fatale la chimère pieuse d'aimer Dieu pour lui-même. Il se peut qu'il fût de bonne foi dans sa haine pour cette dévotion mystique, et encore plus dans sa haine secrète pour Fénélon, et que, confondant l'une avec l'autre, il portât de bonne foi cette accusation contre son confrère et son ancien ami, se figurant peut-être que des délations qui déshonoreraient un homme de guerre, honorent un ecclésiastique, et que le zèle de la religion sanctifie les procédés lâches.

Le roi et madame de Maintenon consultent aussitôt le P. de La Chaise; le confesseur répond que le livre de l'archevêque est fort bon, que tous les jésuites en sont édifiés, et qu'il n'y a que les jansénistes qui le désapprouvent. L'évêque de Meaux n'était pas janséniste; mais il s'était nourri de leurs bons écrits. Les jésuites ne l'aimaient pas, et n'en étaient pas aimés.

La cour et la ville furent divisées, et toute l'attention tournée de ce côté laissa respirer les jansénistes. Bossuet écrivit contre Fénélon. Tous deux envoyèrent leurs ouvrages au pape Innocent XII, et s'en remirent à sa décision. Les circonstances ne paraissaient pas favorables à Fénélon : on avait depuis peu condamné violemment à Rome, dans la personne de l'Espagnol Molinos, le quiétisme dont on accusait l'archevêque de Cambrai. C'était le cardinal d'Estrées, ambassadeur de France à Rome, qui avait poursuivi Molinos. Ce cardinal d'Estrées, que nous avons vu dans sa vieillesse plus occupé des agréments de la société que de théologie, avait persécuté Molinos pour plaire aux ennemis de ce malheureux prêtre. Il avait même engagé le roi à solliciter à Rome la condamnation qu'il obtint aisément : de sorte que Louis XIV se trouvait, sans le savoir, l'ennemi le plus redoutable de l'amour pur des mystiques.

Rien n'est plus aisé, dans ces matières délicates, que de trouver dans un livre qu'on juge des passages ressemblants à ceux d'un livre déjà proscrit. L'archevêque de Cambrai avait pour lui les jésuites, le duc de Beauvilliers, le duc de Chevreuse, et le cardinal de Bouillon, depuis peu ambassadeur de France à Rome. M. de Meaux avait son grand nom et l'adhésion des principaux prélats de France. Il porta au roi les signatures de plusieurs évêques et d'un grand nombre de docteurs, qui tous s'élevaient contre le livre des *Maximes des saints*.

Telle était l'autorité de Bossuet, que le P. de La Chaise n'osa soutenir l'archevêque de Cambrai auprès du roi son pénitent, et que madame de Maintenon abandonna absolument son ami. Le roi écrivit au pape Innocent XII qu'on lui avait déféré le livre de l'archevêque de Cambrai comme un ouvrage pernicieux, qu'il l'avait fait remettre aux mains du nonce, et qu'il pressait sa sainteté de juger.

On prétendait, on disait même publiquement à Rome, et c'est un bruit qui a encore des partisans, que l'archevêque de Cambrai n'était ainsi persécuté que parcequ'il s'était opposé à la déclaration du mariage secret du roi et de madame de Maintenon. Les inventeurs d'anecdotes prétendaient que cette dame avait engagé le P. de La-Chaise à presser le roi de la reconnaître pour reine; que le jésuite avait adroitement remis cette commission hasardeuse à l'abbé de Fénélon, et que ce précepteur des enfants de France avait préféré l'honneur de la France et de ses disciples à sa fortune; qu'il s'était jeté aux pieds de Louis XIV pour prévenir un éclat, dont la bizarrerie lui ferait plus de tort dans la postérité, qu'il n'en recueillerait de douceurs pendant sa vie[a].

Il est très vrai que Fénélon, ayant continué l'éducation du duc de Bourgogne depuis sa nomination à l'archevêché de Cambrai, le roi, dans cet intervalle, avait entendu parler confusément de ses liaisons avec madame Guyon et avec madame de La Maisonfort. Il crut d'ailleurs qu'il inspirait au duc de Bourgogne des

---

[a] Ce conte se retrouve dans l'*Histoire de Louis XIV*, imprimée à Avignon. Ceux qui ont approché de ce monarque et de madame de Maintenon savent à quel point tout cela est éloigné de la vérité.—C'est de l'ouvrage de Reboulet que parle Voltaire : voyez ma note, page 189. B.

CHAP. XXXVIII. DU QUIÉTISME.

maximes un peu austères, et des principes de gouvernement et de morale qui pouvaient peut-être devenir un jour une censure indirecte de cet air de grandeur, de cette avidité de gloire, de ces guerres légèrement entreprises, de ce goût pour les fêtes et pour les plaisirs, qui avaient caractérisé son règne.

Il voulut avoir une conversation avec le nouvel archevêque sur ses principes de politique. Fénélon, plein de ses idées, laissa entrevoir au roi une partie des maximes qu'il développa ensuite dans les endroits du *Télémaque* où il traite du gouvernement; maximes plus approchantes de la république de Platon que de la manière dont il faut gouverner les hommes. Le roi, après la conversation, dit qu'il avait entretenu le plus bel esprit et le plus chimérique de son royaume.

Le duc de Bourgogne fut instruit de ces paroles du roi. Il les redit quelque temps après à M. de Malezieu qui lui enseignait la géométrie. C'est ce que je tiens de M. de Malezieu, et ce que le cardinal de Fleury m'a confirmé.

Depuis cette conversation, le roi crut aisément que Fénélon était aussi romanesque en fait de religion qu'en politique.

Il est très certain que le roi était personnellement piqué contre l'archevêque de Cambrai. Godet des Marais, évêque de Chartres, qui gouvernait madame de Maintenon et Saint-Cyr avec le despotisme d'un directeur, envenima le cœur du roi. Ce monarque fit son affaire principale de toute cette dispute ridicule, dans laquelle il n'entendait rien. Il était sans doute très aisé de la laisser tomber, puisqu'en si peu de temps elle est tombée d'elle-même; mais elle fesait tant de bruit à la cour, qu'il craignit une cabale encore plus qu'une hérésie. Voilà la véritable origine de la persécution excitée contre Fénélon.

¹ Le roi ordonna au cardinal de Bouillon, alors son ambassadeur à Rome, par ses lettres du mois d'auguste (que nous nommons si mal à propos *aoust*) 1697, de poursuivre la condamnation d'un homme qu'on voulait absolument faire passer pour un hérétique. Il écrivit de sa propre main au pape Innocent XII pour le presser de décider.

La congrégation du saint office nomma, pour instruire le procès, un dominicain, un jésuite, un bénédictin, deux cordeliers, un feuillant, et un augustin. C'est ce qu'on appelle à Rome les consulteurs. Les cardinaux et les prélats laissent d'ordinaire à ces moines l'étude de la théologie pour se livrer à la politique, à l'intrigue, ou aux douceurs de l'oisiveté[a].

Les consulteurs examinèrent, pendant trente-sept conférences, trente-sept propositions, les jugèrent erronées à la pluralité des voix; et le pape, à la tête d'une congrégation de cardinaux, les condamna par un bref qui fut publié et affiché dans Rome, le 13 mars 1699.

L'évêque de Meaux triompha; mais l'archevêque de Cambrai tira un plus beau triomphe de sa défaite. Il se soumit sans restriction et sans réserve. Il monta lui-même en chaire à Cambrai pour condamner son

---

[1] Cet alinéa et le précédent sont de 1768. B.

[a] Le nonce Roverti disait : « Bisogna infarinarsi di teologia e fare un fondo « di politica. »

propre livre. Il empêcha ses amis de le défendre. Cet exemple unique de la docilité d'un savant, qui pouvait se faire un grand parti par la persécution même, cette candeur ou ce grand art lui gagnèrent tous les cœurs, et firent presque haïr celui qui avait remporté la victoire. Fénélon vécut toujours depuis dans son diocèse en digne archevêque, en homme de lettres. La douceur de ses mœurs, répandue dans sa conversation comme dans ses écrits, lui fit des amis tendres de tous ceux qui le virent. La persécution et son *Télémaque* lui attirèrent la vénération de l'Europe. Les Anglais surtout, qui firent la guerre dans son diocèse, s'empressaient à lui témoigner leur respect. Le duc de Marlborough prenait soin qu'on épargnât ses terres. Il fut toujours cher au duc de Bourgogne, qu'il avait élevé; et il aurait eu part au gouvernement si ce prince eût vécu [1].

Dans sa retraite philosophique et honorable, on voyait combien il était difficile de se détacher d'une cour telle que celle de Louis XIV ; car il y en a d'autres que plusieurs hommes célèbres ont quittées sans les regretter. Il en parlait toujours avec un goût et un intérêt qui perçaient au travers de sa résignation. Plusieurs écrits de philosophie, de théologie, de belles-lettres, furent le fruit de cette retraite. Le duc d'Orléans, depuis régent du royaume, le consulta sur des points épineux, qui intéressent tous les hommes, et auxquels peu d'hommes pensent. Il demandait si l'on pouvait démontrer l'existence d'un Dieu, si ce

[1] Pendant la campagne que le duc de Bourgogne fit en Flandre, il ne vit Fénélon qu'une fois, et en public. K.

Dieu veut un culte, quel est le culte qu'il approuve, si l'on peut l'offenser en choisissant mal. Il fesait beaucoup de questions de cette nature, en philosophe qui cherchait à s'instruire ; et l'archevêque répondait en philosophe et en théologien.

Après avoir été vaincu sur les disputes de l'école, il eût été peut-être plus convenable qu'il ne se mêlât point des querelles du jansénisme; cependant il y entra. Le cardinal de Noailles avait pris contre lui autrefois le parti du plus fort : l'archevêque de Cambrai en usa de même. Il espéra qu'il reviendrait à la cour, et qu'il y serait consulté; tant l'esprit humain a de peine à se détacher des affaires, quand une fois elles ont servi d'aliment à son inquiétude. Ses desirs cependant étaient modérés comme ses écrits ; et même sur la fin de sa vie il méprisa enfin toutes les disputes : semblable en cela seul à l'évêque d'Avranches, Huet, l'un des plus savants hommes de l'Europe, qui, sur la fin de ses jours, reconnut la vanité de la plupart des sciences, et celle de l'esprit humain. L'archevêque de Cambrai (qui le croirait!) parodia ainsi un air de Lulli :

>   Jeune, j'étais trop sage,
>   Et voulais trop savoir :
>   Je ne veux en partage [1]
>   Que badinage,
>   Et touche au dernier âge
>   Sans rien prévoir.

Il fit ces vers en présence de son neveu, le marquis de Fénélon, depuis ambassadeur à La Haye. C'est

---

[1] Le texte de Fénélon porte :
    Je n'ai plus en partage. B.

CHAP. XXXVIII. DU QUIÉTISME. 455

de lui que je les tiens[a]. Je garantis la certitude de ce fait. Il serait peu important par lui-même, s'il ne prouvait à quel point nous voyons souvent avec des regards différents, dans la triste tranquillité de la vieillesse, ce qui nous a paru si grand et si intéressant dans l'âge où l'esprit, plus actif, est le jouet de ses desirs et de ses illusions.

Ces disputes, long-temps l'objet de l'attention de la France, ainsi que beaucoup d'autres nées de l'oi-

---

[a] Ces vers se trouvent dans les poésies de madame Guyon : mais le neveu de M. l'archevêque de Cambrai m'ayant assuré plus d'une fois qu'ils étaient de son oncle, et qu'il les lui avait entendu réciter le jour même qu'il les avait faits, on a dû restituer ces vers à leur véritable auteur. Ils ont été imprimés dans cinquante exemplaires de l'édition du *Télémaque*, faite par les soins du marquis de Fénélon, en Hollande, et supprimés dans les autres exemplaires.

Je suis obligé de répéter ici que j'ai entre les mains une lettre de Ramsay, élève de M. de Fénélon, dans laquelle il me dit : « S'il était né en Angle-« terre, il aurait développé son génie et donné l'essor à ses principes, qu'on « n'a jamais bien connus. »

L'auteur du *Dictionnaire historique, littéraire, et critique*, à Avignon, 1759, dit, à l'article FÉNÉLON, « qu'il était artificieux, souple, flatteur, et dissimulé. » Il se fonde, pour flétrir ainsi sa mémoire, sur un libelle de l'abbé Phélypeaux, ennemi de ce grand homme. Ensuite il assure que l'archevêque de Cambrai était *un pauvre théologien*, parcequ'il n'était pas janséniste. Nous sommes inondés depuis peu de dictionnaires qui sont des libelles diffamatoires. Jamais la littérature n'a été si déshonorée, ni la vérité si attaquée. Le même auteur nie que M. Ramsay m'ait écrit la lettre dont je parle, et il le nie avec une grossièreté insultante, quoiqu'il ait tiré une grande partie de ses articles du *Siècle de Louis XIV*. Les plagiaires jansénistes ne sont pas polis : moi qui ne suis ni quiétiste, ni janséniste, ni moliniste, je n'ai autre chose à lui répondre, sinon que j'ai la lettre. Voici les propres paroles : « Were he born in a free country, he would have display'd « his whole genius, and given a full career to his own principles never « known. » — Le *Dictionnaire historique*, etc., dont parle Voltaire, est celui de Barral et Guibaud : voyez tome XXVIII, page 348. B.

siveté, se sont évanouies. On s'étonne aujourd'hui qu'elles aient produit tant d'animosités. L'esprit philosophique, qui gagne de jour en jour, semble assurer la tranquillité publique; et les fanatiques mêmes, qui s'élèvent contre les philosophes, leur doivent la paix dont ils jouissent, et qu'ils cherchent à perdre.

L'affaire du quiétisme, si malheureusement importante sous Louis XIV, aujourd'hui si méprisée et si oubliée, perdit à la cour le cardinal de Bouillon. Il était neveu de ce célèbre Turenne à qui le roi avait dû son salut dans la guerre civile, et depuis, l'agrandissement de son royaume.

Uni par l'amitié avec l'archevêque de Cambrai, et chargé des ordres du roi contre lui, il chercha à concilier ces deux devoirs. Il est constant, par ses lettres, qu'il ne trahit jamais son ministère en étant fidèle à son ami. Il pressait le jugement du pape, selon les ordres de la cour; mais en même temps il tâchait d'amener les deux partis à une conciliation.

Un prêtre italien, nommé Giori, qui était auprès de lui l'espion de la faction contraire, s'introduisit dans sa confiance, et le calomnia dans ses lettres; et poussant la perfidie jusqu'au bout, il eut la bassesse de lui demander un secours de mille écus; et après l'avoir obtenu, il ne le revit jamais.

Ce furent les lettres de ce misérable qui perdirent le cardinal de Bouillon à la cour[1]. Le roi l'accabla de

---

[1] Elles furent appuyées par les intrigues de la princesse des Ursins, qui, après avoir été long-temps l'amie du cardinal, s'était brouillée avec lui pour une ridicule querelle d'étiquette. K.

reproches, comme s'il avait trahi l'état. Il paraît pourtant, par toutes ses dépêches, qu'il s'était conduit avec autant de sagesse que de dignité.

Il obéissait aux ordres du roi en demandant la condamnation de quelques maximes pieusement ridicules des mystiques, qui sont les alchimistes de la religion : mais il était fidèle à l'amitié en éludant les coups que l'on voulait porter à la personne de Fénélon. Supposé qu'il importât à l'Église qu'on n'aimât pas Dieu pour lui-même, il n'importait pas que l'archevêque de Cambrai fût flétri. Mais le roi, malheureusement, voulut que Fénélon fût condamné ; soit aigreur contre lui, ce qui semblait au-dessous d'un grand roi ; soit asservissement au parti contraire, ce qui semble encore plus au-dessous de la dignité du trône. Quoi qu'il en soit, il écrivit au cardinal de Bouillon, le 16 mars 1699, une lettre de reproches très mortifiante. Il déclare dans cette lettre qu'il veut la condamnation de l'archevêque de Cambrai ; elle est d'un homme piqué. Le *Télémaque* fesait alors un grand bruit dans toute l'Europe ; et les *Maximes des Saints*, que le roi n'avait point lues, étaient punies des maximes répandues dans le *Télémaque*, qu'il avait lues.

On rappela aussitôt le cardinal de Bouillon. Il partit ; mais ayant appris, à quelques milles de Rome, que le cardinal doyen était mort, il fut obligé de revenir sur ses pas pour prendre possession de cette dignité qui lui appartenait de droit, étant, quoique jeune encore, le plus ancien des cardinaux.

La place de doyen du sacré collége donne à Rome de très grandes prérogatives ; et, selon la manière de penser de ce temps-là, c'était une chose agréable pour la France qu'elle fût occupée par un Français.

Ce n'était point d'ailleurs manquer au roi que de se mettre en possession de son bien, et de partir ensuite. Cependant cette démarche aigrit le roi sans retour. Le cardinal en arrivant en France fut exilé, et cet exil dura dix années entières.

Enfin, lassé d'une si longue disgrace, il prit le parti de sortir de France pour jamais, en 1710, dans le temps que Louis XIV semblait accablé par les alliés, et que le royaume était menacé de tous côtés.

Le prince Eugène et le prince d'Auvergne, ses parents, le reçurent sur les frontières de Flandre, où ils étaient victorieux. Il envoya au roi la croix de l'ordre du Saint-Esprit, et la démission de sa charge de grand aumônier de France, en lui écrivant ces propres paroles : « Je reprends la liberté que me donnaient ma « naissance de prince étranger, fils d'un souverain, « ne dépendant que de Dieu, et ma dignité de cardi- « nal de la sainte Église romaine et de doyen du sacré « collége.... Je tâcherai de travailler le reste de mes « jours à servir Dieu et l'Église dans la première place « après la suprême [1], etc. »

Sa prétention de prince indépendant lui paraissait fondée, non seulement sur l'axiome de plusieurs jurisconsultes qui assurent que *qui renonce à tout n'est plus tenu à rien*, et que tout homme est libre de choisir son séjour, mais sur ce qu'en effet ce cardinal était né à Sedan dans le temps que son père était encore souverain de Sedan : il regardait sa qualité de prince

[1] Voyez tome XVII, page 73. B.

indépendant comme un caractère ineffaçable; et quant au titre de cardinal doyen, qu'il appelle la première place après la suprême, il se justifiait par l'exemple de tous ses prédécesseurs, qui ont passé incontestablement avant les rois à toutes les cérémonies de Rome.

La cour de France et le parlement de Paris avaient des maximes entièrement différentes. Le procureur-général d'Aguesseau, depuis chancelier, l'accusa devant les chambres assemblées, qui rendirent contre lui un décret de prise de corps, et confisquèrent tous ses biens [1]. Il vécut à Rome, honoré, quoique pauvre, et mourut victime du quiétisme, qu'il méprisait, et de l'amitié, qu'il avait noblement conciliée avec son devoir.

Il ne faut pas omettre que, lorsqu'il se retira des Pays-Bas à Rome, on sembla craindre à la cour qu'il ne devînt pape. J'ai entre les mains la lettre du roi au cardinal de La Trimouille, du 26 mai 1710, dans laquelle il manifeste cette crainte. « On peut tout présumer, dit-il, d'un sujet prévenu de l'opinion qu'il ne dépend que de lui seul. Il suffira que la place dont le cardinal de Bouillon est présentement ébloui lui paraisse inférieure à sa naissance et à ses talents; il se croira toute voie permise pour parvenir à la première place de l'Église, lorsqu'il en aura contemplé la splendeur de plus près. »

Ainsi, en décrétant le cardinal de Bouillon, et en donnant ordre qu'on le *mît dans les prisons de la*

---

[1] 20 juin 1710. Voyez tome XXXI, page 524. B.

Conciergerie, si on pouvait se saisir de lui, on craignit qu'il ne montât sur un trône qui est regardé comme le premier de la terre par tous ceux de la religion catholique; et qu'alors, en s'unissant avec les ennemis de Louis XIV, il ne se vengeât encore plus que le prince Eugène, les armes de l'Église ne pouvant rien par elles-mêmes, mais pouvant alors beaucoup par celles d'Autriche.

CHAPITRE XXXIX.

Disputes sur les cérémonies chinoises. Comment ces querelles contribuèrent à faire proscrire le christianisme à la Chine.

Ce n'était pas assez, pour l'inquiétude de notre esprit, que nous disputassions au bout de dix-sept cents ans sur des points de notre religion, il fallut encore que celle des Chinois entrât dans nos querelles. Cette dispute ne produisit pas de grands mouvements, mais elle caractérisa plus qu'aucune autre cet esprit actif, contentieux, et querelleur, qui règne dans nos climats.

Le jésuite Matthieu Ricci, sur la fin du dix-septième siècle[1], avait été un des premiers missionnaires de la Chine. Les Chinois étaient et sont encore, en philosophie et en littérature, à peu près ce que nous étions il y a deux cents ans. Le respect pour leurs anciens

[1] Matthieu Ricci est mort au commencement du dix-septième siècle (le 11 mai 1610); mais ce fut sur la fin du seizième, en 1583, qu'il s'établit en Chine. Voyez, au reste, ma note, tome XVIII, page 189. B.

maîtres leur prescrit des bornes qu'ils n'osent passer. Le progrès dans les sciences est l'ouvrage du temps et de la hardiesse de l'esprit; mais la morale et la police étant plus aisées à comprendre que les sciences, et s'étant perfectionnées chez eux quand les autres arts ne l'étaient pas encore, il est arrivé que les Chinois, demeurés depuis plus de deux mille ans à tous les termes où ils étaient parvenus, sont restés médiocres dans les sciences, et le premier peuple de la terre dans la morale et dans la police, comme le plus ancien.

Après Ricci, beaucoup d'autres jésuites pénétrèrent dans ce vaste empire; et, à la faveur des sciences de l'Europe, ils parvinrent à jeter secrètement quelques semences de la religion chrétienne parmi les enfants du peuple, qu'ils instruisirent comme ils purent. Des dominicains, qui partageaient la mission, accusèrent les jésuites de permettre l'idolâtrie en prêchant le christianisme. La question était délicate, ainsi que la conduite qu'il fallait tenir à la Chine.

Les lois et la tranquillité de ce grand empire sont fondées sur le droit le plus naturel ensemble et le plus sacré, le respect des enfants pour les pères. A ce respect ils joignent celui qu'ils doivent à leurs premiers maîtres de morale, et surtout à Confutzée, nommé par nous Confucius, ancien sage qui, près de six cents ans [1] avant la fondation du christianisme, leur enseigna la vertu.

Les familles s'assemblent en particulier, à certains jours, pour honorer leurs ancêtres; les lettrés, en pu-

[1] Voyez ma note, tome XXVIII, page 40. B.

blic, pour honorer Confutzée. On se prosterne, suivant leur manière de saluer les supérieurs, ce que les Romains, qui trouvèrent cet usage dans toute l'Asie, appelèrent autrefois *adorer*. On brûle des bougies et des pastilles. Des colaos, que le Portugais ont nommés *mandarins*, égorgent deux fois l'an, autour de la salle où l'on vénère Confutzée, des animaux dont on fait ensuite des repas. Ces cérémonies sont-elles idolâtriques? sont-elles purement civiles? reconnaît-on ses pères et Confutzée pour des dieux? sont-ils même invoqués seulement comme nos saints? est-ce enfin un usage politique dont quelques Chinois superstitieux abusent? C'est ce que des étrangers ne pouvaient que difficilement démêler à la Chine, et ce qu'on ne pouvait décider en Europe.

Les dominicains déférèrent les usages de la Chine à l'inquisition de Rome, en 1645. Le saint office, sur leur exposé, défendit ces cérémonies chinoises, jusqu'à ce que le pape en décidât.

Les jésuites soutinrent la cause des Chinois et de leurs pratiques, qu'il semblait qu'on ne pouvait proscrire sans fermer toute entrée à la religion chrétienne, dans un empire si jaloux de ses usages : ils représentèrent leurs raisons. L'inquisition, en 1656, permit aux lettrés de révérer Confutzée, et aux enfants chinois d'honorer leurs pères, *en protestant contre la superstition, s'il y en avait.*

L'affaire étant indécise, et les missionnaires toujours divisés, le procès fut sollicité à Rome de temps en temps; et cependant les jésuites qui étaient à Pékin se rendirent si agréables à l'empereur Kang-hi, en qualité de mathématiciens, que ce prince, célèbre par sa bonté et par ses vertus, leur permit enfin d'être missionnaires, et d'enseigner publiquement le christianisme. Il n'est pas inutile d'observer que cet empereur si despotique, et petit-fils du conquérant de la Chine, était cependant soumis par l'usage aux lois de l'empire; qu'il ne put, de sa seule autorité, permettre le christianisme; qu'il fallut s'adresser à un tribunal, et qu'il minuta lui-même deux requêtes au nom des jésuites. Enfin, en 1692, le christianisme fut permis à la Chine, par les soins infatigables, et par l'habileté des seuls jésuites.

Il y a dans Paris une maison établie pour les missions étrangères. Quelques prêtres de cette maison étaient alors à la Chine. Le pape, qui envoie des vicaires apostoliques dans tous les pays qu'on appelle *les parties des infidèles*, choisit un prêtre de cette maison de Paris, nommé Maigrot, pour aller présider, en qualité de vicaire, à la mission de la Chine, et lui donna l'évêché de Conon, petite province chinoise dans le Fokien. Ce Français, évêque à la Chine, déclara non seulement les rites observés pour les morts superstitieux et idolâtres, mais il déclara les lettrés athées : c'était le sentiment de tous les rigoristes de France. Ces mêmes hommes qui se sont tant récriés contre Bayle, qui l'ont tant blâmé d'avoir dit qu'une société d'athées pouvait subsister, qui ont tant écrit qu'un tel établissement est impossible, soutenaient froidement que cet établissement florissait à la Chine dans le plus sage des gouvernements. Les jésuites eurent alors à combattre les missionnaires, leurs confrères, plus que les mandarins et le peuple. Ils représentèrent à Rome qu'il paraissait assez incompatible que les Chinois fussent à-la-fois athées et idolâtres. On reprochait aux lettrés de n'admettre que la matière; en ce cas, il était difficile qu'ils invoquassent les ames de leurs pères et celle de Confutzée. Un de ces reproches semble détruire l'autre, à moins qu'on ne prétende qu'à la Chine on admet le contradictoire, comme il arrive souvent parmi nous; mais il fallait être bien au fait de leur langue et de leurs mœurs pour démêler ce contradictoire. Le procès de l'empire de la Chine dura long-temps en cour de Rome; cependant on attaqua les jésuites de tous côtés.

Un de leurs savants missionnaires, le P. Lecomte, avait écrit dans ses *Mémoires de la Chine*, « que ce « peuple a conservé pendant deux mille ans la con- « naissance du vrai Dieu; qu'il a sacrifié au Créateur « dans le plus ancien temple de l'univers; que la Chine « a pratiqué les plus pures leçons de la morale, tandis « que l'Europe était dans l'erreur et dans la corrup- « tion. »

Nous avons vu [1] que cette nation remonte, par une histoire authentique, et par une suite de trente-six éclipses de soleil calculées, jusqu'au-delà du temps où nous plaçons d'ordinaire le déluge universel. Jamais les lettrés n'ont eu d'autre religion que l'adoration d'un être suprême. Leur culte fut la justice. Ils ne purent connaître les lois successives que Dieu donna à Abraham, à Moïse, et enfin la loi perfectionnée du Messie, inconnue si long-temps aux peuples de l'Occi-

[1] Tome XV, page 257. B.

dent et du Nord. Il est constant que les Gaules, la Germanie, l'Angleterre, tout le Septentrion, étaient plongés dans l'idolâtrie la plus barbare, quand les tribunaux du vaste empire de la Chine cultivaient les mœurs et les lois, en reconnaissant un seul Dieu, dont le culte simple n'avait jamais changé parmi eux. Ces vérités évidentes devaient justifier les expressions du jésuite Lecomte. Cependant, comme on pouvait trouver dans ces propositions quelque idée qui choque un peu les idées reçues, on les attaqua en Sorbonne.

L'abbé Boileau, frère de Despréaux, non moins critique que son frère, et plus ennemi des jésuites, dénonça, en 1700, cet éloge des Chinois comme un blasphème. L'abbé Boileau était un esprit vif et singulier, qui écrivait comiquement des choses sérieuses et hardies. Il est l'auteur du livre des *Flagellants*, et de quelques autres de cette espèce. Il disait qu'il les écrivait en latin, de peur que les évêques ne le censurassent ; et Despréaux, son frère, disait de lui : « S'il n'avait été « docteur de Sorbonne, il aurait été docteur de la co- « médie italienne. » Il déclama violemment contre les jésuites et les Chinois, et commença par dire « que l'é- « loge de ces peuples avait ébranlé son cerveau chré- « tien. » Les autres cerveaux de l'assemblée furent ébranlés aussi. Il y eut quelques débats : un docteur, nommé Lesage, opina qu'on envoyât sur les lieux douze de ses confrères les plus robustes s'instruire à fond de la cause. La scène fut violente ; mais enfin, la Sorbonne déclara les louanges des Chinois fausses, scandaleuses, téméraires, impies, et hérétiques.

Cette querelle, qui fut aussi vive que puérile, envenima celle des cérémonies; et enfin le pape Clément XI envoya, l'année d'après, un légat à la Chine. Il choisit Thomas Maillard de Tournon, patriarche titulaire d'Antioche. Le patriarche ne put arriver qu'en 1705. La cour de Pékin avait ignoré jusque-là qu'on la jugeait à Rome et à Paris. Cela est plus absurde que si la république de Saint-Marin se portait pour médiatrice entre le grand turc et le royaume de Perse.

L'empereur Kang-hi reçut d'abord le patriarche de Tournon avec beaucoup de bonté. Mais on peut juger quelle fut sa surprise, quand les interprètes de ce légat lui apprirent que les chrétiens qui prêchaient leur religion dans son empire ne s'accordaient point entre eux, et que ce légat venait pour terminer une querelle dont la cour de Pékin n'avait jamais entendu parler. Le légat lui fit entendre que tous les missionnaires, excepté les jésuites, condamnaient les anciens usages de l'empire, et qu'on soupçonnait même sa majesté chinoise et les lettrés d'être des athées qui n'admettaient que le ciel matériel. Il ajouta qu'il y avait un savant évêque de Conon, qui expliquerait tout cela, si sa majesté daignait l'entendre. La surprise du monarque redoubla, en apprenant qu'il y avait des évêques dans son empire. Mais celle du lecteur ne doit pas être moindre, en voyant que ce prince indulgent poussa la bonté jusqu'à permettre à l'évêque de Conon de venir lui parler contre la religion, contre les usages de son pays, et contre lui-même. L'évêque de Conon fut admis à son audience. Il savait très peu de chinois. L'empereur lui demanda d'abord l'explication de quatre caractères peints en or au-dessus de son trône. Maigrot n'en put lire que deux; mais il soutint que les mots *king-tien*, que l'empereur avait écrits lui-même sur des tablettes, ne signifiaient pas *adorez le Seigneur du ciel*. L'empereur eut la patience de lui expliquer par interprètes que c'était précisément le sens de ces mots. Il daigna entrer dans un long examen. Il justifia les honneurs qu'on rendait aux morts. L'évêque fut inflexible. On peut croire que les jésuites avaient plus de crédit à la cour que lui. L'empereur, qui par les lois pouvait le faire punir de mort, se contenta de le bannir. Il ordonna que tous les Européans qui voudraient rester dans le sein de l'empire viendraient désormais prendre de lui des lettres patentes, et subir un examen.

Pour le légat de Tournon, il eut ordre de sortir de la capitale. Dès qu'il fut à Nankin, il y donna un mandement qui condamnait absolument les rites de la Chine à l'égard des morts, et qui défendait qu'on se servît du mot dont s'était servi l'empereur pour signifier *le Dieu du ciel*.

Alors le légat fut relégué à Macao, dont les Chinois sont toujours les maîtres, quoiqu'ils permettent aux Portugais d'y avoir un gouverneur. Tandis que le légat était confiné à Macao, le pape lui envoyait la barrette; mais elle ne lui servit qu'à le faire mourir cardinal. Il finit sa vie en 1710. Les ennemis des jésuites leur imputèrent sa mort. Ils pouvaient se contenter de leur imputer son exil.

Ces divisions, parmi les étrangers qui venaient instruire l'empire, décréditèrent la religion qu'ils annonçaient. Elle fut encore plus décriée lorsque la cour, ayant apporté plus d'attention à connaître les Européans, sut que non seulement les missionnaires étaient ainsi divisés, mais que parmi les négociants qui abordaient à Canton, il y avait plusieurs sectes ennemies jurées l'une de l'autre.

L'empereur Kang-hi mourut en 1724[1]. C'était un prince amateur de tous les arts de l'Europe. On lui avait envoyé des jésuites très éclairés, qui par leurs services méritèrent son affection, et qui obtinrent de lui, comme on l'a déjà dit[2], la permission d'exercer et d'enseigner publiquement le christianisme.

Son quatrième fils, Young-tching, nommé par lui à l'empire, au préjudice de ses aînés, prit possession du trône sans que ces aînés murmurassent. La piété filiale, qui est la base de cet empire, fait que dans toutes les conditions c'est un crime et un opprobre de se plaindre des dernières volontés d'un père.

Le nouvel empereur Young-tching surpassa son père dans l'amour des lois et du bien public. Aucun empereur n'encouragea plus l'agriculture. Il porta son attention sur ce premier des arts nécessaires, jusqu'à élever au grade de mandarin du huitième ordre, dans chaque province, celui des laboureurs qui serait jugé, par les magistrats de son canton, le plus diligent, le plus industrieux et le plus honnête

---

[1] Il mourut à la fin de 1722, comme Voltaire le dit ailleurs : voyez tome XXVIII, page 42; et, tome XLIV, la *Relation du bannissement des jésuites de la Chine.* B.

[2] Page 463. B.

homme; non que ce laboureur dût abandonner un métier où il avait réussi, pour exercer les fonctions de la judicature qu'il n'aurait pas connues; il restait laboureur avec le titre de mandarin; il avait le droit de s'asseoir chez le vice-roi de la province, et de manger avec lui. Son nom était écrit en lettres d'or dans une salle publique. On dit que ce réglement si éloigné de nos mœurs, et qui peut-être les condamne, subsiste encore.

Ce prince ordonna que dans toute l'étendue de l'empire on n'exécutât personne à mort avant que le procès criminel lui eût été envoyé, et même présenté trois fois. Deux raisons qui motivent cet édit sont aussi respectables que l'édit même. L'une est le cas qu'on doit faire de la vie de l'homme; l'autre, la tendresse qu'un roi doit à son peuple.

Il fit établir de grands magasins de riz dans chaque province avec une économie qui ne pouvait être à charge au peuple, et qui prévenait pour jamais les disettes. Toutes les provinces fesaient éclater leur joie par de nouveaux spectacles, et leur reconnaissance en lui érigeant des arcs de triomphe. Il exhorta, par un édit, à cesser ces spectacles, qui ruinaient l'économie par lui recommandée, et défendit qu'on lui élevât des monuments. « Quand j'ai accordé des « graces, dit-il dans son rescrit aux mandarins, ce « n'est pas pour avoir une vaine réputation : je veux « que le peuple soit heureux; je veux qu'il soit meil- « leur, qu'il remplisse tous ses devoirs. Voilà les seuls « monuments que j'accepte. »

Tel était cet empereur, et malheureusement ce fut

lui qui proscrivit la religion chrétienne. Les jésuites avaient déjà plusieurs églises publiques, et même quelques princes du sang impérial avaient reçu le baptême : on commençait à craindre des innovations funestes dans l'empire. Les malheurs arrivés au Japon fesaient plus d'impression sur les esprits que la pureté du christianisme, trop généralement méconnu, n'en pouvait faire. On sut que précisément en ce temps-là les disputes, qui aigrissaient les missionnaires de différents ordres les uns contre les autres, avaient produit l'extirpation de la religion chrétienne dans le Tunquin; et ces mêmes disputes, qui éclataient encore plus à la Chine, indisposèrent tous les tribunaux contre ceux qui, venant prêcher leur loi, n'étaient pas d'accord entre eux sur cette loi même. Enfin on apprit qu'à Canton il y avait des Hollandais, des Suédois, des Danois, des Anglais qui, quoique chrétiens, ne passaient pas pour être de la religion des chrétiens de Macao.

Toutes ces réflexions réunies déterminèrent enfin le suprême tribunal des rites à défendre l'exercice du christianisme. L'arrêt fut porté le 10 janvier 1724, mais sans aucune flétrissure, sans décerner de peines rigoureuses, sans le moindre mot offensant contre les missionnaires : l'arrêt même invitait l'empereur à conserver à Pékin ceux qui pourraient être utiles dans les mathématiques. L'empereur confirma l'arrêt, et ordonna, par son édit, qu'on renvoyât les missionnaires à Macao accompagnés d'un mandarin, pour avoir soin d'eux dans le chemin, et pour les garantir de toute insulte. Ce sont les propres mots de l'édit.

Il en garda quelques uns auprès de lui, entre autres le jésuite nommé Parennin, dont j'ai déjà fait l'éloge [1], homme célèbre par ses connaissances et par la sagesse de son caractère, qui parlait très bien le chinois et le tartare. Il était nécessaire, non seulement comme interprète, mais comme bon mathématicien. C'est lui qui est principalement connu parmi nous par les réponses sages et instructives sur les sciences de la Chine aux difficultés savantes d'un de nos meilleurs philosophes. Ce religieux avait eu la faveur de l'empereur Kang-hi, et conservait encore celle d'Young-tching. Si quelqu'un avait pu sauver la religion chrétienne, c'était lui. Il obtint, avec deux autres jésuites, audience du prince frère de l'empereur, chargé d'examiner l'arrêt, et d'en faire le rapport. Parennin rapporte avec candeur ce qui leur fut répondu. Le prince, qui les protégeait, leur dit : « Vos affaires m'embarrassent; j'ai lu les accusations « portées contre vous : vos querelles continuelles avec « les autres Européans sur les rites de la Chine vous « ont nui infiniment. Que diriez-vous si, nous trans- « portant dans l'Europe, nous y tenions là même « conduite que vous tenez ici? en bonne foi le souf- « fririez-vous? » Il était difficile de répliquer à ce discours. Cependant ils obtinrent que ce prince par-

---

[1] En 1768, date de cet alinéa, Voltaire avait fait l'éloge de Parennin dans le chapitre 1er de l'*Essai sur les mœurs* (voyez tome XV, page 269), et dans une note du paragraphe XVIII de la *Philosophie de l'histoire* (voyez tome XV, page 87). Il en a parlé depuis dans les *Questions sur l'Encyclopédie* (voyez tome XXVIII, page 38); dans les *Fragments sur l'Inde*, chapitre V (voyez tome XLVII); et dans les première et septième *Lettres chinoises* (voyez tome XLVIII). B.

lât à l'empereur en leur faveur; et lorsqu'ils furent admis aux pieds du trône, l'empereur leur déclara qu'il renvoyait enfin tous ceux qui se disaient missionnaires.

Nous avons déjà rapporté ses paroles: « Si vous « avez su tromper mon père, n'espérez pas me trom- « per de même[a]. »

Malgré les ordres sages de l'empereur, quelques jésuites revinrent depuis secrètement dans les provinces sous le successeur du célèbre Young-tching; ils furent condamnés à la mort pour avoir violé manifestement les lois de l'empire. C'est ainsi que nous fesons exécuter en France les prédicants huguenots qui viennent faire des attroupements malgré les ordres du roi. Cette fureur des prosélytes est une maladie particulière à nos climats, ainsi qu'on l'a déjà remarqué[1]; elle a toujours été inconnue dans la Haute-Asie. Jamais ces peuples n'ont envoyé de missionnaires en Europe, et nos nations sont les seules qui aient voulu porter leurs opinions, comme leur commerce, aux deux extrémités du globe.

Les jésuites mêmes attirèrent la mort à plusieurs Chinois, et surtout à deux princes du sang qui les favorisaient. N'étaient-ils pas bien malheureux de venir du bout du monde mettre le trouble dans la famille impériale, et faire périr deux princes par le dernier supplice? Ils crurent rendre leur mission respectable en Europe en prétendant que Dieu se décla-

---

[a] Voyez l'*Essai sur les mœurs* (tome XVIII, page 464), chap. cxcv.

[1] Je pense que Voltaire veut parler de ce qu'il dit tome XVIII, au bas de la page 463. B.

rait pour eux, et qu'il avait fait paraître quatre croix dans les nuées sur l'horizon de la Chine. Ils firent graver les figures de ces croix dans leurs *Lettres édifiantes et curieuses;* mais si Dieu avait voulu que la Chine fût chrétienne, se serait-il contenté de mettre des croix dans l'air? ne les aurait-il pas mises dans le cœur des Chinois?

FIN DU SIÈCLE DE LOUIS XIV.

SUPPLÉMENT

AU

SIÈCLE DE LOUIS XIV.

PRÉFACE

DU NOUVEL ÉDITEUR.

Aussitôt que le *Siècle de Louis XIV* eut paru, La Beaumelle en commença la critique [1]. Une édition fut mise au jour sous ce titre : Le *Siècle de Louis XIV par M. de Voltaire, nouvelle édition, augmentée d'un très grand nombre de remarques par M. de La B****; Francfort, chez la veuve Knoch et J. G. Eslinger, 1753, trois volumes petit in-8° [2]. En tête du premier volume sont des *Conseils à l'auteur du Siècle de Louis XIV*, divisés en trois lettres.

La Beaumelle prétendit que c'était contre les conventions faites avec Eslinger que ce libraire avait mis sur les frontispices ces mots : *Par M. de La B****; que les notes du premier volume étaient les seules qui fussent de lui; que les autres étaient d'un chevalier de Mainvillers.

Dans le second volume, page 348, chap. xxvi (aujourd'hui chap. xxvii, voyez p. 208), l'annotateur avait,

---

[1] *Avertissement du libraire* (probablement de La Beaumelle lui-même), en tête de la *Réponse au Supplément du Siècle de Louis XIV*.

[2] En mai ou juin 1752, La Beaumelle avait fait imprimer à Gotha quatre feuilles de ses *Remarques sur le Siècle de Louis XIV* (voyez page 151 de la *Réponse au Supplément*), qu'il brûla cependant pour la comtesse de Bentink. Je ne sais si cette comtesse de Bentink est celle qui, après la mort de la duchesse de Saxe-Gotha, brûla, dit-on, la correspondance de Voltaire avec cette princesse.

à l'occasion de la mort de plusieurs membres de la famille royale, ajouté une note injurieuse pour la mémoire du duc d'Orléans, le régent. La Beaumelle, étant revenu à Paris, fut arrêté le 24 avril 1753. On avait trouvé chez lui huit exemplaires de l'édition de Francfort du *Siècle de Louis XIV.* La Beaumelle fut conduit à la Bastille, où il resta près de six mois [3].

Certainement il voulait dénigrer l'ouvrage de Voltaire; mais cela n'était pas dans l'intérêt du libraire qui le réimprimait. Aussi ce dernier, dans l'*Avertissement*, annonce offrir au public un *excellent livre augmenté de remarques qui le rendront encore meilleur*. Au reste, plusieurs des remarques des tomes II et III sont ainsi conçues : *Ce chapitre est très beau; Ce portrait est admirable*, etc. Il peut se faire que les notes flatteuses soient de Mainvillers, et toutes les autres de La Beaumelle. Dans tous les cas, j'ai signé d'un L les notes extraites de l'édition de Francfort. (Voyez ma préface du tome XIX.)

Voltaire, en réponse à son critique, fit paraître son *Supplément au Siècle de Louis XIV*, qui circulait à Paris dès le mois de mai. Le 15 de ce mois, la police en fit la perquisition chez le libraire Lambert [4]. L'édition originale est intitulée : *Supplément au Siècle de Louis XIV*,

---

[3] Voici ce qu'on lit dans les *Mémoires historiques et authentiques sur la Bastille*, tome II, page 330 : « Au mois d'avril 1753, on fut informé que La Beaumelle était revenu à Paris avec des exemplaires d'une nouvelle édition qu'il avait fait faire du *Siècle de Louis XIV*, de Voltaire, dans laquelle il avait inséré des notes critiques offensantes pour la maison d'Orléans...... Au mois d'octobre de la même année, M. le duc d'Orléans lui pardonna, et il fut mis en liberté, avec un exil à cinquante lieues de Paris. »

On trouve des détails sur la détention de La Beaumelle au tome II (page 231 et suiv.) de l'*Histoire de la détention des philosophes et des gens de lettres à la Bastille et à Vincennes*, etc., par J. Delort. Paris, Firmin Didot, 1829, trois volumes in-8°.

[4] Manuscrits de D'Hemery, inspecteur de police pour la librairie.

Catilina, *tragédie, et autres pièces du même auteur*, Dresde, 1753, chez G. C. Walther, petit in-8° de *xvj* et 184 pages. La seule pièce qui soit après *Catilina* est l'*Examen du testament politique du cardinal Albéroni*. Cette édition contient la lettre ou dédicace à M. Roques [5].

Au lieu de cette *Dédicace*, il y a dans les diverses éditions du volume intitulé : *Siècle politique de Louis XIV* (voyez ma préface du tome XIX), un *Mémoire de M. F. de Voltaire*, *apostillé par M. de La Beaumelle*, et qu'on peut regarder comme la première version de la dédicace à M. Roques. Si la date de 27 janvier 1753 que lui donne La Beaumelle est exacte, ce mémoire est peut-être le testament littéraire dont Voltaire parle dans sa lettre à d'Argental, du 10 février 1753. Je l'ai imprimé en forme de variante et en note à la fin de la lettre à M. Roques (page 491).

Colini, alors secrétaire de Voltaire, et qui trouvait le *Supplément* beaucoup plus mordant que les notes de son commentateur, fit de vains efforts pour en empêcher la publication [6].

La Beaumelle répliqua par une *Réponse au Supplément du siècle de Louis XIV*, Colmar, 1754, in-12, rédigée dès le mois d'octobre 1753, c'est-à-dire aussitôt après sa sortie de la Bastille, mais qui ne put être imprimée qu'en avril 1754. Il y reproduisit une *Lettre sur mes démêlés avec M. de Voltaire*, déjà imprimée plusieurs fois, et le *Mémoire* apostillé.

---

[5] Jacques-Emmanuel-Roques de Maumont de La Rochefoucauld, né en 1727, mort le 16 mars 1805, a publié une *Lettre sur la part qu'il a eue aux démêlés de MM. de Voltaire et La Beaumelle*, Hanovre, 1755, in-8°, dont je ne parle toutefois que d'après Meusel.

[6] *Mon séjour auprès de Voltaire*, 1807, in-8°, pages 47 et 59.

L'acharnement de Voltaire et de La Beaumelle l'un contre l'autre n'a cessé qu'avec la vie. Les *Lettres de M. de La Beaumelle à M. de Voltaire*, 1763, in-12 de 213 pages, sont une nouvelle édition entièrement refondue de la *Réponse au Supplément*, avec quelques autres morceaux relatifs à Voltaire.

Il serait trop long de rappeler tous les écrits, tant en vers qu'en prose, où Voltaire maltraite La Beaumelle. Je n'en signalerai que deux presque inconnus, et qui ne sont encore dans aucune édition des *OEuvres de Voltaire*. L'un est une *Lettre* sous la date du 24 avril 1767 (voyez tome XLIII); l'autre est la *Lettre anonyme et la réponse*, de 1769 (voyez tome XLV); j'ai déja parlé de ces deux morceaux dans ma préface du tome XXXVII.

Sans doute La Beaumelle a été l'agresseur; sans doute il a dépassé toutes les bornes de la critique; mais on ne peut s'empêcher de déplorer que Voltaire ait aussi perdu toute mesure dans le chant XVIIIe de la *Pucelle*.

BEUCHOT.

Ce 29 mai 1830.

LETTRE A M. ROQUES[1],

CONSEILLER ECCLÉSIASTIQUE

DU SÉRÉNISSIME LANDGRAVE DE HESSE-HOMBOURG.

Monsieur,

Je n'ai dédié à personne le *Siècle de Louis XIV*, parceque ni la vérité ni la liberté n'aiment les dédicaces, et que ces deux biens, qui devraient appartenir au genre humain, n'ont besoin du suffrage de personne. Mais je vous dédie ce supplément, quoiqu'il soit aussi vrai et aussi libre que le reste de l'ouvrage. La raison en est que je suis forcé de vous appeler en témoignage devant l'Europe littéraire. La querelle dont il s'agit pourrait bien être méprisable par elle-même, comme toutes les querelles, et confondue bientôt dans la foule de tant de disputes littéraires, de tant de différents dont la mémoire se perd avant même que la mémoire des combattants soit anéantie. Mais le rapport qui lie cette dispute aux événements du siècle de Louis XIV, les éclaircissements que les lecteurs en pourront tirer pour mieux connaître ces temps mémorables, serviront peut-être à la sauver

---

[1] Le même à qui sont adressées plusieurs lettres de la *Correspondance générale*, années 1752 et 1753; voyez aussi ma note, page 479. B.

pour quelque temps de l'oubli où les ouvrages polémiques semblent condamnés.

C'est vous, monsieur, qui m'apprîtes le premier qu'un jeune homme élevé à Genève, nommé M. de La Beaumelle, fesait réimprimer clandestinement la première édition du *Siècle de Louis XIV* à Francfort-sur-le-Mein.

C'est vous qui m'apprîtes que cette édition subreptice était chargée de quatre lettres [1] de La Beaumelle, dans lesquelles il outrage des officiers de la maison du roi de Prusse [2]. Votre probité fut surprise de la témérité avec laquelle cet auteur parle de plusieurs souverains de l'Europe, dans ses commentaires sur le *Siècle de Louis XIV*, et des belles injures qu'il me dit dans mon propre ouvrage. Vous eûtes la générosité de m'en avertir, vous eûtes celle d'offrir de l'argent à son libraire pour supprimer ce scandale.

Je sais bien que la littérature est une guerre continuelle; mais je ne devais pas m'attendre à une pareille excursion. Je vous écrivis que je ne savais pas comment je m'étais attiré ces hostilités de la part d'un homme que je n'avais connu à Berlin que pour tâcher de lui rendre service. Je me plaignis à vous de son procédé; vous eûtes la bonté de lui faire passer mes justes plaintes. Il avait l'honneur d'être lié avec vous, parcequ'il s'était destiné à Genève au ministère de votre religion : et quoique sa conduite semblât le rendre peu digne de cette fonction et de votre amitié,

---

[1] Il n'y en a que trois : voyez ma préface, page 477. B.
[2] Ils sont nommés ci-après, page 536, dans la seconde partie du *Supplément*. B.

vous aviez pour lui l'indulgence qu'un homme de votre probité compatissante peut avoir pour un jeune homme qui s'égare, et qu'on espère de ramener à son devoir.

Il faut avouer qu'il vous exposa ingénument la raison qui l'avait porté à l'atrocité que vous condamniez. Je ne puis mieux faire, monsieur, que de rapporter ici une partie de la lettre qu'il vous écrivit il y a six mois pour justifier en quelque sorte sa conduite. La voici mot pour mot :

« Maupertuis vient chez moi, ne me trouve pas ; je
« vais chez lui : il me dit qu'un jour, au souper des
« petits appartements, M. de Voltaire avait parlé d'une
« manière violente contre moi ; qu'il avait dit au roi
« que je parlais peu respectueusement de lui dans
« mon livre ; que je traitais sa cour philosophe d'as-
« semblée de *nains* et de *bouffons*, que je le comparais
« aux petits princes allemands[a], et mille faussetés de
« cette force. Maupertuis me conseilla d'envoyer mon
« livre au roi en droiture, avec une lettre qu'il vit et
« corrigea lui-même. »

Il n'est que trop vrai, monsieur, que ce cruel pro-

---

[a] Le roi de Prusse comble les gens de lettres de bienfaits, par les mêmes principes que les princes d'Allemagne comblent de bienfaits les nains et les bouffons, etc. Trait du *Qu'en dira-t-on*. — Dans *Mes pensées* (ouvrage de La Beaumelle), on lit sous le n° XLIX, éditions de 1752 et 1761 : « Qu'on parcoure l'histoire ancienne et moderne, on ne trouvera point d'exemple de prince qui ait donné sept mille écus de pension à un homme de lettres, à titre d'homme de lettres. Il y a eu de plus grands poëtes que Voltaire ; il n'y en eut jamais de si bien récompensés, parceque le goût ne met jamais de bornes à ses récompenses. Le roi de Prusse comble de bienfaits les hommes à talents, précisément par les mêmes raisons qui engagent un prince d'Allemagne à combler de bienfaits un bouffon ou un nain. » B.

cédé trop public de Maupertuis, mon persécuteur, a été l'origine du livre scandaleux de La Beaumelle, et a causé des malheurs plus réels. Il n'est que trop vrai que Maupertuis manqua au secret qu'on doit à tout ce qui se dit au souper d'un roi. Et ce qui est encore plus douloureux, c'est qu'il joignit la fausseté à l'infidélité. Il est faux que j'eusse averti sa majesté prussienne de la manière dont La Beaumelle avait osé parler de ce monarque et de sa cour dans son livre intitulé le *Qu'en dira-t-on, ou Mes Pensées;* je l'aurais pu, et je l'aurais dû, en qualité de son chambellan. Ce ne fut pas moi, ce fut un de mes camarades qui remplit ce devoir. J'ose en attester sa majesté elle-même. Elle me doit cette justice, elle ne peut refuser de me la rendre. Le chambellan qui l'en avertit est M. le marquis d'Argens : il l'avoue, et il en fait gloire.

Je n'étais que trop informé des coups qu'on me portait : courir chez un jeune étranger, chez un voyageur, chez un passant; lui révéler le secret des soupers du roi son maître, me calomnier en tout; lui rapporter ce qui s'était fait et dit dans mon appartement après le souper; le déguiser, l'envenimer, comme il est prouvé par le reste de la lettre de La Beaumelle; c'était une des moindres manœuvres que j'avais à essuyer. Presque tout Berlin était instruit de cette persécution. Sa majesté l'ignora toujours. J'étais bien loin de troubler la douceur de la retraite de Potsdam, et d'importuner le roi, notre bienfaiteur commun, par des plaintes. Ce monarque sait que non seulement je ne lui ai jamais dit un seul mot contre personne, mais que je n'opposais que de la douceur et de la gaîté aux duretés continuelles de mon ennemi. Il ne pouvait contenir sa haine, et je souffrais avec patience. Je restai constamment dans ma chambre, sans en sortir que pour me rendre auprès de sa majesté quand elle m'appelait. Je gardai un profond silence sur les procédés de Maupertuis, et sur les trois volumes de La Beaumelle qu'ont produits ces procédés.

Dans le même temps M. de Maupertuis voulut opprimer M. Kœnig, autrefois son ami, et toujours le mien. M. Kœnig avait tâché, ainsi que moi, d'apprivoiser son amour-propre par des éloges ; il avait fait exprès le voyage de Berlin pour conférer amiablement avec lui sur une méprise dans laquelle Maupertuis pouvait être tombé. Il lui avait montré une ancienne lettre de Leibnitz, qui pouvait servir à rectifier cette erreur. Quelle fut la récompense du voyage de M. Kœnig ? son ami, devenu dès-lors son ennemi implacable, profite d'un aveu que M. Kœnig lui a fait avec candeur, pour le perdre et pour le déshonorer. M. Kœnig lui avait avoué que l'original de cette lettre de Leibnitz n'avait jamais été entre ses mains, et qu'il tenait la copie d'un citoyen de Berne mort depuis long-temps[1]. Que fait Maupertuis ? il engage adroitement les puissances les plus respectables à faire chercher en Suisse cet original, qu'il sait bien qu'on ne trouvera pas : ayant ainsi enchaîné à ses artifices la bonté même de son maître, il se sert de son pouvoir à l'académie de

---

[1] Voyez tome XXXIX, page 489. B.

Berlin pour faire déclarer faussaire un philosophe, son ami, par un jugement solennel; jugement surpris par l'autorité; jugement qui ne fut point signé par les assistants; jugement dont la plupart des académiciens m'ont témoigné leur douleur; jugement réprouvé et abhorré de tous les gens de lettres. Il fait plus; il pousse la vengeance jusqu'à vouloir paraître modéré. Il demande à l'académie qu'il dirige, la grace de celui qu'il fait condamner. Il fait plus encore; il ose écrire lettre sur lettre à madame la princesse d'Orange, pour imposer silence à l'innocent qu'il persécute, et qu'il croit flétrir. Il le poursuit dans son asile, il veut lui lier les mains tandis qu'il le frappe.

J'ai l'honneur d'être de dix-huit académies, et je puis vous assurer qu'il n'y a point d'exemple qu'aucune d'elles ait jamais traité ainsi un de ses membres. Toute l'Europe savante applaudit encore à la manière dont la société royale de Londres se comporta dans la fameuse dispute entre Newton et Leibnitz. Il s'agissait de la plus belle découverte qu'on ait jamais faite en mathématiques. La société royale nomma des commissaires tirés de différentes nations, qui examinèrent toutes les pièces pendant un an. L'authenticité de ces pièces fut constatée. Le grand Newton, élu président de la société royale, n'extorqua point en sa faveur un jugement qui ne devait être rendu que par le public. Il ne fit point déclarer son adversaire faussaire; il n'affecta point de demander sa grace à la société royale, en le fesant condamner avec ignominie; il ne le poursuivit point avec cruauté dans son asile;

il n'écrivit point à l'électrice de Hanovre pour faire ordonner le silence à Leibnitz ; il ne le menaça point d'une peine académique en demandant sa grace ; il ne compromit point le roi d'Angleterre, il ne le trompa point. On ne mit que de l'exactitude, de la vérité, de l'évidence, dans ce grand procès où il s'agissait d'une véritable gloire. C'étaient des dieux qui disputaient à qui il appartenait de donner la lumière au monde. Mais il ne faut pas que la belette de la fable prétende bouleverser le ciel et la terre pour un trou de lapin qu'elle a usurpé.

Tout Berlin, toute l'Allemagne, criaient contre une conduite si odieuse ; mais personne n'osait la découvrir au roi de Prusse ; et le persécuteur triomphait en abusant des bontés de son maître : j'ai été le seul qui ai osé élever ma faible voix. J'ai rendu hardiment ce service à la vérité, à l'innocence, à l'académie de Berlin ; j'ose dire à la patrie, que mon attachement pour le roi de Prusse avait rendue la mienne. J'ai seul fait parvenir les cris de l'Europe savante entière aux oreilles de sa majesté. J'en ai appelé du grand homme mal informé au grand homme mieux informé. J'ai pris le parti de M. Kœnig, ainsi que le célèbre et respectable Volf, qui a écrit sur cette affaire une lettre dont j'ai l'original entre les mains, la voici :

Certum est quam quod certissimum veritatem esse ex parte Kœnigii, sive authenticitatem fragmenti ex litteris Leibnitzii, sive judicium famosum academiæ spectes, sive prætensam legem ad ruinam totius machinæ tendentem, si non in se contradictionem involveret.

« Il est reconnu pour certain et très certain que la
« vérité est tout entière du côté du professeur Kœnig,
« soit dans l'authenticité de la lettre de Leibnitz, soit
« dans l'étrange jugement de l'académie, soit dans la
« prétendue découverte de son adversaire, qui ne se-
« rait qu'un renversement des lois de la nature si elle
« n'était pas une contradiction. »

J'ai pris le parti de M. Kœnig avec les académiciens des sciences de Paris, avec tous les autres, avec l'Europe littéraire. Je me suis exposé par mon peu de ménagement à perdre les honneurs, les biens, dont un grand roi me comblait, et ses bontés plus précieuses cent fois que tous ces biens et tous ces honneurs. J'ai risqué la plus cruelle disgrace auprès d'un monarque qui m'avait arraché dans ma vieillesse à ma patrie, à ma famille, à mes amis, à mes emplois; d'un monarque qui m'avait prévenu, il y a plus de quinze ans, par ses bontés, auxquelles j'avais répondu avec enthousiasme; pour qui j'avais tout quitté, tout sacrifié, et sur qui je fondais enfin le bonheur des derniers jours de ma vie. Je n'ai pas balancé.

Il m'a fallu à-la-fois combattre contre mon persécuteur Maupertuis, et pour M. Kœnig mon ami, et pour moi-même. Il a fallu, dans le temps même que l'auteur de la *Vénus physique* et de ses étranges lettres m'accablait, répondre à un livre plus mauvais encore, qu'il a fait composer. Oui, monsieur, c'est lui qui a porté La Beaumelle à faire cette malheureuse édition du *Siècle de Louis XIV*, dans laquelle lui seul, des gens de lettres qui étaient auprès du roi de Prusse, n'est pas offensé. S'il n'avait pas excité La Beaumelle contre moi par une calomnie, ce jeune homme, à qui je n'avais jamais donné lieu de se plaindre de moi, n'aurait point fait ce scandaleux ouvrage. Mon persécuteur a beau employer tous ses artifices pour faire désavouer aujourd'hui à La Beaumelle cette lettre dans laquelle ses manœuvres sont constatées; la lettre existe, monsieur, entre vos mains; et j'en ai gardé soigneusement la copie authentique, transcrite par vous-même. Cette lettre qui sert à convaincre Maupertuis d'infidélité envers son maître, et de calomnie envers moi; cette lettre, dis-je, est encore plus reconnue que celle de Leibnitz, qui a servi à manifester les erreurs de son amour-propre à la face de tout le monde.

Il peut faire déclarer faussaire qui il voudra dans une assemblée de son académie; il sera déclaré injuste par tout le public. Il verra que dans la littérature on ne réussit point par les souterrains de la fraude, comme il a dû voir qu'on ne subjugue point les esprits par la hauteur et la violence; qu'il ne faut dans les écrits que de la raison, et dans la société que de la douceur; qu'enfin la vérité, quoique peu circonspecte par cela même qu'elle est la vérité, la candeur bien que trop simple, l'innocence sans politique, confondent tôt ou tard l'erreur, le manége, la violence. La Beaumelle, qui est jeune encore, apprendra, à ses dépens, à ne plus faire servir son amour-propre imprudent et sans pudeur à l'amour-propre artificieux d'un autre. Je m'adresse, comme M. Kœnig, au public, juge souverain des ouvrages et des hommes. Ce public déteste l'oppresseur, se moque de l'absurde, plaint le malheureux, et aime la vérité.

P. S. Vous m'apprenez, monsieur, par vos lettres, que La Beaumelle promet de me poursuivre jusqu'aux enfers. Il est bien le maître d'y aller quand il voudra. Vous me faites entendre que, pour mieux mériter son gîte, il imprimera contre moi beaucoup de choses personnelles, si je réfute les commentaires qu'il a imprimés sur le *Siècle de Louis XIV*. Vous m'avouerez que c'est un beau procédé d'imprimer trois volumes d'injures, d'impostures contre un homme, et de lui dire ensuite : Si vous osez vous défendre, je vous calomnierai encore.

Vous me rapportez, monsieur, dans votre lettre du 22 mars, « que la manière dont il s'y prendra ne « pourra que me faire beaucoup de peine; et quand « il aurait tout le tort du monde, le public ne s'en « informera pas, et rira à bon compte. »

Sachez, monsieur, que le public peut rire d'un homme heureux et avantageux qui dit, ou fait, ou écrit des sottises ; mais qu'il ne rit point d'un homme infortuné et persécuté. La Beaumelle peut réimprimer tout ce qu'on a écrit contre moi dans plus de cinquante volumes; cela lui procurera peu de profit et peu de rieurs. Je vous réponds que ses nouveaux chefs-d'œuvre ne me feront aucune peine. Je lui donne une pleine liberté. Je crois bien que La Beaumelle est un écrivain à faire rire : mais si l'auteur de *la Spectatrice danoise*[1], du *Qu'en dira-t-on*, ou de *Mes Pensées*,

---

[1] 1749, deux volumes in-8°. La Beaumelle dit n'en avoir fait qu'une partie. B. -

qui a outragé tant de souverains et de particuliers avec une insolence si brutale, et qui n'est impuni que par l'excès du mépris qu'on a pour lui, pense devenir un homme plaisant, il m'étonnera beaucoup. Il s'agit à présent du *Siècle de Louis XIV*. Il faut voir qui a raison de La Beaumelle ou de moi, et c'est de quoi les lecteurs pourront juger [1].

[1] Dans quelques impressions que je ne crois pas authentiques, au lieu de cette dédicace ou lettre à M. Roques, on lit, en tête du *Supplément au Siècle de Louis XIV*, un *Mémoire de M. F. de Voltaire*, que La Beaumelle fit réimprimer avec des apostilles ou notes et que voici (sans les apostilles) :

« Du jour que j'arrivai à Potsdam, Maupertuis m'a témoigné la plus mauvaise volonté. Elle éclata lorsque je le priai de mettre M. l'abbé Raynal de son académie : il me refusa avec hauteur, et traita l'abbé Raynal avec mépris. Je lui fis ordonner par le roi d'envoyer des patentes à M. l'abbé Raynal ; on peut croire que Maupertuis ne me l'a pas pardonné.

« Un homme que je crois Génevois, ou du moins élevé à Genève, nommé La Beaumelle, ayant été chassé de Danemark, arrive à Berlin avec la première édition du *Qu'en dira-t-on*, ou de ses *Pensées*. Dans ce livre, devenu célèbre par l'excès d'insolences qui en fait le prix, voici ce qu'on trouve :

« Le roi de Prusse a comblé de bienfaits les gens de lettres par les mêmes
« principes que les princes allemands comblent de bienfaits un bouffon et un
« nain. »

« C'est cet homme proscrit dans tous les pays que Maupertuis recherche dès qu'il est arrivé, et qu'il va soulever contre moi : en voici la preuve dans une lettre écrite par La Beaumelle à M. le pasteur Roques, au pays de Hesse-Hombourg :

« *Fragment de la lettre de La Beaumelle.* »

« Maupertuis vient chez moi, ne me trouve pas ; je vais chez lui. Il me dit
« qu'un jour, au souper des petits appartements, M. de Voltaire avait parlé
« d'une manière violente contre moi ; qu'il avait dit au roi que je parlais de
« lui peu respectueusement dans mon livre ; que je traitais sa cour philo-
« sophe de nains et de bouffons ; que je le comparais aux petits princes alle-
« mands, et mille faussetés de cette force. M. de Maupertuis me conseilla
« d'envoyer mon livre au roi en droiture, avec une lettre qu'il vit et corrigea
« lui-même. »

« Le roi de Prusse, qui n'a su cette anecdote que depuis quelques jours, doit être convaincu de la méchanceté atroce de Maupertuis, puisque sa majesté sait très bien que je n'ai jamais dit à ses soupers ce qu'il m'impute. Elle me rend cette justice; et quand je l'aurais dit, ce serait toujours un crime à Maupertuis d'avoir manqué au secret qu'il doit sur tout ce qui s'est dit aux soupers particuliers du roi.

« On sait quelle violence inouïe il a exercée depuis contre M. Kœnig, bibliothécaire de madame la princesse d'Orange : on connaît les lettres qu'il a fait imprimer, dans lesquelles il outrage tous les philosophes d'Allemagne, et fait dire à M. Wolf ce qu'il n'a point dit, afin de le décrier.

« On n'ignore pas par quelles affreuses manœuvres il est parvenu à m'opprimer. J'ai remis à sa majesté ma clef de chambellan, mon cordon, tout ce qui m'est dû de mes pensions. Elle a eu la bonté de me rendre tout, et a daigné m'inviter à la suivre à Potsdam, où j'aurais l'honneur de la suivre si ma santé me le permettait. »

Ce *Mémoire* est daté du 27 janvier 1753, dans la réimpression (avec apostilles) qu'en donna La Beaumelle, à la suite de la *Réponse au supplément.* B.

SUPPLÉMENT

AU

SIÈCLE DE LOUIS XIV.

PREMIÈRE PARTIE[1].

Les éditions nombreuses d'un livre, dans sa nouveauté, ne prouvent jamais que la curiosité du public, et non le mérite de l'ouvrage. L'auteur du *Siècle de Louis XIV* sentait tout ce qui manquait à ce monument qu'il avait voulu élever à l'honneur de sa nation. Il serait incomparablement moins indigne de la France s'il avait été achevé dans son sein; mais on sait quels engagements et quel attachement d'un côté, quelles bontés prévenantes de l'autre, avaient arraché l'auteur à sa patrie. Parvenu à un âge assez avancé, éprouvant, par des maladies continuelles, une décrépitude prématurée, et craignant d'être prévenu par la mort, il hasarda enfin, au commencement de l'année 1752,

---

[1] Dans quelques unes des premières éditions, cette partie est intitulée: *Réfutation des notes critiques que M. de La Beaumelle a faites sur le Siècle de Louis XIV*. Le début, tel qu'on le lit ici, a été ajouté depuis. B.

de livrer au public la faible esquisse du *Siècle de Louis XIV,* dans l'espérance que cet ouvrage engagerait les gens de lettres, et les hommes instruits des affaires publiques, à lui fournir de nouvelles couleurs pour achever le tableau. Il ne s'est pas trompé dans son attente. Il a reçu des instructions de toutes parts, et il s'est trouvé en état, dans l'espace d'une année, de donner une meilleure forme à son ouvrage. Il a tout retouché, jusqu'au style. La même impartialité reconnue règne dans le livre, mais avec une attention beaucoup plus scrupuleuse. Il est permis à l'auteur de le dire, parcequ'il est permis d'annoncer qu'on s'est acquitté d'un devoir indispensable. On a rempli ce devoir à l'égard du cardinal Mazarin, dans la nouvelle édition. Voici comment on s'exprime sur ce ministre :

« Le grand homme d'état est celui dont il reste de
« grands monuments utiles à la patrie. [1] Le monument
« qui immortalise le cardinal Mazarin est l'acquisition
« de l'Alsace. Il donna cette province à la France dans
« le temps que le royaume était déchaîné contre lui ;
« et par une fatalité singulière, il lui fit plus de bien
« lorsqu'il était persécuté, que dans la tranquillité
« d'une puissance absolue. »

On prie le lecteur de jeter les yeux sur tout ce qui concerne la paix de Rysvick, dans cette nouvelle édition [2], la seule qu'on puisse consulter ; c'est un morceau très utile, tiré des *Mémoires* manuscrits *de M. de*

[1] Voyez ma note, tome XIX, page 347. B.

[2] L'édition dont Voltaire parle ici est celle qui fut publiée chez G.-C. Walther, 1753, deux volumes petit in-8°. B.

Torci. Ces mémoires démentent formellement ce que tant d'historiens, tant d'hommes d'état, et milord Bolingbroke lui-même, avaient cru, que le ministère de Versailles avait dès-lors dévoré en idée la succession du royaume d'Espagne; et rien ne répand plus de jour sur les affaires du temps, sur la politique, et sur l'esprit du conseil de Louis XIV.

On voit quels services rendit le maréchal d'Harcourt dans la grande crise de l'Espagne, lorsque l'Europe en alarmes attendait d'un mot de Charles II mourant quel serait le successeur de tant d'états. De nouvelles anecdotes sont ainsi semées dans tous les chapitres.

On en trouve au second volume [1] sur l'homme au masque de fer; mais les morceaux les plus curieux, sans contredit, et les plus dignes de la postérité, sont deux mémoires de la propre main de Louis XIV. Le chapitre du *Gouvernement intérieur* est très augmenté; c'est là qu'on voit d'un coup d'œil ce qu'était la France avant Louis XIV, ce qu'elle a été par lui, et depuis lui. Les matériaux seuls de ce chapitre font connaître la nation et le monarque. Il n'y a nul mérite à les avoir mis en œuvre; mais c'est un grand bonheur d'avoir pu les recueillir.

Le dernier chapitre [2] contient cinquante-six articles nouveaux, concernant les écrivains qui ont fleuri

---

[1] Voyez page 130. B.

[2] Dans les éditions du *Siècle de Louis XIV*, antérieures à 1768, c'était à la fin de l'ouvrage qu'était placé le *Catalogue de la plupart des écrivains*, etc., qu'on a vu tome XIX, page 47. Depuis 1753, année où Voltaire publia le *Supplément*, il a fait d'autres augmentations au *Catalogue*. J'en ai désigné quelques unes. B.

dans le siècle de Louis XIV, et dont plusieurs l'ont illustré. Il a fallu que l'auteur fît venir de loin la plupart de leurs ouvrages, qu'il les parcourût, qu'il tâchât d'en saisir l'esprit, et qu'il resserrât dans les bornes les plus étroites ce qu'il a cru devoir penser d'eux, d'après les plus savants hommes. Ainsi, deux lignes ont coûté quelquefois quinze jours de lecture. L'auteur, quoique très malade, a travaillé sans relâche, une année entière, à ces deux seuls petits volumes, dans lesquels il a tâché de renfermer tout ce qui s'est fait et s'est écrit de plus remarquable dans l'espace de cent années. L'amour seul de la patrie et de la vérité l'a soutenu dans un travail d'autant plus pénible qu'il paraît moins l'être. Tous les honnêtes gens de France et des pays étrangers lui en ont su gré; et même en Angleterre les esprits fermes, dont cette nation philosophe et guerrière abonde, ont tous avoué que l'auteur n'avait été ni flatteur ni satirique. Ils l'ont regardé comme un concitoyen de tous les peuples; ils ont reconnu dans Louis XIV, non pas un des plus grands hommes, mais un des plus grands rois; dans son gouvernement, une conduite ferme, noble et suivie, quoique mêlée de fautes; dans sa cour, le modèle de la politesse, du bon goût, et de la grandeur, avec trop d'adulation; dans sa nation, les mœurs les plus sociables, la culture des arts et des belles-lettres poussée au plus haut point, l'intelligence du commerce, un courage digne de combattre les Anglais, puisque rien n'a pu l'abattre, et des sentiments de hauteur et de générosité qu'un peuple libre doit admirer dans un peuple qui ne l'est pas. Il fallait détruire des préjugés de cent années, d'autant plus forts, que le célèbre Addison et le chevalier Steele, injustes en ce seul point, les avaient enracinés; et l'auteur les a détruits, du moins s'il en croit ce qu'on lui mande. Il n'a plus rien à souhaiter, s'il a obtenu de la nation qui a produit Marlborough, Newton, et Pope, du respect pour le génie de la France.

Mais, tandis que le libraire de M. de Voltaire travaillait à cette édition nouvelle, et si supérieure aux autres, il arriva qu'un jeune homme élevé à Genève, qui commence à être connu dans la littérature, ayant passé à Berlin, et s'étant ensuite arrêté à Francfort, y travailla à une édition clandestine, d'après la première, quoiqu'il fût public que le libraire Walther, en vertu de ses droits, en préparait à Dresde une nouvelle, incomparablement plus ample et plus utile.

C'était violer dans l'empire le privilége impérial. On avait vu jusqu'à présent des libraires ravir aux auteurs le fruit de leurs travaux, en contrefesant leurs ouvrages; mais on n'avait point vu d'homme de lettres exercer cette piraterie. Il vendit quinze ducats à la veuve Knoch et Eslinger, de Francfort, les lettres et les remarques dont il chargeait cette édition frauduleuse [1].

Le public, qui ne pouvait être instruit de cette prévarication, voit une nouvelle édition avec des re-

---

[1] La Beaumelle dit avoir eu pour ses Lettres et ses Remarques cent cinquante florins, cinquante exemplaires de l'édition, et quarante rames de papier d'impression. Voltaire, dans la dix-septième de ses *Honnétetés littéraires* (voyez tome XLII), parle de dix-sept louis d'or : voyez aussi tome XXX, page 218. B.

marques par M. L. B.; il est frappé de l'air d'autorité avec lequel ce M. L. B. donne ses décisions. Il croit que c'est quelque homme d'état, ou quelque savant profond dans l'histoire: il ne peut deviner que c'est l'éditeur des *Lettres de madame de Maintenon*, l'auteur de *la Spectatrice danoise*, l'auteur de *Mes Pensées*, ou du *Qu'en dira-t-on*. Ce grand écrivain fait bien de l'honneur à l'auteur du *Siècle de Louis XIV*; il le traite comme tous les potentats de l'Europe; il le condamne et l'instruit. Il aurait dû seulement faire quelques petits changements dans ses beaux commentaires, comme il changeait, pour le bien de la chrétienté, des feuillets de son chef-d'œuvre du *Qu'en dira-t-on* dans toutes les grandes villes où il passait. Il substituait, de province en province, un feuillet à un autre; il mettait à la tête de *Mes Pensées*, cinquième, sixième édition. Il disait son avis, dans une page nouvelle, du pays d'où il venait de sortir, et parlait de tous les princes de la manière la plus flatteuse; car il leur supposait à tous la plus grande clémence.

Était-il hors de Saxe, il imprimait (page 302): « J'ai vu à Dresde un roi.... un ministre.... un héri-
« tier.... une princesse.... un peuple.... » Les épithètes suivent en lettres initiales, et la lecture en fait frémir. Était-il hors de Berlin, il imprimait (page 244): « Prédiction... la Prusse... et (page 230): Des sol-
« dats qu'une barbare discipline dépouille de tout
« sentiment d'honneur, à qui on fait haïr une vie
« qu'on les force à conserver, dont les crimes sont
« impunis, etc.; » et, dans le même article, ce judi-

cieux auteur dit, « Que l'inhumanité des châtiments « fait périr ces hommes (*impunis*) dans l'étisie, ou « languir par des descentes. »

A peine est-il hors de Gotha, qu'il dit (page 108): « Je voudrais bien savoir de quel droit de petits prin- « ces, un duc de Gotha, par exemple, vendent aux « grands le sang de leurs sujets? »

S'il part de Suisse, il outrage (page 300) les Sinner, les Orlac, les Steiger, les Vatteville, les Diesbach, en les nommant par leurs noms.

Se croit-il hors d'état de voyager en Angleterre, il dit (page 258), « que lord Bath serait déshonoré en « France. » A-t-il quitté la Hollande, il insère (page 279): « Que bientôt la Hollande ne sera bonne qu'à « être submergée, quand le stathoudérat sera bien « établi. »

Est-il loin de la France, il dit (page 302): « Que « le despotisme y a éteint jusqu'au nom de vertu. » Mais dès qu'il veut venir à Paris, il ôte cette page, et il met dans une autre que le lieutenant de police est un Messala, et il espère que Messala protégera les honnêtes gens qui pensent.

Voilà donc ce que ce personnage appelle *Mes Pensées*, et ce qu'on a lu avec la curiosité et les sentiments que cette noble hardiesse doit inspirer. Pour rendre ses autres pensées meilleures, il les a prises partout. Il butine des idées comme il a butiné des lettres; mais il défigure un peu ce qu'il touche. Rapporte-t-il une dépêche du cardinal de Richelieu, il lui fait dire une sottise. Il prétend que le cardinal de Richelieu a écrit : « Le roi a changé de ministre,

« et son ministre de maxime. » Il ne sent pas que ce n'est point le nouveau ministre, le cardinal de Richelieu lui-même, qui a changé. Il y a dans la lettre : « Le « roi a changé de ministre, et le conseil de maxime. » Voilà des paroles d'un grand sens; mais de la manière dont il les cite, elles n'en ont aucun.

Il défigure de la même façon des vers de la tragédie de *Rome sauvée*, en leur substituant les siens; car ce galant homme est aussi poëte, ou du moins il veut faire des vers.

Il y a pourtant quelques pensées dans son livre qui sont à lui, et qui ne peuvent être qu'à lui : par exemple il donne des conseils à un jeune courtisan pour se conduire avec vertu, et lui dit (page 58) : « Le mérite parvient à la cour par la bassesse, « et le métalent par l'effronterie : rampez donc effron- « tément. » On ne saurait donner un conseil plus honnête.

Il avait entendu à Paris, au théâtre, ces vers dans la bouche de Cicéron :

Un courage indompté, dans le cœur des mortels,
Fait ou les grands héros ou les grands criminels.
Qui du crime à la terre a donné les exemples,
S'il eût aimé la gloire, eût mérité des temples :
Catilina lui-même, à tant d'horreurs instruit,
Eût été Scipion, si je l'avais conduit.
Je réponds de César, il est l'appui de Rome :
J'y vois plus d'un Sylla, mais j'y vois un grand homme.
Rome sauvée, acte V, scène 3.

Voici comme l'auteur de *Mes Pensées* s'approprie ces vers dans sa prose (page 79) : « Une république « fondée par Cartouche aurait eu de plus sages lois

« que la république de Solon. Ce sont les mêmes
« qualités qui font les grands héros et les grands cri-
« minels; et l'ame du grand Condé ressemblait à celle
« de Cartouche. »

Il y a dans ce petit recueil vingt maximes pareilles. Elles caractérisent une ame qui n'est pas celle du
grand Condé : et ce qui est rare, c'est l'air de maître
avec lequel ce monsieur ose dire ce que les Clarendon
et les De Thou n'auraient exprimé qu'avec défiance,
ou plutôt ce qu'ils n'auraient jamais dit. « Donnez-
« moi, dit-il (page 25), un Stuart qui ait l'ame de
« Cromwell, et je le ferai roi d'Angleterre. » Vous le
ferez roi d'Angleterre! vous! quel feseur de monar-
ques! Le fou du roi Jacques Ier s'étant un jour assis
sur le trône, on lui demanda : Que fais-tu là, maraud?
Il répondit : *Je règne*. L'auteur de *Mes Pensées* fait
plus, il fait régner. C'est ce modeste et sage écrivain,
ce grand politique, ce précepteur du genre humain,
qui, pour l'instruction publique, a donné l'édition
du *Siècle de Louis XIV*.

Comme, avec une imagination si brillante, il pourrait savoir quelque chose de l'histoire, il ne serait pas
impossible qu'il eût en effet critiqué à propos quelque
fausse date, quelque méprise dans les faits; mais
point. Son génie ne lui a pas permis de s'abaisser à
ces détails. C'est La Beaumelle qui daigne enseigner
la langue française à Voltaire; c'est La Beaumelle qui
décide sur les auteurs; c'est La Beaumelle qui se mêle
de condamner Louis XIV; c'est La Beaumelle qui dit
qu'*on se gâte à Potsdam*; c'est La Beaumelle qui, sans
daigner jamais apporter la moindre raison de ses dé-

cisions, parle avec la même modestie que s'il avait un roi d'Angleterre à faire.

Il règle les rangs des rois. Il dit que le roi de Sardaigne ne cédera jamais le pas au roi de France. Quelquefois il condamne en un seul mot. Par exemple, l'auteur du *Siècle de Louis XIV* dit [1] que la France, depuis la mort de François II, avait toujours été déchirée par des guerres civiles, ou troublée par des factions; et le savant La Beaumelle demande *quand ?* Voilà un excellent critique en histoire ! Il ignore les horribles guerres civiles sous Charles IX, Henri III, Henri IV, et les factions qui marquèrent toutes les années du règne de Louis XIII.

« Ceci est bon, dit-il, cela est médiocre, cette « phrase est mauvaise. » Il dit en un endroit que l'auteur du *Siècle* écrit comme un clerc de procureur. L'auteur du *Siècle* lui aurait eu plus d'obligation des instructions historiques qu'il devait attendre d'un homme qui prend la peine de contrefaire son livre en l'enrichissant de notes : l'auteur était en effet tombé dans des méprises considérables. Il était bien difficile que, n'ayant alors pour tout secours que ses Mémoires qu'il avait apportés de France, il ne se fût pas trompé quelquefois. Toutes les erreurs qu'il a reconnues, et dont des hommes respectables ont eu la bonté de l'avertir, ont été soigneusement corrigées dans les éditions nouvelles de 1753. Mais La Beaumelle s'est bien donné de garde d'en relever aucune. Où aurait-il appris à les démêler, lui qui ne sait pas seulement que le fameux prince d'Orange Guillaume III fut créé

---

[1] Chapitre II, tome XIX, page 265. B.

stathouder après avoir été nommé capitaine et amiral-général? lui qui ignore l'ancien droit qu'avait l'empereur sur la ville de Bamberg, droit qui tire son origine des conventions faites avec les papes, dans le temps qu'ils avaient la principauté de Bamberg, principauté qu'ils échangèrent depuis pour celle de Bénévent. Sait-il mieux l'histoire du temps que l'histoire ancienne, quand, dans une de ses remarques, il dit que l'entreprise en faveur du prétendant, en 1744, a eu les suites les plus heureuses? Tout le monde sait à quel point elle fut inutile. Le maréchal de Saxe, qui devait la conduire, rentra dans le port; et il n'y eut de diversion opérée par le prince Édouard que lorsqu'il passa seul en Écosse en 1745, sans conseil, sans secours, et assisté de son seul courage.

Plus il est ignorant, plus il parle en maître; et plus il parle en maître, sans alléguer de raisons, moins il mérite qu'on lui réponde directement. Mais comme on doit avoir pour le public le respect de l'instruire, et de lui présenter les autorités sur lesquelles les plus importantes et les plus curieuses vérités de cet essai historique sont fondées, on prendra occasion des bévues de La Beaumelle pour dire ici des choses utiles. Ce qu'il y a de plus vil peut servir à quelques usages.

On parlera d'abord du célèbre testament du roi d'Espagne Charles II. Il s'agit de prouver que la cour de Versailles n'y eut pas la moindre part, et qu'elle n'avait jamais songé à la succession entière de cette monarchie. L'auteur du *Siècle* cite M. le marquis de Torci, alors ministre en France. Il atteste le témoignage authentique de ce secrétaire d'état; un La Beaumelle nie ce témoignage! il demande *où il est!* On répond, non à lui, mais à tous les lecteurs, que ce témoignage se trouve dans les *Mémoires* manuscrits [1] *de M. de Torci*, lesquels sont entre les mains de sa famille. On ne les confiera pas à La Beaumelle, sans doute; mais ce manuscrit est assez connu. Un autre témoignage du marquis de Torci se trouve encore écrit de sa main à la marge de l'histoire italienne de Louis XIV, par le comte Ottieri [2], imprimée à Rome, et de laquelle La Beaumelle n'a jamais entendu parler. Cet ouvrage est extrêmement rare. Le cardinal de Polignac, étant à Rome, eut le crédit de le faire supprimer. M. de Voltaire procura la lecture de son exemplaire à M. le marquis de Torci. Ottieri, comme tous les autres historiens, imputait à Louis XIV le dessein de rompre le traité de partage, et de faire tomber dans sa maison toute la monarchie d'Espagne. M. de Torci réfute en peu de mots cette erreur si accréditée, et dit expressément que *Louis XIV n'y a jamais pensé*. Ce volume du comte Ottieri, précieux par sa rareté, et plus encore par la note du marquis

---

[1] Ils ont été imprimés : voyez le *Catalogue des écrivains*, tome XIX, page 83. B.

[2] *Istoria delle guerre avvenute in Europa et particolarmente in Italia, por la successione alla monarchia delle Spagne, dall' anno 1696 all' anno 1725, dal conte e marchese Francesco Maria Ottieri*; Rome, 1728 et années suivantes, huit volumes in-4°. On lit dans la *Méthode pour étudier l'histoire* (qui ne donne que deux volumes à l'ouvrage, page 414 du tome XI de l'édition de 1772), que l'auteur étant mort en 1742, ce fut son fils qui publia le second volume en 1753. Le tome II est daté de 1752; le tome III de 1753, etc. B.

de Torci, a été donné par M. de Voltaire à M. le maréchal de Richelieu, qui le conserve dans sa bibliothèque.

Il faut distinguer les erreurs dans les historiens. Une fausse date, un nom pour un autre, ne sont que des matières pour un *errata*. Si d'ailleurs le corps de l'ouvrage est vrai, si les intérêts, les motifs, les événements, sont développés avec fidélité, c'est alors une statue bien faite à laquelle on peut reprocher quelque pli négligé à la draperie.

On pourrait à toute force pardonner à l'historien De Limiers d'avoir fait assister au grand-conseil qui se tint à Versailles, au sujet du testament de Charles II, madame de Maintenon qui n'y entra jamais, et M. de Pomponne qui était mort; mais ce qu'on ne peut pardonner, c'est l'ignorance des deux traités de partage; c'est d'avoir supposé que le roi d'Angleterre avait engagé Charles II à faire un testament en faveur du prince de Bavière; c'est d'avoir imaginé que Louis XIV avait ensuite envoyé un autre testament à signer au roi d'Espagne en faveur du duc d'Anjou. Il n'est pas permis de se tromper sur une révolution si grande, si importante, devenue la base d'un nouveau système de l'Europe. L'auteur du *Siècle* est, de tous les historiens qui ont parlé de cet événement, le premier qui ait su et qui ait dit la vérité.

Que le P. Daniel, dans ses Abrégés chronologiques de Louis XIII et de Louis XIV, se trompe sur quelques noms, sur la position de quelques villes; qu'il prenne l'entrée de quelques troupes dans une ville ouverte pour un siége, ces légères fautes ne sont presque rien, parcequ'il importe peu à la postérité qu'on ait eu tort ou raison dans des petits faits qui sont perdus pour elle. Mais on ne peut souffrir les déguisements avec lesquels il raconte les batailles importantes, ni surtout son affectation de n'étaler que des combats, qui, après tout, ne sont que des choses fort communes dans les fastes d'un siècle mémorable par tant d'autres endroits singuliers. C'est ce qu'on lui reproche dans sa grande histoire. Il aurait dû approfondir les lois, les usages, le commerce, les arts, parler de tout en philosophe. Il ne l'a pas fait ; et quoique son histoire de France soit la meilleure de toutes, notre histoire reste encore à faire.

On ennoblira encore ici l'humiliation où l'on descend de parler d'un tel critique, en rendant compte d'une autre anecdote très importante. Cette particularité ne se trouve que dans l'édition du *Siècle* de 1753. On y voit par quel motif Louis XIV reconnut le fils de Jacques II pour roi en 1701. L'auteur du *Siècle* avoue seulement, dans toutes les premières éditions, que plusieurs membres du parlement d'Angleterre lui ont dit que, sans cette démarche de Louis XIV, le parlement n'aurait peut-être point pris parti dans la guerre de la succession. Notre La Beaumelle demande « qui sont ces membres du parlement ? plu-« sieurs autres membres, dit-il, et tous les historiens « m'ont assuré le contraire. »

Vous, jeune homme, qui n'avez jamais été à Londres, qui n'avez pu vous informer de ce fait, puisque l'auteur du *Siècle* est le premier qui l'ait fait connaître, vous osez dire que des pairs d'Angleterre vous en ont parlé! vous osez dire que cette anecdote est discutée dans tous les autres historiens! Apprenez de qui l'auteur la tient; de milord Bolingbroke, qu'il a fréquenté pendant plusieurs années; et ce que milord Bolingbroke lui en avait toujours dit se trouve confirmé aujourd'hui par ses *Lettres historiques* qui viennent de paraître. Il n'y a qu'à lire les pages 158 et 159 de son tome second. C'est là qu'on verra comment, par un accord heureux, on peut concilier ce que MM. de Torci et Bolingbroke ont dit tant de fois, et ce qui est très vrai, que ce furent des femmes à qui le prétendant dut la consolation d'être reconnu roi par Louis XIV. Milord Bolingbroke ne savait cette anecdote que confusément, et M. de Torci en était instruit dans le plus grand détail et avec la plus grande certitude. Milord Bolingbroke dit dans ses *Lettres* que « des intrigues « de femmes déterminèrent Louis XIV; » mais quelles étaient ces femmes? Ce fut la propre veuve du roi Jacques, la mère du prétendant, qui vint en larmes conjurer Louis XIV de ne pas refuser de vains honneurs au fils d'un roi qu'il avait protégé, et qu'il avait toujours reconnu pour roi, même après le traité de Rysvick, sans que Guillaume III s'en fût offensé. Elle lui demanda cette grace au nom de sa magnanimité et de sa gloire; et le roi céda à ces deux noms qui pouvaient sur lui plus que tout son conseil. C'est là ce que milord Bolingbroke ne savait pas, et ce qui se trouve, dans la nouvelle édition du *Siècle*[1], parmi d'autres faits aussi curieux que véritables.

La Beaumelle peut encore porter son ignorance té-

[1] Voyez ma note, tome XIX, page 529. B.

méraire jusqu'à dire que les petites querelles de la duchesse de Marlborough et de miladi Masham n'influèrent en rien sur les affaires. « Ce conte, dit-il, est « pris de l'*Anti-Machiavel*, et n'en est pas le meilleur « endroit. » Ce conte est une vérité reconnue de toute l'Angleterre, que madame la duchesse de Marlborough avoua elle-même plusieurs fois à M. de Voltaire, et qu'elle a confirmée depuis dans ses Mémoires. Ce conte n'est point tiré de l'*Anti-Machiavel*, que son illustre auteur ne composa qu'en 1739. M. de Voltaire avait déjà, quelques années auparavant, poussé le *Siècle de Louis XIV* jusqu'à la bataille de Turin, et le manuscrit était entre les mains du roi de Prusse dès l'année 1737. Ce manuscrit était la suite d'une Histoire universelle depuis Charlemagne, écrite dans le même goût et dans le même esprit. On lui en a volé la partie la plus intéressante; et si La Beaumelle sait où elle est, M. de Voltaire lui en donnera plus de quinze ducats [1].

Pour continuer à rendre ce Mémoire instructif, et pour nourrir l'ignorante sécheresse des remarques d'un jeune homme qui ose censurer une histoire, sans rapporter un seul fait, sans alléguer la moindre probabilité sur quoi que ce puisse être, passons à l'homme *au masque de fer;* et examinons, avec les lecteurs sérieux et attentifs, la plus singulière et la plus étonnante anecdote qui soit dans aucune histoire.

L'auteur du *Siècle* dit que tous les historiens de Louis XIV ont ignoré ce fait, et il a assurément raison. La Beaumelle répond avec sa prudence ordi-

[1] Voyez page 497 du présent volume. B.

naire : «Les Mémoires de Perse en ont parlé.» Voici ce qu'on pourrait lui répliquer.

Premièrement, mon ouvrage était fait en partie long-temps avant les *Mémoires de Perse* qui n'ont paru qu'en 1745[1]. En second lieu, il n'appartient qu'à vous de citer parmi les historiens un libelle qui est aussi obscur, et presque aussi méprisable que votre *Qu'en dira-t-on*; un libelle où il y a aussi peu de vérité que dans vos ouvrages, où la plupart des rois sont insultés, où les événements sont déguisés ainsi que les noms propres.

Le hasard fait tomber ce livre entre mes mains dans ce moment même. Je trouve qu'en effet il y est parlé de l'homme *au masque de fer*. L'auteur, à l'exemple de tous les auteurs de ces sortes d'ouvrages, mêle dans cette aventure beaucoup de mensonges à un peu de vérité : il dit que le duc d'Orléans, régent de France, qu'il appelle *Ali-Omajou*, alla quelque temps avant sa mort voir à la Bastille ce fameux et inconnu prisonnier. Tout Paris sait qu'il est faux que le duc d'Orléans ait jamais fait une visite à la Bastille. Il dit que ce prisonnier était le comte de Vermandois qu'il appelle *Giafer;* et il prétend que ce comte de Vermandois, fils légitimé de Louis XIV et de la duchesse de

---

[1] Les *Mémoires secrets pour servir à l'histoire de Perse* donnent, sous des noms persans, l'histoire de la cour de Louis XV jusqu'en 1744. La première édition est de 1745, in-12 ; l'édition in-18, de 1759, contient une *Liste, ou clef des noms propres*. On attribue cet ouvrage à Resseguier; d'autres, à Pecquet, premier commis des affaires étrangères, qui a place dans un vers du *Pauvre diable* (voyez tome XIV.); d'autres, à La Beaumelle. Une note ou lettre publiée à la suite du *Journal de madame Du Hausset, femme de chambre de madame de Pompadour*, est de madame de Vieux-Maison. B.

La Vallière, fut dérobé à la connaissance des hommes par son propre père, et conduit en prison avec un masque sur le visage, dans le temps qu'on le fit passer pour mort. Il dit que ce fut pour le punir d'un soufflet que ce prince avait donné à monseigneur le dauphin. Comment peut-on imprimer une fable aussi grossière? Ne sait-on pas que le comte de Vermandois mourut de la petite-vérole au camp devant Dixmude en 1683? Le dauphin avait alors vingt-deux ans : on ne donne des soufflets à un dauphin à aucun âge; et c'est en donner un bien terrible au sens commun et à la vérité que de rapporter de pareils contes. D'ailleurs, le prisonnier *au masque de fer* était mort en 1704[1]; et l'auteur des *Mémoires de Perse* le fait vivre jusqu'à la fin de 1721.

J'avoue que je suis surpris de trouver dans ces *Mémoires de Perse* une anecdote qui est très vraie parmi tant de faussetés. J'avais appris cette anecdote l'année passée; c'est celle de l'assiette d'argent et du pêcheur, laquelle est insérée dans mes éditions de Dresde et de Paris de 1753[2]. Elle a été racontée souvent par M. Riousse, ancien commissaire des guerres à Cannes. Il avait vu ce prisonnier dans sa jeunesse, quand on le transféra de l'île Sainte-Marguerite à Paris. Il était en vie l'année passée, et peut-être vit-il encore. Les aventures de ce prisonnier d'état sont publiques dans tout le pays; et M. le marquis d'Argens, dont la

[1] En 1703, comme Voltaire l'a dit depuis en se corrigeant : voyez ma note, tome XXVI, page 311. B.

[2] Elle se trouve dans une édition datée de 1752, que j'ai déjà citée plusieurs fois. B.

probité est connue, a entendu il y a long-temps conter le fait dont je parle, à M. Riousse, et aux hommes les plus considérables de sa province.

On veut savoir le nom du médecin de la Bastille que j'ai dit avoir traité souvent cet étrange prisonnier. On peut s'en informer à M. Marsolan, gendre de ce médecin, et qui a été long-temps chirurgien de M. le maréchal de Richelieu.

Plusieurs personnes enfin me demandent tous les jours quel était ce captif si illustre et si ignoré. Je ne suis qu'historien, je ne suis point devin. Ce n'était pas certainement le comte de Vermandois; ce n'était pas le duc de Beaufort, qui ne disparut qu'au siége de Candie, et dont on ne put distinguer le corps dont les Turcs avaient coupé la tête. M. de Chamillart disait quelquefois, pour se débarrasser des questions pressantes du dernier maréchal de La Feuillade et de M. de Caumartin, que c'était un homme qui avait tous les secrets de M. Fouquet. Il avouait donc au moins par là que cet inconnu avait été enlevé quelque temps après la mort du cardinal Mazarin. Or, pourquoi des précautions si inouïes pour un confident de M. Fouquet, pour un subalterne? Qu'on songe qu'il ne disparut en ce temps-là aucun homme considérable. Il est donc clair que c'était un prisonnier de la plus grande importance, dont la destinée avait toujours été secrète. C'est tout ce qu'il est permis de conjecturer.

Le critique, sans rien approfondir, se contente de mettre en note, *ouï-dire*. Mais une grande partie de l'histoire n'est fondée que sur des *ouï-dire* rassemblés et comparés. Aucun historien, quel qu'il soit, n'a tout vu. Le nombre et la force des témoignages forment une probabilité plus ou moins grande. L'histoire de l'homme *au masque de fer* n'est pas démontrée comme une proposition d'Euclide; mais le grand nombre des témoignages qui la confirment, celui des vieillards qui en ont entendu parler aux ministres, la rendent plus authentique pour nous qu'aucun fait particulier des quatre cents premières années de l'histoire romaine.

Le critique me reproche d'affecter, sur d'autres points, de citer des autorités respectables, entre autres celle du cardinal de Fleury; comme si j'étais un jeune homme ébloui de la grandeur. La familiarité avec les puissants de ce monde est une vanité; et il faut être bien faible pour en faire gloire.

Vous dites, pour infirmer le témoignage du cardinal de Fleury, qu'il ne m'aimait pas; cela peut être : aussi n'ai-je point dit qu'il m'aimât. J'aurais plus volontiers fait ma cour au savant abbé de Fleury qu'à l'heureux cardinal de Fleury; mais je suis obligé d'avouer que lorsqu'il sut que je travaillais, je ne dirai pas à l'histoire de Louis XIV, mais au tableau de son siècle, il me fit venir quelquefois à Issi pour m'apprendre, disait-il, des anecdotes. Ce fut lui, et lui seul, dont je tins que M. de Bâville, intendant du Languedoc, avait été le principal instigateur de la fameuse révocation de l'édit de Nantes: il le savait bien. C'était à M. de Bâville qu'il devait sa fortune. Ce fut lui qui un jour me montra à Versailles, au bout de son appartement, la place où le roi avait épousé madame de Maintenon ; ce fut lui qui me dit que le chevalier de Forbin n'avait point été témoin du mariage, quoi qu'en dise l'abbé de Choisi, dont les *Mémoires* sont aussi peu sûrs en bien des endroits, qu'ils sont négligemment écrits. En effet, M. de Forbin, homme de mer, n'étant point attaché intimement au roi, n'était pas fait pour être le témoin d'une cérémonie si secrète. Cet emploi ne pouvait être que le partage d'anciens domestiques affidés.

Je demandai au cardinal si Louis XIV était instruit de sa religion, pour laquelle il avait toujours montré un si grand zèle ; il me répondit ces propres mots : *Il avait la foi du charbonnier.* Du reste il ne me dit guère que des particularités qui le concernaient lui-même, et qui étaient fort peu de chose. Il me parlait sans cesse d'un procès qu'il avait eu avec les jésuites, étant évêque de Fréjus, et de la peine extrême que cette petite querelle avait faite à Louis XIV. Il avait la faiblesse de croire que ces bagatelles pouvaient entrer dans l'histoire du siècle : il n'est pas le seul qui ait eu cette faiblesse. Une chose plus digne de la postérité, c'est que dans ces entretiens le cardinal de Fleury convint que la constitution de l'Angleterre était admirable. Il me semble qu'il est beau à un cardinal, à un premier ministre de France, d'avoir fait cet aveu. Il ajouta que c'était une machine compliquée, aisée à déranger, et sujette à bien des abus. Je lui répondis que les abus étaient attachés à la nature humaine, mais que les lois n'avaient rendu nulle part la nature humaine plus respectable. Il me dit qu'il avait toujours eu l'ascendant sur le ministre anglais ; il avait grande raison : il avait fait alors la guerre et la paix sans l'intervention de ce ministre. Walpole croyait me gouverner, disait-il, et il me semble que je l'ai gouverné. Un La Beaumelle pourra avancer que cela n'est pas vrai; et moi je le rapporte parceque cela est vrai.

J'allais, après ces entretiens, écrire chez Barjeac ce que son maître m'avait dit de plus important; et je ne fesais pas plus ma cour à Barjeac qu'à son maître, pour ne pas augmenter la foule. Encore une fois, je n'étais pas le favori du cardinal, bien que j'eusse long-temps été admis dans sa société avant qu'il fût premier ministre; ou plutôt, parceque j'y avais été admis, et que ma franchise n'est guère faite pour plaire à des hommes puissants. Mais apprenez de moi ce que doit un historien à la vérité, et le seul mérite de mon ouvrage. Je n'aimais pas plus le cardinal de Fleury qu'il ne m'aimait; cependant j'ai parlé de lui dans le tableau de l'Europe[1], à la fin du *Siècle de Louis XIV*, comme s'il m'avait comblé de bienfaits. Quand l'historien parle, l'homme doit se taire. L'éloge que j'ai fait de ce ministre ne m'a rien coûté; et si Trajan m'avait persécuté, je dirais que Trajan a tort, mais qu'il est un grand homme.

La Beaumelle me fait un plaisant reproche d'avoir consulté pendant vingt années les premiers hommes du royaume pour m'instruire de la vérité. Que ne me

---

[1] Ce que Voltaire disait du cardinal de Fleury, en 1751, 1752 et 1753, dans le chapitre XXIII (alors à la fin du tome Ier, et fesant aujourd'hui le chapitre XXIV) du *Siècle de Louis XIV*, a été depuis reporté par l'auteur dans le chapitre III du *Précis du Siècle de Louis XV*: voyez tome XXI. B.

reproche-t-il aussi d'avoir demandé à tant d'officiers généraux des instructions sur la guerre de 1741? d'avoir travaillé six mois sans relâche dans les bureaux des ministres, tandis que j'étais historiographe de France, place véritablement honorable pour un écrivain, et que j'ai sacrifiée? Que ne me fait-il un crime d'avoir tout vu par mes yeux, tout extrait de ma main, tout rassemblé? d'avoir laissé à mon roi et à ma patrie ce monument qui ne doit paraître qu'après ma mort, et que j'ai achevé dans une terre étrangère[1]? J'ai fait mon devoir, et je regarde encore comme un devoir de répondre aux derniers des écrivains, parceque le mépris qu'on leur doit cède au respect qu'on doit à la vérité. Voilà ce que l'auteur du *Siècle de Louis XIV* pourrait dire.

Il continuerait ainsi, s'il voulait prendre la peine d'instruire cet écolier.

1° Apprenez que la valeur numéraire des espèces est arbitraire, et n'est pas indifférente comme vous le dites. Le roi est le maître de faire valoir douze livres l'écu qui est à présent fixé à six; mais, en ce cas, si vous avez six mille livres de rente sur l'hôtel-de-ville, vous ne toucherez plus que cinq cents de ces mêmes écus dont on vous comptait mille auparavant. Cette leçon est courte et nette; tâchez d'être dans le cas d'en profiter, mais vous n'en prenez pas le chemin.

2° Apprenez que la plupart des évêques appelants, et ceux qui signèrent les propositions de 1682, ne

---

[1] Voltaire parle de l'*Histoire de la guerre de mil sept cent quarante et un*. Voyez ce que je dis de cet ouvrage dans ma préface du tome XXI. B.

s'intitulaient pas *évêques par la permission du saint siége.*

3° Apprenez que jamais le marquis de Fénélon, ni M. de Plelo, l'un ambassadeur en Hollande, l'autre en Danemark, n'ont commandé des régiments soudoyés par ces puissances, comme M. de Charnacé.

4° Apprenez que Vittorio Siri, qui quelquefois était aussi partial pour la cour qui le payait que Le Vassor le fut contre elle en qualité de réfugié, était un auteur très instruit de tout ce qui s'était passé de son temps; et que le témoignage d'un auteur contemporain, pensionnaire d'une cour, est du plus grand poids, quand le témoignage n'est pas favorable à cette cour.

5° Apprenez que le cardinal Mazarin n'a jamais passé pour maladroit.

6° Apprenez que ce n'est pas à vous à décider des droits du parlement de Paris. L'auteur du *Siècle* a rapporté quels étaient les sentiments de la cour et ceux de la ville dans des temps de troubles : il n'a pas osé avoir un avis, et vous osez juger !

7° Apprenez que ces vers que le duc de La Rochefoucauld citait au sujet de madame de Longueville, et que vous gâtez,

> Pour mériter son cœur, pour plaire à ses beaux yeux,
> J'ai fait la guerre aux rois; je l'aurais faite aux dieux,

sont tirés de la tragédie d'*Alcyonée*[1]; et pour égayer la matière, je vous apprendrai qu'après sa rupture avec madame de Longueville, il parodia ainsi ces vers :

[1] Par Du Ryer. Voyez tome XIX, page 296. B.

Pour ce cœur inconstant, qu'enfin je connais mieux,
J'ai fait la guerre aux rois ; j'en ai perdu les yeux.

8° Apprenez que les favoris de Henri III étaient appelés les *mignons*, et non les *petits-maîtres*.

9° Apprenez que ce n'est que depuis 1741 que la chancellerie impériale traite les rois de *majesté* dans le protocole de l'empire.

10° Apprenez que Louis XIV obtint un désaveu formel de l'action de l'ambassadeur Vatteville, lorsqu'il força d'abord le roi Philippe IV à le rappeler.

11° Apprenez que la méthode du maréchal de Vauban lui appartenait tout entière, et qu'elle n'était pas, comme on vous l'a dit, *d'un Hollandais qui n'avait pu être employé dans sa patrie* ; et souvenez-vous que quand on est assez téméraire pour attaquer la mémoire d'un homme tel que le maréchal de Vauban, il faut citer des autorités convaincantes.

12° Apprenez que si vous gagiez, comme vous le dites, que les aides-de-camp de Louis XIV ne mangeaient pas à sa table, vous perdriez. Ils y mangeaient comme ceux de Louis XV, titrés ou non titrés. Les gentilshommes ordinaires de sa chambre y mangeaient aussi quand ils avaient fait les fonctions d'aides-de-camp. M. du Libois fut le dernier qui eut cet honneur, etc. M. de Larrey, auteur de l'*Histoire de Louis XIV*, était conseiller aulique du roi de Prusse, et n'était pas gentilhomme de la chambre de Louis XIV, comme vous le dites, et ne pouvait l'être étant calviniste.

13° Apprenez que cette criminelle remarque, « qu'un roi absolu qui veut le bien est un être de

« raison, et que Louis XIV ne réalisa jamais cette
« chimère, » est aussi punissable que fausse. Vous
avez l'insolence, vous jeune barbouilleur de papier,
d'outrager Louis XIV et Louis XV ! Je détourne les
yeux de votre crime, pour dire à cette occasion qu'un
roi absolu, quand il n'est pas un monstre, ne peut
vouloir que la grandeur et la prospérité de son état,
parcequ'elle est la sienne propre, parceque tout père
de famille veut le bien de sa maison. Il peut se tromper sur le choix des moyens, mais il n'est pas dans
la nature qu'il veuille le mal de son royaume.

J'ai une observation nécessaire à faire ici sur le mot
despotique[1] dont je me suis servi quelquefois. Je ne
sais pourquoi ce terme, qui, dans son origine, n'était
que l'expression du pouvoir très faible et très limité
d'un petit vassal de Constantinople, signifie aujourd'hui un pouvoir absolu et même tyrannique. On est
venu au point de distinguer, parmi les formes des
gouvernements ordinaires, ce gouvernement despotique dans le sens le plus affreux, le plus humiliant
pour les hommes qui le souffrent, et le plus détestable dans ceux qui l'exercent. On s'était contenté
auparavant de reconnaître deux espèces de gouvernements, et de ranger les unes et les autres sous
différentes divisions. On est parvenu[2] à imaginer
une troisième forme d'administration naturelle à la-

---

[1] Sur ce mot, voyez tome XVI, page 484; tome XLV, le dialogue A B C, premier entretien; tome XLVIII, *Un chrétien contre six Juifs*, vingt et unième niaiserie; tome L, le paragraphe III du *Commentaire sur l'Esprit des lois*. B.

[2] C'est de Montesquieu que parle Voltaire: voyez tome XXXIX, page 431. B.

quelle on a donné le nom d'état despotique, dans laquelle il n'y a d'autre loi, d'autre justice, que le caprice d'un seul homme. On ne s'est pas aperçu que le despotisme, dans ce sens abominable, n'est autre chose que l'abus de la monarchie, de même que dans les états libres l'anarchie est l'abus de la république. On s'est imaginé, sur de fausses relations de Turquie et de Perse, que la seule volonté d'un vizir ou d'un itimadoulet tient lieu de toutes les lois, et qu'aucun citoyen ne possède rien en propriété dans ces vastes pays; comme si les hommes s'y étaient assemblés pour dire à un autre homme: Nous vous donnons un pouvoir absolu sur nos femmes, sur nos enfants, et sur nos vies; comme s'il n'y avait pas chez ces peuples des lois aussi sacrées, aussi réprimantes que chez nous; comme s'il était possible qu'un état subsistât sans que les particuliers fussent les maîtres de leurs biens. On a confondu exprès les abus de ces empires avec les lois de ces empires. On a pris quelques coutumes particulières au sérail de Constantinople pour les lois générales de la Turquie; et parceque la Porte donne des timariots à vie, comme nos anciens rois donnaient des fiefs à vie, parceque l'empereur ottoman fait quelquefois le partage des biens d'un bacha né esclave dans son sérail, on s'est imaginé que la loi de l'état portait qu'aucun particulier n'eût de bien en propre. On a supposé[1] que dans Constantinople le fils d'un ouvrier ou d'un marchand n'héritait pas du fruit de l'industrie de son père. On a osé prétendre[2]

---

[1] Montesquieu, *Esprit des lois*, livre V, chap. xiv. B.
[2] Id., livre VIII, chap. xxi. B.

que le même despotisme régnait dans le vaste empire de la Chine, pays où les rois, et même les rois conquérants, sont soumis aux plus anciennes lois qu'il y ait sur la terre. Voilà comme on s'est formé un fantôme hideux pour le combattre; et en fesant la satire de ce gouvernement despotique qui n'est que le droit des brigands, on a fait celle du monarchique qui est celui des pères de famille. Je ne veux point entrer dans un détail délicat qui me mènerait trop loin; mais je dois dire que j'ai entendu par le despotisme de Louis XIV, l'usage toujours ferme et quelquefois trop grand qu'il fit de son pouvoir légitime. Si dans des occasions il a fait plier sous ce pouvoir les lois de l'état, qu'il devait respecter, la postérité le condamnera en ce point : ce n'était pas à moi de prononcer; mais je défie qu'on me montre aucune monarchie sur la terre dans laquelle les lois, la justice distributive, les droits de l'humanité, aient été moins foulés aux pieds, et où l'on ait fait de plus grandes choses pour le bien public, que pendant les cinquante-cinq années que Louis XIV régna par lui-même.

14° Apprenez que l'établissement des milices n'est point le malheur de la France, comme vous avez l'impudence de le dire; que ces milices, qui sont la pépinière des armées, contribuèrent à sauver la France dans les dernières campagnes du maréchal de Villars, et à la rendre victorieuse dans les campagnes de Louis XV; que l'excellente méthode qu'on a prise, en 1724, concernant le maintien de ces milices, est due principalement au conseil de M. Duverney, et qu'elle a été très perfectionnée par M. le comte d'Argenson [1]. On se fait un devoir de rendre cette justice à de bons citoyens, pour se laver de l'opprobre de vous adresser la parole.

15° Apprenez qu'il est faux que tous les catholiques du Languedoc avouent que la seule cause du supplice du fameux ministre Brousson fut qu'il était hérétique. L'abbé Brueys, dans son Histoire des troubles des Cévennes [2], rapporte qu'il avait eu autrefois des intelligences avec les ennemis, et qu'il fut roué sur sa propre confession. Ces intelligences étaient très peu de chose. On usa avec lui d'une extrême rigueur; ce fut une cruauté, plus qu'une injustice. On fesait pendre les prédicants de votre communion, qui venaient prêcher malgré les édits. On rouait ceux qui avaient excité à la révolte; telle était la loi : elle était dure; mais il n'y eut rien d'arbitraire dans les jugements [3].

16° Apprenez que Louis XIV n'a jamais dit au lord Stair, ambassadeur d'Angleterre, à l'occasion du port qu'il voulait faire à Mardick : « Monsieur « l'ambassadeur, j'ai toujours été le maître chez moi, « quelquefois chez les autres; ne m'en faites pas sou-« venir. »

[1] Voyez, dans le *Siècle de Louis XIV*, une note des éditeurs sur les Milices, chap. XXIX (p. 257). K.

[2] Son livre est intitulé : *Histoire du fanatisme de notre temps*, 1692, in-12, dont une *Suite* parut en 1709, in-12, et une nouvelle suite en 1713, deux volumes in-12. L'ouvrage entier a été réimprimé en 1737, trois volumes in-12, et 1755, trois volumes in-12. B.

[3] Ces jugements furent presque toujours rendus par des commissaires, et, par conséquent, on peut les regarder comme injustes, même dans la forme. K.

Vous n'êtes qu'un menteur; car ce n'est pas avec vous qu'il faut ménager les termes, quand vous dites : « Je sais de science certaine que Louis XIV tint ce « discours. » J'avais dit [1] que je savais de science certaine qu'il ne le tint pas; mais voici pourquoi je m'étais exprimé ainsi. Je demande pardon à M. le président Hénault de mêler ici son nom à celui d'un homme tel que vous; mais la vérité de l'histoire exige que je le cite, et que j'atteste sa bonne foi et sa candeur. C'est lui seul qui a rapporté cette anecdote. Il a souffert la hardiesse que j'ai prise de le contredire; hardiesse d'autant plus excusable en moi, qu'on sait à quel point j'aime et j'estime son ouvrage[2] et sa personne. Il permettra encore que je révèle ce qui s'est passé entre lui et moi à ce sujet, parceque mon respect pour la vérité est égal à l'amitié que j'ai pour lui.

Je lui dis avant mon départ : « Êtes-vous bien sûr « que le feu roi ait tenu à un ambassadeur d'Angle- « terre un discours qui me semble si peu convenable? « Il aurait pu parler ainsi à un ministre des États-Gé- « néraux, parcequ'en effet il avait été le maître chez « eux; mais certainement il ne l'avait jamais été chez « les Anglais. Il devait la paix à cette nation, et même « une partie de ses frontières : comment donc aurait- « il pu s'exprimer d'une manière si peu conforme à « sa situation, et qui ne pouvait manquer de lui atti- « rer une réponse très désagréable d'un homme tel

[1] Voyez ci-dessus, page 109. B.
[2] Voyez tome XIX., page 122. B.

« que milord Stair, dont vous avez connu le carac-
« tère ? »

« Vous avez raison, me répondit-il ; M. de Torci
« m'a dit les mêmes choses que vous ; il m'a ajouté
« que jamais le comte de Stair n'avait parlé au roi
« qu'en sa présence, et il m'a protesté n'avoir jamais
« entendu prononcer ces paroles à Louis XIV.—Pour-
« quoi donc les avez-vous rapportées ? » lui dis-je. Il
me fit l'honneur de me répliquer qu'elles étaient imprimées avant que M. le marquis de Torci l'eût averti,
et qu'il avait cité cette anecdote dans son livre sur la
foi des hommes les plus considérables de la cour. Il
disait vrai, et il avait pour lui des témoignages nombreux et respectables. Je lui repartis que, selon la
doctrine des probabilités, le témoignage de M. de
Torci, seul témoin nécessaire, joint à toutes les vrai-
semblances qui sont très fortes, anéantissait le rapport de tous ceux qui n'avaient pas été témoins, quelque unanime qu'il pût être, et quelque autorité que
lui donnassent les noms les plus illustres. Il me semble
qu'à la fin de la conversation, M. le président Hénault
eut la bonté de convenir qu'à la première édition
de son livre, qui sera sans doute souvent réimprimé,
parcequ'il sera toujours nécessaire, il mettrait un
petit correctif à cette anecdote, en la rapportant
comme un ouï-dire[1]. Ce que je viens de raconter, et
dont je demande encore très humblement pardon à
M. le président Hénault, doit moins servir à fortifier

---

[1] Le président Hénault n'a mis aucun correctif à sa phrase dans les éditions de 1756 et de 1768. Voyez l'*Abrégé chronologique*, à l'année
1714. B.

le pyrrhonisme de l'histoire qu'à faire voir avec quel scrupule il faut peser les autorités et balancer les raisons. Ce trait apprendra aux lecteurs quels soins j'ai pris de m'instruire; et peut-être regrettera-t-on que je ne puisse plus être à la source des lumières que j'aurais fidèlement répandues.

17° Apprenez combien il est indécent et révoltant de dire à propos du comte de Plelo « qu'il ne mourut « au lit d'honneur que parcequ'il s'ennuyait à périr à « Copenhague, et qu'il était estimé des savants da- « nois, parcequ'ils sont fort ignorants. » Jugez ce que vous devez attendre de pareilles remarques qui insultent follement les vivants et les morts. Vous dites que le roi Casimir était un sot, ainsi que tous les Polonais. Quel asile vous restera-t-il sur la terre?

18° Apprenez combien il est ridicule d'avancer que jamais Louis XIV n'eut une cour plus nombreuse que lorsque obligé de quitter sa capitale, il était prêt d'être livré au grand Condé à la journée de Blenau.

19° Apprenez que le grade militaire est toujours à l'armée au-dessus de la naissance, et que le premier grade donne à la cour cette prérogative. Fabert, maréchal de France, passait partout, sans contredit, devant les Montmorenci et les Châtillon, lieutenants-généraux.

20° Apprenez à connaître l'Allemagne. Distinguez le conseil de ce qu'on appelle les légistes. Sachez que, surtout dans les états du roi de Prusse, les magistrats sont bien loin de disputer quelque chose aux officiers.

21° Apprenez que jamais Louis XIV n'a dit au parlement de Paris que Louis XIII n'aimait pas les huguenots, et les craignait; et que pour lui il ne les craignait ni ne les aimait. Ce monarque n'allait point au parlement pour faire des antithèses, et il n'a jamais tenu de lit de justice à l'occasion des prétendus réformés.

22° Apprenez que vous vous trompez autant sur ce que Louis XIV dit au parlement de Paris, que sur ce qu'il n'y dit pas. Le discours qu'il y prononça en 1654, que je rapporte, et que vous niez, est mot pour mot dans un extrait d'un journal du parlement que j'ai vu. Plusieurs mémoires du temps citent exactement les mêmes paroles. Quand je dis que vous vous trompez, je n'entends pas que vous vous méprenez, que vous avez mal lu, mal retenu, ce qui pourrait arriver à tout critique; j'entends que vous n'avez rien lu, et que vous barbouillez au hasard des notes qui n'ont d'autre fondement que l'envie de mettre au bas des pages de mon livre, mal contrefait, des faussetés dont votre témérité seule est capable.

23° Apprenez qu'il est faux, qu'il est impossible que le conseil de Louis XIII ait sollicité le cardinal Duperron de s'opposer, comme vous osez l'avancer, à cette fameuse proposition du tiers-état : « qu'aucune « puissance spirituelle ne peut priver les rois de leur « puissance sacrée, qu'ils ne tiennent que de Dieu « seul, etc. »

Quoi! vous avez le front de représenter le conseil d'un roi de France comme une troupe d'imbéciles et de perfides qui sollicitent le clergé d'enseigner qu'on peut déposer et tuer ses maîtres! Si le malheur des temps et l'esprit de discorde avaient jamais pu porter le conseil d'un roi à une si lâche fureur, il faudrait avoir des preuves plus claires que le jour pour tirer de l'obscurité une anecdote aussi infame. Mais quelle preuve en pouvez-vous avoir, vous, audacieux ignorant, qui n'avez jamais rien lu, et qui écrivez de caprice ce que vous dicte votre démence? Vous avez peut-être entendu dire confusément que le conseil du roi se mêla, comme il le devait, de cette célèbre querelle entre le clergé et le tiers-état dans les états de 1614. Il ne sera pas inutile de dire ici que, le 5 de janvier 1615, la chambre du clergé fit enfin signifier à la chambre du tiers-état l'article qu'elle dressa suivant la quinzième session du concile de Constance, qui condamne comme abominable et hérétique l'opinion « qu'il est permis d'attenter à la personne sacrée « des rois; » mais elle ne se relâcha point sur l'article de la déposition; et le cardinal Duperron maintint toujours « qu'il n'était pas sûr et indubitable qu'un « roi ne pût pas être déposé par l'Église. »

Le parlement, qui dans tous les temps a maintenu le droit de la couronne contre les entreprises ecclésiastiques, avait pris ce temps pour donner un arrêt, le 2 janvier, conforme à cent arrêts précédents, par lesquels « nulle puissance n'a droit ni pouvoir de dis- « penser les sujets du serment de fidélité. » La chambre du clergé demanda la cassation de cet arrêt, sous prétexte qu'il était rendu pendant la tenue des états, et que le parlement n'avait pas droit de se mêler de la législation tandis que les législateurs étaient assemblés. Ce nouvel incident échauffa les esprits. On assembla le conseil du roi le 6 janvier; et le prince de Condé, chef du conseil, après avoir opiné sévèrement contre le cardinal Duperron, et après avoir donné les plus grands éloges à la fidélité et au zèle du parlement, conclut pourtant, pour le bien de la paix, à interdire sur ce point toute dispute au clergé et au tiers-état, et à défendre au parlement de publier son arrêt, pour conserver, disait-il, la supériorité des états sur le parlement. Voilà toute la part que le conseil suprême de Louis XIII eut dans cette affaire importante. Voilà comment, selon le critique La Beaumelle, ce conseil sollicita le clergé de déclarer qu'il est permis de déposer et de tuer les rois. L'auteur du *Siècle de Louis XIV* était et devait être informé de toutes ces particularités : il ne les a pas rapportées dans le tableau raccourci qu'il a fait de tant d'événements; et il a dû d'autant moins en faire mention, que cette scène se passa près de trente années avant les temps qui sont l'objet de son travail. Un auteur doit toujours en savoir beaucoup plus que son livre, sans quoi il serait incapable de le faire : un critique doit en savoir plus encore que l'auteur, sans quoi il est incapable de bien critiquer.

24º Apprenez qu'il est faux qu'un officier se soit percé de son épée en présence de Louis XIV, après avoir été outragé par une raillerie sanglante de ce monarque. Vous voulez flétrir en vain sa mémoire par un conte qui n'est pas même accrédité dans la populace, et qui ne se trouve dans aucun auteur connu des honnêtes gens.

25º Apprenez que beaucoup d'historiens ont prétendu que la reine Anne était d'intelligence avec son frère, quand ce frère, en 1708, tenta de faire une descente en Écosse; que Reboulet est de cette opinion : que lui et ses garants se trompent; et que, pour oser être critique, il faut savoir ce que les historiens ont rapporté, et ce qu'ils ont mal rapporté.

26° Apprenez que l'électeur palatin était à Manheim, quand M. de Turenne saccageait Heidelberg et son pays.

27° Apprenez que le chevalier de Lorraine était à Paris, et non à Rome, quand madame de Coëtquen lui révéla le secret de l'état, qu'elle avait arraché à M. de Turenne; que ce grand homme ayant eu le courage d'avouer sa faiblesse, la perfidie de madame de Coëtquen étant éclaircie, la division ayant troublé la maison de Monsieur, le chevalier ayant été enfermé à Pierre-Encise, il eut ensuite permission d'aller à Rome.

28° Apprenez que c'est le comble de l'impertinence de dire que « toutes les guerres d'aujourd'hui sont des « guerres de commerce; » qu'il n'y a eu que celle de l'Angleterre avec l'Espagne, en 1739, qui ait eu le commerce pour objet; que jamais la France n'en a eu jusqu'ici aucune de cette nature; que les guerres pour les successions de l'Espagne et de l'Autriche étaient d'un genre un peu supérieur.

29° Apprenez que jamais ce Cavalier, chef des fanatiques, n'obtint l'exercice de la religion calviniste dans le Languedoc [1]. C'eût été obtenir le rétablisse-

[1] Voyez page 398. B.

ment de l'édit de Nantes. Il n'eut cette permission que pour les régiments qu'il voulut lever.

30° Apprenez, si vous pouvez, quel est l'excès ridicule d'un jeune ignorant qui dit d'un ton de maître: « Le maréchal de Villars ne prédit point la perte de la « bataille d'Hochstedt; il a dit seulement les raisons « pour lesquelles elle fut perdue. » Il semble, à vous entendre parler, que vous ayez entretenu ce général. Sachez que cette lettre, écrite par lui à M. de Maisons son beau-frère, sur la seule nouvelle de la position de l'armée française à Hochstedt, est une chose connue dans sa famille. Un laquais de cette maison, qui aurait entendu ses maîtres parler de cette anecdote, serait cent fois plus croyable que vous. Il vous sied bien à vous, moins instruit et moins accrédité que ce laquais, de parler avec cette confiance d'un général dont vous n'avez jamais pu approcher! il vous sied bien de l'appeler *le plus vain des hommes* [1], et de lui reprocher ses richesses!

31° Apprenez que ceux qui vous ont dit que les filles héritent de la Navarre, et que c'est pour cela que Madame royale a eu le pas sur Mesdames de France, vous ont dit trois sottises. Le patrimoine de la partie de la Navarre qui appartenait à Henri IV, fut réuni par lui à la couronne de France en 1607, et plus solennellement en 1620 par Louis XIII, lorsqu'il créa le parlement de Pau; par conséquent cet état est soumis à la loi salique. Aucune princesse du sang de

---

[1] C'est à la page 109 du tome II de l'édition du *Siècle de Louis XIV*, avec des notes de M. de La B**, que Villars est appelé ainsi. B.

France, qui n'est pas reine, n'a le pas sur Mesdames de France, c'est-à-dire sur les filles du roi. Ses filles gardent entre elles le rang de l'ordre de la naissance. La duchesse de Savoie, fille de Henri IV, qu'on appelait Madame royale, ne put jamais être en concurrence avec plusieurs filles d'un roi de France. Elle était la seconde des filles de Henri IV. La première fut femme de Philippe IV, roi d'Espagne, la troisième fut reine d'Angleterre. Il n'y eut point de Mesdames de France du temps de Louis XIII ni de Louis XIV. Vous savez aussi peu l'histoire que le cérémonial.

32° Apprenez que vous êtes aussi téméraire quand vous approuvez que quand vous critiquez. Le portrait, dites-vous, que j'ai fait des princes de Vendôme est très ressemblant. Oui, il l'est, parceque j'ai eu l'honneur de voir trois ans de suite le dernier prince de Vendôme; mais ce n'est pas à vous à le dire. C'est ainsi que pourrait s'exprimer un homme qui les aurait long-temps approchés; mais vous n'avez pas plus de droit de confirmer mon témoignage que de le nier.

33° Apprenez que c'est dans les *Mémoires* manuscrits *du marquis de Dangeau* que se trouvent ces paroles de Louis XIV sur le maréchal de Villeroi : « On se déchaîne contre lui parcequ'il est mon fa- « vori. » Ce n'est pas assez que je les aie lues dans ces *Mémoires* pour les rapporter; elles m'ont été confirmées par d'autres personnes, et surtout par le cardinal de Fleury. Ce n'est que sur plusieurs témoignages unanimes qu'il est permis d'écrire l'histoire. Le rapport d'un témoin considérable donne de la probabilité, le rapport de plusieurs peut faire la certitude historique, et la négation de La Beaumelle fait une impertinence.

34° Apprenez que Saint-Olon, gentilhomme ordinaire du roi, envoyé à Fez et à Gênes, n'était et ne pouvait être un secrétaire d'ambassade. Sachez qu'il n'y a point chez les ministres de France de secrétaire d'ambassade proprement dit, comme il se pratique ailleurs, mais des secrétaires d'ambassadeurs, choisis et payés par l'ambassadeur même. Sachez que le roi de France n'envoie jamais d'ambassadeur à Gênes, et que Louis XIV y fit porter ses menaces par cet officier de sa maison, comme un pareil officier y a été envoyé par Louis XV qui la protégeait. Sachez que je le suis, quoi que vous en disiez, et que je ne m'en vante pas comme vous le dites; que je regarde avec beaucoup d'indifférence tous les titres et tous les honneurs, en respectant profondément ceux qui m'en ont honoré; que je ne mets jamais aucun titre à la tête de mes ouvrages; que je ne m'annonce, que je ne me donne que pour un homme de lettres, que vous auriez dû choisir plutôt pour votre maître que pour votre ennemi. Vous avez en vain l'insolence de vouloir avilir un corps de la maison du roi de France, en disant que de mauvais historiens de Louis XIV, Racine, Larrey, et moi, étaient de ce corps. A l'égard de Racine, Louis XIV voulut l'élever à cette dignité pour récompenser un très grand mérite; et Louis XV a daigné me faire la même grace, qui est au-dessus de ma naissance, pour favoriser mes faibles efforts, et pour encourager les lettres. Cette condescendance de deux grands rois fait honneur à leur générosité, et ne peut faire aucun tort à un corps d'officiers de la couronne, aussi ancien que la monarchie.

Je pourrais vous donner autant de leçons que vous avez fait de remarques; mais je me contenterai de vous donner en général l'avis d'étudier, et de vous repentir.

SECONDE PARTIE[1].

Pour mieux se justifier auprès du public de tant de détails, et pour rendre autant qu'on le peut les choses personnelles d'une utilité générale, on fera ici une remarque littéraire qu'on soumet au jugement de tous ceux qui lisent ou qui écrivent l'histoire. La Beaumelle, en jeune homme inconsidéré, me reproche de n'avoir pas semé assez de portraits dans mon ouvrage. J'ai toujours pensé[2] que c'est une espèce de charlatanerie de peindre autrement que par les faits les hommes publics avec lesquels on n'a pu avoir de liaison. J'ai peint le siècle et non la personne de Louis XIV, ni celle de Guillaume III, ni le grand Condé, ni Marlborough. Il n'appartient qu'au père Maimbourg de faire des portraits recherchés et fleuris des héros que l'on n'a pas vus de près. Le cardinal de Retz a fait une espèce de galerie de portraits dans ses Mémoires : cette liberté lui était très permise. Il avait connu tous ceux dont il parlait, dans toutes les situations de leur ame, dans leur vie particulière et pu-

---

[1] Dans quelques éditions, cette seconde partie portait le titre de *Réfutation plus directe*. B.

[2] Voyez ce que Voltaire dit sur les portraits, tome XXX, page 215. B.

blique, dans leurs amitiés et dans leur haine, dans leur bonne et mauvaise fortune. Il serait seulement à souhaiter peut-être que son pinceau eût été quelquefois moins conduit par la passion. De tous ces caractères tracés par des contemporains, qu'il y en a peu d'entièrement fidèles ! N'entend-on pas tous les jours porter des jugements différents d'un homme en place par la même personne, selon qu'elle est plus ou moins contente ? J'eus une preuve bien forte de ce que j'avance, lorsqu'un jour à Bleinheim je suppliai madame la duchesse de Marlborough de me montrer ses Mémoires. Elle me répondit : « Attendez quelque « temps, je suis occupée actuellement à réformer le « caractère de la reine Anne; je me suis remise à l'ai- « mer depuis que ces gens-ci gouvernent. »

Recherche qui voudra ces portraits de la figure, de l'esprit, du cœur, de ceux qui ont joué les premiers rôles sur le théâtre du monde. Je sais que ces peintures vraies ou fausses amusent notre imagination. Le bon sens est souvent en garde contre elles.

Je me soucie fort peu que Colbert ait eu les sourcils épais et joints, la physionomie rude et basse, l'abord glaçant; qu'il ait joint de petites vanités au soin de faire de grandes choses : j'ai porté la vue sur ce qu'il a fait de mémorable, sur la reconnaissance que les siècles à venir lui doivent, non sur la manière dont il mettait son rabat, et sur l'air bourgeois que le roi disait qu'il avait conservé à la cour.

Un La Beaumelle peut dire à son gré, dans la Vie de madame de Maintenon : « Que madame de La Val- « lière avait des yeux bleus, point atteints du désir de

« plaire; que madame de Montespan avait le nez de
« France le mieux tiré; l'autour du cou environné de
« mille petits amours. » Il peut dire que mademoiselle
de Fontanges était une grande fille bien faite, que
madame de Montespan lui découvrait la gorge devant
le roi, et qu'elle disait : « Voyez, sire, que cela est
« beau ! qu'en dites-vous ? admirez donc. » Il peut
ajouter que Louis XIV l'aima comme Pygmalion.
C'est là le style dont il croit qu'il faut écrire l'histoire,
et que sa modestie veut me donner pour modèle. C'est
à lui de peindre en détail toutes les dames de la cour
de Louis XIV; il les a connues à Genève; et moi,
comme il le dit très bien, je n'ai consulté pendant
vingt ans que des gens qui ont mal vu.

A l'égard des écrivains qui devinent, d'après leurs
propres idées, celles des personnages du temps passé,
et qui, de quelques événements peu connus, prennent
droit de démêler les plus secrets replis des cœurs,
bien moins connus encore; ceux-là donnent à l'histoire les couleurs du roman. La curiosité insatiable
des lecteurs voudrait voir les ames des grands personnages de l'histoire sur le papier, comme on voit
leurs visages sur la toile : mais il n'en va pas de même.
L'ame n'est qu'une suite continuelle d'idées et de sentiments qui se succèdent et se détruisent : les mouvements qui reviennent le plus souvent forment ce
qu'on appelle le caractère, et ce caractère même reçoit mille changements par l'âge, par les maladies,
par la fortune. Il reste quelques idées, quelques passions dominantes, enfants de la nature, de l'éducation, de l'habitude, qui, sous différentes formes, nous

accompagnent jusqu'au tombeau. Ces traits principaux de l'ame s'altèrent encore tous les jours, selon qu'on a mal dormi ou mal digéré. Le caractère de chaque homme est un chaos, et l'écrivain qui veut débrouiller après des siècles ce chaos, en fait un autre. Pour l'historien qui ne veut peindre que de fantaisie, qui ne veut que montrer de l'esprit, il n'est pas digne du nom d'historien. Un fait vrai vaut mieux que cent antithèses.

Il en est à peu près de même des harangues. Si les héros qu'on fait parler ne les ont pas prononcées, l'histoire alors est romanesque en ce point. Il n'y a que deux discours directs dans toute l'histoire du *Siècle de Louis XIV*[1]. Ils furent tous deux prononcés en effet, l'un par le maréchal de Vauban au siége de Valenciennes, l'autre par le duc d'Orléans avant la bataille de Turin. On n'examine point ici les raisons qu'ont eues quelques anciens de prendre une plus grande liberté; mais on croit que dans un siècle aussi philosophe que le nôtre, et au milieu de tant de nations éclairées, l'on doit au public ce respect de ne dire que l'exacte vérité, de faire toujours disparaître l'auteur pour ne laisser voir que le héros, et de ne mettre jamais son imagination à la place des réalités. Le goût du siècle présent est de montrer de l'esprit à quelque prix que ce puisse être. On préfère une épigramme à tout, et c'est en partie ce qui a fait tout dégénérer.

Après cette digression, on est malheureusement

---

[1] Voyez tome XIX, page 428; et, ci-dessus, page 51. B.

obligé de revenir à un objet bien dégoûtant pour le public, à La Beaumelle. On sait bien qu'il ne peut s'agir avec lui ni de discussion littéraire, ni d'éclaircissements historiques. C'est un homme qui dit en deux mots, au bas des pages, ou des absurdités, ou des mensonges, ou des injures.

Que ne s'en est-il tenu à outrager l'auteur du *Siècle!* Mais la même fureur insensée qui lui a dicté son libelle du *Qu'en dira-t-on* l'a porté encore, dans ses remarques sur le siècle passé, à oser attaquer les puissances du siècle où nous sommes. Enhardi qu'il est par une impunité qui ne doit pas durer, mais qui l'aveugle, il insulte le roi de Prusse, toute la maison d'Orléans, et le roi de France.

Les lecteurs judicieux, et qui ont de l'humanité, ne seront pas fâchés de retrouver ici ce passage du chapitre des Anecdotes [1] : «Je ne sais pourquoi la plu-
« part des princes affectent de tromper par de fausses
« bontés ceux de leurs sujets qu'ils veulent perdre.
« La dissimulation alors est l'opposé de la grandeur :
« elle n'est jamais une vertu, et ne peut devenir un
« talent estimable que quand elle est absolument né-
« cessaire. Louis XIV parut sortir de son carac-
« tère, etc. »

Voici la note de La Beaumelle : «Trait admirable
« et hardi, parcequ'il est écrit à Potsdam.» Certainement si on ne savait que c'est un La Beaumelle qui est l'auteur de ces commentaires, la postérité qui verrait une telle remarque faite à Berlin, imprimée en Allemagne, et demeurée sans réponse, serait en droit

---

[1] Voyez page 136. B.

de conclure que le reproche fait ici à un monarque par un contemporain dans ses propres états est fondé sur la vérité. Cependant j'ose assurer que le portrait que ce correcteur d'histoire fait si impudemment d'un grand prince, est l'opposé de son caractère. Je parle ici en historien, qui dit la vérité sans mélange, et sans restriction.

Il est dit dans l'histoire du *Siècle*[1] : « Que les der-
« nières paroles de Louis XIV n'ont pas peu contri-
« bué, trente ans après, à cette paix que Louis XV a
« donnée à ses ennemis, dans laquelle on a vu un roi
« victorieux rendre toutes ses conquêtes pour tenir
« sa parole, rétablir tous ses alliés, et devenir l'ar-
« bitre de l'Europe par son désintéressement, plus
« encore que par ses victoires. »

Que croira-t-on que La Beaumelle pense de ce morceau ? « Ne prêtez point, dit-il, de vertus à Louis XV.
« Ce désintéressement aurait été ridicule. »

En un autre endroit, il dit que M. de Voltaire *voudrait que le Français fût esclave*[2]. Moi je voudrais que mes compatriotes fussent esclaves ! je voudrais être esclave et que tous les hommes fussent libres. J'entends par libre, soumis uniquement aux lois : c'est la seule manière de l'être.

Y a-t-il rien de plus affreux, de plus digne d'un châtiment exemplaire, que de faire entendre qu'un grand prince empoisonna la famille royale (page 347 du tome second de l'édition de La Beaumelle) ? et ensuite

---

[1] Voyez la variante, page 214. B.
[2] Voyez ci-dessus, page 212. B.

qu'un autre prince [1] fit assassiner Vergier; que ce fut un officier qui fit le coup, et qui en eut la croix de Saint-Louis pour récompense? Où a-t-il pris ces blasphèmes, qu'il débite avec autant d'ignorance que de rage, et qui font rougir ceux qui s'avilissent jusqu'à le confondre? Le burlesque se joint ici à l'horreur. Qui croirait qu'à propos de l'endroit où il est dit que, dans la société, la bonté de Marie-Thérèse fesait son seul mérite, ce grave commentateur, qui insulte tous les princes, met en note : « Parlez des princes avec plus de « respect. — Parlez des choses saintes avec respect, » dit-il ailleurs, dans une autre note. Et quel est cet homme qui donne ainsi des leçons de religion, sur un livre où les choses les plus délicates sont traitées avec la circonspection la plus sévère? c'est celui-là même qui, dans ses commentaires sur ce livre, ose imprimer, à la page 148 du tome troisième, que la guerre qu'on fit aux fanatiques des Cévennes « n'est conve« nable qu'à des sauvages et à des chrétiens; » c'est celui-là même qui, pour remarque presque unique sur le chapitre du *Jansénisme*, dit : « Que ce chapitre « doit plaire aux sages, et déplaire aux orthodoxes. »

Quel peut avoir été le but de cet écervelé, qui, pour un peu d'argent, a vendu ces infamies à un libraire de Francfort? Ce n'est pas certainement l'envie d'éclairer le public par ses lumières; ce n'est pas le soin d'approfondir, par des remarques utiles, les faits énon-

[1] Le prince de Condé : voyez tome XXXII, page 77 ; tome XIX, page 219. Au reste, Voltaire lui-même dit que l'accusation contre le prince de Condé était le cri de *tout Paris* : voyez, tome X, le second alinéa de la *Dissertation sur la mort de Henri IV*. B.

cés dans l'ouvrage utile de M. de Voltaire. Qu'a-t-il donc voulu? lui nuire, le décrier, insulter à tort et à travers les rois et les particuliers, et trouver le secret de se faire lire, à force d'insolence et d'outrages. Il s'est flatté d'être lu à Berlin, parcequ'il nomme injurieusement, dans cette édition, MM. d'Argens, Polnitz [1], Algarotti, Darget, et Francheville; il s'est flatté d'être lu par tous ceux qui connaissent le *Siècle de Louis XIV*, parcequ'il vomit contre l'auteur les plus scandaleuses injures. Il a trouvé des lecteurs sans doute; quelque fautive même que soit son édition, quelque mal imprimée qu'elle soit, on a voulu la voir, comme on veut voir un monstre qu'on regarde un moment par curiosité, et dont on se détourne ensuite avec un dégoût d'horreur.

Son principal dessein, dans son édition du *Siècle de Louis XIV*, dont il a trouvé le secret de faire un libelle, est d'attaquer l'auteur dans ses mœurs, en attaquant celles des autres. Quel rapport, je vous prie, de l'histoire de Louis XIV avec la note de cet impertinent sur le chapitre du *calvinisme?*

«Cavalier (le chef des révoltés des Cévennes) avait
« été, dit-il, rival de Voltaire. Ils aimèrent l'un et
« l'autre la fille de madame Dunoyer, fille de beau-
« coup d'esprit et de coquetterie. Ce qui devait arriver
« arriva. Le héros l'emporta sur le poëte, et la phy-
« sionomie douce et agréable sur la physionomie éga-
« rée et méchante [2]. »

---

[1] Mort en 1775 : voyez, dans la *Correspondance*, la lettre du roi de Prusse du 13 auguste 1775. B.

[2] Voyez cette note tout entière, page 397. B.

Voilà une des remarques les plus historiques de ce libelle. Il était triste, à la vérité, que la dame dont il parle eût abandonné son mari et enlevé ses deux filles, pour se réfugier en Hollande; mais il faut pardonner une faute que sa religion lui fit commettre; il faut plaindre ses deux filles et les respecter. Toutes deux se sont retirées en France : l'aînée est morte à la communauté de Sainte-Agnès, honorée et chérie; l'autre est pensionnaire du roi [1], et vit d'ordinaire dans une terre qui lui appartient, et où elle nourrit les pauvres; elle s'est acquis auprès de tous ceux qui la connaissent la plus grande considération. Son âge, son mérite, sa vertu, la famille respectable et nombreuse à laquelle elle appartient, les personnes du plus haut rang dont elle est alliée, devaient la mettre à l'abri de l'insolente calomnie d'un scélérat absurde. Il y a sans doute de la honte à réfuter des choses si honteuses; mais la malignité du cœur humain, qui reçoit avec avidité toutes les anecdotes scandaleuses, servira d'excuse à la peine qu'on prend ici.

Cavalier, étant colonel au service d'Angleterre, en 1708, passa dans les Pays-Bas, et vit mademoiselle Dunoyer, encore très jeune; il la demanda en mariage : cette négociation fut rompue, et Cavalier alla se marier en Irlande. L'auteur du *Siècle* était alors au collége; il n'alla en Hollande qu'en 1714 [2], et n'a connu

---

[1] Mademoiselle Olympe Dunoyer, à qui sont adressées les premières lettres de la *Correspondance* de Voltaire, en 1713 et 1714, et qu'on appelait Pimpette, épousa le baron de Winterfeld, qui fut tué, en 1757, à la bataille de Kollin. B.

[2] A la fin de 1713. B.

Cavalier qu'en Angleterre, en 1726. Comment La Beaumelle ose-t-il donc, lui qui est actuellement dans Paris, attaquer par de telles impostures l'honneur d'une famille de Paris? Les princes dédaignent quelquefois les outrages, parcequ'ils sont au-dessus des outrages; mais la justice venge l'honneur des citoyens si criminellement attaqués.

Où a-t-il trouvé que le grand-père de feu madame la maréchale de N.[1] avait été convaincu de fausse monnaie et d'assassinat (comme il le dit p. 331 du t. II)? Si un citoyen, qui n'a pas été un homme public, un homme livré à l'équité de l'histoire, avait en effet été coupable de ces crimes, il faudrait les taire; et si on a l'ame assez basse et assez méchante pour troubler ainsi les cendres des morts, sans aucune apparence d'utilité, on est tenu au moins d'apporter les preuves les plus authentiques; et avec ces preuves, on est encore bien condamnable.

Ce La Beaumelle, en fesant de mauvais livres, a trouvé le moyen d'intéresser à sa personne vingt souverains et cent familles.

N'est-il pas encore bien digne d'une histoire de Louis XIV de mettre au bas d'une page, en note, que j'ai été convaincu de plagiat dans je ne sais quels vers que je fis, il y a treize ou quatorze ans, pour une jeune princesse, aujourd'hui reine[2]? Que Louis XIV a-t-il à démêler avec ces vers? ils n'étaient pas plus faits pour être publics que ce qu'on dit dans la conversation. Il

---

[1] Constant d'Aubigné, grand-père de la maréchale de Noailles. B.
[2] La princesse Ulrique de Prusse, depuis reine de Suède: voyez ma note, page 175. B.

échappe tous les jours de ces petites pièces, dont le principal mérite est dans l'à-propos, et dans les circonstances où elles sont faites. Ceux qui en sont les auteurs n'en font nul cas, et ne les conservent jamais. Les écumeurs de la littérature les recueillent avec avidité, et en chargent leurs feuilles, comme les laquais répètent et gâtent dans l'antichambre ce qu'ils ont mal entendu à la porte. Un nommé Pitaval s'avisa d'attribuer cette petite pièce à feu La Motte; La Beaumelle répète cette sottise de Pitaval, dans une note sur Louis XIV; et il se trouvera encore quelque compilateur qui, dans un dictionnaire, à l'article *Pitaval*, ne manquera pas de relever cette anecdote, pour l'utilité du genre humain.

C'est avec la même bassesse que cet homme imagine que « M. de Voltaire a vendu chèrement le *Siècle de* « *Louis XIV* au libraire Conrad Walther, qui paie si « mal. » Il avait droit apparemment de tirer une juste rétribution du fruit d'un travail si long et si pénible; mais il ne l'a pas fait. M. de Francheville, conseiller aulique du roi de Prusse, voulut bien présider à la première édition de Berlin, laquelle il céda à Conrad Walther au prix coûtant. Ses comptes en font foi; et M. de Voltaire a fait présent de tous ses ouvrages, et de la nouvelle édition du *Siècle*, au même libraire, sans exiger la plus légère récompense.

Il est faux qu'il ait jamais vendu le moindre manuscrit à des libraires de Hollande et d'Allemagne. Il leur a fait gagner beaucoup d'argent. Il veut être bien servi par eux, et n'est point à leurs gages.

Ce n'est pas qu'il croie qu'un auteur doive être privé

du fruit de son travail, quand ses libraires s'enrichissent par ce travail même. Le seigneur d'une terre ne subsiste que de la vente de ses denrées; un écrivain peut vivre du prix de ses travaux. Il n'était pas juste que les deux Corneille fussent très mal à leur aise, eux qui avaient fait la fortune des libraires et des comédiens. On nous répète tous les jours que, quand le grand Corneille, sur la fin de sa vie, venait au théâtre, tout le monde se levait pour lui faire honneur. Cela n'est pas plus vrai que le conte de cet ambassadeur, qui demanda si Corneille était du conseil d'état. Les grands hommes tels que lui inspirent quelquefois la curiosité, mais on ne leur rend point d'hommages. Il avait bien de la peine à obtenir des comédiens qu'ils représentassent ses dernières pièces. Ils refusèrent même absolument d'en jouer quelques unes ; et il fut obligé de les donner à une mauvaise troupe qui était alors à Paris. On aurait dû lui faire plus d'honneur, et avoir plus de soin de sa fortune; mais sa personne eut aussi peu de considération que ses premiers ouvrages lui attirèrent de gloire et de critiques. Il vécut et mourut pauvre, ainsi que son frère. Les rétributions des spectacles, et une pension modique, n'enrichissent pas. Louis XIV lui envoya une gratification dans sa dernière maladie; mais jamais il ne fut récompensé selon son mérite, si ce mérite doit l'être par l'aisance.

La Beaumelle reproche en vingt endroits à l'auteur de *la Henriade* et du *Siècle de Louis XIV* jusqu'à sa fortune, comme si cette prétendue fortune était faite aux dépens de La Beaumelle. Doit-on fouiller dans les affaires d'une famille pour critiquer un poëme et une histoire? Quelle lâcheté! Mais elle est trop commune. Qu'il soit permis de faire une remarque à cette occasion: c'est un spectacle qui peut servir à la connaissance du cœur humain, que de voir certains hommes de lettres ramper tous les jours devant un riche ignorant, venir l'encenser au bas bout de sa table, et s'abaisser devant lui, sans autre vue que celle de s'abaisser. Ils sont bien loin d'oser en être jaloux; ils le croient d'une nature supérieure à leur être. Mais qu'un homme de lettres soit élevé au-dessus d'eux par la fortune et par ses places, ceux même qui ont reçu de lui des bienfaits portent l'envie jusqu'à la fureur. Virgile à son aise fut l'objet des calomnies de Mévius.

Ce vice est, à la vérité, de toutes les conditions, parcequ'il appartient à la nature humaine. Tout homme est jaloux de la prospérité de ceux qui sont de son état, ou de l'état desquels il croit être. Le potier porte envie au potier[1], et Eschine à Démosthène. Quand Boileau dit de Chapelain:

> Qu'il soit le mieux renté de tous les beaux esprits,
> Comme roi des auteurs qu'on l'élève à l'empire;
> Ma bile alors s'échauffe, et je brûle d'écrire.
> Satire IX.

c'est comme si Boileau signait: *Je suis jaloux.*

La Beaumelle dit au public: « Il y a eu de meilleurs « poëtes que Voltaire, il n'y en a point eu de mieux ré-

[1] Voyez tome XXIX, pages 133 et 145; tome IX, l'épître dédicatoire des *Lois de Minos*; et, tome XIV, une des notes de la satire intitulée: *Les Cabales*. B.

«compensés. Il a sept mille écus de pension. Le roi
« de Prusse comble les gens de lettres de bienfaits,
« par les mêmes principes que les princes d'Allemagne
« comblent de bienfaits les nains et les bouffons[1]. »

La Beaumelle, en cette occasion, devient le Boileau, et Voltaire est le Chapelain.

J'avouerai que j'ai fait autrefois, je ne sais comment, un poëme épique comme Chapelain ; mais je voudrais consoler les esprits de la trempe de La Beaumelle, en leur apprenant que quand le monarque dont il parle me fit renoncer, dans ma vieillesse, à ma famille, à ma maison, à une partie de ma fortune, à mes établissements, pour m'attacher à sa personne, je crus pouvoir, sans honte, recevoir en dédommagement une pension d'un roi qui en donne à des princes. Il me semble d'ailleurs que je ne suis pas extrêmement bouffon. Je me flatte peut-être ; mais ce n'est pas en cette qualité que le roi de Prusse me demanda au roi mon maître, comme un roi de Cappadoce demanda autrefois à un empereur romain un pantomime. Il me demanda comme un homme qui avait répondu pendant seize années à ses bontés prévenantes ; il me demanda pour cultiver avec lui une langue dont il a fait la seule langue de sa cour, pour cultiver des arts dans lesquels il a signalé son génie ; et ce qui fait, ce me semble, honneur à ces mêmes arts, à ma nation, et à la philosophie de ce monarque, c'est qu'il daigna descendre jusqu'à me retenir auprès de lui, comme

---

[1] Voyez le texte de La Beaumelle, dans ma note, page 483. B.

son ami, titre qu'autrefois des rois, et même des empereurs, donnèrent à de simples hommes de lettres, tel que je le suis. Je rapporte le fait pour encourager mes confrères. Je suis le bûcheron à qui le dieu Mercure donna une cognée d'or. Tous les bûcherons vinrent demander des coguées. Au reste, en opposant ce mot d'ami, dont un grand roi a daigné se servir, à ce mot de bouffon dont se sert La Beaumelle, on peut croire que c'est sans la moindre vanité. On sait ce que ce terme signifie dans la bouche et au bout de la plume d'un souverain. Ce n'est que l'expression d'une excessive bonté, dont jamais l'inférieur ne peut abuser, et qui ne fait qu'augmenter son respect. Et si l'amitié subsiste si rarement entre des égaux ; si tant de faux rapports, tant de petites jalousies, tant de faiblesses auxquelles nous sommes sujets, altèrent entre les particuliers cette liaison que l'on nomme amitié, combien est-il plus aisé de perdre celle d'un roi, qui n'est jamais autre chose que protection, et un peu de bonne volonté, dans un homme supérieur ! Il aperçoit bien mieux qu'un autre nos défauts et nos fautes, et il a seulement plus d'occasions d'exercer une des vertus les plus convenables aux rois, l'indulgence.

Quoi qu'il en soit, il est très aisé que le roi de Prusse trouve un meilleur poëte que moi, un académicien plus utile, un écrivain plus instruit, quand ce ne serait que M. de La Beaumelle : mais il n'en trouvera point de plus attaché à sa personne et à sa gloire. J'avais cru faire plaisir à tant d'écrivains qui valent mieux que moi, de remettre à sa majesté les pensions et les honneurs dont elle m'avait comblé[1]. J'ai cru que le seul honneur convenable à un homme de lettres était de cultiver les lettres jusqu'au dernier moment de sa vie, et qu'il pouvait renoncer aux pensions, aux cordons, aux clefs, comme on quitte une robe de bal et un masque, pour rentrer paisiblement dans sa maison. Les La Beaumelle me répondront que le roi de Prusse m'a rendu ces honneurs avec une bonté qui les fâche : je leur dirai de ne se point décourager; et je leur conseillerai de continuer à travailler, de parler désormais des souverains vivants, et de leurs gouvernements, avec moins d'effusion de cœur dans leurs livres, attendu que les chaînes qu'on donne aujourd'hui aux Arétins ne sont pas d'or. Je leur conseillerai de fortifier leurs talents et leur génie, et de venir ensuite demander ma place, qu'ils rempliront beaucoup plus dignement que moi.

S'ils continuent à se rendre utiles par des critiques, non seulement permises, mais nécessaires dans la république des lettres, je prendrai la liberté de leur dire : « Censurez les ouvrages, vous faites très bien ; « donnez-en de supérieurs, vous ferez encore mieux. » Quand le P. Bouhours demande dans un de ses livres

---

[1] Collini raconte que, dix jours après la brûlure de la *Diatribe du docteur Akakia* (conséquemment le 3 janvier 1753 : voyez ma note 4, page 474 du tome XXXIX), Voltaire avait renvoyé au roi de Prusse sa clef de chambellan et la croix de l'ordre du mérite; mais que, le même jour après midi, le roi les fit reporter à Voltaire. Voltaire dit aussi que le roi eut *la bonté de lui rendre tout*: voyez, dans la *Correspondance*, la lettre à M. de La Virotte, du 28 janvier 1753. B.

si un Allemand peut être un bel esprit [1]; quand, parmi de bonnes critiques du Tasse, il en hasarde de mauvaises; quand il dit que la grace est un *je ne sais quoi*, on paraît en droit de se moquer de lui, et même de dire qu'il est un *je ne sais qui*, comme a fait Barbier d'Aucour.

Si le P. Barry montre le *paradis ouvert à Philagie par cent* et une *dévotions à la Vierge, aisées à pratiquer* [2]; si Escobar facilite le salut par des moyens beaucoup plus plaisants, on ne trouve point mauvais que Pascal fasse rire l'Europe aux dépens d'Escobar et de Barry. Il a poussé trop loin la raillerie, en fesant passer tous les jésuites pour autant de Barrys et d'Escobars; mais il s'en faut beaucoup que ce livre soit regardé du même œil par le public et par les jésuites; ils ont réussi à le faire condamner par deux parlements [3], et n'ont pu l'empêcher d'être les délices des nations.

[1] La critique de Barbier d'Aucour, dans la sixième lettre des *Sentiments de Cléante* sur le quatrième *Entretien* d'Ariste et d'Eugène, me semble minutieuse et peu exacte en cette circonstance. *Eugène* dit bien que « c'est une « chose singulière qu'un bel esprit allemand ou moscovite; » mais il est réfuté par *Ariste*, qui soutient que le bel esprit est de tous les pays, *et n'est étranger nulle part*; et de l'aveu même de Barbier d'Aucour, son critique, le P. Bouhours est représenté par Ariste. Il y a des écrivains qui ont été plus loin, et qui ont dit qu'il mettait en question *si un Allemand peut avoir de l'esprit*. Bouhours n'a point écrit cette impertinence. CL.

[2] La dixième édition de cet ouvrage de Paul Barry est de 1643, in-12. Pascal en parle dans la neuvième de ses *Lettres provinciales*. B.

[3] Le parlement de Provence est le seul qui ait condamné les *Lettres provinciales*; voyez ma note, page 415; mais ces *Lettres* ont aussi été condamnées par un arrêt du conseil d'état du 23 septembre 1660. Leur condamnation à Rome est du 6 septembre 1657. Une traduction italienne fut condamnée à Rome le 27 mars 1762. B.

Si l'auteur d'un livre de physique [1], utile à la jeunesse, avance que Moïse était un grand et profond physicien; s'il dit que Locke n'est qu'un bavard ennuyeux; s'il assure que le flux de l'Océan lui est donné de Dieu, pour empêcher son eau salée de se corrompre, et pour conduire nos vaisseaux dans les ports, oubliant que la mer Méditerranée a des ports, point de flux, et qu'elle ne croupit point; s'il affirme que tout a été créé uniquement pour l'homme, et s'il traite enfin avec hauteur ceux qui ne sont pas de son avis, il est assurément permis, en estimant son livre, de faire quelques innocentes plaisanteries sur de telles opinions.

Quand Whiston a proposé en Angleterre des expériences ridicules et impossibles, on s'est moqué publiquement de Whiston, et on a bien fait. Il y a des erreurs qu'il faut réfuter sérieusement, des absurdités dont il faut rire, des mensonges qu'on doit repousser avec force.

S'il s'agit d'ouvrages de goût, chacun est en droit de dire son avis, et l'on est même dispensé de la preuve. Vous pouvez me comparer à Lucain, sans que je le trouve mauvais. S'il est question d'histoire, non seulement vous pouvez relever des fautes, mais vous le devez, supposé que vous soyez instruit; et en cela vous rendez service à votre siècle, surtout quand ces fautes sont essentielles, quand on a induit le public en erreur sur des faits importants, qu'on s'est mépris sur les grands événements qui ont troublé le monde,

---

[1] Pluche, auteur du *Spectacle de la nature*; voyez tome XXXVIII, page 73.

sur les lois, sur le gouvernement, sur le caractère des nations et de leurs chefs, et plutôt surtout quand on a calomnié les morts, que quand on a atténué leurs faiblesses.

Tout livre, en un mot, est abandonné à la critique. Montrez-moi mes fautes, je les corrige. Voilà ma réponse : malheur à qui en fait d'autres! Dieu me garde de traiter de libelle le livre qui m'apprend à corriger mes erreurs! La simple critique est une offense envers moi, si je ne suis qu'orgueilleux ; c'est une leçon, si j'ai un amour-propre raisonnable; mais celui qui, dans ses censures, mettra les outrages violents, l'ignorance, la mauvaise foi, l'erreur, et l'imposture, à la place des raisons, sera l'horreur et le mépris des honnêtes gens. Je ne parle pas d'un malheureux qui, dans sa plate frénésie, attaquerait grossièrement les rois, les ministres, les citoyens, et qui serait semblable à ces fous furieux qui, à travers les grilles de leurs cachots, veulent couvrir les passants de leur ordure; celui-là ne mériterait que d'être renfermé avec eux, ou de suivre les Cartouches[2], qu'il regarde comme de grands hommes.

TROISIÈME PARTIE[1].

Il importe peu à la postérité qu'une Française, nommée madame de Villette, ait été propre nièce ou la

---

[1] Dans quelques éditions, cette troisième partie était intitulée : *Suite et conclusion de cette réfutation.* B.

[2] Cartouche était un malheureux voleur très ordinaire, associé avec quelques scélérats comme lui. Le hasard fit qu'on donna son nom à la bande de brigands dont il était. Il fut le ridicule objet de l'attention de Paris, parcequ'on fut quelque temps sans pouvoir le prendre. Il avait été ramoneur de

femme d'un neveu de madame de Maintenon. Je n'en ai parlé, dans le *Siècle de Louis XIV*, que pour faire voir que la personne qui était en effet reine de France, était plus occupée du soin de rendre les dernières années du roi agréables à ce monarque, que de l'ambition d'élever sa famille. Je ne me suis point trompé sur le caractère de cette personne si singulière. Ses lettres, qu'on a publiées avant les éditions de 1753 du *Siècle de Louis XIV*, sont la preuve que je n'ai rien avancé dont je ne fusse instruit, et de mon amour pour la vérité. Il s'est trouvé que madame de Maintenon avait signé par avance tout ce que j'avais dit d'elle.

Un traducteur, que je ne connais pas, des œuvres posthumes du vicomte de Bolingbroke, me fait un juste reproche de l'inadvertance que j'ai eue d'avoir supposé que madame de Villette, depuis madame de Bolingbroke, était propre nièce de madame de Main-

---

cheminée, et fesait servir souvent son ancien métier à se sauver quand on le guettait. Un soldat aux gardes avertit enfin qu'il était couché dans un cabaret à la Courtille : on le trouva sur une paillasse avec un méchant habit, sans chemise, sans argent, et couvert de vermine. Son nom était Bourguignon : il avait pris celui de Cartouche, comme les voleurs et les écrivains de livres scandaleux changent de nom. Il plut au comédien Legrand de faire une comédie sur ce malheureux; elle fut jouée le jour qu'il fut roué. Un autre homme s'avisa ensuite de faire un poëme épique de *Cartouche*, et de parodier *la Henriade* sur un si vil sujet; tant il est vrai qu'il n'y a point d'extravagance qui ne passe par la tête des hommes! Toutes ces circonstances rassemblées ont perpétué le nom de ce gueux : et c'est lui que La Beaumelle préfère à Solon, et égale au grand Condé. — Voltaire a rapporté, page 500, le passage où La Beaumelle parle de Cartouche et de Condé. Quant au poëme sur Cartouche, que Voltaire dit être une parodie de *la Henriade*, il s'agit de l'ouvrage de Grandval père, intitulé : *Le vice puni, ou Cartouche*, 1725, in-8°. L'auteur dit qu'il a « affecté de prendre quantité de vers des « meilleures pièces de théâtre et autres ouvrages, » et il imprime ces vers en italique. B.

tenon. La vérité est si précieuse, qu'elle est respectable lors même qu'elle est inutile. Ce traducteur ne se trompe pas moins que moi, quand il dit que le marquis de Villette était parent et non neveu : il était neveu[1] réellement de madame de Maintenon. Il eut deux femmes : madame de Caylus était fille de la première, et il épousa en secondes noces mademoiselle de Marsilli, qui est morte à Londres épouse de milord Bolingbroke. Ainsi madame de Villette et madame de Caylus étaient toutes deux nièces de madame de Maintenon ; madame de Villette par son premier mari, et madame de Caylus par sa naissance. Elles étaient toutes deux dans l'éclat de leur beauté quand le marquis de Villette fit ce second mariage, et madame de Maintenon lui disait : « Mon neveu, il ne tiendra qu'à « vous d'avoir chez vous bonne compagnie ; vous avez « une femme et une fille qui l'attireront. »

Le traducteur de Bolingbroke se trompe un peu davantage, quand il dit que j'ai fait de madame de Maintenon un portrait dans un goût tout neuf. S'il avait été instruit, il aurait dit dans un goût très vrai. Je pouvais charger ce portrait; je pouvais dire d'elle,

> *Qu'elle n'eut* d'autres droits au rang d'impératrice
> Qu'un peu d'attraits peut-être, et beaucoup d'artifice[2].

Je pouvais parler des hommages que sa beauté et son esprit lui attirèrent dans sa jeunesse, en ayant été très informé par l'abbé de Châteauneuf, le dernier amant de la célèbre Ninon ma bienfaitrice, laquelle avait

---

[1] Il n'était que son cousin : voyez ma note, page 196. B.
[2] *Bajazet*, II, 1. B.

vécu, comme on sait, avec madame Scarron plusieurs années dans la familiarité la plus intime; mais un tableau du siècle de Louis XIV ne doit pas, à mon avis, être déshonoré par de pareils traits. J'ai voulu dire des vérités utiles, non des vérités propres aux historiettes. C'est une vérité très importante que la veuve de Scarron, devenue reine de France, se soit trouvée malheureuse au faîte de la grandeur par cette grandeur même. Elle disait à madame de Bolingbroke : « Ah! ma nièce, si vous saviez ce que c'est que d'a« voir à amuser tous les jours un homme qui n'est « plus amusable! »

C'est ainsi que le secret des cœurs est si peu connu; c'est ainsi que nous sommes tous les dupes de l'apparence. On envie le sort de la femme, et du favori, et du ministre d'un grand roi; mais ceux qui sont dans ces places, et ceux qui les regardent d'en-bas, sont également faibles et également malheureux. Qu'il y a loin de l'éclat à la félicité!

« E benchè fossi guardian degli orti,
« Vidi e conobbi pur le inique corti[1]. »

Au reste, que La Beaumelle donne la Vie de madame de Maintenon après avoir publié ses Lettres; qu'il y copie mot à mot vingt passages du *Siècle de Louis XIV*, contre lequel il a écrit; qu'il contredise au hasard les Mémoires de l'abbé de Choisi, après les avoir soutenus contre moi au hasard; qu'il se donne la peine de dire

---

[1] Lebrun traduit ainsi ces deux vers du chant VII de la *Jérusalem délivrée*, octave 12 : « Simple intendant des jardins, je vis, je connus la cour et ses injustices. » B.

que le roi n'acheta point la terre de Maintenon, mais qu'elle fut achetée de l'argent du roi, et par l'avis du roi ; qu'il rapporte que madame de Maintenon, dans sa faveur, voyait souvent madame de Montespan, après l'avoir nié dans ses Remarques sur le *Siècle*; tout cela est fort indifférent.

Il peut même faire attaquer vers les côtes de l'Amérique le vaisseau qui portait mademoiselle d'Aubigné, par un vaisseau turc, sans que je le reprenne.

Quelques personnes m'ont reproché d'avoir ménagé la mémoire de madame de Maintenon, ainsi que La Beaumelle a osé me reprocher dans ses notes d'avoir pu dire plus de mal de M. le maréchal de Villeroi et de M. de Chamillart, et de ne l'avoir pas dit. Je sais combien la loi que Cicéron impose aux historiens est respectable : ils ne doivent oser rien dire de faux ; ils ne doivent rien cacher de vrai[1]. Mais cette loi ordonne-t-elle que l'histoire soit une satire ? A qui madame de Maintenon fit-elle du mal ? qui persécuta-t-elle ? Elle fit servir les charmes de son esprit et sa dévotion même à sa grandeur ; elle dompta son caractère pour dompter Louis XIV. Mais quel abus odieux fit-elle de son pouvoir ? La constitution *Unigenitus* lui parut la saine doctrine, comme elle le dit dans ses *Lettres ;* mais combattit-elle pour la saine doctrine par des cabales ? et si elle osa avoir une opinion dans des matières qu'elle n'entendait pas, et qu'un esprit plus mâle aurait négligées, ne doit-on pas savoir gré à une femme de n'avoir mêlé aucune vivacité à cette opinion ?

[1] Voyez le texte de Cicéron, dans ma note, tome XXX, page 216. B.

A l'égard du maréchal de Villeroi, je voudrais bien savoir s'il faut flétrir un homme parcequ'il a été malheureux à la guerre, et parcequ'il avait à combattre des généraux plus habiles que lui. Il est pardonnable au peuple de s'emporter contre un homme dont les mauvais succès ont fait l'infortune de la patrie; mais l'historien doit voir dans le général qui a fait des fautes l'honnête homme qui n'en a point fait dans la société, qui a été fidèle à l'amitié, généreux, et bienfesant. N'y a-t-il donc d'autre gloire que celle d'avoir fait tuer des hommes avec succès?

Il y avait beaucoup de choses à dire du maréchal de Villeroi, à ce que prétend La Beaumelle; *et je les ai omises; parcequ'à un certain âge on est prudent et flatteur.* Je ne sais pas au juste quel âge a La Beaumelle; mais il paraît qu'il n'est ni l'un ni l'autre, et je ne vois pas qu'il doive me reprocher de la flatterie.

J'ai rendu, ce me semble, justice à M. de Chamillart; je n'ai rien tu, mais je n'ai rien outré. Ceux qui poursuivent sa mémoire savent-ils seulement ce que c'est que l'administration des finances dans un royaume composé de tant de provinces, où la régie est si différente; dans un royaume épuisé par la guerre de 1689, et pour qui la guerre de 1701 était devenue nécessaire; dans un royaume où rien ne pouvait s'opérer que par des emprunts continuels; enfin dans une guerre long-temps malheureuse, où il en a coûté plus en une seule année, pour l'article seul des vivres, qu'il n'en coûta à Alexandre pour conquérir l'Asie? Chamillart, sans doute, n'était ni un Colbert ni un Louvois, je l'ai dit; mais c'était un honnête homme, un homme modéré, et je l'ai dit encore [1]. « Un auteur impartial, dit le juge La Beaumelle, au-« rait sévi contre Chamillart. » Quelle expression ! et quel juge !

La France et l'Angleterre sont pleines d'écrivains qui croient plaider la cause du genre humain quand ils accusent leur patrie. Il y a des gens qui pensent qu'un historien doit décrier son pays pour paraître impartial, condamner tous les ministres pour paraître juste, et immoler son roi à la haine des siècles à venir pour paraître libre. Plusieurs ont écrit avec plus de licence que moi, nul avec plus de liberté : mon livre n'est pas assurément imprimé à Paris avec approbation et privilége; je n'en veux que de la postérité : mais ma liberté a été celle d'un honnête homme, d'un citoyen du monde. Quoique j'aie été historiographe de France, je n'ai voulu achever mon ouvrage que hors de France, afin de n'être pas soupçonné de la bassesse de flatter, et de n'être pas glacé par la crainte de déplaire.

Il n'y a que trop de perfidies dans les cours; je le sais très bien. Il n'y a que trop de mal dans ce monde; c'en est un grand de l'exagérer. Peindre les hommes toujours méchants, c'est les inviter à l'être.

Il y avait dans le conseil de Louis XIV des hommes d'une vertu supérieure à celle des Caton. Tel était le duc de Beauvilliers, qui fit résoudre la paix de Rysvick uniquement parceque les peuples commençaient à être malheureux. Il y avait de pareilles ames à la

[1] Voyez ci-dessus, page 4.

cour, comme le duc de Montausier et le duc de Navailles. Je ne parle ici que des courtisans qui ont été célèbres par leurs places, ou par leurs malheurs. MM. de Pomponne et Lepelletier, dans leur ministère, furent plus connus par leur probité désintéressée que par tout le reste, et jamais il n'y eut une conduite plus irréprochable que celle de M. de Torci.

L'auteur vertueux d'un fameux livre me pardonnera donc si je prends cette occasion de combattre ce titre d'un de ses chapitres, « Que la vertu n'est point « le principe du gouvernement monarchique[1] »; et de combattre tout ce chapitre, dans lequel il serait trop cruel qu'il eût raison. Je lui dirai d'abord que la vertu n'est le principe d'aucune affaire, d'aucun engagement politique. La vertu n'est point le principe du commerce de Cadix; mais les Espagnols qui l'exercent, et avec qui nous n'avons de sûreté que leur seule bonne foi et leur discrétion, n'ont jamais trahi ni l'une ni l'autre. La vertu est de tous les gouvernements et de toutes les conditions; il y en a toujours plus sous une administration paisible, quelle qu'elle soit, que dans un gouvernement orageux, où l'esprit de parti inspire et justifie tous les crimes. Il se commit des actions atroces parmi les seigneurs de la cour de Charles II et de Jacques II, qui ne se commettaient pas à la cour de Louis XIV.

Je dirai à l'estimable auteur de ce livre, que lui-même n'a vu dans les corps dont il a été membre, dans les sociétés dont il a fait l'agrément, qu'une

---

[1] Montesquieu, *Esprit des lois*, III, 5 : voyez ci-dessus, page 79. B.

foule de gens de bien comme lui. Je lui dirai que s'il entend par vertu l'amour de la liberté, c'est la passion des républicains, c'est le droit naturel des hommes, c'est le desir de conserver un bien avec lequel chaque homme se croit né, c'est le juste amour de soi-même confondu dans l'amour de son pays. S'il entend la probité, l'intégrité, il y en a toujours beaucoup sous un prince honnête homme. Les Romains furent plus vertueux du temps de Trajan que du temps des Sylla et des Marius. Les Français le furent plus sous Louis XIV que sous Henri III, parcequ'ils furent plus tranquilles.

Voici comment l'auteur s'exprime pour appuyer son idée : « Si dans le peuple il se trouve quelque mal« heureux honnête homme, le cardinal de Richelieu, « dans son *Testament politique*, insinue qu'un monar« que doit se garder de s'en servir. Il ne faut pas, y « est-il dit, se servir de gens de bas lieu ; ils sont trop « austères et trop difficiles. » Je crois rendre service à la nation et à cet auteur, qui travaille pour le bien de la nation, de lui démontrer qu'il se trompe. Qu'on lise les paroles de ce Testament très faussement attribué au cardinal de Richelieu.

« Une basse naissance produit rarement les parties « nécessaires au magistrat ; et il est certain que la « vertu d'une personne de bon lieu a quelque chose « de plus noble que celle qui se trouve en un homme « de petite extraction. Les esprits de telles gens sont « d'ordinaire difficiles à manier ; et beaucoup ont une « austérité si épineuse, qu'elle n'est pas seulement fâ« cheuse, mais préjudiciable. Le bien est un grand

« ornement aux dignités, qui sont tellement relevées
« par le lustre extérieur, qu'on peut dire hardiment
« que de deux personnes dont le mérite est égal, celle
« qui est la plus aisée en ses affaires est préférable à
« l'autre, étant certain qu'il faut qu'un pauvre magis-
« trat ait l'âme d'une trempe bien forte, si elle ne se
« laisse quelquefois amollir par la considération de
« ses intérêts. Aussi l'expérience nous apprend que
« les riches sont moins sujets à concussion que les
« autres, et que la pauvreté contraint un officier à
« être fort soigneux du revenu du sac. » (Chap. IV,
sect. 1.)

Il est clair par ce passage, assez peu digne d'ailleurs d'un grand ministre, que l'auteur du Testament
qu'on a cité craint qu'un magistrat sans bien et sans
naissance n'ait pas assez de noblesse d'âme pour être
incorruptible. On veut donc en vain s'autoriser du témoignage d'un ministre de France pour prouver qu'il
ne faut point de vertu en France. Le cardinal de Richelieu, tyran quand on lui résistait, et méchant parcequ'il avait des méchants à combattre, pouvait bien,
dans un ministère qui ne fut qu'une guerre intestine
de la grandeur contre l'envie, détester la vertu qui
aurait combattu ses violences; mais il était impossible qu'il l'écrivît : et celui qui a pris son nom, ne
pouvait (tout malavisé qu'il est quelquefois) l'être
assez pour lui faire dire que la vertu n'est bonne à
rien.

Je n'ai assurément nulle envie, en réfutant cette
erreur, de décrier le livre célèbre où elle se trouve.

Je suis loin de rabaisser un ouvrage dont on n'a jusqu'à présent critiqué que ce qu'il y a de bon ; un ouvrage où à côté de cent paradoxes, il y a cent vérités profondes, exprimées avec énergie; un ouvrage où les erreurs même sont respectables, parcequ'elles partent d'un esprit libre, et d'un cœur plein des droits du genre humain. Je prétends seulement faire voir que, dans une monarchie tempérée par les lois, et surtout par les mœurs, il y a plus de vertu que l'auteur ne croit, et plus d'hommes qui lui ressemblent.

Si feu milord Bolingbroke m'avait montré sa huitième lettre sur l'Histoire, où la passion lui fait dire que « le gouvernement de son pays est composé d'un « roi sans éclat, de nobles sans indépendance, et de « communes sans liberté », je l'aurais prié de retrancher cette phrase dont le fond n'est pas vrai, et dont l'antithèse n'est pas juste; et de ne pas donner aux lecteurs lieu de croire que, dans ses écrits, le mécontent entraînait trop loin le philosophe.

Le traducteur du lord Bolingbroke veut encore s'inscrire en faux contre ce que j'ai rapporté du célèbre archevêque de Cambrai, Fénélon. Il veut parler apparemment de ces vers que l'archevêque fit dans sa vieillesse :

> Jeune, j'étais trop sage [1],
> Et voulais trop savoir, etc.

Je puis protester que le marquis de Fénélon son neveu, ambassadeur en Hollande, me les dit à La Haye en 1741. Il y avait dans la chambre un homme

[1] Voyez page 454. B.

très connu qui pourrait s'en souvenir ; c'est en présence du même homme que M. de Fénélon me montra le manuscrit original du *Télémaque*. J'écrivis les vers en question sur mes tablettes, et je les possède copiés dans un ancien manuscrit tout de la même main. M. de Fénélon me dit que ces vers étaient une parodie d'un air de Lulli : je ne sais pas encore sur quel air ils ont été faits ; mais tout ce que je sais, c'est qu'il est très utile de nous dire tous les jours à nous-mêmes, à nous qui disputons avec tant de chaleur sur des bagatelles, sur des difficultés puériles, que le grand archevêque de Cambrai reconnut, vers la fin de sa vie, la vanité des disputes sur des objets plus sérieux.

Le traducteur de Bolingbroke me fait un reproche non moins injuste sur le cardinal Mazarin. « Ce n'est « pas par les vaudevilles, dit-il, qu'il le faut juger. » Non, sans doute ; et ce n'est ni sur les vaudevilles, ni sur les satires qu'il faut juger personne, c'est sur les faits avérés. Or, je voudrais bien savoir où ce traducteur a vu que le cardinal Mazarin *trouva la France dans le plus grand embarras.* Quand il fut premier ministre, il la trouva triomphante par la valeur du grand Condé et par celle des Suédois. La paix de Vestphalie lui fit un honneur qu'on ne peut lui ravir : mais les traités heureux sont le fruit des campagnes heureuses. Cette paix était retardée quand nos prospérités étaient interrompues ; elle se fit quand Turenne fut maître de la Bavière, et quand Kœnigsmarck prenait Prague. Ce n'est que les armes à la main qu'on force une nation à céder une province : encore l'acquisition de l'Alsace nous coûta-t-elle environ six millions d'aujourd'hui.

Ce traducteur dit que les belles années de Louis XIV furent celles où l'esprit de Mazarin régnait encore. Est-ce donc l'esprit de Mazarin qui conquit la Franche-Comté, et les villes de Flandre qu'il avait rendues ? Est-ce l'esprit de Mazarin qui fit construire cent vaisseaux de ligne, lui qui, dans huit ans d'une administration paisible, avait laissé la marine dépérir ? Est-ce l'esprit de Mazarin qui réforma les lois qu'il ignorait, et les finances qu'il avait pillées ? Croit-on, pour avoir traduit milord Bolingbroke, savoir mieux l'histoire de mon pays que moi ? Je la sais mieux que milord Bolingbroke, parcequ'il était de mon devoir de l'étudier. Je n'ai eu nulle affection particulière, et la vérité a été mon seul objet ; non cette vérité de détails qui ne caractérisent rien, qui n'apprennent rien, qui ne sont bons à rien, mais cette vérité qui développe le génie du maître, de la cour, et de la nation. L'ouvrage pouvait être beaucoup meilleur, mais il ne pouvait être fait dans une vue meilleure.

J'apprends qu'on se plaint que j'ai omis plusieurs écrivains dans la liste de ceux qui ont servi à faire fleurir les arts dans le beau siècle de Louis XIV. Je n'ai pu parler que de ceux dont les écrits sont parvenus à ma connaissance dans la retraite où j'étais[1].

J'apprends que plusieurs protestants me reprochent d'avoir trop peu respecté leur secte ; j'apprends que quelques catholiques crient que j'ai beaucoup trop

[1] Cirey. B.

ménagé, trop plaint, trop loué les protestants. Cela ne prouve-t-il pas que j'ai gardé mon caractère, que je suis impartial?

« Est modus in rebus; sunt certi denique fines,
« Quos ultra citraque nequit consistere rectum. »
Hor., lib. I, sat. r.

FIN DU SUPPLÉMENT
AU SIÈCLE DE LOUIS XIV.

TABLE

DES MATIÈRES DU SECOND VOLUME

DU SIÈCLE DE LOUIS XIV.

Chap. XVIII. Guerre mémorable pour la succession à la monarchie d'Espagne. Conduite des ministres et des généraux jusqu'en 1703, *page* 1. — Ligue contre la maison de France, 2. — Le ministère de France perd sa supériorité, 4. — Le prince Eugène, 7. — Premiers progrès du prince Eugène, 8.—Le maréchal de Villeroi commande, 10.—Échec de Chiari, 11. — Le maréchal de Villeroi pris dans Crémone, 12. — Crémone surpris et repris, 13. — Duc de Vendôme en Italie, 15. — Duc de Savoie contre la France, 16. — Portugal contre la France, 17. — Les alliés traitent avec le roi de Maroc, 18. — Marlborough, ibid. — Avantages des alliés contre la France, 19.—Bataille de Fridlingen, 24. — Le marquis de Villars proclamé maréchal de France par les soldats, ibid. — Villars gagne une bataille à Hochstedt, 25. — Bataille de Spire, 26. — L'électeur de Bavière demande pour son malheur un autre général que Villars, 28.

Chap. XIX. Perte de la bataille de Bleinheim ou d'Hochstedt, et ses suites, 29. — Marlborough fait changer la fortune, ibid. — Combat de Donavert, 30. — Bataille d'Hochstedt, 31.—Fautes, ibid. — Tallard, 32.— Marsin, ibid. — Maréchal de Tallard pris, son fils tué, 33. — Suite de cette bataille, 36. — Récompenses données à Marlborough, 37. — L'archiduc Charles, depuis empereur, va à Londres, 39.—Puissants secours que l'Angleterre lui donne, ibid.

Chap. XX. Pertes en Espagne : pertes des batailles de Ramillies et de Turin, et leurs suites, 40. — Prise de Gibraltar, ibid. — Les Anglais prennent le royaume de Valence et la Catalogne, 42. — Belle aventure du comte Péterborough, ibid. — Disgraces des Français devant Barcelone, 43.—Bataille de Cassano, 44. — Ramillies, 45. — Paroles de Louis XIV, 46.—Duc de La Feuillade, 47.—Préparatifs immenses et perdus, 48.— Bruits ridicules, 49. — Grandes fautes, 50. — Duc d'Orléans, ibid. — Causes de la défaite devant Turin, 53.

CHAP. XXI. Suite des disgraces de la France et de l'Espagne. Louis XIV envoie son principal ministre demander la paix. Bataille de Malplaquet perdue, etc., 54. — Les Français perdent toute l'Italie, ibid. — L'empereur fait sentir sa puissance, ibid. — Grandes pertes de Louis XIV, 55. — Il résiste de tous côtés, 56. — L'archiduc Charles proclamé roi d'Espagne, 57.—On propose d'envoyer Philippe V en Amérique, 58.—Philippe V rentre dans Madrid, 59. — Les frontières du côté du Dauphiné toujours négligées, 61. — La Provence sauvée, 62. — Louis XIV envoie le prétendant en Écosse avec une flotte, ibid. — Le prétendant aborde et revient, 64. — Le duc de Bourgogne commande les armées, 65.—Défaite à Oudenarde, 66. — Siége de Lille, 67. — L'armée de France sans succès et sans union, 68. — L'empereur Joseph Ier force le pape à reconnaître Charles son frère roi d'Espagne, 69. — Grande détresse de la France, 71. — Funestes effets de l'hiver de 1709, 72. — Louis XIV demande la paix, 73. — Les Hollandais deviennent fiers, ibid. — Prétentions des Hollandais, 74. — Le roi leur envoie un négociateur, 75. — Humiliation de Louis XIV, 77. — Propositions insultantes faites à Louis XIV, ibid. — Résolution de Louis XIV, 78. — Action honorable du maréchal de Boufflers, ibid.

CHAP. XXII. Louis XIV continue à demander la paix et à se défendre. Le duc de Vendôme affermit le roi d'Espagne sur le trône, 84. — Victoire du maréchal Du Bourg, ibid. — Offres de Louis XIV, ibid. — Congrès de Gertruidenberg, 85. — Bataille de Saragosse, 86. — L'empereur Joseph Ier, heureux et puissant, ibid. — Philippe V obligé de fuir encore, 87. — L'Espagne désolée, 88. — Philippe V presque abandonné, ibid. — Philippe V solidement rétabli, 90. — Intrigues à la cour de Londres, causes d'un grand changement, 91. — Une petite cause produit de très grands changements, 92.—Changements à la cour de Londres, mais non encore dans le royaume, 93. — Prise de Rio-Janeiro, 97.

CHAP. XXIII. Victoire du maréchal de Villars à Denain. Rétablissement des affaires. Paix générale, 97. — Les affaires changent en Angleterre, ibid. — Suspension d'armes entre la France et l'Angleterre, 99. — État désastreux de la France, ibid. — Mort du duc de Vendôme, 100. — Le maréchal de Villars sauve la France, 101. — Combat de Denain, et prospérités, ibid. — Le prince Eugène et le maréchal de Villars signent la paix, 107.—La France assure les droits des princes d'Allemagne, 108.— Terme de *sujet* employé mal à propos, ibid.—Réponse ridicule attribuée mal à propos à Louis XIV, 109.—Traités accomplis, 110. — Le roi d'Espagne soumet les Catalans, 111.

CHAP. XXIV. Tableau de l'Europe depuis la paix d'Utrecht jusqu'à la mort de Louis XIV, 115. — Dans la guerre de 1701, parents contre parents, ibid. — Changements en Europe opérés par la paix d'Utrecht, 116. — La reine Anne eût voulu que son frère lui succédât, 117. — Anecdote singulière, 118.

Chap. XXV. Particularités et anecdotes du règne de Louis XIV, 121. — Il faut se défier des anecdotes, ibid. — Ses premières amours, sujet de plusieurs méchants livres, 123. — Comment il se formait l'esprit et le goût, 124.—Traductions imprimées sous son nom, 125.—Son discours au parlement, ibid. — Un curé a l'impertinence de vouloir abolir les spectacles, 126.—Louis XIV, ainsi que Louis XIII, danse en public, 128.—Opéra introduit en France, 129. — Quel était l'homme au masque de fer, 130. — Mort du masque de fer, 132. — Fête de Vaux, 133. — Belle action de Fouquet inutile, 136. — Dissimulation de Louis XIV peu honorable, ibid. — Colbert, persécuteur de Fouquet, 137. — Le chancelier Séguier méchant, 138.— Mazarin beaucoup plus coupable que Fouquet, ibid.— Arrêt contre Fouquet, 139. — Saint-Évremond, 141. — Splendeur de la cour, 142.—Intrigues du roi avec sa belle-sœur, 143.—Galanteries, 144. — Fêtes magnifiques, ibid. — Devise du soleil assez ridicule, 145. — Fous de cour, divertissement honteux, 149. — Le légat vient demander pardon, 151. — Autre fête, ibid. — Querelles des pairs, 152. — Habits à brevet, ibid. — Magnificence et ordre dans sa maison, 153. — Présents et pensions aux gens de lettres de l'Europe, 154. — Maison bâtie à Florence de ses libéralités, 156.

Chap. XXVI. Suite des particularités et anecdotes, 159. — Racine est cause que Louis XIV ne danse plus sur le théâtre, 160. — Mariage du comte de Lauzun avec la petite-fille de Henri IV, 162. — Mis en prison pour ce mariage, 164. — Mademoiselle de Kéroual va gouverner le roi d'Angleterre, 169. — On croit Madame, sœur de Charles II, empoisonnée, ibid. — Indiscrétion de Turenne, cause des malheurs de Madame, et de tous ces bruits odieux, 171.—Origine des fréquents empoisonnements dont on se plaignit alors, 173. — Prétendus sortiléges, 175.— Maréchal de Luxembourg à la Bastille, 177. — On croit la reine d'Espagne, nièce de Louis XIV, empoisonnée ; 180.—Plus de filles d'honneur chez la reine, 182.—Trois femmes se disputent le cœur de Louis XIV, 183.

Chap. XXVII. Suite des particularités et anecdotes, 185. — Mort de mademoiselle de Fontange, ibid. — Faveur de madame de Maintenon, ibid.— Faux bruits réfutés, 187. — Fêtes brillantes, ibid. — Dernières années de madame de Montespan, 188. — Mort du grand Condé, ibid. — Mariage de Louis XIV avec madame de Maintenon, 189. — Son histoire, 190. — L'illustre Racine assez faible pour mourir de douleur de ce qu'il a un peu déplu au roi, 197.—Vanité des grandeurs démontrée par l'exemple de madame de Maintenon, 200. — Le roi attaqué de la fistule, 201. — Mort de la dauphine de Bavière, 202. — *Esther* et *Athalie*,

TABLE DES MATIÈRES.

ibid. — La duchesse de Bourgogne joue la comédie, 204. — Louis XIV voit mourir presque toute sa famille, 206. — Soupçons de poison et calomnies, 207.

Chap. XXVIII. Suite des anecdotes, 210. — Le jésuite Le Tellier flétrit la fin de ce règne, ibid. — Dernière maladie du roi, 211. — Il meurt avec courage, sans ostentation, 212. — Ses dernières paroles au dauphin, 213. — Moins regretté qu'il ne devait l'être, 214. — Sa réputation, 215. — Sa conduite et ses paroles, 216. — Son bon goût, ibid. — Paroles mémorables, 217. — Écrits de sa main où il rend compte de sa conduite, 218. — Conseils à son petit-fils, roi d'Espagne, 223. — Sa politesse, 227. — Amusements, 229. — Sagesse, circonspection et bonté, 230. — Amour des louanges, mais envie de les mériter, 231. — Indulgence, ibid. — Galanterie singulière, 232. — Le maréchal de La Feuillade lui érige une statue, 233.

Chap. XXIX. Gouvernement intérieur. Justice. Commerce. Police. Lois. Discipline militaire. Marine, etc., 237. — Son assiduité au travail, 238. — Finances. Libéralités au peuple, ibid. — Hôpitaux, 239. — Chemins, ibid. — Commerce, ibid. — Ports, 240. — Compagnies, ibid. — Encouragements dans le commerce maritime, 241. — Injustice envers Colbert, 242. — Manufactures, 245. — Gobelins, Savonnerie, glaces, etc., ibid. — Sedan, Aubusson, etc., etc., 246. — Paris embelli, 247. — Police, ibid. — Bâtiments, 248. — Munificence envers Bernini, 250. — Perrault fait mieux que Bernini, 251. — Fondations, 252. — Lois, 253. — Beaux jugements rendus par Louis XIV, ibid. — Duels abolis, 254. — Réglements militaires, 255. — Artillerie, 256. — Ordre de Saint-Louis, 258. — Hauteur de Louis XIV avec l'Angleterre, 259. — Nouveaux ports, 260. — Marine, ibid. — Colonies, 261. — Mémoires de tous les intendants pour l'instruction du dauphin, duc de Bourgogne, 262. — Ce que fit Louis XIV, et ce qui restait à faire, 263. — Changements heureux dans la nation, 266. — Plus de politesse et d'agréments qu'auparavant, 268. — Aisance générale, 269. — Paris centre des arts, ibid.

Chap. XXX. Finances et réglements, 271. — Colbert, ibid. — Peu d'intelligence alors dans la nation, 273. — Défense au parlement de faire des remontrances avant l'enregistrement, 274. — Édit de 1666 enregistré à la chambre des comptes et à la cour des aides, 276. — Abus, ibid. — Colbert ne peut faire tout le bien qu'il veut, 279. — Traitants, ibid. — Le Pelletier, contrôleur-général, 280. — Meubles d'argent proscrits, 281. — Réformes nuisibles, ibid. — La guerre appauvrit toujours, 282. — Capitation, 283. — Dixième, 284. — Chamillart, ministre, 285. — Desmarets, ministre, 286. — Combien d'argent dans le royaume, 290. — Industrie, vraie richesse, 291. — Culture, 292.

Chap. XXXI. Des sciences, 295.— Sorciers, 301.— Superstitions, 302.— Philosophie nécessaire, ibid.

Chap. XXXII. Des beaux-arts, 303. — Éloquence, 304. — Jean de Lingendes, ibid. — Balzac, 305. — Voiture, 306. — Vaugelas, ibid. — Patru, ibid. — Le duc de La Rochefoucauld, ibid. — Pascal, 307. — Bourdaloue, ibid. — Bossuet, 308. — Fénélon, 310. — La Bruyère, 313. — Bayle, 314. — Pellisson, ibid. — Saint-Réal, 315. — Le grand Corneille, ibid. — Racine, 317. — Molière, 319. — Boileau, 320. — La Fontaine, 321. — Quinault, ibid. — La Motte, 322. — Rousseau, ibid.

Chap. XXXIII. Suite des arts, 328. — Musique, ibid. — Lulli, ibid. — Architecture, 329. — Peinture, 330. — Académie de peintres français à Rome, 331. — Sculpture, ibid. — Médailles, ibid. — Gravures, 332. — Chirurgie, ibid.

Chap. XXXIV. Des beaux-arts en Europe du temps de Louis XIV, 334. — Pourquoi ce siècle est celui de Louis XIV, 335. — Milton, ibid. — Dryden, 336. — Pope, ibid. — Addison, 337. — Newton, 338. — Locke bien au-dessus de Platon, 340. — Hevelius, 341. — Munificence singulière de Louis XIV envers Hevelius, ibid. — Leibnitz, ibid.

Chap. XXXV. Affaires ecclésiastiques. Disputes mémorables, 344. — Évêques non prêtres, ibid. — Don gratuit, 345. — Richesses du clergé, 346. — Usage du clergé dans ses subsides, 349. — Anciennes maximes du clergé, 350. — Conduite du roi avec le clergé, 352. — Des libertés de l'Église gallicane, ibid.— De la régale, 354.— Autrefois les rois donnaient tous les bénéfices, ibid. — Résistance de l'évêque de Pamiers, 355. — Grand-vicaire traîné sur la claie en effigie, 357. — Fameuse assemblée du clergé, 358. — La France prête à se séparer de Rome, 359. — Les quatre propositions, 360. — Innocent XI, ennemi de Louis XIV, 361.— Réforme du clergé, 363.— Superstitions supprimées en partie, ibid.

Chap. XXXVI. Du calvinisme au temps de Louis XIV, 365.— Pourquoi y a-t-il toujours eu des querelles théologiques? ibid.— Origine des sectes du seizième siècle, 367. — Ces sectes bannies des états monarchiques, 368. — Pourquoi établies en France, 369. — Édit de Nantes, 370. — Séditions des réformés, 371. — Nouvelles guerres civiles des réformés, 372. — Édit de grace aux réformés, 374. — Richelieu veut enfin réunir les deux religions, ibid.— Réformés protégés par Colbert, 376.— Louis XIV excité contre eux, 377. — Petits enfants convertis, 379. — Mesures du gouvernement, ibid.— Pellisson convertit pour de l'argent, 380. — Prédicants roués, 381.— Les huguenots s'enfuient, 382.— Dragonnades, 383. — Lettre apostolique de Louvois, 384.— Édit de Nantes révoqué, 385.— Peuples, argent, manufactures, transportés, 386.— Prisons et galères, 388.—Rebelles et prophètes, 391.—Prophètes verriers, 393. — Ministre roué, 394. — Prophètes assassins, 395. — L'abbé de La Bourlie, ibid.—Guerres des fanatiques, 396.—Un garçon boulanger fait la guerre à Louis XIV, 397.—Le garçon boulanger traite avec le maréchal de Villars, 398.—Fureur singulière, 399.—Conspiration des prophètes, 400. — Prophètes réfugiés à Londres proposent de ressusciter un mort, 401.

CHAP. XXXVII. Du jansénisme, 402. — Jansénisme moins turbulent que le calvinisme, ibid. — Baïus inintelligible, 403. — Rome se moque de Baïus, 404. — Molina visionnaire, ibid. — Procès à Rome pour ses visions, 405. — Ni les plaideurs ni les juges ne s'entendent, 406. — Jansénius tout comme Baïus, ibid. — Arnauld digne de ne point entrer dans ces querelles, 407. — Les cinq propositions aussi ridicules que cinq cents autres, 408. — Tracasseries plus ridicules encore, 409. — Disputes insensées, 410. — Arnauld persécuté, 411.— Formulaire à des filles, 412. —Grand miracle d'un œil guéri, 413.—Jésuites font aussi leurs miracles, ibid.—Lettres provinciales, chef-d'œuvre, 414.—Ce chef-d'œuvre brûlé, 415.— Religieuses enlevées, ibid. — Paix de Clément IX, 416.— Port-Royal, 417. — Assemblées jansénistes, 418. — Cas de conscience aussi ridicule que tout ce que dessus, 419. — Port-Royal démoli, 420. — Quesnel, 421.—Quesnel prisonnier et délivré, 422.—Contrat des jansénistes avec la Bourignon, 423. — Projet fou des jansénistes, ibid. — Le Tellier, confesseur du roi, fourbe, insolent, et factieux, 425.— Le Tellier, fripon, 426.— Madame de Maintenon, faible et bigote autant qu'ambitieuse, 427.— Autorité royale employée par les jésuites, 428. — Bulle dressée par eux, 429. — Bulle qui met tout en désordre, ibid. — Le jésuite Le Tellier en horreur, 430.—Changement dans les affaires, 432. — Bulle méprisée, ibid. — Le système de Lass fait oublier la bulle, 433. — Pacification apparente, 435. — Singulier concile d'Embrun, 436. — Convulsionnaires, 437. — Décadence des jésuites, 439.

CHAP. XXXVIII. Du quiétisme, 441. — Madame Guyon extravagante, ibid. — Lacombe, directeur de la Guyon, ibid. — Madame Guyon enfermée à Vincennes, 446. — Marie d'Agréda, plus folle que la Guyon, regardée comme sainte, ibid.—Fénélon persécuté pour aimer Dieu, 447. —Très mauvais procédé de Bossuet, 448. — Pape Innocent XII juge cette inintelligible dispute, 449. — Fausses anecdotes, 450.—Louis XIV peu content des idées de Fénélon sur le gouvernement, 451. — Moines de Rome juges de Fénélon et de Bossuet, 452.— L'archevêque de Cambrai se soumet, ibid.—Fénélon détrompé enfin des sottes disputes, 453.

CHAP. XXXIX. Disputes sur les cérémonies chinoises. Comment ces querelles contribuèrent à faire proscrire le christianisme de la Chine, 460. —

Christianisme en Chine, 461. — Dominicains contre jésuites en Chine, 462. — Procès de la Chine en cour de Rome, ibid. — Contradictions impertinentes au sujet de la Chine; 463. — Culte d'un seul Dieu plus ancien à la Chine qu'ailleurs, 464. — Disputes ridicules en Sorbonne sur la Chine, 465. — Chine déclarée hérétique par la Sorbonne, ibid. — Un Maigrot, nommé évêque d'une province chinoise, critique l'empereur, 466. — Tournon, légat à la Chine, renvoyé, 467. — L'empereur Youngtching, le meilleur des princes, 468. — Belles actions d'Young-tching, 469. — Il proscrit poliment la religion chrétienne, ibid. — Missionnaires chassés poliment, 470. — Belle mercuriale aux missionnaires, 471. — Grands maux occasionés par ces missionnaires, ibid. — Sagesse des Asiatiques en un point, 472. — Miracle ridicule, ibid.

SUPPLÉMENT AU SIÈCLE DE LOUIS XIV, 475.

Préface du nouvel Éditeur, 477.

Lettre à M. Roques, 481.

Première partie, 493.
Seconde partie, 532.
Troisième partie, 550.

FIN DE LA TABLE.

www.ingramcontent.com/pod-product-compliance
Lightning Source LLC
Chambersburg PA
CBHW072019240426
43667CB00044B/1510